DIE 100 BEDEUTENDSTEN ENTDECKER

Matthew Flinders

Matthew Flinders

DIE ENTDECKUNGSREISE NACH AUSTRALIEN

1801 – 1803

Herausgegeben von Therese-Marie Meyer
In der Übersetzung von Ferdinand Götze

»Dürfte ich mir einen Änderungsvorschlag erlauben, dann den, den Namen in ›Australien‹ zu ändern«

Matthew Flinders

Inhalt

Erstes Buch

Zweites Buch

Drittes Buch

Einführung

In den Annalen der zahlreichen Entdeckungsreisen in den Südpazifik, die seit dem 16. Jahrhundert von Spaniern, Portugiesen, Holländern, Franzosen und Engländern durchgeführt wurden, ist Matthew Flinders' Umsegelung Australiens (1801-1803) in mehrfacher Hinsicht ein einzigartiges Unterfangen. Wie sein Vorbild James Cook führte Flinders ein kleines aber feines Team aus Naturwissenschaftlern und Künstlern mit sich auf der HMS *Investigator*, und die Kartographierung der Küsten Australiens, die sein Reisebericht nachzeichnet, ist ergänzt um eine Fülle enzyklopädischen Materials. Hinzu kommt die solide Grundlage einer pragmatischen Perspektive: Flinders berichtet offensichtlich auch für Kapitäne, die ihm an diese Küsten folgen sollen. Kommentare zu Tidenhub, Winden, Barometerschwankungen und derlei mehr stellen eine Konstante seines außerordentlich detailreichen Reiseberichts dar. Und wenn seine zoologischen Beobachtungen vom Verhalten von Robben, Haifischen oder Seevögeln immer einen informativen Gehalt für Biologen haben, sind sie doch auch ergänzt durch Bemerkungen zur Jagd- und Essbarkeit dieser Tiere, die oft die Versorgung seiner Mannschaft sichern mussten.

Bei all diesem Pragmatismus, bei aller Sachlichkeit selbst im Berichten erstaunlicher Abenteuer, ist Flinders die bleibende Faszination von Australien anzumerken. Im Unterschied zu James Cook wurde Matthew Flinders eigentlich nicht zu seiner Entdeckungsreise beauftragt – die Umsegelung Australiens war seine eigene Idee. Geboren ist sie daher nicht auf einem Schreibtisch der Royal Society, wie so viele andere englische Entdeckungsreisen, sondern in der Auseinandersetzung des jungen Leutnants der Royal Navy mit seinen Eindrücken in der neugegründeten englischen Sträflingskolonie von Port Jackson in New South Wales, dem heutigen Sydney.

Auch aus diesem Grund geht seinem Reisebericht der eigentlichen Umsegelung des Kontinents der seiner vorherigen Erfahrungen voraus: Schon vor den ersten Eindrücken von Port Jackson erzählt Flinders von seiner Freundschaft mit dem um drei Jahre älteren Schiffsarzt George Bass auf der HMS *Reliance*, mit dem Flinders 1795 auf der Fahrt nach Kapstadt Zukunftspläne schmiedete und gemeinsame Projekte erträumte. Treibende Kraft für Flinders war dabei das nagende Bewusstsein des Ausmaßes an Unwissen über diesen Kontinent. Dazu gesellte sich aber schon in Port Jackson ein anderer Blick auf Australien als der enttäuschte der meisten seiner Vorgänger – all jener Entdecker, denen die Landschaften Australiens zu unromantisch-dürr, die Ureinwohner zu wenig edle Wilde, oder die Küsten schlicht zu gefährlich waren.

Kein Wunder, daher, dass sich Bass' und Flinders' erste gemeinsame Entdeckungsreise liest wie ein Jungenabenteuer, ein ereignisreicher Ferienausflug in eine andere Welt, den diese knapp über Zwanzigjährigen unternehmen. In einem offenen, nur zweieinhalb Meter langen Boot, der *Tom Thumb*, segeln Bass und Flinders in Begleitung eines Schiffsjungen einige Meilen die Küste entlang in die Botany Bay und einen Flussarm des George River hinauf. Selbst im Nacherleben dieses Ausflugs während der Erstellung seines Reiseberichts (1810-14), gut ein Jahrzehnt nach der Kurzexpedition, findet Flinders zu der Begeisterung dieser ersten Erfahrung zurück. Die spürbar faszinierte Beobachtung seiner Umgebung, die Begegnung mit Ureinwohnern, das knappe Entkommen, als die freundliche Situation zwischen den Parteien zu kippen droht, die seefahrerische Herausforderung eines Sturms auf dem Heimweg, die Erstellung des Kartenmaterials und schließlich die Genugtuung einer öffentlichen Anerkennung seiner Leistung, all dies sind essentielle Erfahrungen für Flinders. In seiner Darstellung stehen sie metonymisch für das Ideal *Entdeckungsreise*, und es ist bezeichnend für den Menschen Flinders, dass dieses Ideal von Freundschaft geprägt ist.

Offenbar suchte Flinders (in der einen oder anderen Form) diese Erfahrungen in seinen Entdeckungsreisen gezielt zu wiederholen; sie wurden zur Norm seines Vorgehens. Im Umgang mit den Ureinwohnern hatte er Gelassenheit mit Entgegenkommen und einer ansteckenden Prise von Humor gepaart. Er entschärfte die angespannte Situation zwischen den drei Abenteurern und einer deutlich misstrauischen Gruppe von Einheimischen, die über das Auftauchen dieser Männer auf ihrem Fluss wenig begeistert waren, durch den Einsatz einer Schere und seiner selbst als williger Barbier. Zu Recht ist diese überraschende Episode, wie so manche andere seines Reiseberichts, in die australische Folklore eingegangen. Wenn er auch Feinseligkeiten zwischen seiner Schiffsmannschaft und den Aborigines später nie ganz vermeiden konnte: Flinders blieb die Lust am Abenteuer, ebenso aber ein Bewusstsein von der Besonderheit dessen, was er in Australien erlebte.

Zu seiner Bewunderung für den Freund George Bass kam daher bei Flinders schnell der Entschluss der weiteren gemeinsamen Entdeckungsarbeit. Bass hatte 1797-98 eine über 350 km lange Entdeckungsreise von Port Jackson die Küste entlang nach Süden unternommen, in einem nur wenig größeren offenen Boot, das er – augenscheinlich zu Ehren des ersten gemeinsamen Ausflugs – ebenfalls *Tom Thumb* genannt hatte. Dabei hatte er die nach ihm benannte Meerestrasse zwischen dem damaligen Van Diemens Land (heute Tasmanien) und dem australischen Festland entdeckt, und so einen kürzeren Seeweg nach Port Jackson erschlossen. Flinders hatte diese Reise mit seinem Freund nicht mitmachen können, da er dienstlich nach Norfolk Island gesandt worden war. Wie sehr ihn das ärgerte sieht man auch daran, dass er darauf bestand, diese Reise in seinem Bericht mit aufzunehmen, um dem in der Zwischenzeit seit 1803 im Pazifik verschollenen Freund ein Denkmal zu setzen.

In dem offenen Boot war für Bass eine genaue Erkundung der von ihm beobachteten Meeresstraße schlicht nicht möglich gewesen. Es galt also nicht nur den Inselstatus von Tasmanien, das man bislang als Teil des Kontinents gesehen hatte, zu beweisen, sondern auch durch detaillierte Kartographierung den neuen Seeweg zu sichern. Angesichts der dadurch verbesserten Erreichbarkeit von Port Jackson war der neue Gouverneur King leicht zu überreden, dieses Unterfangen zu fördern. In dem Schoner HMS *Norfolk* umrundeten die beiden Freunde 1798-99 mit einer Mannschaft aus sechs freiwilligen Matrosen das heutige Tasmanien, und legten mehr als 18.000 km dabei zurück. Für Flinders war diese zweite Expedition die Bestätigung und Intensivierung der Erfahrungen der ersten. Aus ihrem Erfolg entstand der Wunsch zur Umsegelung des gesamten Kontinents, und schon während seiner Rückreise nach England, wo er 1800 ankam, begann er mit der Ausarbeitung seines Antrags an Sir Joseph Banks, dem Präsidenten der Royal Society, für diese dritte, für ihn wichtigste Expedition: die erste Kartographierung der gesamten Küste Australiens.

1. Werdegang eines Entdeckers

Matthew Flinders' Familie und Freunde wussten, dass sie sich den Mann mit »seinem Schätzchen, der Entdeckung« zu teilen hatten, wie es seine Frau Ann ausdrückte.[1] Geboren am 16. März 1774 in dem Dörfchen Donington in Lincolnshire als ältester Sohn eines Chirurgen, erhielt Matthew Flinders eine recht solide Erziehung, die allerdings von seinem Vater dazu gedacht war, den Sohn in seine Fußstapfen treten zu lassen. Als der junge Flinders aber beschloss, zur Marine zu gehen, fand er wirkliche Unterstützung nur in seiner Cousine Henrietta Flinders, die in der Familie des Kapitäns Thomas Pasley als Gouvernante arbeitete. Hartnäckig hält sich die Legende, Matthew habe seinen Entschluss nach der Lektüre von Defoes Roman *Robinson Crusoe* (1719) gefasst.[2] Es steht zu befürchten, dass hier die Nachwelt auf einen selbstironischen Witz von Flinders hereingefallen ist, der 1814, kurz vor seinem Tod, seine Vorbestellung einer Neuauflage von *Robinson Crusoe* mit dieser Aussage begründete. Nur Leser der ungekürzten Fassung des Romans, in dem der Erzähler Robinson sein grausames Schicksal als maurischer Sklave und Opfer vieler Havarien damit begründet, er sei gegen den ausdrücklichen Willen seines Vaters zur See gefahren, und habe so die Strafe Gottes auf sich gezogen (Defoe, 12), können den selbstironischen Verweis Flinders' auf seinen eigenen

1 Der Ausdruck entstammt der Kurzbiographie, die Ann Flinders nach dem Tod ihres Mannes erstellte (zitiert aus Retter, S. 141, Übers. d. Verf.). Eine wegweisende Biographie Matthew Flinders erstellte Miriam Estensen, *The Life of Matthew Flinders* (2002).

2 Estensen, S. 5; Flannery S. viii; Fornasiero et al., S. 28-29; Palla, S. 22 verweisen auf Flinders' Motivation durch die Lektüre von Robinson Crusoe. Ironisch gebrochen ist der Verweis in der Kurzbiographie von Flinders' Frau, zitiert Retter, 137.

Schiffbruch und die Gefangenschaft auf der französischen Insel Mauritius hinter dieser Aussage erkennen.

Mit Kapitän Thomas Pasley als erstem Förderer wurde Flinders nach langem Widerstand des Vaters 1789 an Bord der HMS *Scipio* als Marinekadett aufgenommen; in der Familientradition blieb erhalten, dass das Einlenken des Vaters, trotz der hohen Kosten, Matthew für die Marine auszurüsten,[3] auch der offensichtlichen Navigationsbegabung seines Sohnes geschuldet war.[4] England rüstete zur damaligen Zeit in Folge der französischen Revolution seine Marine sehr intensiv auf und der junge Flinders zeigte von Anfang an ein großes Interesse an einer aktiven Karriere. Hier schlug er einen Weg ein, der für andere junge Männer seiner Familie, darunter seinen Bruder Samuel Flinders und seinen Cousin John Franklin, dem späteren Gouverneur Tasmaniens und in der kanadischen Arktis verschollenen Entdecker, zum Vorbild wurden. Beide jungen Männer folgten Matthew in die Marine und begleiteten Flinders auf der HMS *Investigator* bei seiner Umsegelung Australiens. Matthew Flinders konnte begeistern, wie diese Beispiele zeigen, und er inspirierte, bei aller Strenge, seine Mannschaften zu großer Loyalität. Mehrfach meldeten sich Seeleute freiwillig zu Unternehmungen auf Flinders' Schiffen – keine geringe

3 £30 musste Flinders' Vater für die Ausstattung seines Sohnes bezahlen; eine nicht unbeträchtliche Summe für die damalige Zeit (Estensen, S. 7).

4 Flinders' Frau schreibt: »Er machte sich ernsthaft an die Arbeit, machte sich mit Euklid bekannt, studierte Robertsons *Elemente*; & noch ehe ein Jahr vergangen war, und ganz ohne Hilfe, beherrschte er Hamilton Moore so sehr, dass seine Kenntnisse der Trigonometrie und der praktischen Navigation den Schulmeister seiner Heimatstadt erstaunten.« (zitiert in Retter, S. 138, Übers. d. Verf.) Estensen hält diese Aussage für unwahrscheinlich (Estensen, S. 5), es ist aber schwer vorstellbar, dass Matthew Flinders' Vater, ohne einen handfesten Beweis der Eignung seines Sohnes, dessen Wunsch nachgekommen wäre.

Leistung für einen so jungen Kapitän in einer Marine, die ihre Matrosen regulär zwangsrekrutierte.

Prägend für Flinders' Drang zu Entdeckungsfahrten im Pazifik wurden seine Erfahrungen 1791 auf der HMS *Providence* als Seekadett von Kapitän William Bligh. Heute dank der Filmindustrie als psychotischer Tyrann verschrien, der die Meuterei auf der HMS *Bounty* provozierte, war Kapitän Bligh bei seinen Zeitgenossen gerühmt als unübertrefflicher Navigator. Hatte er doch nach der Meuterei sich und die achtzehn Mitglieder seiner Mannschaft, die mit ihm in einem sieben Meter langen Boot mitten im Pazifik ausgesetzt worden waren, in 47 Tagen 6701 km weit über das offene Meer heil nach Kupang (Indonesien) gebracht. Fünf Insassen des Bootes überlebten diese Reise nicht. Nach seiner Freisprechung vor dem Kriegsgericht[5] beauftragte die Admiralität William Bligh daher erneut, nach Tahiti zu fahren und Matthew meldete sich als Marinekadett auf dem Schiff. Blighs Aufgabe als Kapitän war es auch, seine Navigationskenntnisse an die Kadetten weiterzugeben. Flinders kam mit Blighs offenbar schwierigem Charakter nicht gut zurecht, wenn es auch zu keinem offiziellen Zerwürfnis kam.[6] Es ist aber sehr aufschlussreich, dass er nach seiner Rückkehr nach England 1810 mit Bligh Kontakt pflegte, und seiner Hoffnung, sich als guter Schüler dieses sehr anspruchsvollen Lehrmeisters gezeigt zu haben, auch in Briefen Ausdruck gab (Estensen, S. 430).

5 Es war üblich, Kapitäne für den Verlust ihrer Schiffe vor ein Kriegsgericht zu stellen. Bligh wurde, trotz deutlicher Kritik im Verfahren an seinem jähzornigen Charakter, von der Mitschuld an der Meuterei freigesprochen, siehe Madison, *The Bounty Mutiny* (2001).

6 Estensen untermauert diese Einschätzung mit einem Auszug aus dem Tagebuch von Flinders' Vater, der am 12. September 1793 über die Rückkehr seines Sohnes aus Tahiti schrieb, Flinders »Kapitän war in letzter Zeit in Zwist mit ihm, was eine unangenehme Lage war.« (zitiert in Estensen, S. 26; Übers. d. Verf.)

1795 begleitete Flinders als Steuermannsmaat auf der HMS *Reliance* den neuen Gouverneur von New South Wales, John Hunter, zu seinem Amtsantritt in Port Jackson. Auf dieser Reise befreundete Flinders sich mit dem nur drei Jahre älteren Schiffsarzt George Bass. Er erhielt auch das junge Katerchen Trim, benannt nach dem Butler in Lawrence Sternes Roman *Tristram Shandy* (1759-67). Trim blieb bis zu seinem Tod auf Mauritius Flinders' unzertrennlicher Begleiter in Stürmen und Schiffbruch. Er schlief in seinem Bett[7] und wurde von ihm 1806 mit einem tief empfundenen Nachruf geehrt.[8] So findet sich Trim nicht nur in Flinders' Geburtsstadt, Donington, mit einer Statue verewigt (er umstreicht dort liebevoll Flinders' bronzene Beine), sondern hat auch ein eigenes kleines Denkmal vor der Landesbibliothek von New South Wales erhalten, der Mitchell Library in Sydney, von wo aus er zur dortigen Statue Flinders' hinüberblickt. Seine Beziehung zu diesem Kater zeigt Flinders in anderem Licht. Trim ist nicht Teil seines Reiseberichts, findet sich aber in Briefen und Tagebucheinträgen, und war v.a. in der Zeit der Gefangenschaft auf Mauritius offenbar ein emotionaler Halt. Denn Matthew Flinders, begabter Navigator und anspruchsvoller, auch fordernder Kommandant, ist ein Mann seiner Zeit – der englischen Romantik – und er schätzt Gefühlstiefe nicht nur bei der Lektüre von John Miltons religiösem Versepos *Paradise Lost* (1667), sondern auch bei der Lektüre des Schauerromans von Ann Radcliffe,

---

7 Flinders schrieb am 18. Juni 1803 an seine Frau: »Trim, wie sein Herrchen, wird langsam grau; er ist derzeit fett und munter, und nimmt sein Fleisch von unseren Gabeln mit seiner alten Geschicklichkeit: er ist in der Regel mein Bettgefährte.« (zitiert in Retter, S. 43, Übers. d. Verf.)

8 Flinders nannte den Nachruf *A Biographical Tribute to the Memory of Trim* (1806). Er blieb bis 1985 unveröffentlicht, obwohl Flinders 1807 über Pläne berichtete, ihn ins Französische zu übersetzen (siehe Estensen, S. 393). Die Plakette des Denkmals in Sydney zitiert daraus.

The Mysteries of Udolpho (1794). Beide Bücher begleiteten Flinders auf seinen Reisen und in ihrem Kontrast zeigen sie sehr deutlich die Bandbreite der ästhetischen Wahrnehmung, die Flinders zur Verfügung stand.

Nach seiner Umsegelung Tasmaniens 1798-99 in der HMS *Norfolk* mit George Bass legte Matthew Flinders die Leutnantsprüfung in Cape Town ab. Mit der HMS *Norfolk* wurde er daraufhin mit der Kartographierung des Küstenverlaufs nördlich von Port Jackson beauftragt, die er bis zu Fraser Island im heutigen Queensland durchführte. Wie er selbst in seinem Bericht betont, sieht er sich hier in die Fußstapfen James Cooks treten, der diese Küste zwar z.T. kartographieren konnte, dessen technische Ausrüstung aber nicht so genau war, wie die Flinders'. Hadleys Sextant ermöglichte die Messung der geographischen Breite mit großer Exaktheit, die geographische Länge war allerdings noch ein Problem. Zwei miteinander konkurrierende Methoden wurden durch Flinders erprobt: Sowohl die an Mond, Sonne und sieben Sternen orientierte von Dr. Nevil Maskelyne als auch die am mitgeführten Chronometer orientierte von John Harrison.[9] Flinders' Karten bewiesen unter anderem auch die deutlich größere Zuverlässigkeit und Exaktheit der zweiten Methode.

Schon auf seiner Rückreise nach England 1800 begann Flinders mit der Antragsstellung für die nächste, große Entdeckungsreise. Die Motivation dazu beschreibt er später in einem oft zitierten Brief an Sir Banks wie folgt: »Mein größter Ehrgeiz ist es, eine so genaue Untersuchung dieses ausgedehnten und sehr interessanten Landes zu unternehmen, dass kein Mensch nach mir die Gelegenheit haben soll, weitere Entdeckungen zu machen.«[10] Teil seines Reisebe-

9 Zu der Geschichte der Längengradmessung siehe Dava Sobel, *Längengrad* (2003).

10 Zitiert in Retter, S. 27, Übers. d. Verf.

richts ist darum eine detaillierte Einordnung der geplanten Expedition: Was ist bereits von anderen Entdeckern gleich welcher Nation geleistet? Wo bestehen noch kartographische Lücken? Was kann man sich von der bevorstehenden Expedition erhoffen? Im Reisebericht nimmt diese vorbildliche Einordnung der eigenen Entdeckungsfahrt das erste Viertel des Textes ein.

Hinter diesem sehr rationalen Ansatz steckt Flinders' geheimer Wunsch nach einer schnelleren Karriere. Der Dienst in der kolonialen Flotte hatte Flinders deutlich gemacht, dass bei langsamer Beförderung und geringem Sold die Gründung einer Familie nicht möglich war. Er hatte sich in Maßen bereits Ruhm erworben,[11] aber keine Position. Flinders stammte nicht aus finanziellen Verhältnissen, die die Arbeit zum Vergnügen geadelt hätten, sondern er suchte sich gesellschaftlich zu verbessern. George Bass hatte sein Angebot, Geschäftspartner zu werden, ausgeschlagen (Estensen, S. 89) und so verbirgt sich hinter diesem Antrag Flinders' das Ansinnen auf einen gewagten Karrieresprung, der in der überambitionierten Formulierung des Anspruchs im Brief an Sir Banks deutlich wird.

Als er diesen Anspruch Sir Banks gegenüber ein zweites Mal wiederholte (21. Mai 1801), war Flinders aber nicht etwa größenwahnsinnig, sondern verzweifelt. Zwei Monate hatte er auf eine Antwort von Sir Banks gewartet um dann wider Erwarten die Zusage doch noch zu erhalten. Die zusätzliche Finanzierung der Ostindienkompanie in Höhe von £600 war eingeworben. Ein Pass der französischen Regierung, der die Bedingungen für die politische Neutralität der wissenschaftlichen Expedition definierte, war vom fran-

11 Bekannt war Flinders bei Sir Banks seit spätestens 1797 (Estensen, S. 71); die Seekarte Tasmaniens hatte Gouverneur Hunter am 15. August 1799 an die Admiralität gemeldet. Sie wurde mit dem Vermerk »entdeckt von Matthew Flinders« bald darauf bei Arrowsmith gedruckt (Estensen, S. 109).

zösischen Botschafter ausgestellt worden. Auswahl, Umbau, Ausrüstung und Provision des Schiffes waren geschafft, die Mannschaft ausgesucht, ein wissenschaftliches Team von Sir Banks zusammengestellt. Flinders war trotz seines jungen Dienstalters auf Vorschlag von Sir Joseph Banks am 16. Februar 1801 zum Kommandanten befördert worden.[12] Er hatte sich von Freunden und Familie verabschiedet und, wie damals vor langen Seereisen üblich, sein Testament erstellt. Nun musste er im April hören, dass die Admiralität damit drohte, ihm bei der Ankunft in Sydney die Leitung der Expedition zu entziehen.[13] Die Expedition war wichtig, daran gab es keinen Zweifel – dies allerdings aus Gründen, die Flinders erst in London erfuhr. Frankreich hatte nur ein halbes Jahr zuvor eine Expedition unter dem Vorsitz von Nicolas Baudin (1754-1803), wesentlich besser ausgestattet,[14] bereits über Mauritius, der damaligen Île de France, ausgesandt. Ihr Auftrag war es, die westliche und südliche Küste Australiens zu kartographieren.[15] Mit seinem Antrag rannte Flinders also bei Sir Banks und der Admiralität offene Türen ein. So verzweifelt er aber auch an seinem Projekt hing, als Kommandant war Flinders nicht unersetzlich.

---

12 James Cook war bei seiner Beauftragung nur Leutnant, obgleich deutlich älter als Flinders. Es war also nicht automatisch üblich, mit der Leitung von Expeditionen nur höhere Dienstränge zu beauftragen (siehe Estensen, 141).

13 Sir Banks' Brief an Matthew Flinders vom 21. Mai 1801 ist zitiert in Retter, 28.

14 Rigby schließt aus dem schlechten Zustand der HMS *Investigator* und der Tatsache, dass Flinders mit nur einem Schiff losgeschickt wurde, dass die Admiralität in der Zeit der napoleonischen Kriege wohl nur eine »lauwarme« Begeisterung für Expeditionen aufbrachte (s. Rigby, 22; Übers. d. Verf.).

15 Baudins Antrag auf einen englischen Pass hatte die Admiralität auf die Pläne dieser Expedition aufmerksam gemacht; siehe Fornasiero et al., 154. Flinders war daher bei seiner Abreise über Baudins Reiseweg informiert.

Grund für die nachdrückliche Drohung der Admiralität war Flinders' Entschluss, seine frühe Beförderung dazu zu nutzen, am 17. April 1801 überstürzt und heimlich zu heiraten[16] und seine Frau an Bord der HMS *Investigator* zu bringen – ohne Sir Banks oder die Admiralität darüber zu informieren. Seine Angetraute Ann Chappelle, eine um drei Jahre ältere Jugendfreundin, hatte Flinders monatelang abgewiesen, da sie als Tochter einer Kapitänswitwe sich mit der Vorstellung, einen Marineoffizier zu heiraten, nicht abfinden mochte. Lange Abwesenheit ihres Mannes auf See, finanziell prekäre Verhältnisse und die ständige Angst zur Witwe zu werden waren für Ann Chappelle nicht das Idealbild einer Ehe. Im Pfarrhaus von Partney aufgewachsen (ihr Stiefvater, der anglikanische Pastor Taylor, führte schließlich die Trauung der beiden durch), war Ann offenbar eine liebenswerte, gebildete und talentierte, aber nicht begüterte Frau. Flinders' Briefe an sie sind erhalten[17] und zeigen, dass er von ihrer Intelligenz zu sehr beeindruckt war, als dass er zunächst versucht hätte, ihre Argumente zu entkräften. Mit seiner Beförderung hatte sich zwar die finanzielle Lage geändert, aber nicht das Problem einer

16 »Mit Sorge bemerkt, dass mein Sohn Matthew uns plötzlich und unerwartet mit einer Ehefrau überfallen hat am Sa. 18. April & uns am nächsten Tag verlassen hat. Es ist eine Miss Chapple [sic!] aus Partney. Wir wussten von der Bekanntschaft, aber hatten keine Ahnung von einer Hochzeit vor der Vollendung seiner bevorstehenden Reise. Ich hoffe, er bereut nicht diesen hastigen Schritt.« schreibt Flinders' Vater in sein Tagebuch (zitiert in Estensen, S. 156, Übers. d. Verf.).

17 Catherine Retter und Shirley Sinclair haben die noch erhaltene Korrespondenz editiert als *Letters to Ann: The Love Story of Matthew Flinders and Ann Chappelle* (1999). Bis auf einen Brief an Matthew, den Ann kurz vor der Niederkunft ihrer Tochter schrieb, sind ihre Briefe nicht erhalten. Gertsakis zeichnet aus den übrigen Briefen Anns an ihre Familie und Freunde das Bild einer intelligenten, hingebungsvoll liebenden und konservativen Frau (siehe Gertsakis, 2002).

Fernbeziehung, das für Ann offenbar zentral war. Zwei Wochen vor der Hochzeit schrieb Flinders noch seinem Vater, er habe keine Absichten, zu heiraten; Ann hatte er schon Monate vorher gebrochenen Herzens vorgeschlagen, in Freundschaft auseinander zu gehen.[18]

Woher Flinders die scheinbar rettende Idee bekam, Ann an Bord zu nehmen, die zu seiner Eheschließung führte, ist nicht bekannt. In seiner Reaktion auf Sir Banks' Aufforderung, seine Frau vom Schiff zu entfernen oder die Konsequenz einer Amtsenthebung zu tragen, verweist Flinders auf den Präzedenzfall von Leutnant Kent von der HMS *Buffalo*, dem der Transport seiner Frau auf seinem eigenen Schiff gestattet worden sei.[19] Er selbst hatte offenbar geplant, Ann für die Dauer der eigentlichen Expedition in Sydney unterzubringen – ganz sicher scheint sich Flinders bei dieser Planung aber doch nicht gewesen zu sein, denn sonst hätte er nicht die Entscheidung so geheim gehalten.[20] Sir Banks schreibt, zu Recht entrüstet, er habe von der Existenz von Mrs. Flinders erst aus der Zeitung erfahren. An die Admiralität kam die Meldung womöglich durch den überraschenden Besuch von Admiral Jervis auf der HMS *Investigator*, der in der Kapitänskajüte nicht Flinders selbst wohl aber dessen Frau mit unbedecktem Haupt (also nicht nur zu Besuch) vorfand.[21]

Flinders wurde jegliche weitere Möglichkeit, für Anns Anwesenheit an Bord zu kämpfen, genommen, als das Schiff

---

18 »Lass uns als Liebende treffen und als Freunde auseinander gehen, meine Annette.« (zitiert in Retter, S. 14, ähnlich argumentiert Flinders in einem zweiten Brief S. 16)

19 Zitiert Retter, S. 29.

20 Selbst seinem Heiratsantrag an Ann fügt Flinders dieses PS bei: »Es wird sicher besser sein, diese Sache völlig geheim zu halten. Dafür gibt es noch genug andere Gründe und ich habe auch einen solchen. Ich weiß nicht genau, wie meine wichtigen Freunde darauf reagieren werden.« (zitiert in Retter, S. 19, Übers. d. Verf.)

21 Estensen, S. 158, hält die Episode für eine Legende.

am 27. Mai 1801 bei dem Transfer von Deptford nach Spithead auf einer Sandbank auflief. Der Vorfall musste gemeldet werden, obwohl das Schiff keinen Schaden davongetragen hatte. Flinders' berechtigter Hinweis darauf, dass die Sandbank in seiner Karte nicht verzeichnet war, konnte niemanden darüber hinwegtäuschen, dass er zum Zeitpunkt des Unfalls nicht an Deck, sondern bei seiner Frau in der Kajüte gewesen war (Estensen, S. 161). In London versuchte Flinders noch eine Woche lang vergeblich, bei Sir Nepean, dem Sekretär der Admiralität, in dieser Sache vorzusprechen. Anfang Juni verließ Ann dann das Schiff und kam bei Verwandten unter; das Paar schrieb sich in dieser Zeit täglich Briefe. Am 17. Juli 1801 segelte die HMS *Investigator* mit Flinders nach Australien ab.

Nach der Abfahrt ihres Mannes war Ann mehrere Wochen krank. Auf einem Auge seit einer Pockenerkrankung im Kindesalter blind, drohte sie nun vor Weinen gänzlich zu erblinden (Retter, S. 38). Sie erholte sich nur langsam wieder. »Wie groß auch immer meine Enttäuschung, ich werde meine Ehefrau für die Entdeckungsreise aufgeben«, hatte Flinders an Sir Banks geschrieben.[22] Für ihn war die Entscheidung zwischen Ehefrau und Entdeckungsreise nicht leicht gewesen, aber eindeutig.

22 Zitiert Retter, S. 29, Übers. d. Verf.

2. Die Entdeckungsreise

A. Der Wettlauf um Australien

Australien hat seinen Namen nicht von Matthew Flinders erhalten. Zu seiner Zeit kursierten verschiedene Benennungen für *Terra Australis Incognita*, den unbekannten südlichen Kontinent.[23] Allerdings war zum Zeitpunkt von Flinders' Reise das Wissen um Australien fragmentarisch genug: die Westküste und Teile der Südküste waren durch mehrere holländische Seefahrer bekannt geworden, darunter Janszoon (1606), Hartog (1616), Nuyts (1626) und schließlich Abel Tasman (1642), der die heute nach ihm benannte Insel im Süden des Landes entdeckte und sie nach dem Generalgouverneur von Holländisch-Ostindien benannte, weshalb sie bis 1856 Van Diemens Land hieß. Auch auf Flinders' Ansicht von ganz Australien ist darum der westliche Teil des Kontinents als Neu-Holland bezeichnet. Der östliche Teil war wiederum von England 1788 mit der Gründung der ersten Sträflingskolonie in Port Jackson für Georg III, König von Großbritannien und Hannover, beansprucht worden: New South Wales. Unklar war ohnehin, ob diese beiden Teile wirklich einen Kontinent bezeichneten,

---

23 »Matthew Flinders ist der Mann, der Australien seinen Namen gab,« beginnt z.B. Flannery seine Einleitung zu der 2000 neu herausgegebenen Reisebeschreibung von Matthew Flinders (Flannery, S. vii, Übers. d. Verf.). Wie Estensen S. 354 bemerkt, wird Flinders den Namen Australien schon auf der 1799 erstellten Karte von James Wilson gesehen haben. Es ist aber der Name für den Kontinent, den er den anderen vorzog. Im Reisebericht wurde er durch Sir Banks zur Verwendung von *Terra Australis* gezwungen; Robert Brown seinerseits hatte auf *New Holland* insistiert (Estensen, S. 466), wohl auch deswegen weil er in seiner Publikation den Kontinent so genannt hatte.

oder womöglich durch einen Meeresarm getrennt waren. William Dampiers englische Expedition an die Westküste (sein Journal *A Voyage to New Holland* erschien 1703 und 1709 in London in zwei Bänden) hatte über Neu-Holland nichts Vielversprechendes berichtet, im Gegenteil. Holland hatte dort keine Niederlassungen. Doch es gab noch einen interessierteren, imperialen Anwärter auf die australische Küste: Frankreich.

Nach dem Siebenjährigen Krieg (1756-1763) hatte Frankreich starke koloniale Einbußen in Amerika und Indien erlitten, die es durch strategisch gewählte Inselkolonien im Indo-Pazifik an den wichtigsten Handelsstraßen gutzumachen gedachte. De Bougainville (1779-1811), der als Armeeoffizier den Verlust Quebecs an England erlebt hatte, wäre auf seiner Erdumrundung 1766-67 beinahe an der Ostküste Australiens gelandet, wurde daran aber vom Great Barrier Reef und dem angeschlagenen Gesundheitszustand seiner Mannschaft gehindert. Er empfahl aber der Regierung, den Ausbau der französischen Präsenz auf Île de France, dem heutigen Mauritius, als Standbein für die weitere koloniale Expansion Frankreichs in den Südpazifik voranzutreiben (Pineo, S. 9). Damit begann ein Wettlauf um die Zeit zwischen den beiden Kolonialmächten, in dem es primär um den strategischen Schutz eigener Handelsrouten ging.

Die Britische Admiralität schickte die sehr gut ausgestattete erste Expedition unter dem Kommando von James Cook in die Südsee, und Cook nahm, wie ihm aufgetragen worden war,[24] am 19. April 1770 die östliche Küste Australiens, wo er auf der Rückfahrt von Neusee-

24 Cooks geheime Depeschen sind digitalisiert auf der Homepage des Migration Heritage Centre New South Wales lesbar <http://www.migrationheritage.nsw.gov.au/exhibition/ objectsthroughtime/secret/> (Stand 13.07.2014).

land landete, für England als New South Wales in Besitz. Nachrichten von dieser Reise führten 1772 wiederum in Frankreich zur hastigen Ausstattung einer Expedition unter Kerguelen Tremarec (1734-1794), der *Terra Australis Incognita* für Frankreich beanspruchen sollte. Tremarec ließ, im Glauben Australien schon erreicht zu haben, eines seiner Schiffe bei dem nach ihm heute benannten Inselarchipel im Südpolarmeer zurück und kehrte nach Mauritius heim, um triumphierend über seinen Fund zu berichten. So fuhr *Le Gros Ventre* unter dem bretonischen Kapitän Louis de Saint Alloüarn (1738-1772) allein vom Kerguelen Archipel ostwärts weiter und erreichte am 16. März 1772 Cape Leeuwin in West Australien, das Saint Alloüarn prompt im Namen Ludwigs XV. annektierte und *France Australe* nannte (Fornasiero et al., S. 40).

Als nächstes wurde der aus dem amerikanischen Unabhängigkeitskrieg heimgekehrte François de Galaup, Graf von La Pérouse (1741-1788), mit einer ostentativ wissenschaftlichen Expedition beauftragt, den Pazifik und den südlichen indischen Ozean zu untersuchen. Ironischerweise ist sein letzter bekannter Landeplatz Port Jackson, wo seine zwei Schiffe am 26. Januar 1788, nur wenige Tage nach dem Eintreffen der ersten englischen Sträflingsflotte, auftauchten. Matthew Flinders verbrachte manchen Landaufenthalt bei seiner Umsegelung Australiens damit, Strandgut nach eventuellen Wrackteilen von La Pérouse abzusuchen, die Aufschluss über den Verbleib seiner Expedition hätten geben können[25].

Trotz der Revolution, die die Ereignisse in Frankreich in diesen Jahren überstürzte, blieb der imperiale Fokus Frankreichs auf den Pazifikraum wichtig genug, um die

25 Erst 1826 wurde durch Peter Dillon der Verbleib von La Pérouse geklärt, der auf Vanikoro (im Salomon Archipel) Schiffbruch erlitten hatte (Duyker, S. 149).

Nationalversammlung 1791 D'Entrecasteaux (1737-1793) damit beauftragen zu lassen, den Verbleib von La Pérouse zu klären – und natürlich bei dieser Gelegenheit die Kartographierung von *France Australe* weiter voranzutreiben. D'Entrecasteauxs Auftrag lautete auch dahingehend, einen günstigen Ort für eine *französische* Sträflingskolonie zu finden – analog zur erfolgreichen Ansiedlung der *englischen* Sträflingskolonie in Port Jackson (Pineo, S. 16). Er kartographierte Teile der Südküste des Kontinents, die Westküste Tasmaniens und entdeckte den noch heute nach ihm benannten D'Entrecasteaux Kanal zwischen Bruny Island und dem tasmanischen Festland, dessen Karte die französische Regierung auf die Mündung des Derwent Flusses als interessante Gegend für eine Kolonialgründung aufmerksam machte (heute die Stadt Hobart). Der katastrophale Ausgang seiner Expedition[26] verzögerte den französischen Vormarsch in den Pazifik; Napoléons imperiales Interesse an Indien dagegen, führte zu einer baldigen Wiederauflage dieser Pläne[27] und zur Ausstattung der Expedition von Nicolas Baudin – die sich mit Flinders' Expeditionsauftrag scheinbar ein Kopf an Kopf Rennen lieferte.[28]

26 D'Entrecasteaux verstarb unterwegs an Skorbut (1793). Die Leitung der Schiffe wurde von royalistischen Offizieren übernommen, die auf die Nachricht der Guillotinierung der königlichen Familie hin alle Expeditionsteilnehmer, die republikanischer Gesinnung verdächtigt wurden, den Holländern auslieferten. So brach die Expedition auseinander. (Fornasiero, S. 7; Duyker, S. 152)

27 Estensen weist aber darauf hin, dass bei allem seinem bekannten Interesse an Indien, Napoléon nicht von der Gelegenheit Gebrauch machte, beim Vertrag von Amiens Kolonialansprüche auf Neu-Holland zu erheben (Estensen, S. 123).

28 Fornasiero et al., S. 9; siehe auch Proust de la Gironière, 2006.

Das Expeditionsteam

Das wissenschaftliche Team, das Sir Banks für Flinders' Reise zusammengestellt hatte, und mit dem Flinders die ganze Zeit hindurch sehr gut zusammenarbeitete, bestand aus dem Botaniker Robert Brown, dem Österreicher Ferdinand Bauer als botanischem Künstler, dem Landschaftsmaler William Westall und dem Astronomen John Crosley. Crosley musste aus gesundheitlichen Gründen die Expedition bereits in Kapstadt verlassen. Er übergab alle seine Geräte an Flinders, der in der Folge die Verantwortung für die astronomischen Berechnungen selbst übernahm, diese Tätigkeit im Verlauf der Reise aber mehr und mehr seinem Bruder Samuel Flinders übertrug. Hier kam es zu Spannungen zwischen den Brüdern, die das Verhältnis der beiden nachträglich trüben sollten, da Samuel sich als nicht so zuverlässig herausstellte, wie es sein älterer Bruder gerne gesehen hätte. Der Ausfall eines Chronometers auf der Reise war Samuels Vergesslichkeit geschuldet, der das Uhrwerk nicht rechtzeitig aufzog. Zusätzlich zu den (nächtlichen) astronomischen Arbeiten hatte Samuel auch Tageswachen eingeteilt bekommen und war offensichtlich mit seinen Aufgaben überlastet (Estensen, S. 232 und S. 235).

Robert Brown (1773-1858) war ursprünglich als dilettierender Armeeoffizier zur Botanik gestoßen.[29] Wie Flinders Chirurg hätte Brown nach dem Willen seines Vaters Arzt werden sollen. Wie Flinders war auch er fast obsessiv gründlich in seinen Unternehmungen und Flinders beschreibt seine eigene Bewunderung von Browns Hingabe an seine Aufgaben wiederholt. Dass für Flinders Brown die Leitung des wissenschaftlichen Teams nicht nur aus Altersgründen innehatte, sieht man daran, dass im Reisebericht hin und

29 Eine wichtige Biographie von Brown ist D. J. Mabberley, *Jupiter Botanicus* (1985).

wieder die ganze Gruppe von Wissenschaftlern süffisant als *die edlen Herren Botaniker* bezeichnet wird (im Original «the botanical gentlemen»). Bei aller Begeisterung für sein Fach war Brown ein von den eigenen hohen Ansprüchen Gezeichneter. Er beschwerte sich bei Sir Banks in einem seiner Briefe (bei über 6000 gesammelten Proben!), die Reise habe sich für ihn nicht wirklich gelohnt.[30] Mehrfach wird im Reisebericht erwähnt, dass Flinders eigene wichtige Belange in der Versorgung des Schiffes mit den Forderungen *der Botaniker* nach mehr Zeit und häufigeren Landgang in Einklang bringen musste und bekannt ist Browns Beschwerde bei Sir Banks, er habe Probleme, Flinders von der Notwendigkeit solider Kisten für seine Sammlung zu überzeugen.[31] Mehrere australische Spezies sind heute nach Brown benannt, darunter die Gattung Brunia (siehe Abbildung S. 441). Brown präparierte auch zahlreiche Vögel, und sezierte Fische und Beuteltiere.[32] Bei seiner Sammelarbeit in Australien wurde Brown aktiv unterstützt durch den Gärtner Peter Good der Kew Gardens, der aber bei der Rückkehr der HMS *Investigator* 1803 nach Port Jackson an den Folgen einer Infektion starb, die er sich in Batavia zugezogen hatte.

---

30 »Ich gestehe, ich bin insgesamt enttäuscht.« (Brown an Sir Joseph Banks, zitiert in Estensen, S. 289, Übers. d. Verf.) Vergleiche dazu Moore, 159: »Das Ausmaß von Robert Browns Schriften und naturkundlicher Sammlung, und seine geographischen und botanischen Entdeckungen in Australien von 1801 bis 1805 werden erst jetzt offenbar.«

31 Brown schrieb an C. F. Greville, »Ich habe K. Flinders bei allen Gelegenheiten bereitwillig gefunden, mir jede Gelegenheit zum Sammeln zu geben, aber ich habe beträchtliche Probleme bei der Beschaffung ordentlicher oder überhaupt irgendwelcher Kisten für meine Sammlung, oder eines sicheren Platzes, um diese zu verstauen.« (Übers. d. Verf., zitiert in Estensen, S. 170)

32 Die von ihm erstellte Sammlung ist durch eine britisch-australische Kollaboration seit 2001 in einer Online Datensammlung erschlossen (http://florabase.dpaw.wa.gov.au/brown/search).

Nach seiner Rückkehr veröffentlichte Brown die erste systematische Beschreibung der Flora Australiens, *Prodromus Florae Novae Hollandiae et Insulae Van Diemen* (1810), die trotz ihres kommerziellen Misserfolgs wegweisend für seine spätere Karriere werden sollte. Sir Banks machte ihn zu seinem Bibliothekar und vererbte ihm seine Sammlung und Bibliothek, die 1827 an das British Museum in London ging.

Als botanischer Illustrator wurde Ferdinand Bauer (1750-1826) von Sir Banks angestellt.[33] Der Sohn eines österreichischen Malers war 1787 an der Erstellung der *Flora Graeca* von John Sibthorpe als Illustrator beteiligt gewesen und hatte sich damit einen Namen als außerordentlich exakter Illustrator in der englischen Botanik erworben. Bauer begleitete Brown auf seinen Sammelexpeditionen, um die Pflanzen oder Tiere *in situ* zu sehen, und half bei der Zerlegung und Analyse der Pflanzenteile, einschließlich des Mikroskopierens. Um die Farbgenauigkeit seiner Darstellungen zu steigern, hatte Bauer die übliche ca. 500 Schattierungen umfassende Farbskala, deren Nummerncode als Kürzel für Skizzen diente, auf 994 Schattierungen ausgeweitet – es ist erstaunlich, dass er solche feine Nuancen überhaupt wahrnehmen konnte. Seine Skizzen arbeitete Bauer zu insgesamt mehr als 2000 Zeichnungen nach. Nicht alle Illustrationen waren dabei typenbeschreibende Sektionen von Pflanzen in Pflanzenteilen, sondern Bauer fertigte auch Prachtdrucke an (siehe z.B. Abbildung S. 123). Bauer brachte die Illustrationen zu Browns *Prodromus* in einer eigenen Publikation heraus, *Illustrationes Florae Novae Hollandiae* (in drei Bänden zwischen 1806 und 1813), deren öffentliches Echo ihn so enttäuschte – er machte Sir Banks dafür mitverantwortlich – dass er 1814 England verließ

33 D. J. Mabberley, *Ferdinand Bauer, The Nature of Discovery* (1999) ist eine empfehlenswerte Biographie des Malers.

und - sehr zum Ärger von Sir Banks - dabei einen Teil seiner Skizzen und Bilder mit nach Wien zurücknahm.[34] Erst seit dem Ende des 20. Jahrhundert wird Bauers Leistung als Illustrator zunehmend gewürdigt.

Der junge William Westall (1781–1850) war Sir Banks' dritte Wahl für den Landschaftsmaler der Expedition (die beiden ersten Kandidaten hatten abgesagt) und zum Zeitpunkt der Berufung noch Student.[35] So sehr es heute keinen Zweifel an Browns und Bauers Expertise gibt, Westalls Leistungen sind umstritten geblieben.[36] Nach einer anfänglich regen Tätigkeit zu Beginn der Expedition, erstellte Westall immer weniger Bilder. Manche Kritiker sehen darin einen Ausdruck seines Unverständnisses für die australische Umwelt,[37] die er in seinen Bildern in klassizistischer oder sublimer Manier zu verschönern bemüht war. Er übertrug diese ästhetischen Verbesserungen leider auch auf die von ihm zu erstellenden Küstenprofile,[38] doch scheint Flinders mit ihm zufrieden genug gewesen zu sein. Verteidiger Westalls dagegen vermuten, dass ein Teil seiner späteren Werke verloren gegangen sein könnte.

34 Etwa 100 bislang unbekannter Illustrationen, die in Wien 1985 gefunden wurden, sind in Marlene Norst, *Ferdinand Bauer: The Australian Natural History Drawings* (1989) veröffentlicht.

35 Eine gründliche biographische Darstellung William Westalls findet sich in Findlay, *Arcadian Quest* (1998).

36 Monteath (2002) verteidigt Westalls künstlerische Leistung. Stehn dagegen fragt, wie man sich angesichts der geringen Werksausbeute überhaupt Westalls Tagesablauf auf dem Schiff vorzustellen habe (Stehn, S. 78).

37 In einem Brief vom 31. Januar 1804 an Sir Banks beschwert sich Westall über seinen Aufenthalt an dieser »öden Küste«: Er hatte die Reise offenbar unter dem Eindruck angetreten, Tahiti erreichen zu können und war wohl daher zusätzlich enttäuscht (s. Stehn, S. 87; zitiert aus Estensen, S. 289, Übers. d. Verf.).

38 Sexton weist das an einer Gegenüberstellung eines Küstenabschnitts (Photo) von Kangaroo Head mit dem Küstenprofil von Westall der gleichen Gegend nach, S. 43-44.

Bekannt sind Westalls Darstellungen von indigener Kunst: Er ist einer der ersten Europäer, der indigene Felszeichnungen wiedergab (Stehn, S. 86). Wogegen Brown und Bauer 1803 noch in Port Jackson blieben und vor Ort ihre Ergebnisse nacharbeiten wollten, kehrte Westall auf der HMS *Porpoise* nach England zurück. Er konnte daher das Lager der Schiffbrüchigen auf Wreck Reef darstellen, wobei sich Flinders genötigt sah, der Korrektheit halber auf die Tatsache hinzuweisen, dass die im Vordergrund pittoresk sichtbaren Korallen nie über die Wasseroberfläche ragten.[39] Dass Flinders' Bruder Samuel auf Wreck Reef eine Schafherde über Westalls zum Trocknen ausliegende Werke trieb, der viele Bilder zum Opfer fielen, ist bekannt,[40] und wirft ein bezeichnendes Licht auf das Verhältnis Westalls zur Mannschaft – wenngleich sich Flinders selbst während der Expedition nicht über ihn beschwerte.

Außer dieser Leitung der Expedition waren aber natürlich Matrosen, Marinesoldaten und ein malayischer Koch mit dabei, der allerdings in Batavia desertierte. Eine wichtige Ergänzung von Flinders' offizieller Reisebeschreibung stellt also nicht nur das Journal von Brown dar ,[41] sondern auch die inzwischen veröffentlichten Aufzeichnungen des Matrosen Samuel Smith und des Gärtners Peter Good, deren Darstellung interessante Einblicke in den Alltag der Expedition ermöglichen.[42] Keine Aufzeichnungen hinterließen die beiden australischen Ureinwohner Bongaree und Nanbaree, die in Port Jackson zustiegen und mit

39 Flinders war bemüht zu bemerken, dass die Korallen nicht über dem Wasserspiegel lagen, weil sie sonst sichtbar hätten sein müssen (siehe dazu Estensen, S. 446), was bedeutet hätte, der Unfall wäre ein Verschulden der Mannschaften der beiden Schiffe gewesen.

40 Dieser Vorfall wird auch erwähnt von Stehn, S. 86.

41 Siehe Vallance et al. (Hrsg.), *Nature's Investigator* (2001).

42 Siehe Phyllis I. Edwards (Hrsg.), *The Journal of Peter Good* (1981) und Peter Monteath (Hrsg.), *Sailing with Flinders* (2002).

Flinders' Team fuhren. Nanbaree beschloss im Oktober 1802 zurückzukehren, Bongaree dagegen, den Flinders persönlich schätzte, nahm an der gesamten Expedition teil.[43]

B. VERLAUF DER EXPEDITION 1801-1803

Beim Auftreffen auf die Westküste Australiens beim Cap Leeuwen, schon auf dem Weg nach Port Jackson, begann Flinders mit der genauen Kartographie. Diese bedeutete das sorgfältige Abfahren der Strecke möglichst in Küstennähe, mit der Ausmessung aller nützlichen Häfen, küstennahen Hügel oder Berge und Notierung von Seen und Flüssen – immer in Ausschau nach einem schiffbaren Fluss, der das Landesinnere öffnen würde, oder Anzeichen der projizierten Meeresenge zwischen Neu-Holland und New South Wales. Dass es diese Meeresenge nicht gibt und also Australien ein zusammenhängender Kontinent ist, bewies Flinders mit seiner Reise. Trotzdem entgingen ihm z.B. der Murray, Australiens größter Fluss, oder der Brisbane River, weil keiner davon eine für Europäer erkennbare, traditionelle Flussmündung aufweist.

Längere Aufenthalte Flinders' im Küstenbereich des heutigen Albany in West Australien führten dort zu engeren Kontakten mit der einheimischen Bevölkerung. Flinders berichtet über die Begeisterung der Ureinwohner über das Vorexerzieren der Marinesoldaten, das er zu ihrer Unterhaltung organisierte. Wie er selbst vermutet, stellte sich für die Zuschauer mit ihrem eigenen kulturellen Hintergrund die Handlung völlig anders dar, selbst wenn

43 Bongaree war Flinders schon von seiner Reise auf der HMS *Norfolk* bekannt, an der er teilgenommen hatte. Siehe auch Fornasiero et al., S. 375-6.

einige Männer die Exerzierbewegungen der Soldaten nachahmten. Daisy Bates, eine frühe Völkerkundlerin, zeichnete im späten 19. Jahrhundert in Südaustralien einen indigenen Tanz auf, der von Augenzeugen dieses Vorexerzierens entstand und von ihnen über Generationen tradiert wurde.[44]

In der Encounter Bay (s. Abbildung S. 224-225) traf Flinders am 8. April 1802 auf das eine Schiff von Baudins Expedition, die *Géographe*. Beide Expeditionen besaßen, da zwischen Frankreich und England Krieg herrschte, Pässe ihrer jeweiligen Regierung, die die Neutralität der rein wissenschaftlichen Reise garantierten sollten – die aber in beiden Fällen von den Beteiligten selbst nicht ganz so eng gesehen wurden. Baudins Offiziere François Péron und Louis Freycinet berichteten selbstverständlich der französischen Regierung über den Stand der englischen Kolonialgründung, wobei Péron dringend zu einer Auslöschung der erfolgreichen Kolonie riet und einer eventuellen französischen Invasion Port Jacksons die Unterstützung durch irische politische Sträflinge der Rebellion von 1798 versprach.[45] Flinders selbst, so entrüstet er auch in seinem Bericht auf die Neutralität seiner Expedition pocht, brach

44 Siehe Fornasiero et al., S. 374. Auf diese Episode in Flinders' Expedition bezieht sich auch der Titel des Romans von Kim Scott, eines indigenen westaustralischen Autors, *That Deadman Dance* (2010), der 2011 den Miles Franklin Award erhielt.

45 Fornasiero et al., S. 380-81, diskutieren zwar diesen Bericht von Péron, erklären ihn aber apodiktisch für fantastisch und amateurhaft. Er ist zur Gänze in einer englischen Übersetzung im Anhang der Flinders Biographie von Ernest Scott (1914) abgedruckt. Péron hatte sehr genau die Stimmung der irischen Häftlinge beobachtet, die später bei ihrem Aufstand 1804 auf die Intervention französischer Schiffe hofften; siehe dazu Ramsey Silver, 1989. Estensen führt an, dass 1810 Napoléon in der Tat ein Geschwader dazu abkommandierte, die Invasion Sydneys vorzubereiten, diesem Plan aber nicht mehr nachging (Estensen, S. 132).

seinerseits die Bedingungen des französischen Passes durch den Transport von Regierungsdepeschen Gouverneur Kings nach London, und half trotz in französischer Gefangenschaft gegebenem Ehrenwort selbstverständlich dem Vize-Admiral Bertie bei der Erstellung der englischen Invasionspläne von Île de France (die im Dezember 1810 erfolgreich waren). So sind rühmende Bemerkungen, Baudin und Flinders seien sich partnerschaftlich-friedlich begegnet, etwas naiv. Selbstverständlich wurde die Fassade gegenseitiger Neutralität gewahrt und alle nötigen Informationen ausgetauscht[46] – doch notiert selbst Flinders' Reisebericht, er habe die HMS *Investigator* zuerst mit der Breitseite und allen Kanonen zu Baudins Schiff aufgestellt. Flinders hatte gegenüber Baudin den Vorteil, durch seine spätere Abreise über Baudins Expedition informiert zu sein. Für Baudin war Flinders' Erscheinen dagegen eine außerordentlich unangenehme Überraschung, wie Flinders mit einiger Genugtuung bemerkte.[47] In Port Jackson sollte man sich wieder treffen.

Bei der Ankunft in Australien konnte Flinders also bereits erste kartographische Resultate präsentieren. Er hatte die Bass Strait zum zweiten Mal durchfahren und ihre strategisch bedeutsame Rolle für den Zugang zur australischen Ostküste wie für den Zugang zum Pazifik war der französischen Expedition auch nicht entgangen. Wenige Wochen nach Flinders' Ankunft in Port Jackson kam auch Baudins zweites Schiff, die *Géographe*, am 20. Juni 1802 an; die *Naturaliste* hatte bereits im Hafen gelegen. (Das Titelbild dieses Bandes zeigt das Zeltlager der französischen Expedi-

46 Da Flinders kein Französisch sprach und Baudin nur rudimentäres Englisch, fanden die zwei Treffen zwischen den Kapitänen in der Begleitung von Robert Brown statt, der als Übersetzer fungierte.

47 Péron berichtet, auf der *Géographe* habe man das Schiff zuerst für die eigene *Naturaliste* gehalten, von der die Expedition getrennt worden war, bevor an Bord klar geworden sei, dass die HMS *Investigator* ein fremdes Schiff sein musste (zitiert in Fornasiero et al., S. 163).

tion in der Bucht von Port Jackson, von Charles-Alexandre Lesueur, mit beiden Schiffen im Hintergrund und einem Blick auf die westliche Seite des Hafens.[48]

Hier wurde Baudin von Gouverneur King sehr entgegenkommend aufgenommen und erhielt alle Hilfe bei der Reparatur und Wiederherstellung seiner Schiffe und Mannschaft.[49] Als bald darauf die Nachricht über den Frieden von Amiens (27. März 1802) eintraf, sahen sich sowohl Gouverneur King als auch Baudin in ihrer gegenseitigen Sympathie bestärkt.[50] Das bedeutete nicht, dass King nicht Leutnant Robbins auf dem Schoner HMS *Cumberland* Baudin nach

48 Lesueur verfasste auch Bilder der Hafenanlagen in Sydney, die strategische Details bis hin zu der Positionierung der Kanonen enthalten (Estensen, 131). Vor der Photographie diente die Anwesenheit bildlicher Künstler bei solchen Expeditionen immer mehr als einem künstlerischen Interesse.

49 Baudin notiert sogar in seinem Tagebuch, King habe zur leichteren Ausstattung der französischen Schiffe die Tagesrationen der Einwohner und der Garnison reduziert (zitiert in Pineo, 29).

50 Ob und wie stark Baudin in die Spionageaktivitäten seiner Offiziere verwickelt war, oder von ihnen wusste, ist noch immer umstritten; siehe Estensen S. 131. Detailliert diskutiert Proust de la Gironière die ihrer Ansicht durch Napoléon angeordnete politisch-strategische Komponente der Reise (Proust de la Gironière, S. 57), bestreitet aber, dass Péron konkrete Anweisungen zur Spionage erhalten habe (S. 61). Es ist beachtlich, dass Flinders berichtet, er habe seine Karten Baudin gezeigt, von diesem im Gegenzug aber die Antwort bekommen, dass Baudin nur Daten sammele, die Karten würden in Paris erstellt. Flinders scheint diese Aussage geglaubt zu haben (er wundert sich detailliert über diese wenig praktikable Vorgehensweise in seinem Reisebericht). Fornasiero et al. überführen Baudin der Lüge, ziehen es aber vor, über sprachliche Probleme bei der Kommunikation zu spekulieren, S. 196-7. Vergleiche dazu Proust de la Gironière: »[...] in schweren Zeiten benutzten die europäischen Mächte die Wissenschaft als Alibi für militärische und wirtschaftliche Spionage; das wissenschaftliche Alibi war wenn nicht unvergleichbar wichtig so doch zumindest unverzichtbar um sicheres Geleit durch feindliche Gewässer zu erhalten.« (Proust de la Gironìere, S. 59, Übers. d. Verf.)

dessen Abreise hinterherschickte. Robbins fand das Zeltlager der Franzosen auf der heutigen Kings Island in der Bass Strait und hisste am 14. Dezember 1802 mitten in dieses eine englische Flagge – diese hing ohne ordentlichen Mast eher in der Form von zum Trocknen aufgehängter Wäsche, wie Baudin spöttisch in seinem Protestbrief über diesen Vorfall an Gouverneur King berichtete (Fornasiero et al., S. 227). Es galt um jeden Preis eine Landnahme der Franzosen an der strategisch wichtigen Bass Strait zu verhindern. Und offensichtlich nahm King die Invasionsvorschläge Pérons seinerseits ernst genug, um den Hafen von Port Jackson befestigen zu lassen.[51]

Flinders brach am 22. Juli 1802 mit seiner frisch gestrichenen und kalfaterten HMS *Investigator* aus Port Jackson nach Norden auf, ohne zu ahnen, dass der bereits in England begonnene Holzschwamm und Moder unter der schützenden Kupferhülle des Schiffsrumpfs gefährliche Ausmaße angenommen hatte. Auf dem Weg in den Carpenteria Golf im Norden Australiens zog das Schiff so viel Wasser, dass die beiden Pumpen ununterbrochen betätigt werden mussten. Flinders war gezwungen, schließlich eine längere Pause mit Überprüfung des Schiffsrumpfes anzuordnen. Deren Resultat beendete die Expedition *de facto* und versprach dem Schiff eine Lebensdauer von im besten Fall noch sechs Monaten. Skorbut an Bord (auch Flinders litt schon an den typischen Geschwüren) zwang zu einem Aufenthalt in Batavia und der nahende tropische Monsun drohte, das nicht mehr seetaugliche Schiff insgesamt zu vernichten. Typischerweise setzte Flinders auf Risiko: Im Bemühen, die Fertigstellung der außerordentlich komplizierten Seekarte der Torres Strait (siehe Abbildung S. 280-281) doch noch aus der HMS *Investigator* herauszuholen, setzte er die

51 Gouverneur King errichtete noch 1803 Fort Philip und weitere Hafenbefestigungen.

küstennahe Reise in Richtung Indonesien so lange fort, wie er nur konnte, bevor er nach Kupang übersetzte. Dort konnte er sein Schiff nur wenig kalfatern, aber immerhin frische Lebensmittel an Bord nehmen, die den Zustand der Mannschaft sofort verbesserten. Ab diesem Zeitpunkt kehrte Flinders auf schnellstem Wege nach Port Jackson zurück, wobei er zusätzlich mit einer tropischen Infektion an Bord zu kämpfen hatte, die wenige Tage nach der Abreise aus Kupang ausbrach und der mehr und mehr seiner Mannschaft zum Opfer fielen – Kartographieren und Entdecken wurden jetzt sekundär, es ging um das nackte Überleben. So blieb die Westküste Australiens auf dem Stand der früheren holländischen und französischen Karten und ist darum auf Flinders' Kontinentalkarte in aller Ehrlichkeit mit einer dünneren Linie gezeichnet als die von ihm selbst kartographierten anderen Küstenstriche. Bei der erneuten Ankunft in Port Jackson waren ein Viertel der Besatzung verstorben (Fornasiero, S. 174), einige erholten sich auch im Hospital der Kolonie nicht wieder von ihrer Entkräftung, unter ihnen auch der Gärtner Peter Good (Webb, 102). Flinders hatte die Umschiffung Australiens vollendet; die HMS *Investigator* wurde nach der Ankunft für schrottreif erklärt.

Nach dem Kleingedruckten seines Expeditionsbefehls, den Flinders in seinem Bericht wiedergibt, hätte der Schwerpunkt der Erforschung nun gerade auf der West und Südwestküste Neu-Hollands liegen sollen (siehe Estensen, S. 239) – in offenem Wettbewerb zu ähnlichen französischen Bestrebungen in *France Australe*. Damit hatte Flinders einem großen Teil seines Auftrags nicht nachkommen können. Er wollte darum sobald wie möglich nach England zurückkehren und ein neues Schiff für die Expedition fordern, in der Hoffnung, das mitgebrachte bisherige Kartenmaterial würde die Admiralität von seiner Eignung für die Fertigstellung dieser Aufgabe überzeugen. Das wissenschaftliche

Team sollte so lange in Port Jackson warten; nur Westall bestand darauf, mit Flinders nach England zurückzukehren. Flinders und Westall schifften sich also als Passagiere auf die HMS *Porpoise* ein, die am 10. August 1803 Port Jackson auf dem Weg nach Norden verließ, in Begleitung zweier Schiffe der Ostindienkompanie, der HMS *Cato* und der HMS *Bridgewater*.

C. SCHIFFBRUCH UND GEFANGENSCHAFT

Flinders kam nicht weit. Die Schilderungen des Reiseberichts über den Schiffbruch der HMS *Porpoise* und HMS *Cato* am 17. August 1803 auf Wreck Reef sind in allen Details korrekt, einschließlich des kriminellen Vorgehens des Kapitäns der HMS *Bridgewater*, der die 96 gestrandeten Männer auf der Sandbank von Wreck Reef ihrem Schicksal überließ und bei seiner Ankunft in Tellicherry in Südwest-Indien berichtete, sie seien alle untergegangen. Den Beweis für seine Gewissheit, die HMS *Bridgewater* habe die Überlebenden und ihre Lichtsignale sehen müssen, erhielt Flinders erst bei seiner Rückkehr in England durch das Journal des dritten Maats Williams, der die HMS *Bridgewater* verließ.[52] Diese Nachricht fand über eine Zeitung in Bombay ihren Weg nach England und Flinders' Frau Ann trug zwei Jahre lang Witwenkleidung (Retter, 55-56), bevor der nächste Brief ihres Mannes aus Mauritius ihr sein Überleben bewies. Nicht nur übernahm Flinders als ranghöchster Offizier den Befehl über die schiffsbrüchigen Mannschaften.

52 Das rettete Williams das Leben, denn die HMS *Bridgewater* sank mit ihrer gesamten Mannschaft auf der Weiterreise nach England (Estensen, 299), was von Flinders nicht ausdrücklich als verdiente Strafe der Vorsehung bezeichnet wird. Er kann sich aber doch nicht den Kommentar verkneifen, was wohl zu diesem Zeitpunkt durch den Kopf ihres Kapitäns gegangen sein muss.

Als Schüler Blighs war es nun an ihm, in einem offenen Boot über 500 km nach Port Jackson zurückzufahren, um Hilfe für seine Kameraden zu holen. Dabei konnte Flinders verhältnismäßig sicher die Küste entlang segeln und rudern. Seine später ausgedrückte Hochachtung für Kapitän Bligh, der eine so viel längere solche Fahrt über das offene Meer geleistet hatte, ist ohne Zweifel dieser Erfahrung geschuldet. Vor Ort in Port Jackson war nur der kleine, lecke Schoner HMS *Cumberland* verfügbar. Sei es Flinders' Ungeduld nach England zurückzukehren, sei es sein Ehrgeiz auch in einer solchen Nussschale die lange Seereise zurück nach England zu wagen, die ihn dieses Schiff akzeptieren lässt: Es ist nicht zu bestreiten, dass Flinders sowohl die HMS *Investigator* als auch die HMS *Cumberland* bei der Erstinspektion für seetauglich erklärt hatte, was auf ein gewisses Maß an mangelnder Erfahrung in diesem Bereich hindeutet. Im Fall der HMS *Cumberland* wird ihm schon wenig später klar, dass er sich mit diesem optimistischen Urteil schwer geirrt hat. Seine Entscheidung, trotzdem nicht von Wreck Reef umzukehren und ein anderes Schiff zur Heimfahrt zu wählen, wird ihm zum Verhängnis. Die schlecht arbeitenden Pumpen können in Kupang, der ersten Station, nicht ersetzt werden. Als eine Pumpe bei der Weiterfahrt ausfällt, läuft die einzige verbliebene ununterbrochen – die HMS *Cumberland* droht im Indischen Ozean zu versinken.

Flinders berichtete sicherlich über seine Gründe für seine Entscheidung, gegen Gouverneur Kings Rat den Kurs jetzt auf die Île de France zu setzen, so detailliert, weil er, wie er schreibt, das Kriegsgericht im Fall eines weiteren Schiffsbruchs fürchten muss. Allerdings wird deutlich, warum er *trotz* der an Bord befindlichen Depeschen von Gouverneur King und seiner schriftlich festgehaltenen Vermutung, der Frieden von Amiens könne zwischenzeitlich geplatzt sein, auf potentielles Feindesland zuhält. Mauritius als mögliche Versorgungsstation für Port Jackson und für seine eigene erneute Expedition will er auch in das (für ihn verlorene) Logbuch eingetragen haben. Ebenso aber nennt er die für damalige Spionage höchst relevanten Formulierungen von seiner geplanten Auskundschaftung örtlicher Gegebenheiten und des Fortschritts der Revolution auf der vormals royalistischen Insel.[53]

Auf Île de France, seit Mai 1803 im Kriegszustand mit England, und durchaus nicht unumstritten bei royalistischen wie jakobinischen Inselbewohnern, herrschte der General-Gouverneur Charles Mathieu Isidore De Caen (1769-1832).[54] Dieser war von Napoléon dorthin in der Absicht versetzt worden, die Insel in *den* zentralen Militärstützpunkt für eine geplante napoleonische Invasion Indiens zu verwandeln. Flinders erwähnt mit keinem Wort, dass Mauritius schon während des Siebenjährigen Krieges eine französische Piratenhochburg gegen die englische Ostindienkompanie und Marine im Indischen Ozean gewesen war. Ein Echo dieses Wissens findet sich aber in einem kurzen, in dieser Ausgabe gestrichenen Rechenspiel, das Flinders über die möglichen Raubgewinne aus Piraterien De Caens seit Beginn der neuerlichen Kriegserklärung anstellt.[55] Selbst wenn man dem Marineoffizier Flinders

---

53 Nach der Revolution hatte sich auf Île de France eine Bürgerversammlung gebildet. Aber als der französische Nationalkonvent 1794 in Paris die Sklaverei abschaffte, hatte Île de France, in deren Population auf 6500 Europäer ca. 63.000 Sklaven kamen, die Delegation unverrichteter Dinge nach Hause geschickt. 1802 restituierte Napoléon die Sklaverei in den französischen Kolonialgebieten und befahl die Auflösung der Bürgerversammlung. Dieses Dekret wurde auf Mauritius ignoriert. De Caen löste die Bürgerversammlung im September 1803 auf (Estensen, S. 314; Wanquet, S. 22).

54 Flinders vermutete bei seiner Ankunft noch den vorigen Gouverneur Magallon an der Spitze der Regierung auf Île de France; er hatte auch Briefe an Magallon im Gepäck. Pineo diskutiert De Caens Machtübernahme im Detail S. 52 ff.

55 Estensen kommentiert Flinders' Berechnung wie folgt »De Caen würde zweifellos dazu genauere und höhere Zahlen zur Verfügung

eine bodenlose Ignoranz über die strategische Bedeutung der Île de France unterstellen wollte, verbunden mit einer völligen Unkenntnis unmittelbarer Zeitgeschichte, um ihn so zu einem blauäugigen Wissenschaftler im Elfenbeinturm zu stilisieren,[56] so bleibt die Tatsache, dass bei Baudins Abfahrt aus Port Jackson dessen bekannte nächste Station Île de France war – zumindest dem Hörensagen nach sollte Flinders die militärische Funktion der Insel also kennen. Er scheint sich des Schutzes seines vom französischen Botschafter in London ausgestellten Passes *sehr* sicher gewesen zu sein.

Bei der Ankunft in Mauritius entstehen, wie Flinders detailliert beschreibt, diverse Missverständnisse. Seine Verfolgung eines Schiffes zurück in den Hafen wird als möglicher Kriegsakt gesehen. Er soll seinen Pass in der Hauptstadt der Insel, Port Louis, vorlegen. (Auch hierin ist der Reisebericht aufschlussreich: die Hauptstadt war nach der Revolution zu Port Nord Ouest umbenannt worden. Flinders verwendet durchgehend die alte, royalistische Namensgebung.) Auf seinem Weg nach Port Louis also, wird Flinders von einem französischen Schiff beschattet (Estensen, 318). Er weiß bis zum Zeitpunkt seiner Berichterstellung in London 1810-14 offenbar nichts davon, zumindest erwähnt er es nicht. Allerdings erwähnt er auch nicht sein Versagen, die Depeschenkiste Gouverneur Kings, wie die Anordnungen der Marine eigentlich vorschreiben (Estensen, 329), auf seinem Weg nach Port Louis zu versenken.[57] So erscheint

---

gehabt haben.« (Estensen, S. 329, Übers. d. Verf.)

56 Estensen versucht sich, sehr kurz allerdings, in dieser Apologetik auf S. 322, ebenso Fornasiero, S. 159, die sowohl Baudins als auch Flinders' Selbstverständnis als »Diener der Wissenschaft« bezeichnet.

57 Estensen zitiert einen späteren Brief Flinders' an Sir Banks, geschrieben 1804, in dem Flinders schreibt, er hätte die Kiste sicherlich versenkt, wenn er über ihren Inhalt informiert gewesen wäre (Estensen, S. 381). Gouverneur King berichtete darin u.a. über

er also im feindseligen Hafen von Port Louis in der HMS *Cumberland* statt der HMS *Investigator*, ohne wissenschaftliches Team an Bord, aber mit Depeschen von Gouverneur King, die bei der Durchsuchung seiner Kabine gefunden und konfisziert werden. Einen solchen Fall deckt sein Pass der Regierung keineswegs, und das ist Matthew Flinders durchaus klar. Über seine Festnahme am 17. Februar 1803 durch Gouverneur De Caen muss man sich also nicht wirklich wundern.

Ob Flinders, wie französische Quellen berichten, darüber hinaus dem hochmütigen Gouverneur De Caen bei seinem ersten und einzigen Treffen tatsächlich mit aufgesetztem Hut gegenübergetreten ist (was für die damalige Zeit ein Affront gewesen wäre, da eine solche Unverschämtheit dem Gouverneur seine hierarchische Autorität abgesprochen hätte) und, wie er selbst zugibt, einen Tag später De Caens Einladung zum Abendessen grob ausgeschlagen hat, ist angesichts der obigen Situation nur noch das Tüpfelchen auf dem i.[58] Es bleibt die Festsetzung Flinders' zunächst im Café Marengo, dann, mit Hilfe der Intervention französischer Förderer und nach vielen Anträgen, in einer Villa am Ortsrand, dem Gartengefängnis. Es bleibt die Konfiszierung seiner Unterlagen, die Flinders nur zum Teil, zu seiner großen Beruhigung, wie er schreibt, noch zerreißen kann und von denen er sein drittes Logbuch nie wieder erhalten wird.[59] Und es bleibt der Beginn einer über sechsjährigen Gefangenschaft auf der Insel, in deren Verlauf Flinders zu der Überzeugung

seine Pläne, Schiffen aus Île de France den Zugang zu Port Jackson zu verwehren und den Hafen mit Artilleriegeschützen auszubauen (Pineo, S. 77).

58 Siehe zu dieser Diskussion Estensen, S. 320 und S. 324; Retter, 51.

59 De Caen nahm das dritte Logbuch mit sich bei seiner Rückkehr nach Frankreich, wo es der englische Botschafter in Paris erst im Juni 1825 erhielt (Estensen, S. 436).

gelangt, De Caen müsse ihn hassen, und dieses Gefühl seinerseits herzlich erwidert.

Auf Mauritius war De Caen selbst nicht ohne Gegner. Sein Verhalten der revolutionären Volksversammlung gegenüber, die er souverän bei seiner Ankunft am 16. August 1803 erst ignorierte und dann im September außer Kraft setzte (Pineo, S. 53), machte ihm unter den Jakobinern auf der Insel keine Freunde. Sein Ruf als Beteiligter an der blutigen Niederschlagung des Aufstands in der Vendée[60] war ihm bei den royalistischen Sympathisanten auf der Insel schon vorausgeeilt. Flinders konnte also bei seinen Schwierigkeiten mit lokaler Unterstützung rechnen und er befreundete sich recht schnell mit Charles Thomi Pitot de la Beaujardière (1779-1860), mit dem ihn eine lebenslange Freundschaft verband, sowie anderen Mitgliedern der Aristokratie. Pitot las ihm zum einen die zahlreichen Anträge und Briefe an De Caen Korrektur und empfahl Flinders zum anderen einen untertänigeren Schreibstil.

Im Gartengefängnis wurde bei aller Lobbyarbeit, die Flinders für sich über Briefe nach Indien, Australien, und England betrieb, bald deutlich, dass bei dem Verlauf der napoleonischen Kriege in Europa das Schicksal eines einzelnen Entdeckers irgendwo im Indischen Ozean kein großes Gewicht mehr hatte. Trim, der ihn bis hierher begleitet hatte, starb. Vom Tod seines Vaters, mit dem er sich nie wirklich ausgesöhnt hatte, hatte Flinders aus Briefen schon 1803 erfahren (Estensen, 281). Die 1807-16 erschienenen Bände über die Expedition des verstorbenen Baudin, die von seinen Offizieren Péron und Freycinet herausgegeben wurden, *Voyage de découverte aux Terres Australes*, nannten Südaustralien zu *Terre Napoléon* um, und, wie Flinders machtlos-wütend

60 Siehe Pineo, S. 43-44; De Caen diente unter Kléber später auch in der Rheinarmee.

schreibt, führten französische Namen selbst an den Orten, die Flinders bereits Baudin als von ihm mit englischen Namen bezeichnet mitgeteilt hatte.[61] In verschiedenen Gefangenenaustauschen verließen nach und nach die restlichen Mitglieder seiner Mannschaft die Insel, so dass Matthew Flinders mit einem Diener, John Elder, allein zurückblieb. Der genehmigte Umzug im August 1805 auf die Plantage der Mme D'Arifat und ihrer Kinder, *Le Refuge* im Landesinneren, mit den damit verbundenen größeren Freiheiten, besserte Flinders' Zustand recht deutlich. Ein Porträt, das von Toussaint de Chazal, einem Nachbar der D'Arifats, kurz nach Flinders' Ankunft auf der Plantage erstellt wurde, zeigt ihn abgemagert und sichtlich gealtert. Im Gartengefängnis hatte Flinders ein starkes Aufflammen der Nierenentzündung erlebt, die ihn später das Leben kosten sollte.[62] Ein zweites Porträt von Chazal, wenige Jahre später, zeigt Matthew Flinders in wesentlich besserer körperlicher Verfassung. Estensen betont die Vorteile, die der gewachsene soziale Kontakt für Flinders auf der Plantage insgesamt bedeutete: er spielte Flöte zur gekonnten Cembalobegleitung von Mme Chazal,[63] nahm an Theateraufführungen und Bällen teil, flirtete mit Delphine, einer Tochter von Mme D'Arifat,[64]

61 Fornasiero et al. (S. ix) bemerken zu Recht angesichts der Änderungen Pérons und Freycinets an Baudins Text, dass Baudins eigener Reisebericht erst von Jacqueline Bonnemain veröffentlicht wurde: *Mon Voyage aux Terres Australes* (2000).

62 Erste Nierenprobleme sind bei Flinders schon 1795 nachgewiesen (Estensen, 54).

63 Flinders konnte nicht umhin zu bemerken, dass das »exzellente englische Instrument« auf dem Mme Chazal sein Spiel begleitete, von Piraten erbeutet worden war und Mme Chazal 1000 Piaster gekostet hatte (zitiert Retter, S. 73-74, Übers. d. Verf.).

64 Flinders schrieb 1806 einen emotionalen Brief an Mlle Delphine in seine Korrespondenzmappe, den er nach Estensen, S. 379 nie abschickte, und in dem er zwischen Sentiment, Bewunderung und

und unterrichtete den jüngsten Sohn von Mme D'Arifat vier Jahre lang in Mathematik (Estensen, S. 479). Seine Reisebeschreibung berichtet über Ausflüge und beschreibt einen Hurrikan, der die Insel heimsuchte, ebenso wie Landschaft, Klima, Gesellschaftsordnung und Tagesablauf auf der Plantage.

All diesen angenehmen Zeitvertreiben zum Trotz litt Flinders unter Heimweh und einer zunehmenden Depression. Pläne zwischen Ann und ihm, seine Frau nach Mauritius zu bringen, stellten sich als nicht machbar heraus. Sein Diener John Elder, der alle Angebote, Flinders zu verlassen, treu ausgeschlagen hatte, zerbrach schließlich an der scheinbar hoffnungslosen Situation, die sich Jahr um Jahr hinzog. Er entwickelte eine Paranoia. Flinders organisierte Elders Rückkehr nach England 1807 selbst, was letztlich seine innere Isolation in der Fremde besiegelte. Aus den danach beginnenden angedrohten Fluchtversuchen machte Flinders in seinem Freundeskreis keinen Hehl (siehe Estensen, S. 391, 401, 407). Bei der umfangreichen Spitzeltätigkeit der Regierung De Caens und der Zensur, der Flinders' Briefe unterlagen, ist davon auszugehen, dass De Caen über diese Entwicklung seines Gefangenen informiert war.

Schon seit 1806 hatte der General-Gouverneur einen Bescheid der französischen Regierung über die Freilassung Flinders' erhalten. In diesem Bescheid war De Caens Festnahme von Flinders prinzipiell bestätigt worden, aus humanitären Gründen aber eine Entlassung empfohlen und in den Ermessensspielraum des General-Gouverneurs gestellt worden. De Caen reizte diesen Ermessensspielraum in den nächsten Jahren vollkommen aus.

Distanzierung hin und her schwankt. Er bewunderte Mlle Delphine durchaus, war sich aber seines Standes als verheirateter Mann sehr bewusst.

Flinders vermutet in seinem Reisebericht, sein in der Zwischenzeit erworbenes Wissen über die Insel habe De Caen dazu bewogen, ihn bis zum Ende des Krieges festzusetzen. (In der Tat stellt Flinders dieses Wissen nach seiner Freilassung für die englischen Invasionspläne zur Verfügung und zeichnet Karten und Hafenanlagen, die er seit 1806 in Bearbeitung hatte.[65]) Warum wurde er dann aber mitten in der laufenden Blockade der Insel durch die englische Flotte freigelassen? Pineo sieht Flinders als Geisel, die De Caen für eigene Verhandlungen angesichts der drohenden Invasion von Île de France durch die englische Flotte zurückbehalten wollte (Pineo, S.146; Estensen schließt sich dem an S. 417). Erst nach erfolgreichen Verhandlungen über die Evakuierung seiner selbst und seiner Familie im Invasionsfall habe De Caen Flinders freigelassen. In der Tat zieht sich diese Entscheidung De Caens über zwei Wochen im Juni 1810 hin, was für dieses Szenario spricht. Am 13. Juni 1810 verlässt Flinders endlich Port Louis und ist nun wirklich auf dem Weg nach Hause.

Entlassen worden war Flinders auf sein Ehrenwort, von dem ihn die französische Regierung erst 1812 entband (Estensen, S. 434), und das er vollständig im Reisebericht

65 Estensen, S. 421. Pineo weisst darüber hinaus auch auf die auffällige Nähe von Flinders' Freunden Paul David Labauve D'Arifat (dem ältesten Sohn von Mme D'Arifat), Thomi Pitot und Toussaint Antoine de Chazal zu dem neuen britischen Gouverneur Sir Robert Townsend Farquhar hin, die den Machtübergang nach der Invasion deutlich erleichtert habe (S. 173-175). Bislang unkommentiert ist das Zeugnis von Mme D'Arifats Royalismus, der eine solche Einstellung ihres Sohnes erleichtert haben dürfte, in der Namensgebung ihrer Tochter Delphine Louise Antoinette Marie. Der Name nimmt, von hinten nach vorn gelesen, deutlich Stellung zum Zeitgeschehen. Pitot, der einige Zeit in der Bastille verbrachte, dürfte ähnlich über die Revolution gedacht haben; ebenso de Chazal.

zitiert, über Indien heim zu kehren, und nichts gegen Frankreich zu unternehmen. Beide Auflagen bricht er ohne mit der Wimper zu zucken, sobald er dem Machtbereich De Caens entkommen ist. In England erfährt seine Frau aus der Zeitung von seiner Ankunft in Kapstadt[66] und mag nach jahrelanger vergeblicher Hoffnung kaum daran glauben, bis Sir Banks es ihr schriftlich bestätigt.

3. Heimkehr, Reisebericht und Tod

Matthew Flinders' Ankunft in England am 24. Oktober 1810 muss dem Ehepaar wie ein Wunder vorgekommen sein. Der Cousin John Franklin, der bei dem Wiedersehen der beiden wenige Tage später in London anwesend ist, zieht sich sofort diskret zurück (Estensen, 423). Nach einer Unmenge von Besuchen bei allen Verwandten und Freunden, beginnt Flinders ernsthaft mit der Arbeit an seinem Buch. Ebenso ernsthaft betreibt er die Vordatierung seiner Beförderung bei der Admiralität, doch wird ihm von der englischen Regierung die Zeit seiner Gefangenschaft in Mauritius trotz aller Bemühungen nicht angerechnet und es bleibt beim Kapitänsrang *ab* dem Zeitpunkt seiner Freilassung. Matthew Flinders wird zwar regelmäßiger Teilnehmer an den sonntäglichen Einladungen bei Sir Joseph Banks. Aber bei allem offiziellen großen Lob für seine Leistungen bleiben ein finanzieller Verlust und ein

66 Isabella, Flinders' Schwägerin, schreibt: »Eines Abends waren wir dabei, zur Kirche zu gehen – die Post kam – es war nur eine Zeitung, das konnte bis zu unserer Rückkehr warten – ich war als Erste fertig, & während ich wartete, griff ich die verachtete Zeitung auf – ich las in den Schiffsneuigkeiten vom Kap – dass ein Schiff dort angekommen sei, an Bord den Kapitän Flinders als Passagier. [...] Wir lasen es wieder & wieder, konnte das stimmen?« (zitiert in Estensen, S. 422).

Karriereschaden, der gemachte Fehler bei seiner Festsetzung auf Mauritius schmerzhaft dokumentiert. Eine Intervention des Parlaments zu seinen Gunsten, die William Wilberforce (der Abgeordnete, der durch seinen Einsatz für die Abschaffung des Sklavenhandels berühmt geworden ist) für Flinders in die Wege leiten will, lehnt Flinders auf Anraten der Admiralität ab. Es bleibt ihm also nur übrig, bescheiden zu leben und auf den Erfolg seines Buches zu hoffen.

In diese Zeit fallen für Flinders die Experimente mit der Kompassvariation, die er im Auftrag der Admiralität durchführt, und die Geburt seiner Tochter (am 1. April 1812). Viele Umzüge in je privateren und kleineren Unterkünften an den Stadtrand sind nicht nur Ausdruck finanziell beengter Verhältnisse, sondern auch das Bemühen, seine Gesundheit und die seiner kleinen Familie zu konsolidieren. Matthew Flinders ist nach Aussage aller Quellen ein liebevoller Familienvater. Er träumt sogar von einem eventuellen Rückzug in ein kleines Häuschen aufs Land. Der fast obsessive Ehrgeiz seiner Jugend scheint einem abgeklärten, reiferen Lebensabschnitt zu weichen.[67]

Das Aufflammen alter gesundheitlicher Probleme ignorierte Flinders zunächst, im Glauben wie auf Mauritius auch diese Krise zu überstehen – umso leichter im ruhigen Glück seines Familienlebens. Ohnehin muss man eingestehen, dass die damalige Medizin für Flinders keinerlei Rettung

67 »Wenn meine Arbeit beendet ist, und sich nichts Besseres ergibt, plane ich ein kleines Häuschen mit Garten auf dem Land zu kaufen, und mich dort mit meinen Büchern zurückzuziehen, um von meinem kleinen Einkommen zu leben. [...] Sollte ich je wieder wegsegeln, wäre dieser kleine Ort eine Zuflucht für meine Frau in meiner Abwesenheit. [...] Aber ich werde nicht mehr zur See fahren, es sei denn auf Entdeckungsreise; und wenn ich daher nicht eine Verwaltungstätigkeit in der Marine erhalten sollte, werde ich in Ruhestand gehen, und mein Glück unabhängig von dem Willen anderer gestalten.« (Brief an Wiles, Juli 1811, zitiert in Estensen, S. 462, Übers. d. Verf.)

bedeutet hätte, ganz gleich wie zeitig er sich bei Schmerzen um ärztlichen Beistand bemüht hätte. Innerhalb weniger Wochen magert er ab und altert erschreckend. Er kann sich trotz diverser Behandlungen vor Schmerzen kaum noch aufrecht halten und ist offenbar zufrieden, dass dieser gesundheitliche Einbruch *nach* seiner Fertigstellung und Drucklegung des Reiseberichts geschieht, denn arbeiten ist ihm in diesem Zustand nicht mehr möglich. Am 18. Juli 1814 erscheint sein Reisebericht unter dem selbst für damalige Maßstäbe überlangen Titel *A Voyage to Terra Australis: Undertaken for the Purpose of Completing the Discovery of that Vast Country, and Prosecuted in the Years 1801, 1802, and 1803, in His Majesty's Ship the Investigator and subsequently in the armed vessel Porpoise and Cumberland Schooner With an Account of the Shipwreck of the Porpoise, Arrival of the Cumberland at Mauritius and Imprisonment of the Commander During Six Years and a Half in that Island. By Matthew Flinders, Commander of the Investigator. In Two Volumes, with an Atlas.* Einen Tag darauf verstirbt Matthew Flinders an einem chronischen Nierenleiden.

Die Legende berichtet, seine Frau habe ihm den Band an seinem Sterbetag noch in den Arm gelegt; Estensen weist dagegen überzeugend nach, dass Flinders sein Buch natürlich mehrere Tage vor dem offiziellen Erscheinungstermin erhalten hatte (Estensen, S. 470). Der Beigeschmack einer Tragödie und eines viel zu frühen Todes bleibt.

Im Unterschied zur Witwe James Cooks, die eine staatliche Pension erhielt, konnte Flinders' Witwe trotz mehrerer Anträge keine solche Pension erhalten und lebte unter solchen bekanntermaßen bescheidenen Verhältnissen weiter, dass ihr schließlich 1853 eine Pension von den Kolonien New South Wales und Victoria im Andenken der Verdienste Matthew Flinders' ausgestellt wurde. Die Nachricht von dieser Pension erreichte aber Flinders' Tochter erst nach Anns Ableben (Ann Flinders starb am 10. Februar 1852).

Das Geld verwendete sie für die Erziehung von William Matthew Flinders Petrie, dem Enkel des Entdeckers, der selbst zu einem bedeutenden Ägyptologen heranwachsen sollte.

4. Textgenese

Grundlage der hier vorliegenden Ausgabe ist die erste deutsche Übersetzung von Flinders' Reisebeschreibung durch Dr. (August) Ferdinand Götze, die 1816 im bedeutenden Verlag des Landes-Industrie-Comptoir in Weimar erschienen ist.[68] Wie der Verlagsname schon andeutet, handelte es sich dabei um eine 1791 durch den Verleger und Philanthropen Friedrich Justin Bertuch (1747-1822) gegründete Anstalt *wirtschaftlicher* Förderung, die außer dem Verlag ab 1804 u.a. ein Geographisches Institut (die vorherige Kartographie des Comptoirs) beherbergte, das mit an der Ausgabe herausragender Werke beteiligt war. Bertuch ging es vor allem um die weite, auch populärwissenschaftliche Publikation von geographischen beschreibenden Werken, getrieben von einem aufklärerischen Anspruch, der in der Verbreitung von Wissen die Möglichkeit zur wirtschaftlichen und gesellschaftlichen Weiterentwicklung sah. Sein Einsatz für Wissenschaft und Wirtschaft wurde 1792 durch seine Aufnahme in die Gelehrtenakademie Leopoldina gewürdigt. Es ist kein Wunder, dass Götze die Übersetzung von Flinders' Werk durchführte, da er seit 1800 die kartographische Abteilung geleitet hatte, die dann zum Geographischen Institut wurde. Dort gab er u.a. Seekarten

68 Zu der Geschichte der geographischen Ausgaben des Verlags, siehe Middell, 312. Die Seitenangaben in diesem Abschnitt, die auf Götzes Ausgabe verweisen, beziehen sich auf diese Edition von 1816; kurz *G* bezeichnet.

heraus. Da Matthew Flinders vorrangig als Navigator und Kartograph wahrgenommen wurde, lag Götze auch seine Verbreitung im deutschsprachigen Raum nahe.

Flinders' englische Urausgabe war kein billiges Buch. Seine Reisebeschreibung erschien 1814 in zwei Bänden mit einem Folio Atlas des Kartenmaterials. Illustriert waren die Bände mit 47, der Atlas mit 9 weiteren Kupferstichen. Der Reisebericht war in dieser Erstausgabe mit acht Guinea[69] so teuer, dass er sich nur schwer und zögerlich verkaufte. Estensen sieht dies als Ausdruck der hohen technischen Spezialisierung der Reisebeschreibung, die weniger für ein allgemeines Lesepublikum von Interesse war (Estensen, 474). Offenbar in der Absicht, trotzdem den Bericht einer größeren deutschsprachigen Leserschaft zukommen zu lassen, kürzte Götze zwei Kapitel vollständig (jeweils zwei 11. Kapitel) unter Verweis darauf, diese seien nur für Kapitäne und Seefahrer von Nutzen, beließ aber den gesamten Atlas bei.

Die hier vorliegende Ausgabe führt dieses Prinzip nun wesentlich konsequenter zu Ende. Von den über 700 Seiten der deutschen Erstübersetzung Götzes bleibt etwas mehr als die Hälfte, und es ist bedauerlich genug, dass das erste Opfer dieser Kürzungen Götze selbst ist. Seine durchweg historisch notwendigen Hinzufügungen, die Währungen und Maßeinheiten auf in Weimar übliche Gulden, Quart und Meilen usw. umrechnet, fielen zur Gänze fort. Ebenso gestrichen wurden seine Versuche, mittlerweile auch im Deutschen gebräuchliche Worte, die offenbar für damalige Leser neu waren, zu erläutern, so zum Beispiel der Begriff «Dock». Nicht geändert wurde allerdings Götzes für die da-

69 Die Guinea, das damalige Goldstück entsprechend einem Pfund ein Schilling, wurde erst 1817 an den Goldpreis geknüpft, hatte aber schon einen hohen Reingoldgehalt. Der heutige Wert der Urausgabe läge somit bei ca. 250 Euro.

malige Zeit typische Syntax und Wortwahl; auch historische Wortformen wurden beibehalten. Damit spiegelt der Stil von Götzes Übersetzung in der Tat die typischen Merkmale des nur zwei Jahre jüngeren Originals von Matthew Flinders wieder.

Gestrichen wurden darüber hinaus Götzes Anmerkungen. Sind sie bildend, so entsprechen sie nicht dem heutigen Stand der Wissenschaft. Zum Beispiel versucht Götze, Flinders' Spekulation über eine einheitliche Herkunft der gesamten auf dem australischen Festland beobachteten Einheimischen zu korrigieren, indem er sich über den Haartyp der Ureinwohner in Port Jackson im Vergleich zu denen in Van Diemens Land auslässt.[70] In seinen moralisch belehrenden Anmerkungen dagegen zeichnet sich der sonst sehr gründliche Übersetzer durch eine ungeschickte Neigung aus, der Handlung vorzugreifen. Solche Anmerkungen allein würden auf heutige Leser irritierend wirken, noch schwerwiegender ist aber, dass Götze damit den von Flinders gewählten Spannungsbogen des Reiseberichts wiederholt unterläuft. Ein Beispiel dafür soll genügen. Zu Flinders' Bemerkung vor seiner Abreise aus Port Jackson, Gouverneur King habe Einwände gegen ein Einlaufen in Mauritius vorgebracht, diese Entscheidung aber ihm überlassen, schreibt Götze: »Wie richtig der Gouverneur King urtheilte, wird die Folge dieser Reisebeschreibung erweisen. Sechs und ein halbes Jahr ward Capitän Flinder's vom dortigen Gouverneur, dem General De Caen, einer Creatur Buonaparte's, als Spion verhaftet und litt unbeschreiblich.« (G. S. 116)

Natürlich kannte der in London sitzende Verfasser, der den Reisebericht Jahre später erstellte, den gesamten

70 »Dieses stehet noch dahin. Schon das wollige, krause Haar der einen und das starre, gerade der anderen Bewohner, zeigt einen wesentlichen Unterschied. Jene scheinen von den Papuas zu stammen, diese Aborigines zu sein.« (G, S. 437)

Verlauf seiner Reise. Als Autor weiß Flinders aber die dadurch entstehende Ironie im Umgang mit dem notwendig beschränkten Wissen seines erlebenden jüngeren Ichs sehr geschickt zur Spannungssteigerung zu nutzen,[71] durchaus auch mit einem Zug von Selbstkritik. Derlei selbstironische Markierungen im Text – wie die Entscheidung, den obengenannten Ratschlag des Gouverneurs zu ignorieren – verlieren aber deutlich an Schärfe, wenn durch den Übersetzer im Vorgriff erbaulich auf Flinders' tragisch überhöhtes Schicksal hingewiesen wird.

Der Anti-Napoleonische Impetus ist bei Götze zu erkennen. Historisch ist er verständlich.[72] Götze zeigt jedoch auch eine offensichtliche Heroisierung des Verfassers, die Flinders selbst – bei aller emphatischen Empörung über sein Schicksal auf Mauritius – fremd war: »Ich werde auf dieser Insel Geduld erlernen, die vielleicht meine Aufmüpfigkeit ausgleichen wird, die ich durch meine unbegrenzte Befehlsgewalt über meine Mitmenschen erworben habe« schrieb Flinders aus seiner Gefangenschaft an seine Frau, und berichtete über Selbstzweifel angesichts der Wirkung solcher Autoritätsausübung auf seinen Charakter.[73] Die unkritische Bewunderung Götzes beraubt Flinders also

71 Am deutlichsten wird das an Krisenpunkten des Reiseberichts, in denen Flinders Eindrücke nur noch Augenblick für Augenblick schildert, und so die Spannung des Lesers über den unvorhersehbaren Ausgang der Episoden merklich erhöht.

72 Götzes Einschätzung von General De Caen als napoleonische Marionette ist nicht ganz falsch (siehe Pineo, S. 46, 48), insofern De Caen seine Position auf Mauritius dem damaligen Ersten Konsul verdankt. Allerdings ist sie auch ein beredtes Zeugnis der Weimarer Wahrnehmung Napoleons ein Jahr nach der Leipziger Völkerschlacht. Flinders selbst sieht De Caen als Jakobiner (»ein Offizier aus der französischen Revolution,« G, S. 547). Damit grenzt Flinders De Caen negativ zu Napoléon ab, dem er ein generelles Interesse an Expeditionen und daher eine positive Einstellung zu sich selbst zuschreibt.

73 Zitiert in Retter, S. 51; Übers. d. Verf. im Fließtext.

seiner komplexeren Selbstdarstellung und ist daher schlicht verfälschend.

Generell gekürzt wurden in dieser Ausgabe alle Textreferenzen Flinders', die sich auf den Atlas beziehen, den Götze mit herausgab, der aber diesem Band nicht beiliegt. In der Regel wurden Flinders' enzyklopädische Details (seien sie geographisch, hydrographisch, botanisch, zoologisch, geologisch oder linguistisch), wenn sie nicht inhaltlich begründet oder repetitiv sind, gestrichen – es sei denn, zu diesem Zeitpunkt seiner Reise hat er nichts Wichtigeres zu berichten. In solchen Fällen blieben diese Angaben nach Möglichkeit erhalten, einmal um die Einzeletappen der Umrundung nicht allzu sehr zu verzerren, aber auch um den enzyklopädischen Anspruch der Expedition von Flinders und seinem Team deutlich zu machen. Erhalten blieben solche auch scheinbar belanglose Bemerkungen aber in jedem Fall, wenn sie inhaltlich begründet waren. Da Flinders seiner Erzählung nicht vorgreift, sind z.B. Bemerkungen über die Menge des Seegurkenfangs auf der HMS *Investigator* erst im Zusammenhang mit der späteren Begegnung mit malaiischen Trepangfischern im vollen Umfang verständlich. Kommentare zu der Abweichung der Magnetnadel, die in fast jeder Etappe genannt werden, wurden auf wenige zentrale Stellen gekürzt; die Diskussion der möglichen Interpretation dieser Beobachtung dagegen blieb zur Gänze erhalten, angesichts der Bedeutung, die Flinders' Sorgfalt hier zukommt: Die von ihm in Folge dieser Beobachtungen 1812 für die Admiralität entwickelte Methode zur Kompasskorrektur nahm an Bedeutung im späteren Schiffsbau nur zu, und sie wird heute noch im englischen Sprachraum unter seinem Namen (»Flinders' Bar«) verwendet.

Götzes Prinzip der Kürzung aller Information, die nur für Seefahrer von Bedeutung sein könnten, ist bei dieser gesamten Ausgabe beibehalten. So fehlen denn auch die von Flinders bevorzugten summarischen Zusammenfassungen aller wichtigen nautischen Informationen an allen Kapitelenden. Provisionskosten in verschiedenen Häfen, Währungsumrechnungen auf Batavia, Schiffsreparaturmöglichkeiten, Schiffsrouten und Kommentare zu diesen, Windstärken, beobachtete Strömungen und Tidenhub wurden also bis auf sehr wenige, repräsentative Beispiele aus dem Text gekürzt. Damit wird der Reisebericht Flinders' natürlich in seinem pragmatischen Charakter verändert, aber auch um Einiges für einen nautischen Laien lesbarer.

Wo Flinders Abschriften von Originaldokumenten zur Gänze wiedergibt, die sein eigener Text bereits übersetzt oder paraphrasiert hat – was wiederholt vorkommt und offenbar dem Rechtfertigungsdrang v.a. nach der Gefangenschaft in Mauritius geschuldet ist – sind diese gestrichen, wie auch Abschriften von Originaldokumenten, die für den Fortgang der Handlung ohne Belang sind, von Flinders aber der Vollständigkeit der Darstellung halber immer zur Gänze beigefügt werden.

Stilistisch bot Flinders durch seinen in der Regel sachlichen und knappen Stil wenig Möglichkeiten zur Kürzung. Eine gewisse Neigung paraphrasierender Wiederholung in den Schilderungen der Gefangenschaft auf Mauritius allerdings ist bei Flinders bemerkbar. Die Verwendung von zahlreichen Negierungen wiederum ist offenbar dem Anspruch der vollständigen Darstellung während der Expedition selbst geschuldet und war so Anlass für stilistische Kürzungen. Sobald die Murray Inseln in der Torres Strait passiert sind, bemüht sich zum Beispiel die Mannschaft bei fast jedem Halt um das Fangen der zahlreich gesichteten Meeresschildkröten, und der Text füllt sich mit Bemerkungen, wo überall trotz aller Versuche leider wieder keine Schildkröte gefangen werden konnte. Diese Kürzung erspart dem Leser also zumindest einige Frustration. Flinders sieht sich offenbar in der Pflicht eines öffentlichen Berichterstatters, der auch über nicht Geleistetes zu schreiben hat.

Schwieriger fiel die Entscheidung, Flinders' zusammenfassende, emphatische Wiederholungen seiner Argumente und Klagen über seine Behandlung zu den Kapiteln der Gefangenschaft auf Mauritius zum Teil drastisch zu kürzen. Die noch heute kontrovers diskutierten Ereignisse in der Auseinandersetzung von Flinders mit General-Gouverneur De Caen wurden in all ihren Details beibehalten – und Flinders schildert diese Krisen in der Tat sehr minutiös. Widersprüche in diesen minutiösen Details blieben aber in dieser Ausgabe bewusst erhalten. So bemerkt er z.B. dass er bei seiner Ankunft auf Mauritius kein Französisch sprach (G, S. 545), eine Aussage, die bislang nicht in Frage gestellt wird, unterhält sich aber wenige Tage später auf Französisch mit einem Sklaven (G, S. 582).

Flinders fügt diesen minutiös berichteten Ereignissen aber sehr eloquente und langwierige Passagen hinzu, die von Spekulationen über die mögliche Motivation von De Caen, über die Ungerechtigkeit und Willkürlichkeit von dessen Vorgehen vs. der Rechtfertigung von Flinders' eigenen Ansprüchen, bis zu verschiedenen Versionen von lokalem Klatsch und Tratsch über seinen Fall reichen. Hinzu kommen sehr ausführliche wiederholte Klagen über die Komplikationen, die seiner Expedition und seiner weiteren beruflichen Karriere anlässlich dieser Verzögerung entstehen. Diese berichten in der Sache nichts Neues, spiegeln aber in der Menge Flinders' emotionale Belastung im Umgang mit der erlittenen Situation. Belassen wurden darum in diesem Fällen – unter dem Primat der Kürzung von Wiederholungen – nur die wenigen Passagen, in denen Flinders neue Reflexionen über seine Causa vor seine Leser stellt.

Das einmal tabellarisch aufgelistete Wortverzeichnis einer indigenen Sprache an der Südwestküste Australiens

(G, S. 194) ist einem Problem Götzes zum Opfer gefallen: Dieser beließ die phonetische Umschreibung des Klangs in englischer Orthographie bei Übersetzung des Wortes ins Deutsche. Der Informationsgehalt dieser Tabelle ist angesichts der bekannten Verzerrungen in der schriftlichen Wiedergabe unbekannter Lautfolgen und –bildungen, die meist missverständlich zugeschrieben wurden, kaum nachvollziehbar. Die Tabelle der Ausmessung aller Körperteile eines indigenen Mannes durch den Schiffschirurgen Dr. Hugh Bell (G, S. 196-95) ist schließlich verständlich im Rahmen der sich damals ausbildenden Rassentheorien und der Überzeugung, an den menschlichen Proportionen eines Individuums die Charaktermerkmale ganzer Völker ablesen zu können. Für heutige Leser stellt der Anspruch dieser Vermessung aber auch ein ethisches Problem dar.

Völlig gestrichen wurden auch Flinders' offenbar in der Zeit seiner Gefangenschaft spielerisch erstellte Kosten- und Mengenkalkulationen, die sich zum Teil im Text selbst finden (z.B. in der Errechnung einer rentablen Plantagengründung in zwei finanzierbaren Versionen G, S. 669-672), zum Teil aber in Fußnoten auftauchen. Im Unterschied zu konkreten Überlegungen Flinders', welche örtlichen Möglichkeiten für neue koloniale Ansiedlungen wirtschaftlich nutzbar wären, wurden solche Rechenspiele gestrichen.

Belassen wurden alle wichtigen Originaldokumente, die Flinders im Fließtext einbindet, oder nur in Fußnoten zitiert. Ebenso alle Begegnungen der Expedition und Ereignisse. Namensgebungen, die für Flinders relevant sind, weil sie Freunde, Förderer, oder verstorbene Expeditionsmitglieder bedenken, wurden auch zur Gänze beibehalten, selbst wenn sie historisch obsolet geworden sein sollten. Hier zeigt Flinders auch seine große Sorgfalt in der Markierung der Entdeckungsleistung seiner Vorgänger – ganz gleich welcher Nationalität. Schließlich finden sich in der Reisebeschreibung Episoden, die unvermutet Einblick in die

Verfassung des Autors gestatten, oder in deren Wertungen Flinders sich nicht nur als guter Autor, sondern auch als tiefgründiger, beeindruckender Mensch zeigt. Manchmal sind diese Episoden unmittelbar mit dem verknüpft, was Flinders bei seiner Entdeckungsreise sieht und erlebt (so die berühmt gewordene melancholische Reflexion des Autors über den Einfluss westlicher Besiedlung auf die Umwelt angesichts einer uralten Pelikankolonie), manchmal aber auch einfach seinem Charakter geschuldet. In jedem Fall sind sie lesbar, und für den Leser wichtig, der nicht nur an den Abenteuern Flinders' sondern an dem Entdecker, Kapitän und Menschen Flinders Interesse hat.

Bibliographie

Baudin, Nicolas. *Mon Voyage aux Terres Australes: Journal personnel du commandant Baudin, illustré par Lesueur et Petite*. Hrsg. Jacqueline Bonnemains. Paris: Imprimerie nationale, 2000.

Defoe, Daniel. *Robinson Crusoe* (1719). Hrsg. Michael Shinagel. Norton Critical Edition. New York: Norton, 1994.

Duyker, Edward. »The Isle de France and Baudin's precursors in Australian waters.« In: Serge M. Rivière und Kumari R. Issur (Hrsg.). *Baudin-Flinders Dans L'Ocean Indien: Voyages, Découvertes, Rencontre*. Paris: L'Harmattan, 2006. 137-156.

Edwards, Phyllis I. (Hrsg.). *The Journal of Peter Good, Gardener on Matthew Flinders' Voyage to Terra Australis, 1801-1803*. Melbourne: Natural History Museum, 1981.

Estensen, Miriam. *The Life of Matthew Flinders*. Sydney: Allen & Unwin, 2002.

Findlay, Elisabeth. *Arcadian Quest: William Westall's Australian Sketches*. Canberra: National Library of Australia, 1998.

Flannery, Tim. »The Indefatigable Matthew Flinders.« In: Tim Flannery (Hrsg.). *Terra Australis: Matthew Flinders' Great Adventures in the Circumnavigation of Australia.* Melbourne: Textbook Publishing. vii- xxxiv.

Flinders, Matthew. *A Biographical Tribute to the Memory of Trim, Île de France, 1809.* Sydney: John Ferguson-Halstead Press, 1985.

Flinders, Matthew. *A Voyage to Terra Australis: Undertaken for the Purpose of Completing the Discovery of that Vast Country, and Prosecuted in the Years 1801, 1802, and 1803, in His Majesty's Ship the Investigator and subsequently in the armed vessel Porpoise and Cumberland Schooner With an Account of the Shipwreck of the Porpoise, Arrival of the Cumberland at Mauritius and Imprisonment of the Commander During Six Years and a Half in that Island. By Matthew Flinders, Commander of the Investigator. In Two Volumes, with an Atlas.* London: Nicol, 1814.

Flinders, Matthew. *Reise nach dem Austral-Lande in der Absicht, die Entdeckung desselben zu vollenden; unternommen in den Jahren 1801, 1802 und 1803 von Mathew [sic!] Flinders.* Übersetzer Ferdinand Götze. Weimar: Verlag des Landes-Industrie-Comptoirs, 1816.

Fornasiero, Jean, Peter Monteath and John West-Sooby. *Encountering Terra Australis: The Australian Voyages of Nicolas Baudin and Matthew Flinders.* Kent Town, WA: Wakefield Press, 2004.

Fornasiero, Jean. »Of Rivalry and Reputation: Nicolas Baudin and Matthew Flinders.« In: Serge M. Rivière und Kumari R. Issur (Hrsg.). *Baudin-Flinders Dans L'Ocean Indien: Voyages, Découvertes, Rencontre.* Paris: L'Harmattan, 2006. 157-178.

Gathe, Janette und Ellen Hickman. »Ferdinand Bauer: Natural History Artist.« Wege, Julie et al. (Hrsg.). *Matthew Flinders and His Scientific Gentlemen.* Welshpool WA: Western Australian Museum, 2005. 67-75.

Gersakis, Elizabeth. »The Lost Letters of Ann Chappelle Flinders.« In: Anne Chittleborough et al. (Hrsg.). *Alas, For The Pelicans: Flinders, Baudin & Beyond.* Kent Town, SA: Wakefield Press, 2002. 96-109.

Mabberley, D. J.. *Ferdinand Bauer: The Nature of Discovery.* London: Natural History Museum, 1999.

Mabberley, D. J.. *Jupiter Botanicus: Robert Brown of the British Museum.* London: Natural History Museum, 1985.

Madison, R. D.. *The Bounty Mutiny: William Bligh, Edward Christian*. London: Penguin Books, 2001.

Middell, Katharina. *‚Dann wird es wiederum ein Popanz für Otto…': Das Weimarer Landes-Industrie-Comptoir als Familienbetrieb (1800 – 1830)*. Leipzig: Leipziger Universitätsverlag, 2006.

Monteath, Peter (Hrsg). *Sailing with Flinders: The Journal of Seaman Samuel Smith*. Adelaide: Corkwood Press, 2002.

Monteath, Peter. »Contradictory Encounters: William Westall in Australia.« In: Anne Chittleborough et al. (Hrg.). *Alas, For The Pelicans: Flinders, Baudin & Beyond*. Kent Town, SA: Wakefield Press, 2002. 47-56.

Moore, David T.. »Original Papers Concerning Robert Brown's Collections: Manuscripts, Diaries and Notebooks in Britain.« In: Wege, Julie et al. (Hrsg.). *Matthew Flinders and His Scientific Gentlemen*. Welshpool WA: Western Australian Museum, 2005. 142-165.

Norst, Marlene J.. *Ferdinand Bauer: The Australian Natural History Drawings*. London: British Museum of Natural History, 1988.

Palla, Rudi. *Der Kapitän und der Künstler: Die Erforschung der Terra Australis*. Köln: Dumont, 2013.

Pineo, Huguette Ly-Tio-Fane. *In the Grips of the Eagle: Matthew Flinders at Île de France, 1803-1810*. Moka, Mauritius: Mahatma Gandhi Institute, 1988.

Proust de la Gironière, Muriel. »L'expédition de Baudin en Nouvelle-Hollande: Une Mission Stratégique.« In: Serge M. Rivière und Kumari R. Issur (Hrsg.). *Baudin-Flinders Dans L'Ocean Indien: Voyages, Découvertes, Rencontre*. Paris: L'Harmattan, 2006. 57-64.

Ramsay Silver, Lynette. *The Battle of Vinegar Hill: Australia's Irish Rebellion, 1804*. Sydney: Doubleday, 1989.

Retter, Catherine and Shirley Sinclair. *Letters to Ann: The Love Story of Matthew Flinders and Ann Chappelle*. Sydney: Angus & Robertson, 1999.

Rigby, Nigel. »Not at all a particular ship: Adapting vessels for British voyages of exploration, 1768-1801.« In: Wege, Julie et al. (Hrsg.). *Matthew Flinders and His Scientific Gentlemen*. Welshpool WA: Western Australian Museum, 2005. 13-24.

Sexton, Robert T.. »Flinders' Place in the Coastal Exploration of Australia.« In: Wege, Julie et al. (Hrsg.). *Matthew Flinders and His Scientific Gentlemen*. Welshpool WA: Western Australian Museum, 2005. 39-48.

Sobel, Dava. *Längengrad: Die wahre Geschichte eines einsamen Genies, welche das größte wissenschaftliche Problem seiner Zeit löste*. Berlin: Taschenbuch Verlag, 2003.

Stehn, Kay und Alex George. «Artist in a New Land: William Westall in New Holland.« In: Wege, Julie et al. (Hrsg.). *Matthew Flinders and His Scientific Gentlemen*. Welshpool WA: Western Australian Museum, 2005. 76-95.

Vallance, T.G., E. W. Groves und D. T. Moore (Hrsg.). *Nature's Investigator: The Diary of Robert Brown in Australia, 1801-1805*. Australian Biological Resources Study, 2001.

Wanquet, Claude. »L'Île de France à l'arrivée de Baudin (Mars 1801), une île malade du syndrome de Saint-Domingue.« In: Serge M. Rivière und Kumari R. Issur (Hrsg.). *Baudin-Flinders dans l'Ocean Indien: Voyages, Découvertes, Rencontre*. Paris: L'Harmattan, 2006. 19-42.

Webb, Mark. »Peter Good: Gardener on a Voyage of Discovery.« Wege, Julie et al. (Hrsg.). *Matthew Flinders and His Scientific Gentlemen*. Welshpool WA: Western Australian Museum, 2005. 96-103.

Wege, Juliet, Alex George, Jan Gathe et al., (Hrsg.) *Matthew Flinders and His Scientific Gentlemen*. Welshpool WA: Western Australian Museum, 2005.

West-Sooby, John. »Baudin, Flinders and the Scientific Voyage.« In: Serge M. Rivière und Kumari R. Issur (Hrsg.). *Baudin-Flinders dans l'Océan Indien: Voyages, Découvertes, Rencontre*. Paris: L'Harmattan, 2006. 179-194.

Vorbericht des Verfassers

Dass die Beschreibung einer im J. 1801 begonnenen Reise, deren Absichten binnen drei Jahren erreicht waren, erst im Jahr 1814 erscheint, bedarf einiger Erklärung. Schiffbruch und lange Verhaftung verspäteten meine Ankunft in England bis gegen den Schluss des Jahres 1810. Dann geschah viel, um die Beschreibung auszuarbeiten.

Viele Beobachtungen mit dem Kompass hatten gezeigt, dass die Magnetnadel an demselben, oder sehr nahe demselben Ort 6 bis 7 Grad von sich selbst abwich und diese Differenzen regelmäßigen Gesetzen unterworfen zu sein schienen. Ich wendete mich nun an die Admiralität, damit an Bord verschiedener Schiffe Versuche in dieser Hinsicht angestellt werden möchten und da die Resultate in fünf Fällen mit dem einen der drei Gesetze, die ich nur in England der Prüfung unterwerfen konnte, übereinstimmten, so nahm ich das Ganze ohne Ausnahme an und alle, während der Reise beobachteten, Abweichungen und Ortslagen erlitten eine systematische Korrektur. Deshalb konnte die Wiederentwerfung der Karten nicht vor 1813 beginnen, doch ist zu hoffen, dass Genauigkeit den Verzug entschuldigen wird.

Da ich erfuhr, dass jeder, der einen Quartband ohne Register herausgäbe, an den Pranger gestellt werden solle und da ich nicht wünschte, die ganze Strenge dieses Gesetzes zu erfahren, so ist eine fortlaufende Überschrift über jedem Blatt und auf der einen Seite desselben die Gegend oder Küste und auf der gegenüberstehenden der besondere Teil derselben, wo das Schiff ankerte oder der besonders untersucht wurde, angegeben.

Längenbestimmung ist eine der wesentlichsten, zugleich aber der ungewissesten Angaben in der Hydrographie. Der Kenner verlangt daher etwas mehr, als das allgemeine Resultat der Beobachtungen. Um diesen löblichen Wunsch zu befriedigen, sind die Resultate der Beobachtungen, durch welche die Längen der vorzüglichsten Punkte an jeder Küste bestimmt sind, mit Angabe der Art der Beobachtung, am Schluss jedes Bandes mitgeteilt.

Die hier gegebenen Erklärungen könnten die Vermutung veranlassen, dass es hauptsächlich auf die Vollkommenheit des Atlasses abgesehen gewesen sei. Auch habe ich wirklich keinen Anspruch auf Schriftstellerei und die Abfassung meiner Reisebeschreibung, obgleich der mühsamste Teil meiner Arbeit, hatte weder Hoffnung noch Ehre zur Absicht. Eine gebildete Schreibart wurde daher nicht versucht, wohl aber habe ich mich sehr bemühet, sie möglichst verständlich zu machen. Das erste Buch meiner Handschrift unterwarf ich dem Urteile einiger meiner gelehrten Freunde und ich hoffe, dass ich die von ihnen gütigst gemachten Korrekturen benutzt habe. Da ich aber fand, dass sie mehr das Überflüssige, als die Unrichtigkeit des Ausdrucks betrafen, beschloss ich, der Nachsicht des Publikums zu vertrauen, bemühte mich, meine Handschrift, sowie der Druck vorrückte, zu verbessern und beschwerte meine Freunde nicht weiter. Tatsachen, nur Tatsachen, waren der Gegenstand meiner Bemühungen, und wenn der Leser mit der Auswahl und Anordnung zufrieden ist und dieser Schrift nicht das Interesse abspricht, was man von einem solchen Gegenstande erwarten kann, so sind meine größten Wünsche erfüllt.

Einleitung

Geschichte der Entdeckung des Austral-Landes von 1606 bis 1799

Die Reisen, die während des siebzehnten und achtzehnten Jahrhunderts holländische, englische und französische Seefahrer anstellten, entdeckten mehrere ausgedehnte Küsten in der südlichen Hemisphäre, unter denen man einen Zusammenhang und dass sie ein Land, das beinahe so groß als Europa sei, umschlössen, vermutete. Obgleich bekannt war, dass es von allen anderen großen Teilen der festen Erdoberfläche geschieden sei und manche Geographen geneigt waren, ihm den Namen eines Kontinents zu geben, so zweifelte man doch an dem wirklichen Zusammenhang seiner weitausgedehnten Küsten und vermutete, diese Küsten könnten statt einem großen Land, nur verschiedenen großen Inseln angehören.

Die Niederlassung einer britischen Kolonie auf dem östlichsten und zuletzt entdeckten dieser neuen Länder, im Jahr 1788, hatte das Interesse, welches immer das Mutterland selbst an seinen ausgestoßenen Kindern nimmt, über die Frage, ob sie zusammenhingen, in dem Grad erhöht, um die Gestalt, die Ausdehnung und die allgemeine Beschaffenheit des Landes, in das sie versetzt werden, kennen zu lernen. Diese Frage war nun nicht mehr der Gegenstand des Geographen, sondern forderte die Aufmerksamkeit des Vaters aller seiner Untertanen und das Interesse des Nationalhandels unterstützte den Ruf zur Erforschung dieser Gegenden.

Demgemäß wurde im Jahr 1801, auf Befehl Sr. Majestät, folgende Reise in einem Schiff von 334 Tonnen, das den passenden Namen »the Investigator« (der Erforscher) erhielt, unternommen. Außer der großen Aufgabe, den Zweifel über die Einheit dieser südlichen Länder zu lösen und darin Quellen für den Handel und Häfen für den Seefahrer zu eröffnen, sollte diese Reise zur Erweiterung der Naturkunde dienen, sowie zur Untersuchung einiger Teil der Neuholland nahe gelegenen Meere, zur Erweiterung der Erd- und Schifffahrtskunde.

Hauptsächlich beabsichtigte diese Reise die Untersuchung der früheren, westlichen Entdeckungen der Holländer und der späteren östlichen der Engländer. Erstere nannten die Holländer »Neu-Holland« und letztere die Engländer »Neu-Süd-Wallis«. Es war aber in der Geographie üblich, beide Landstriche unter ersterer Benennung zu begreifen. Dieses ferner zu tun, wäre eine große Ungerechtigkeit gegen das britische Volk, dessen Seeleute an dieser Entdeckung einen ebenso großen Anteil haben würden, als die Holländer, wären die Küsten von Neu-Süd-Wallis ebenso groß, als die des übrigen Neu-Hollands. Dieses scheint selbst eine benachbarte, mit England wetteifernde Nation, deren Geographen diese Gegenden unter dem Namen Terres Australes (Süd Länder) begreifen, zu fühlen. Auch der ursprüngliche Name, den selbst die Holländer bis einige Jahre nach Abel Tasmans' zweiter Reise im Jahr 1644 diesem Land gaben, war »Terra Australis« oder »Het groot Zuydland« und als der Name Neu-Holland an seine Stelle trat, so wurde er bloß auf die westlich von einem Meridian, der durch Arnhems Land und neben den Inseln St. Peter und Paul vorbeigeht, liegenden Gegenden angewendet, inzwischen die ihm östlich liegenden, mit Einschluss des Carpenter- Busens den Namen Terra Australis fortbehielten, wie man aus Thevenots 1663 herausgegebener Karte ersehen kann, welche ursprünglich dem, in den Fußboden des neuen Rathauses in Amsterdam eingelegten Mosaik entnommen ist.

Dessen ungeachtet ist es für die geographische Genauigkeit nötig, dass, sobald man weiß, dass Neu-Holland und Neu-Süd-Wallis ein Land bilden, man einen allgemeinen Namen für beide habe und da dieser wesentliche Punkt durch gegenwärtige Reise, mit hinreichender Gewissheit erwiesen ist, so habe ich den ursprünglich ihm von den Holländern gegebenen Namen Terra Australis (Austral-Land) nun wieder eingeführt und werde mich dessen in der Folge, wenn ich von Neu-Holland und Neu-Süd-Wallis zusammen spreche, bedienen und wenn ich es im ausgedehntesten Sinn nehme, so begreife ich auch die anliegenden Inseln, namentlich Van Diemens Insel darunter.

Er ist schon früher da gewesen und da er keinen Bezug auf beide, auf ihn Anspruch machende Völker hat, so scheint er weniger Tadel ausgesetzt sein zu dürfen, als andere, die man wählen könnte[74].

Die verschiedenen, an des Austral-Landes Küsten vor gegenwärtiger Reise gemachten Entdeckungen, fanden in weit voneinander entfernten Zeitpunkten statt und je früher sie gemacht sind, desto minderes Zutrauen verdienen sie. Die Nachrichten von ihnen sind in Schriften, in verschiedenen Sprachen geschrieben, zerstreut und manche hat man nur in Handschriften. Ich glaubte daher, eine gedrängte Geschichte dieser Entdeckungen würde dem Leser willkommen sein. Eine solche Geschichte wird Gelegenheit geben, das, was noch am Beginn des neunzehnten Jahrhunderts in dieser Hinsicht zu erforschen übrig war, zu bestimmen.

Bei Entwerfung einer historischen Skizze der früheren Entdeckungen werde ich mich nicht bei solchen, die auf

74 Hätte ich selbst die Wahl des Namens gehabt, so würde ich diese große Insel Australia benannt haben.

Vermutungen und Wahrscheinlichkeit beruhen, aufhalten, sondern sogleich mit denen beginnen, die auf authentischen Dokumenten beruhen. Bei dieser, einzig belehrenden Klasse, werden die Artikel aus Reisebeschreibungen, die in den Händen des Publikums sind, nur abgekürzt in den Hauptabschnitten, die sie betreffen, mitgeteilt und der Leser in Hinsicht der näheren Umstände auf die Originalschriften verwiesen werden; aber solchen Artikeln, die noch nicht erschienen, oder nur unvollkommen im englischen erschienen sind, sowie denen, die aus ungedruckten Handschriften ausgezogen wurden, wird ein weiterer Raum gestattet werden.

Wir wollen aber Ansprüche auf frühere Entdeckungen hier übergehen, bei denen Vermutungen einen großen Spielraum haben und zu solchen schreiten, die sich auf unwiderlegliche Urkunden stützen. Bevor wir uns damit beschäftigen, bemerken wir, dass wir, statt genau der chronologischen Ordnung, in der die Entdeckungen gemacht wurden, zu folgen, diese Entdeckungen nach den Küsten, die sie enthüllten, einteilen wollen, eine Einrichtung, welche der Verwirrung, wenn man von der einen Küste zu der anderen zurückgerufen wird, zu begegnen bestimmt ist.

Folglich sollen die am Austral-Land vor der Reise des Investigators gemachten Entdeckungen in vier Abschnitte, als 1) den die Nord-, 2) den die West-, 3) den die Süd- und 4) den die Ostküsten des Austral-Landes und Van Diemens Insel betreffend, geteilt werden. Die Gegenstände des letzteren Abschnittes zerfallen, da sie zahlreich und ausgedehnt sind, in zwei Teile; als 1) die Entdeckungen, die vor der Anlegung einer britischen Kolonie in Neu-Süd-Wallis, oder unabhängig von derselben gemacht sind; 2) diejenigen, welche in von ihr ausgesendeten Schiffen gemacht wurden und als eine Folge der dort gegründeten Niederlassung angesehen werden müssen.

Frühere Entdeckungen am Austral-Land

Erster Abschnitt – Nordküste

Vorläufige Bemerkungen – Entdeckungen der Duyfhen, des Torres, Carstens, Pool, Pietersen, Tasman und dreier holländischer Schiffe – Entdeckungen Cooks, M' Cluers, Blighs, Edwards, Blighs und Portlocks, Bamptons und Alts – Schlussbemerkungen

(Die Duyfhen 1606)
Der verstorbene Hydrograph der englischen Admiralität Alexander Dalrymple machte in seiner Papua betreffenden Sammlung eine Schrift mit einer Übersetzung bekannt, die vollständigere und authentischere Nachrichten über die früheren Entdeckungen der Holländer im Osten enthielt, als irgendetwas vorher bekannt gemachtes. Diese interessante Schrift verschaffte ihm Sir Joseph Banks. Sie ist eine Abschrift der Instruktionen des Kommodore Abel Jensz Tasman für seine zweite Entdeckungsreise, wurde am 29. Januar 1644, auf dem Schlosse zu Batavia ausgefertigt und vom General-Gouverneur Antony van Diemen und den Mitgliedern des Holländisch-Ostindischen Rats unterzeichnet. Diesen Instruktionen war ein chronologischer Bericht über die vorhergehenden Entdeckungen der Holländer in Neu-Guinea und dem Groote Zuyd-Land vorgesetzt und aus diesem erhellt, dass:

Am 18ten November 1605 die holländische Yacht het Duyfhen von Bantam zur Erforschung der Inselgruppe Neu-Guinea abgesendet wurde und dass sie, wie man dachte, längs der Westseite dieses Landes segelte. »Dieses große Land fand man größtenteils unbewohnt, doch in einigen Gegenden traf man wilde, grausame, schwarze Menschen an, die Einige der Mannschaft erschlugen. Deshalb konnte man nichts weder vom Land, noch dessen Flüssen erforschen, da Wasser dem Schiff nötig war. Aus Mangel an Vorräten und anderen Bedürfnissen musste jede weitere Entdeckung aufgegeben werden. Der fernste, von diesem Schiff nach Osten hin entdeckte Punkt, wurde Kap Keer-Weer (Kehre-um) genannt.« Der Lauf der Duyfhen von Neu-Guinea, war südlich längs der Inseln der Torres-Straße, zu dem Teil des Austral-Landes, der etwas im W. und S. vom Kap York liegt. Man glaubte aber, dass alle diese Länder zusammen hingen und Neu-Guineas Westküste bildeten. So machte der Befehlshaber der Duyfhen, ohne es zu wissen, die erste authentische Entdeckung eines Teiles des großen Süd-Landes etwa im März 1606, da es scheint, dass sie im oder vor Anfang des Junius desselben Jahres nach Banda zurückgekehrt sei.

(Torres 1606)
Luis Vaes de Torres, ein spanischer Seefahrer, war der zweite, der Austral-Land erblickte. Merkwürdig ist's, dass dieses fast an derselben Stelle und in demselben Jahre war und er so wenig Kenntnis von der Beschaffenheit seiner Entdeckung hatte wie der Befehlshaber der Duyfhen. Torres war der zweite Kommandant nach Pedro Fernandez de Quiros, als dieser mit drei Schiffen im Jahr 1605 vom Hafen Callao in Peru abfuhr. Eine der Absichten dieser Fahrt war die Aufsuchung eines Austral-Landes, eines Kontinents, von dem man vermutete, dass es einen beträchtlichen Teil der, von Amerika westlich liegenden, südlichen Hemisphäre einnehme.

Nach der Entdeckung mehrerer Inseln gelangte Quiros zu einem Land, das er »Australia del Espiritu Santo« nannte, in der Vermutung, es bilde einen Teil des großen südlichen

Kontinents. Torres aber fand nach der Trennung von Quiros, dass es nur eine Insel war und verfolgte dann seinen Lauf gen W., um fernere Untersuchungen anzustellen.

Im August 1606 traf er auf eine Küste, die er den Anfang von Neu-Guinea nannte und welche der südöstliche Teil des Landes, das de Bougainville nachmals »Louisiade« benannte, gewesen zu sein scheint (welches man jetzt als eine Inselkette kennt.) Da er nicht gegen den Wind dieses Landes fahren konnte, so schiffte er längs der Südküste desselben und gibt folgende Nachricht von seinen Fortschritten: »Wir legten 300 Leagues längs der Küste, wie ich erwähnte, zurück. Von hier trafen wir auf eine Bank von 3 bis 9 Faden Tiefe, die sich längs der Küsten ausdehnt. Überall trifft man hier einen Archipel von zahllosen Inseln und am Ende von 11° s. Br. wurde die Bank untiefer. Hier waren sehr große Inseln, die mehr südlich zu liegen schienen. Ein schwarzes, sehr starkes und nackendes Volk bewohnte sie. Seine Waffen waren Speere, Bogen und schlecht geformte Keulen von Stein. Wir konnten keine derselben erhalten, fingen aber in allen diesen Ländern zwanzig Menschen von verschiedenen Völkern, damit wir dem König genauere Nachrichten mitteilen könnten. Sie gaben, obgleich sie sich uns nicht recht verständlich machen konnten, uns viele Nachrichten von anderen Völkern. Wir hielten uns auf dieser Bank zwei Monate auf. Nachdem wir noch 360 g. Meilen zurückgelegt hatten, richtet sich die Küste nach N. O. Ich konnte sie, wegen der starken Untiefe der Bank nicht erreichen und steuerte gen N.«[75]

Ohne Zweifel waren die »sehr großen Inseln,« die Torres sah, die Anhöhen des Kap York und seine zwei Monate dau-

75 M. s. Torres' Schreiben von Manilla, d. 12. Jul. 1607 in Burneys History of Discoveries in the South-Sea. Vol. II. Appendix, No. I.

ernde, schwierige Schifffahrt, verwendete er zur Durchfahrt der das Austral-Land und Neu-Guinea trennenden Straße. Aber die von Torres selbst dem König von Spanien mitgeteilte Nachricht wurde so geheim gehalten, dass die Existenz einer solchen Straße erst im J. 1770 bestätigt wurde, in welchem Jahre sie der große Erdumschiffer Cook wieder auffand und durch sie fuhr. Wie es scheint, legte Torres eine Abschrift seines Briefes in den Archiven zu Manila nieder. Denn seit diese Stadt im J. 1762 von britischen Truppen besetzt wurde, fand Hr. Dalrymple dieses Dokument der früheren Entdeckung und entriss es der Vergessenheit. Um dem spanischen Seefahrer gebührende Ehre zu erzeigen, nannte er sie »Torres' Straße«.

(Carstens 1623)
Die zweite, in der holländischen Erzählung erwähnte Reise, zur Entdeckung des großen Süd-Landes wurde im Jahr 1617 in einer Yacht »mit geringem Erfolg« unternommen. Im Januar 1623 wurden die Jachten Pera und Arnhem unter dem Befehle des Jan Carstens auf Befehl Sr. Exz. Jan Pieterz Coen von Amboina abgesendet. Er wurde mit acht Mann von der Mannschaft des Arnhems verräterisch von Neu-Guineas Bewohnern erschlagen. Doch setzten die Schiffe ihre Fahrt fort und entdeckten die großen Inseln, Arnhem und den Spult[76]. Sie wurden dann zur Unzeit getrennt und der Arnhem kehrte nach Amboina zurück. Die Pera blieb zurück und »segelte längs der Süd-Küste von Neu-Guinea in eine kleine, flache Bucht, lief dann längs der Westküste dieses Landes bis zum Staaten-Fluss. Was man von hier aus vom Land erblickte, schien sich westwärts zu erstrecken. Dann kehrte die Pera nach Amboina zurück.«

76 In den alten Karten ist im westlichen Teile von Arnhems Land ein Fluss: Spult angegeben. Wahrscheinlich ist hier das demselben benachbarte Land durch den Spult gemeint. Anm. d. Verf.

Auf dieser Entdeckungsreise traf man überall untiefe Wasser und unfruchtbare Küsten; Inseln, die sämtlich nur schwach mit grausamen, armen und wilden Völkern bewohnt und der (Holländisch-Ostindischen) Kompanie von wenig Nutzen waren«

(Pool 1636)
(Pietersen 1636)
Gerril Tomaz Pool wurde im April 1636 von Banda mit den Jachten Klyn-Amsterdam und Wezel für dieselbe Absicht, wie Carstens abgeschickt und erlitt an derselben Stelle auf Neu-Guineas Küste dasselbe Los, wie dieser. Dessen ungeachtet wurde die Fahrt unter dem Befehl des Suprecargo Pieterz Pietersen ununterbrochen fortgesetzt und die Inseln Key und Arouw wurden besucht. Wegen starker Ostwinde konnte die Westküste von Neu-Guinea (Carpentaria) nicht erreicht werden; da man aber den Lauf sehr südlich hielt, wurde die Küste von Arnhems oder Vandiemens Land unter 11° s. Br. entdeckt und längs der Küste gegen 30 g. Meilen hingesegelt, ohne einige Menschen, wohl aber manche Anzeichen von Rauche zu sehen.

(Tasman 1644)
Dieses scheint alles zu sein, was man von der Nordküste des Austral-Landes kannte, als Abel Jansz Tasman im J. 1644 seine zweite Reise antrat. Denn seine Instruktion besagt, dass, nachdem er die Ture-Spitze an Neu-Guineas Südküste verlassen habe, er seinen Lauf östlich fortsetzen und vorsichtig die Bucht an diesem Ort durchschiffen solle. Dann solle er in der Gegend der hohen Inseln oder Speults Fluss mit den Jachten sich nach einem Hafen umsehen und den Tender De Braak zwei oder drei Tage in die Bucht senden, um zu entdecken, ob in der großen Straße nicht ein Eingang in die Südsee statt finde. Von hier aus sollte er längs der Westküste von Neu-Guinea (Carpentaria) bis zu den

weitesten Entdeckungen und dann der Küste folgen, um sicher zu sein, ob dieses Land von dem großen bekannten südlichen Kontinent getrennt sei oder nicht.

Zu dieser Zeit besaßen die Holländer einige Kunde von einem Teil der Südwest- und Nordwestküsten des Austral-Landes und diese nannten sie »den großen bekannten südlichen Kontinent.« Arnhems und das nördliche Van Diemens Land an der Nordküste waren unter dieser Benennung nicht begriffen. Denn Tasman sollte, »von De Wirts Land (an der Nordwest-Küste) nahe östlich auslaufen, um die Entdeckung von Arnhems und Van Diemens Land zu vollenden und völlig zu bestimmen, ob diese Länder nicht eine und dieselbe Insel wären.«

Dass keine Beschreibung dieser Reise Tasmans erschienen und nicht einmal bekannt ist, ob je eine da war, ist ein großes Hindernis einer genaueren Geschichte der früheren Entdeckung des Austral-Landes. Doch scheint man angenommen zu haben, dass er um die Küsten des Carpentaria-Busens und dann westlich längs Arnhems und dem nördlichen Van Diemens Land gefahren sei und dass die Darstellung dieser Küsten von Thevenots Karte von 1663 bis zum Schluss des achtzehnten Jahrhunderts das Resultat dieser Reise war. Diese Meinung wird dadurch bestärkt, dass man die Namen Tasman, des Generalgouverneurs der holländischen Besitzungen und zweier Mitglieder des Rats von Indien, sowie den der Tochter des Gouverneurs Maria, der Tasman ergeben gewesen sein soll, auf die Gegenden in dem Inneren dieses Meerbusens angewendet findet.

(Drei holländische Schiffe 1705)
Der Präsident De Brosses[77] gibt aus Nicolas Struyks verschiedenen Abhandlungen (Amsterdam 1753) folgende Nachricht von der letzten Reise der Holländer zur Entdeckung der Nordküste Neu-Hollands: »Am 1sten März 1705 wurden drei holländische Schiffe von Timor abgesendet, um Neu-Hollands Nordküste genauer als bisher zu erforschen. Sie untersuchten die Küsten, Sandbänke und Riffe und entdeckten auf ihrer Fahrt kein Land, bloß einige Klippen ober Wasser unter 11° 52' s. Br.« (Wahrscheinlich den südlichen Teil der großen Sahul-Bank, welche nach Kapitän Peter Haywood, der sie im Jahr 1801 sah, unter 11° 40' s. Br. liegt). »Sie erblickten die Westküste Neu-Hollands 4° östlich von der Ostspitze von Timor. Von da setzten sie ihre Fahrt nordwärts fort und kamen an einer Spitze vorbei, jenseits der eine über dem Wasser sich erhebende, gegen 5 deutsche Meilen lange, Sandbank sich erstreckte. Dann segelten sie längs Neu-Hollands Küsten und beobachteten alles sorgfältig, bis sie an eine Bucht kamen, deren Ende sie nicht ganz erreichen konnten. Ich (Struyk) sah eine Karte über diese Entdeckungen.«

Was hier die Westküste genannt wird, muss die Nordwestküste gewesen sein, etwas südlich vom westlichen Van Diemens Kap. Die erwähnte Spitze war wahrscheinlich dieses Vorgebirge selbst und auf einer Karte, die Hr. Dalrymple nach einer holländischen Kopie am 27sten August 1783 herausgab, ist eine 30 geographische Meilen von demselben, aber nach Hrn. Mc Cluer unrichtig gezeichnete, auslaufende Untiefe angegeben. Der erwähnte Busen war wahrscheinlich eine tiefe Bucht in Arnhems Land. Aus dieser unvollständigen Nachricht von der Fahrt dieser drei Schiffe ist wenig Belehrung zu schöpfen, welches, mit wenigen

77 Histoire des Découvertes dans l'Océan pacifique.

Ausnahmen, mit allen Nachrichten über die Entdeckungen der Holländer der Fall ist und dem monopolisierenden Geiste ihrer ostindischen Kompanie zugeschrieben wird, der sie veranlasste, die Reisejournale zu verheimlichen oder zu vernichten.

(Cook 1770)
Es scheint, dass bis zum Jahr 1770 kein weiterer Seefahrer die Nordküste des Austral-Landes berührt habe, indem der mit Recht berühmte, hochverdiente Erdumschiffer James Cook durch die, nach seinem Schiff benannte »Endeavour-Straße« zwischen Kap York und des Prinzen von Wallis-Inseln lief und dadurch entschied, dass Neu-Guinea nicht mit dem Austral-Land zusammenhänge. Er landete an der Possessions-Insel, wo er zehn Eingeborene sah. Neun derselben waren mit solchen Speeren bewaffnet, die wir zu sehen schon gewohnt waren. Der zehnte hatte einen Bogen und ein Bündel Pfeile, Waffen, die wir vorher noch nie im Besitz der Eingeborenen dieses Landes gesehen hatten.[78]

(Mc Cluer 1791)
Am Schluss des Jahres 1791 kam Lieutenant Mc Cluer von dem zu Bombay liegenden Geschwader, von seinen Erforschungen der Westseite von Neu-Guineas Küste zurück und gelangte auf die Höhe von Arnhems Land. Dann segelte er längs der Küste und fand, dass sie hier eine südliche Richtung nahm. Der Wendungspunkt ist sonder Zweifel das Van Diemens Kap der alten Karten und das westliche Ende der Nordküste des Austral-Landes. Es scheint, dass keine andere Nachricht von dieser Fahrt gegeben worden sei, als in der vom Hrn. Dalrymple im Jahr 1792 herausgegebenen Karte. Nach diesem, war Mc Cluer im Ganzen immer so weit vom Land entfernt, dass er es selten erblickte und folglich

78 Hawkesworths Voyages. Vol. III. p. 211.

unfähig war, die einzelnen Punkte zu bestimmen. Er scheint das feste Land nicht bestiegen zu haben. Er ist der Letzte, von dem man sagen kann, dass er unsere Kenntnis von der Nordküste des Austral-Landes erweitert habe. Da jedoch mehrere Seefahrer auf sehr verschiedenen Wegen Kapitän Cook durch Torres' Straße gefolgt sind, so verdienen sie hier einer Erwähnung.

(Bligh 1789)
Nachdem die Empörer auf der Bounty ihren Anführer, Lieutenant (jetzt Contre-Admiral) William Bligh gezwungen hatten, sich bei der Insel Tofoa in dem Boot einzuschiffen, steuerte er nach Coepang, einer holländischen Niederlassung auf der Südwestspitze von Timor. Unterwegs kam er auf die Höhe der Ostküste von Neu-Süd-Wallis und gelangte, nordwärts segelnd, um das Kap York und die Prinz von Wallis-Inseln. Man konnte nicht vermuten, dass Lieutenant Bligh in einer so traurigen und in jeder Hinsicht schwierigen Lage noch etwas für Schifffahrt und Erdkunde tun würde. Doch nahm er solche Ansichten auf und machte solche Beobachtungen und Anmerkungen, dass er eine Karte von seiner Fahrt und den vom Boot gesehenen Ländern und Riffen entwerfen konnte. Da er nördlich bei des Prinz von Wallis-Inseln vorbei lief, inzwischen Kapitän Cook südlich derselben gefahren war, so gab seine interessante Erzählung, mit der sie begleitenden Karte einen nützlichen Beitrag zur Kunde der noch unbekannten Teile der Straße des Torres'.[79]

(Edwards 1791)
Kapitän (jetzt Admiral) Edward Edwards der königlichen Fregatte Pandora gelangte auf seiner Rückfahrt von Tahiti auf die Höhe der Riffe in der Torresstraße. Von da nach Westen steuernd, traf er auf drei sehr hohe Inseln, die er

79 Blighs Voyage to the South-Seas in H. M. Ship Bounty. p. 218 - 221.

»Murrays Inseln« benannte. Innerhalb der Seite des Riffs, welche zwischen dem Schiff und diesen Inseln lag, sah man einige zweimastige Canots fahren. Dieses Riff hatte eine bedeutende Ausdehnung und Kapitän Edwards segelte den ganzen 26sten August südwärts längs demselben ohne eine Durchfahrt zu finden. Am 27sten wurde die Untersuchung, doch vergebens, fortgesetzt. Am 28sten wurde ein Boot abgeschickt, um eine Öffnung im Riffe zu untersuchen. Um fünf Uhr abends signalisierte das Boot die Auffindung einer Durchfahrt. Da aber Kapitän Edwards fürchtete, so nahe bei Sonnenuntergang ohne weitere genaue Kenntnis derselben durch sie zu gehen, so rief er das Boot an Bord zurück. Zu gleicher Zeit trieb eine Strömung oder die Flut die Pandora auf das Riff und nachdem sie bis um 10 Uhr hin und her gestoßen war, gelangte sie darüber in tiefes Wasser und sank am 29sten bei Tagesanbruch. In einer Entfernung von einer geogr. Meile, wurde eine trockene Sandbank in der Öffnung erblickt und hierher flüchteten die Boote mit dem Überreste der Offiziere und Mannschaft. Neununddreißig Mann hatten bei diesem traurigen Unfall ihr Leben verloren.

Da nichts vom Wrack gerettet werden konnte, so segelte Kapitän Edwards am 30sten August mit seinem Geschwader von vier Booten, fast gänzlich von Proviant und Wasser entblößt, ab und steuerte nach dem nordöstlichen Teil des Austral-Landes. Er scheint keine Riffe oder andere Gefahren während dieser Fahrt angetroffen zu haben. Doch wurden auf der nordwärts angestellten Fahrt einige Inseln und Riffe erblickt. Von einem Teil der Küste ruderten zwei Kähne, jeder mit drei schwarzen Männern besetzt, hinter den Booten her. Ob sie gleich winkten und manche Zeichen machten, schien es doch nicht ratsam, sie zu erwarten. Auf einer der Yorkinseln füllten die Eingeborenen für einige kleine Geschenke ein Fass mit Wasser, wollten dann aber nichts weiter bringen und ließen gleich darauf einen Hagel von Pfeilen auf die unglücklichen Leidenden fallen. Glücklicherweise wurde keiner verwundet und eine Salve von Flintenschüssen trieb die Angreifenden in die Flucht. Auf den Inseln des Prinzen von Wallis fand man gutes Wasser, wodurch die Not des Kapitän Edwards und seiner Mannschaft sehr erleichtert wurde. Sie hörten hier das Geheul der Wölfe (wahrscheinlich wilder Hunde) und entdeckten einen Haufen von Knochen. Unter ihnen waren zwei Menschenschädel, die Knochen einiger großen Tiere und einige Schildkrötenschalen. Sie waren in der Gestalt eines Grabes zusammen gehäuft und ein langes Ruder lag waagerecht über demselben. Nahe dabei sah man Spuren von Feuer. Rund umher war der Boden sehr zerstampft und verdorben.[80] Ein paar kleine Austern, eine herbe, einer Pflaume ähnliche Frucht und eine kleine, dieser im Geschmacke gleiche Beere, war alles, was man hier von Nahrungsmitteln fand. »Hier ist eine große Meerenge«, sagt Hr. Hamilton, »die wir Sandwichs Meerenge nannten und bequemes Ankern für Schiff in der von uns benannten Wolfs-Bai. Der Mitte der Meerenge nahe liegt eine kleine, schwarzfarbige, felsige Insel.« Am 2ten September steuerte Kapitän Edwards mit seinem kleinen Geschwader erst nord-, dann westwärts und erreichte am 14ten Timor.

(Bligh u. Portlock 1792)
Weder die große Ausdehnung der Riffe im O. des Kap York, noch der Verlust der Pandora, waren im Jahr 1792 bekannt, als Kapitän Bligh zum zweiten Mal in die Torresstraße mit dem königlichen Schiff Providence und der Brig Assistant unter Lieutenant (derzeit Kapitän) Nathanael Portlock kam. Die Absicht dieser Fahrt war, den Brotfruchtbaum von Ta-

80 M. s. A Voyage round the World in H. M. fregate Pandora, by George Hamilton, Surgeon. p. 123 enr.

hiti nach Westindien zu versetzen und auf dem Weg dahin eine neue Durchfahrt durch die Torresstraße aufzusuchen. Beides gelang ihm. Da kein Bericht über diese Reise bis jetzt erschienen ist und ich bei dieser Expedition angestellt war, so kann ich ihn mit Kapitän Blighs Erlaubnis hier mitteilen. Am 31. August 1792 kamen sie bei Louisiade vorbei, gelangten am folgenden Tage an Portlocks Riff, am 2ten September an Bonds Riff, die Sandbank Anchor-Key und entdeckten Darnleys Insel. Der Raum zwischen Portlocks und Bonds Riffen erhielt den Namen »Blighs Einfahrt«. Am 4ten September sahen sie die Murrays Inseln und entdeckten eine Sandbank, die »Canoe-Key« benannt wurde. Als am fünften die Boote abgeschickt wurden, die Straße zu sondieren, erblickte man mehrere große Canots mit Segeln und da der Kutter das Signal um Hilfe machte, so wurde ihm die gut bemannte und bewaffnete Pinasse zugeschickt. Bei der Rückkehr der Boote am Nachmittag erhellte es, dass es einem der vier Canots, die den Kutter vom Schiff abschneiden wollten, gelang. Es war mit fünfzehn schwarzen, ganz nackenden Indianern besetzt, die freundschaftliche Zeichen zu machen schienen. Diese Zeichen ahmte der Offizier nach, da er es aber nicht für ratsam hielt, sich ihnen so weit zu nähern, um eine ihm dargebotene junge Kokosnuss anzunehmen, fuhr er fort nach dem Schiff hin zu rudern. Ein Mann, welcher auf der, in der Mitte des Canots errichteten Hütte saß, sagte dann etwas zu den unter ihm stehenden und sie fingen sogleich an ihre Bogen zu spannen. Zwei hatten schon Pfeile darauf gelegt, als der Offizier Befehl gab, zur Selbsterhaltung zu feuern. Sechs Flinten wurden abgefeuert, alle Indianer fielen auf den Boden des Canots nieder, ausgenommen den, der auf der Hütte saß. Die siebte Flinte wurde auf ihn abgefeuert und er fiel gleichfalls. Während dieser Zeit begab sich das Canot hinter den Kutter und da die übrigen drei sich mit ihm vereint hatten, machten sie sämtlich Jagd auf den Kutter, um ihn vom Schiff abzuschneiden, was ihnen wahrscheinlich gelungen sein würde, wäre die Pinasse nicht zu rechter Zeit eingetroffen. Die Indianer spannten nun die Segel auf und steuerten nach Darnleys Insel. Kein Boot kann besser gegen den Wind gesteuert werden, als diese langen Canots von diesen nackenden Wilden. Hätten diese vier den Kutter erreichen können, so ist schwer zu entscheiden, ob die Überlegenheit unserer Waffen dem großen Unterschiede der beiderseitigen Zahl das Gleichgewicht gehalten hätte, wenn man zumal die Wildheit dieses Volkes und die Geschicklichkeit, mit der es seine Waffen zu gebrauchen weiß, erwägt.

Am 6ten September kamen mehrere Canots vor Darnleys Insel. Bei der Annäherung klopften die Indianer auf ihre Köpfe und riefen wiederholt: Whau! Whau! Whuh! mit vieler Heftigkeit. Zu gleicher Zeit hielten sie Pfeile und andere Waffen empor und verlangten nach Tuhre-Tuhri, d. i. Eisen.[81] Nach vielen Bedenklichkeiten entschlossen sie sich längs des Schiffs anzulegen und zwei Männer wagten sich auf das Schiff. Sie hatten krauses Haar, einen sehr kräftigen Körperbau und entsprachen der von den Eingeborenen Neu-Guineas gegebenen Beschreibung.[82] Bei Beiden war der Knorpel zwischen den Nasenlöchern weggeschnitten; ihre Ohrläppchen gespalten und sehr lang ausgedehnt, sowie man dieses schon zuvor bei einem Eingeborenen der Fidschi-Inseln bemerkt hatte. Sie waren ganz nackend, trugen jedoch Halsbänder von Kaurimuscheln, die an eine Flechte von Fasern genäht waren. Einige ihrer Gefährten hatten Perlenschalen um ihren Hals hängen. Sprachen sie mit einander, so schienen sie jedes Wort deutlich vorzutra-

81 In Tahiti heißt Juhreh-Juhrih, oder Uhrih, oder nach Bougainville, A-uri, Eisen.

82 M. s. A Voyage to New-Guinea, by Kaptain Thomas Forrest.

gen. Ihre Waffen waren Bogen, Pfeile und Keulen, welche sie gegen jedes Eisengerät mit Begierde vertauschten. Auf jedes Andere schienen sie geringen Wert zu setzen. Die Bogen werden von gespaltenem Bambus gemacht und sind so stark, dass kein Mann auf dem Schiff im Stande war, einen zu biegen. Die Sehne ist ein starker Streifen von Rohre, der an einem Ende des Bogens befestigt und mit einer Schlinge versehen ist. Der Pfeil ist ein gegen vier Fuß langes Stück Rohr, in welches ein zugespitztes Stück von dem harten, schweren Kasuarinaholz fest befestigt ist. Manche Pfeile sind gefiedert. Die aus Kasuarinaholz verfertigten Keulen sind furchtbare Waffen. Ihr Handgriff ist gezähnelt und hat einen kleinen Knopf, wodurch die Festigkeit des Griffs gesichert wird. Das schwerere Ende ist gewöhnlich mit Bildnerei versehen. Eine war wie ein Papageikopf mit einer Krause um den Hals, gebildet. – Ihre Canots sind gegen 50 englische Fuß lang und scheinen aus einem einzigen Baumstamme ausgehöhlt zu sein. Aber die Seitenwände sind Bohlen, die mit Baste zusammengenäht und mit Pflöcken befestigt sind. Diese Schiffe sind vorn niedrig, steigen aber hinterwärts in die Höhe und da sie schmal sind, sind sie auf jeder Seite mit einem Ausleger versehen, die sie im Gleichgewichte erhalten. Ein Verdeck, das breiter als das Canot ist, erstreckt sich über dessen halbe Länge und auf ihm steht eine mit Palmblättern bedeckte Hütte. Kurz, diese Menschen scheinen geschickte Seeleute und furchtbare Krieger zu sein und sich ebenso gut im Wasser, als in ihren Canots zu befinden. – Am 7ten September ankerten die Schiffe bald nach Mittag unter dem Schutze zweier Inseln, die »Stephens-« und »Campbells-« Inseln benannt wurden. Diese und alle andere, welche diese Seefahrer hier antrafen, sind, mit Ausnahme von Darnleys Insel in ihrer Mitte gut bewaldet. – Am 9ten wurde ein großes, zum Teil trockenes Riff, das den Namen »Dungeness« erhielt, dann die Insel Dungeness, Warriours-Insel und die sechs Schwestern, entdeckt. – Als am 10ten die Boote den nordwestlichen Kanal zwischen den Dungeness- und Warriours-Inseln sondierten, waren mehrere Eingeborene an der Küste der ersten Insel versammelt und einige Canots von Warriours Insel umgaben die Brig. Plötzlich machte Kapitän Portlock das Signal um Beistand und es wurden Gewehre und einige Kanonen sowohl vom Schiff als auch den Booten abgefeuert. Auch näherten sich Canots der Providence und als eine Flinte über das größte abgefeuert wurde, ließen die Eingeborenen ein großes Geschrei ertönen und ruderten vereint vorwärts. Flintenschüsse reichten nicht hin, sie abzuwehren. Die zweite große Kanone, mit einer Kugel und Schrot geladen, wurde auf das vorderste von acht Canots, das ganz voll Mannschaft war, gerichtet und die Kugel, nachdem sie die ganze Länge bestrichen hatte, zerstörte das hohe Hinterteil des Canots. Die Indianer sprangen heraus und schwammen zu ihren Gefährten, sich dabei beständig untertauchend, um die Flintenkugeln zu vermeiden, die um sie her hagelten. Das Geschwader machte sich dann fort, sobald das Volk rudern konnte, vereinte sich aber darauf in einer größeren Entfernung, bis ein über dasselbe weggehender Kanonenschuss es veranlasste, alle Pläne zu künftigen Angriffen aufzugeben. Die Tiefe, in welche die Pfeile an den Wänden und auf dem Verdeck der Brig eingedrungen waren, erregte Erstaunen.

Am 11ten September wurden die Inseln Turtlebacked, the Kap und the Brothers, dann Banks'-, Burkes-, Mount-Cornwallis-, Turn-again- und Jervis' Inseln entdeckt. Die größte derselben war Banks'-Insel mit einem hohen Berg, »Mount Augustus« genannt (unter 10° 12' s. Br. und 142° 13' östl. L.). Am 16ten September wurde die nicht unbedeutende Mulgraves Insel entdeckt und an eben diesem Tage nahm Kapitän Bligh feierlich von allen, in der Torresstraße gesehenen, Inseln im Namen Sr. M. des Königs Georg III.

Besitz und nannte sie »Clarences Archipel«. – Die nördliche Possession-Insel war fast nichts anderes, als eine mit einem Riff umgebene Felsenmasse, doch aber mit einer Menge von Bäumen und Gesträuchen bedeckt. Unter denselben befand sich eine Gruppe von Kokosnussbäumen, die eine kleine, aber köstliche Frucht trugen und der Baum, der die herben Pflaumen trägt, wie auf Dalrymples Insel. Am 19ten September langten beide Schiffe in Timor an, nachdem sie neunzehn Tage zugebracht hatten, um aus dem großen Ozean in das Indische Meer zu gelangen.

(Bampton und Alt 1793)
Die letzte bekannte Fahrt durch die Torresstraße, vor der des Investigators, war die der Herrn William Bampton und Matthew B. Alt, Befehlshaber der Schiffe Hormuzeer und Chesterfield. Ihre Entdeckungen wurden durch zwei von Hrn. Dalrymple 1798 und 1799 herausgegebene Karten bekannt gemacht. Ich erhielt ihr (noch nicht erschienenes) Tagebuch von Hrn. Arrowsmith und teile hier daraus folgenden Auszug mit. Beide schifften von Norfolk-Insel mit der Absicht ab, durch des Torresstraße auf einem Weg zu gehen, von dem sie nicht wussten, dass er schon befahren war. Am 20sten Junius 1793 gelangten sie auf die Höhe von Murrays Insel, am 1sten Julius auf die von Darnleys Insel deren Eingeborene in beträchtlicher Zahl sich näherten und einige Bogen und Pfeile gegen Messer und andere Artikel vertauschten. Sie waren im Durchschnitt etwas größer als die Europäer. Ihre Farbe ähnelte der der Eingeborenen um Port-Jackson, nur war sie nicht so tief. Sie waren ebenso, wie diese, tätowiert. Die Männer waren ganz nackend. Aber die Weiber, die sich in einiger Entfernung hielten und kleiner zu sein schienen, trugen eine Schürze von Laub, die bis an die Knie reichte. In den niederen Teilen der Insel sah man mehrere Kokosnussbäume. Als die Boote zurückkehrten,

folgten ihnen vier Canots. Eines legte sich längs dem Chesterfield und ein Eingeborener kam an Bord, für den ein Matrose, als Geißel in das Canot ging. Die Meisten hatten durchbohrte Ohrläppchen. Ihr Haar war im Allgemeinen kurz abgeschnitten. Einige Wenige trugen es lang. Es ist von Natur schwarz. Da sie es aber mit Etwas einreiben, erhält es eine rötliche oder brandige Farbe. Diese Insulaner deuteten, so viel man verstehen konnte, an, dass ihre Insel reichlich mit Erfrischungen versehen sei. Man entschloss sich daher, ein anderes Boot zu ferneren Untersuchungen dahin abzusenden. Daher begaben sich Herr Shaw, Obersteuermann des Chesterfield, Herr Carter und Kapitän Hill vom Neu-Süd-Wallis-Corps, der ein Passagier war, bewaffnet mit fünf Matrosen am 3ten Julius auf einem Walfischboote an das Land. Man erwartete sie bis zum 6ten; doch vergebens. Am 7ten wurden 2 bemannte und bewaffnete Boote zur Aufsuchung des Walfischbootes abgeschickt. Als dieses die Insel erreichte, ertönten Töne von Wandermuscheln überall und man sah an der Küste achtzig bis neunzig bewaffnete Eingeborene. Auf die durch Zeichen gegebenen Nachfragen nach dem fehlenden Boot, erwiderten sie, es sei gen Westen gefahren. Keiner aber wollte näher kommen. Auch wurde ein weißes, in die Höhe gehaltenes Tuch nicht geachtet, was vorher als ein Zeichen des Friedens galt.

Als die Boote in ihrer Untersuchung rund um die Insel fortfuhren, folgten ihnen die Eingeborenen mit steigender Anzahl. Ein Mann, der mit etwas Blauem eingerieben war und das Oberhaupt zu sein schien, hatte ein kleines Beil in seiner Hand, welches wegen seines roten Stiels als Eigentum Herrn Shaws erkannt wurde. Als die Bai an der Nordwestseite der Insel erreicht war, bemerkte Herr Dell, dass die Eingeborenen sämtlich bis auf dreißig verschwunden waren und dass diese sich sehr bemühten, ihn an das

Land zu locken. Er fuhr aber vorwärts. Unmittelbar darauf waren die Ufer der Bai mit zahlreichen Eingeborenen umgeben, die in der Hoffnung, dass er landen würde, im Hinterhalt lagen.

Nachdem Herr Dell die Insel ganz umfahren und Nichts entdeckt hatte, kehrte er wieder zur ersten Bucht zurück, wo sich eine bedeutende Menge bewaffneter Eingeborenen am Rande des Gehölzes versammelt hatte. Durch Darbietung von Messern und anderen Gegenständen wurden Einige veranlasst, sich dem Boot zu nähern und der Oberbootsmann ergriff einen bei den Haaren und im Nacken, um ihn auf die Schiffe zu bringen, um Nachricht von dem vermissten Boot mit dessen Mannschaft zu geben. Ein Hagel von Pfeilen flog sogleich aus der Waldung; nun wurde gefeuert, wodurch einer der Eingeborenen getötet und mehrere verwundet wurden. Während dem war es dem Oberbootsmann unmöglich, den Gefangenen fest zu halten, weil sein Haar und Körper mit Fett eingeschmiert und die Mannschaft des Boots zu beschäftigt war, um ihm zu helfen.

Als am 8ten Julius beide Befehlshaber den Bericht Hrn. Dells vernommen hatten, fuhren sie mit den Schiffen um die nördlichen Riffe und Sandbänke in die Bucht an der Nordwestküste von Darnleys Insel, welche den Namen »Treacherous-Bay« (die verräterische Bai) erhielt. Am 9ten ankerten sie mit Federn an den Ankertauen nachmittags in 13 Faden Tiefe auf einem sandigen, lehmigen, mit Schaltieren gemengten Grund. Ein Boot wurde an die Küste geschickt und kam bei Sonnenuntergang mit einigen Kokosnüssen wieder, doch ohne irgendeinen Eingeborenen gesehen zu haben. Am 10ten landeten 44 bewaffnete Mann unter Hrn. Dells Befehl. Nachdem die Unionsflagge aufgepflanzt war und diese und die benachbarten Inseln im Namen Sr. Maj. in Besitz genommen waren, untersuchten sie die Hütten und fanden die Uniformen des Kapitäns Hill, Hrn. Carter und Hrn. Shaw mit anderen ihnen und den Matrosen zugehörenden Sachen, so dass ihre Ermordung nicht zu bezweifeln war. Am Abend kam der Trupp, nachdem er die Insel umgangen war, 135 Hütten, 16 Canots von 50 bis 70 Fuß Länge und mehrere Pflanzungen von Zuckerrohr verbrannt oder zerstört hatte, zum Schiff zurück. Die Eingeborenen schienen sich auf die Höhen im Innern der Insel geflüchtet zu haben, da sich keiner sehen ließ.

Darnleys Insel scheint 4 geogr. Meilen im Umkreis zu haben. Der Reichtum ihrer Vegetation zeugt von ihrer Fruchtbarkeit. Doch scheint sie wenig mit süßem Wasser versehen zu sein. Bloß an einer Stelle unfern der Küste bot sich etwas dar. Die Pflanzungen der Eingeborenen in den Ebenen lieferten Yams, süße Kartoffeln, Pisangs und Zuckerrohr. Kokosnussbäume waren im Überflusse, vorzüglich in der Nähe der Wohnungen vorhanden. Die Höhen, die größtenteils die Mitte der Insel einnehmen, waren mit Bäumen und Gesträuchen von üppigem Wuchse bedeckt und an verschiedenen Küstenpunkten wächst der Manglebaum im Überfluss.

Die Wohnungen der Eingeborenen lagen an der Spitze der kleinen Buchten und bildeten Dörfer von 10 bis 12 Hütten. Ein wenigstens 12 Fuß hoher Bambuszaun umgibt diese Dörfer. Eine solche Hütte gleicht sehr einem Heuschober, durch den ein Pfahl geschlagen ist und kann eine Familie von 6 bis 8 Personen beherbergen. Das Dach besteht aus langem Gras und Kokosbaumblättern. Der Eingang derselben ist klein und so niedrig, dass die Bewohner hinein- und herauskriechen müssen. Das Innere ist reinlich und sauber. Der Pfahl, der das Dach trägt, ist wahrscheinlich mit Ocker rot gemalt.

In jeder dieser Hütten gewöhnlich rechts vom Eingang waren zwei oder drei Menschenschädel und mehrere Schnüre mit Händen, an jeder fünf oder sechs, um ein hölzernes Bildnis, daher eine rohe Abbildung eines Menschen oder Vogels und auf eine seltsame Art bemalt und verziert war, aufgehängt. Die Federn des Emus oder Kasuars dienten allgemein zur Zierde. In einer Hütte, in der man die größte Zahl von Schädeln fand, brannte eine Art Harz vor einem dieser Bildnisse. An diese Hütte stieß eine andere, verschieden gebaute und größere Hütte. Sie war 30 Fuß lang und 15 breit. Ihr Boden erhob sich 6 Fuß über die Grundfläche. Sie war sehr artig aus Bambus gebaut, den lange Stangen trugen und mit Kokosblättern und dürrem Gras bedeckt. Man glaubte, dies sei die Wohnung des Oberhaupts der Insel. Sie war die einzige Hütte, in der man keine Schädel oder Hände antraf.

Die Leiche des erschossenen Mannes fand man folgendermaßen bestattet. Sechs, 6 Fuß hohe Stangen waren in den Boden befestigt, so dass eine von der anderen abstand. In der Höhe von 5 Fuß war ein Flechtwerk von Baumzweigen befestigt und auf diesem lag die Leiche ohne Bedeckung.

Auf den die Insel umgebenden Riffen sind durch 2 bis 3 Fuß hohe Anhäufungen von Steinen viereckige Plätze, deren jede Seite 50 Fuß misst, eingeschlossen, die Flut geht darüber hinweg. Tritt die Ebbe ein, so kommen die Insulaner und nehmen die Fische aus diesen Behältern. Auf allen Teilen der Riffe ist Bambus mit angehängten Bündeln dürrer Kräuter aufgepflanzt. Ob diese nun zu Signalen für die Canots dienen, oder die Grenzen jeder Fischerei bestimmen sollen, ist ungewiss. Die Beschreibung der Canots gleicht der bei Blighs und Portlocks Reise gegebenen. Aber Hr. Bampton sagt, einige derselben wären sinnreich ausgeschnitzt und bemalt, hätten auch seltsame Figuren an jedem Ende. Die Waffen dieses Volkes sind Bogen, Pfeile, gegen 4 Fuß lange Keulen, Spieße und Lanzen von verschiedener Art, aus einem harten, schwarzen Holze verfertigt. Manche dieser Speere sind von der Spitze bis zum Ende quer gerieft. – Die einzigen hier gesehenen Quadrupeden waren Ratten, Mäuse und Eidechsen, die bei dem Abbrennen der Hütten Scharenweise davon liefen. Landvögel waren in allen Gegenden der Insel in Menge und auf den Riffen traf man Wasserhühner, große gelbgefleckte Kiebitze, Eisvögel, Strandläufer, Rotschnäbel und Rotgänse.

Am 12ten Jul. wurde Stephens Insel untersucht. Die Pflanzungen, Hütten, Bildnisse, Schädel und Hände waren so wie auf Darnleys Insel. Unter den Bäumen glich einer dem Mandelbaume und seine Nüsse waren gut. Kokospalmen wachsen hier im Überfluss. Außer Ratten sahen die Reisenden hier nur eine schöne Art von Opossum in einem Käfig, das wahrscheinlich von Neu-Guinea oder Neu-Süd-Wallis hierher gebracht worden war. Am 13ten Julius wurde Brishow Insel entdeckt. Am 31ten Julius kamen beide Schiffe bei Turnagain-Insel an und blieben daselbst 17 Tage. Am 30ten August verließen sie endlich die Torres-Straße, in der sie 72 Tage zugebracht hatten, während Bligh und Portlock nur 19 dazu brauchten. Dieses ist aber ein deutlicher Beweis der außerordentlichen Gefahren in dieser Straße, der alle Schiffsbefehlshaber bis zur Zeit des Investigators abgeschreckt hat.

Noch bedarf die vollständige Kunde der Nordküste des Austral-Landes 1) eine allgemeine Aufnahme der Straße des Torres', 2) eine Untersuchung der Küsten des Golfs von Carpentaria und 3) eine genauere Erforschung der Baien, Untiefen, Inseln und Küsten von Arnhems und dem nördlichen Van Diemens Land.

Zweiter Abschnitt – West-Küste

Vorläufige Bemerkungen – Entdeckungen Hartogs, Edels, der Schiffe Leeuwin und Vianen, Pelsaerts, Tasmans, Dampiers, Vlamings – Schlussbemerkungen

(Hartog 1616)
Die in Tasmans Instruktionen mitgeteilte Nachricht spricht von der, von diesen Küsten früher erlangten Kenntnis folgendermaßen: »In den Jahren 1616, 1618, 1619 und 1622 wurde die Westküste dieses großen unbekannten Süd-Landes von nach fremden Ländern bestimmten Schiffen, unter denen das Schiff Endragt war, entdeckt.« Weiter meldet erwähnte Nachricht nichts. Aber aus ihr und einer handschriftlichen Karte von Eessel Gerrits (1627)[83] scheint es mit Sicherheit zu erhellen, dass die erste wirkliche Entdeckung der Westküsten dem Dirk Hartog, Befehlshaber des Schiffes Endragt, welches von Holland nach Ostindien ging, zu verdanken sei. Er gab der so entdeckten Küste den Namen »Endragts Land«. Ein wichtiger Punkt seiner Entdeckung war Dirk Hartogs Rhede (am Eingang des Sundes den Dampier später »Sharks Bay«, d. i. die Haifisch Bai nannte). Auf einer der Inseln, die diese Rhede bilden, fand man erst im J. 1697 und dann 1801 eine Zinnplatte mit folgender Inschrift: »Im Jahre 1616, am 25sten Oktober langte hier das Schiff Endragt aus Amsterdam an. Der erste Kaufmann Gillis Miebais von Lüttich; Dirk Hartog von Amsterdam, Kapitän. Sie segelten von hier nach Bantam am 27sten d. M.« Unterwärts stand mit einem Messer eingeschnitten »der Unter-Kaufmann Jan Stins; der Ober-Steuermann Pieter Dookus aus Bill. Im J. 1616.«

83 M. s. Dalrymples Collection concerning Papua p. 6. Note.

(De Edel 1619)
In Campbells Ausgabe von Harris's Reisen (S. 325) heißt es: »Im folgenden Jahr wurde Edels-Land aufgefunden und nach seinem Entdecker benannt.« Der Präsident De Brosses sagt (T. I. p. 432) ziemlich dasselbe. Verbindet man dieses mit dem holländischen Bericht und der Karte von Eessel Gerrits, so scheint es, dass J. de Edel ein Handelsschiff befehligte und zufällig auf den Teil der Westküste traf, der nach ihm benannt ist. Das große »Houtmans Abrolhos« genannte und an Edels Küste liegende Riff, wurde zu gleicher Zeit, wahrscheinlich von Edel oder einem Schiff seines Geschwaders, entdeckt. Der Kommandeur der Leeuwin ist unbekannt. Es scheint, dass dieses auch ein Handelsschiff, das an die Westküste geriet, gewesen sei.

(Vianen 1628)
Die nächste Entdeckung an der West-Küste war die des Schiffes Vianen, eines der sieben, die unter Kommando des General-Gouverneurs Carpenter nach Europa zurückkehrten. Die holländische Nachricht davon drückt sich folgendermaßen aus. »Die Küste wurde zufälliger Weise im J. 1628 vom Schiff Vianen, das von Indien nach Hause fuhr, erblickt. Es lief gegen 50 g. M. längs der Küste hin, ohne irgendeine andere Kenntnis von diesem großen Land zu erhalten, als dass die Küste rau und unfruchtbar ist, die inneren Gefilde grün und die Bewohner sehr wild, schwarz und barbarisch sind.«

De Brosses sagt: »Willem de Witt gab seinen Namen einem Land, das er nördlich vom Remessens Fluss im J. 1628 erblickte und welches Viane, ein holländischer Kapitän, im Januar desselben Jahres zu seinem Unglücke entdeckt hatte, als er unter 21° s. Br. an De Witts Küste geworfen wurde und seine ganze Ladung verlor.« Die Verwirrung, die in des Präsidenten Nachricht herrscht, macht es nicht unwahrscheinlich, dass diese Gegend ihren Namen auf die von ihm angegebene Art im J. 1628 erhielt.

Bis hierher waren die Teile der Westküste nur wenig weiter als durch die Zeitangabe und die Grenzen der Entdeckung derselben bekannt geworden. Folgende aus dem 23sten Stücke von Thevenots Sammlung gezogene und aus dem holländischen übersetzte Nachricht hat einen etwas anderen Charakter.

(Pelsert 1629)
Die Batavia, unter dem Befehle des Franz Pelsert, scheiterte in der Nacht des 4ten Junius, 1629, an einem Riff, das die Flamländer »Abrolhos-« oder »Frederik Houtmans-« Klippen nannten, welche an Neu-Hollands Westküste lag. Bei Tagesanbruch erblickte man in einer Entfernung von etwas über 2 g. M. eine Insel und etwas näher zwei Inseln oder vielmehr Klippen, auf welche die Mitreisenden und ein Teil der Mannschaft ausgesetzt wurde. Da hier kein süßes Wasser zu finden war, verließ Pelsert am 8ten die Klippen und suchte bis zum 14ten vergebens an der Küste Neu-Hollands zu landen, an welchem Tag sechs Matrosen ans Land schwammen, um Wasser zu suchen. Sie trafen wilde schwarze, ganz nackende Leute an und kehrten, ohne Wasser gefunden zu haben, verwundet und zerschmettert durch Wogen, die sie gegen die Klippen warfen, zurück. Am 15ten gelang es endlich 40 Gallonen süßes Wasser zu erhalten. Nachdem er vergebens Jacob Remessens Fluss, unfern des Nordwest-Kaps zu erreichen gesucht hatte, woran ihn widrige Winde hinderten, entschloss sich Pelsert nach Batavia zu schiffen und dort den General-Gouverneur um Hilfe zu bitten. Während dem entdeckte die auf dem Abrolhos zurückgelassene Mannschaft Wasser in zwei Höhlen, welches mit der Flut stieg und mit der Ebbe fiel. Dessen ungeachtet war es süß, zu großer Freude der Mannschaft.

Die 1663 von Thevenot herausgegebene Karte bildet die westlichen Küsten ab und verbindet sie mit dem nördlichen Van Diemens Land. Aber es erhellt aus Tasmans Instruktionen, dass der Küstenstrich zwischen De-Witts-Land und Van Diemens Kap der holländischen Regierung zu Batavia im Jahr 1644 unbekannt war. Da man nun keine Nachricht hat, dass sie während der folgenden 19 Jahre erblickt wurde, so kann man folgern, dass die Nordwestküste von ihm zuerst erforscht wurde. Dampier sagt (Bd. III. S. 96), er habe Tasmans Karte von derselben. Jetzt kann man aber keine, die seinen Namen führte, auffinden. Des Bürgermeisters Witsen Bemerkungen zeigen, dass Tasman die Nordwestküste besucht habe und da sie die frühesten Nachrichten von den Bewohnern geben und an sich merkwürdig sind, so sind sie hier aus Hrn. Dalrymples Papua mitgeteilt.

»Unter 13° 8' s. Br. und 129° 30' östl. L. von Greenwich ist die Küste unfruchtbar. Die Bewohner sind schlecht und boshaft und schossen auf die an die Küste kommenden Holländer ohne Ursache mit Pfeilen. Sie ist sehr bevölkert. Unter 14° 58' s. Br. und 125° östl. L. war das Volk wild und ging nackend. Niemand konnte es verstehen. In Hollandia nova fand Tasman ein nackendes, schwarzes, kraushaariges Volk, das boshaft und grausam war und sich als Waffen der Bogen, Pfeile, Assagaien und Kulawäris bediente. Eine an fünfzig betragende Zahl derselben, die doppelt bewaffnet war, kam, in zwei Haufen geteilt, um die fünfundzwanzig gelandeten Holländer zu überfallen. Aber Kanonenschüsse trieben sie in die Flucht. Ihre Kähne sind aus Baumrinde gemacht. Ihre Küste ist gefährlich. Auf ihr findet man wenige Vegetabilien. Dies Volk hat keine Häuser. Die Eingeborenen warfen Steine auf die von den Holländern an die Küste geschickten Boote. Sie zündeten längs der Küste Feuer an, wahrscheinlich, dass der davon aufsteigende Rauch ihre Nachbarn benachrichtigen solle, dass Feinde an der Küste gelandet seien. Sie scheinen sehr schlecht zu leben, gehen unbekleidet und essen Yams und andere Wurzeln.«

(Dampior 1688)
Die Seeräuber, mit denen der berühmte William Dampier um die Erde schiffte, kamen an die Nordwestküste des Austral-Landes, um ihr Schiff zu kalfatern und frisches Wasser einzunehmen. Sie fuhren längs der Küste in eine Bai oder Öffnung, wo sie einen ihrer Absicht entsprechenden Ort fanden. Dampier sagt, dass die Eingeborenen »ein nackendes, schwarzes, kraushaariges, den Negern ähnliches Volk seien,« und setzt hinzu, »sie trügen einen wie einen Gürtel gedrehten Streifen von Baumrinde um ihre Bäuche und steckten eine Hand voll langes Gras oder drei bis vier grüne, belaubte Baumzweige, um ihre Blöße zu decken, unter denselben.« Desgleichen, »dass die zwei Vorderzähne der oberen Kinnlade, bei Männern und Weibern, Alten und Jungen, durchaus fehlten, sie auch keinen Bart hätten«, welche Umstände nicht in Tasmans Bemerkungen erwähnt sind. Dampier sah weder Bogen noch Pfeile bei ihnen, sondern sagt: »Als wir zuerst an das Land kamen, so bedrohten sie uns mit ihren Schwertern und Speeren. Das Abfeuern einer Kanone verjagte sie.« Von ihren, aus Baumrinde gemachten Kähnen, sah er nichts. Im Gegenteil bemerkte er »einen Haufen dieser Leute von einer Insel zur anderen schwimmend, da sie weder Boote, noch Canots, noch Kähne aus Rinde haben.«

(Vlaming 1696)
Der Bericht über Willem de Vlamings Reise nach Neu-Holland, im Jahr 1696, kam 1701 zu Amsterdam heraus. Da ich mir ihn nicht verschaffen konnte, so nahm ich meine Zuflucht zu Valentyns Beschreibung von Banda, in der ein Auszug aus Vlamings Berichte steht.

Da man das holländische Schiff, de Ridderschap, seitdem es das Vorgebirge der guten Hoffnung, im Jahr 1684 oder 1685 verlassen hatte, vermisste und vermutete, sie möchte am großen Südland Schiffbruch gelitten haben, vielleicht aber Einige von der Mannschaft noch (1696) lebten, so erhielt der Kommodore Willem de Vlaming, der nach Indien mit dem Geelvink, Nyptang und Wezel fuhr, Befehl, sie aufzusuchen. Am 29sten ankerten sie unterhalb der Insel Rottenest. Hier war Brennholz in Menge. Am 5ten Januar 1697 ging Vlaming mit 88 bewaffneten Mann ans Land und begab sich ostwärts in dasselbe hinein. Hier fand man einige wenige große und einige kleine Bäume, aus denen eine Art Gummi-Lack träufelte, aber nichts, was zur Nahrung hätte dienen können. Die Vögel waren kleine Kakadus und grüne Papageien, beide sehr scheu. Nach drei Stunden Gehens gelangten sie an ein Salzwasser-Becken an dessen Gestade sie Fußtritte von erwachsenen Personen und Kindern bemerkten. Man erblickte niemanden, sah aber hier und dort Rauch aufsteigen und traf auf drei verlassene Hütten, die niedriger und schlechter gebaut waren, als die der Hottentotten. Am 6ten teilten sie sich in drei Abteilungen, von denen die eine gegen Norden, die andere gegen Süden und die dritte 1 g. Meile weit gegen Osten vordrang. Man traf nichts außer ein oder zwei verfallene Hütten an. Kein schädliches Tier wurde erblickt. Sie blieben in der Nacht an der Küste und kehrten am 7ten an Bord zurück. Nun ankerten die Schiffe näher bei dem Land, das hier eine Einfahrt in einen See oder Fluss in S. O. zu O. hatte. Nachher fuhr der Kommodore diesen Fluss 10 bis 11 g. Meilen aufwärts und fing einige Stinte und mehrere Schwane, von denen zwei lebendig nach Batavia überbracht wurden[84]. Nachdem sie die Breite genau bestimmt und ein 4

84 Dies scheint die erste Erwähnung des schwarzen Schwans zu sein. Der Fluss erhielt den Namen »der schwarze Schwanenfluss«.

g. Meilen langes Riff entdeckt hatten, segelten sie von da am 13ten Januar ab, erblickten in der Nacht auf den 16ten längs der ganzen Küste Feuer, erreichten am 23sten ein steiles Vorgebirge, am 30sten zwei Einfahrten in die Küste und am 2ten Februar zwei andere sehr tiefe Öffnungen, von denen die eine sich nordwärts, die andere ostwärts weit in das Land erstreckte. Sie fuhren 8 g. Meilen in der ersten derselben hinauf und fanden, dass sie noch eine Verbindung mit dem Meere im N. N. W. habe[85]. Am 3ten brachte ein Boot obigen Bericht und dass der Oberbootsmann des Geelvink eine zinnerne Platte gefunden habe mit einer Dirk Hartogs Ankunft hierselbst und Abfahrt von hier betreffenden Inschrift. (Diese ist schon oben mitgeteilt worden.) Am 12ten verließen die Schiffe Dirk Hartogs Rhede und am 19ten entdeckten sie ein Vorgebirge (das Nordwestkap). Östlich davon wurde eine Bucht aufgefunden, die den Namen »Willems Fluss« erhielt. Am 21sten segelten sie nach Batavia zurück. – So wurde die Westküste des Austral-Landes von der Insel Rottenest bis zum Nordwestkap sorgfältig von Vlaming untersucht und es ist sehr wahrscheinlich, dass die von Dalrymple abermals herausgegebene Van Keulensche Karte, die am Schluss des 18ten Jahrhunderts für die beste gehalten wurde, das Resultat dieser Reise war.

(Damvier 1699)
Kapitän William Dampier besuchte zum zweiten Mal die Westküsten des Austral-Landes im J. 1699, als er auf Entdeckungen im königlichen Schiff the Roebuck (der Rehbock) ausgesendet worden war. Am 6ten August 1699 ankerte er (in Dirk Hartogs Rhede) im Eingang eines Sundes den er »Hai-

85 Diese zwei Öffnungen, die im Original Flüsse genannt werden, sind weiter nichts, als die Einfahrt in die Haifischbai. Eine, in ihrer Mündung liegende, kleine Insel veranlasste sie wahrscheinlich für zwei Öffnungen zu halten.

fisch-Bai« nannte. Hier blieb er acht Tage, ließ Holz auf den Inseln fällen, fischen, u. s. f. und gibt Bd. III. S. 81. f. seiner Reisen eine ausführliche Nachricht von seinen Beobachtungen. Ein auf den Inseln gefundenes Tier wird beschrieben, als »eine Art von Rakkuhn (Amerikanische Dachsart mit einem Fuchsschwanze), das sich aber von diesem durch die sehr kurzen Vorderbeine und seine langen Hinterbeine auszeichnet, mit denen es weite Sprünge macht. Es gibt, so wie oben erwähntes Tier, eine schmackhafte Speise.« Dieses scheint das kleine Känguru zu sein, das man seitdem auf den Inseln gefunden hat und so ist dies die erste je gemachte Beschreibung dieses seltsamen Tieres. – Nachdem Kapitän Dampier am 14ten August die Haifischbai verlassen hatte, steuerte er längs der Küste nordwärts, doch zu weit entfernt von ihr, um viele Bemerkungen über sie machen zu können, bis er das Nordwest-Kap umsegelte. Am 22sten erblickte er eine ausgedehnte Inselgruppe und ankerte bei einer der größten derselben, die er die »Rosmarin-Insel« nannte. Sie lag dem südlichen Teil von De-Witts-Land nahe. Am 30sten August sah Dampier die ersten Eingeborenen mit schielenden Augen, schwarzer Hautfarbe, krausem Haar, hohem, schwachem Körperbau u. s. f. Einer von ihnen, der das Oberhaupt zu sein schien, war mit einem weißen Kreis um die Augen und einem weißen Streif senkrecht über die Stirne weg bis zur Nasenspitze verziert. Auch die Brust und ein Teil der Arme waren mit gleicher Farbe geschmückt. Ihre Waffen waren hölzerne Speere.

Mit Dampiers Reise endet die Erforschung der Westküsten des Austral-Landes vor 1801.

Folgendes ist die kurze Übersicht der Kenntnisse, welche die Europäer von diesen Gegenden des Austral-Landes besitzen und der Gegenstände, welche hier noch Untersuchungen erheischen. Die Begrenzung der Nordwestküste war, durch

Tasman bestimmt, und Dampier hatte einige Punkte derselben berichtigt. Aber die Genauigkeit von Tasmans Karte wurde sehr in Zweifel gezogen. Statt, dass die südlichen Teile von De-Witts-Land eine zusammenhängende Küste nach derselben bilden sollten, fand Dampier sie aus einer Inselreihe bestehend. Er äußert die Meinung, »der nördliche Teil Neu-Hollands sei von den südlichen Teilen durch eine Straße geschieden, wenn nicht« sagt er, »die hohen Flutungen und Strömungen in dieser Gegend durch den Auslauf eines breiten Flusses erzeugt werden. Doch ich halte dies mehr für einen Kanal oder eine Straße als für einen Fluss.« Diese Meinung unterstützt er durch Tatsachen und die 3 g. Meilen weite Öffnung, welche Vlamings Schiffe entdeckten und in der sie keinen Ankergrund finden konnten, bestätigte seine Vermutung sehr. Neuere Untersuchungen haben gelehrt, dass die mutmaßliche Straße keineswegs ostwärts in den großen Ozean, wie Dampier glaubte, führe. Doch hielt man es für möglich, dass sie mit dem Busen von Carpentaria in Verbindung stehen und sogar für wahrscheinlich, dass eine Durchfahrt von da bis zu dem unbekannten Teil der Südküste jenseits der Inseln St. Franz und St. Peter stattfinden könne. Ob aber diese Öffnung der Eingang zu einer Straße, die das Austral-Land in zwei oder mehrere Inseln teile, oder zu einem Binnensee führe, wie manche glaubten, oder ob sie die Mündung eines großen Flusses sei, war in jedem Fall eine wichtige geographische Aufgabe, in Hinsicht der südlich von der Rosmarin-Insel liegenden Gegenden.

War Tasmans Karte bei De Witts Land fehlerhaft, so war sie es wahrscheinlich auch bei anderen Teilen dieser Küste, weil man keine Nachricht oder Glauben hatte, dass jemand anders weiter nördlich sie untersucht habe. Deswegen wurde eine Erforschung der ganzen Nordwestküste erforderlich, bevor ihre Kenntnis Anspruch auf die Aufnahme in die dermaligen geographischen und nautischen Systeme machen konnte.

Die Karte von der Westküste, bis zur Insel Rottenest, wurde auf weit bessere Autoritäten gegründet. Aber für die Entwerfung derselben, von da an bis zum Kap der Leeuwin, fehlten gute Dokumente und es war hier noch Platz zu Entdeckungen.

Was den Boden und die vegetabilen Produkte verschiedener Küstenpunkte, von Rottenest bis 16° 30' nordwärts betrifft, so hat man ziemlich gute, allgemeine Kenntnisse davon; auch hat man die Bewohner gesehen und an einem Ort mit ihnen Verbindungen angeknüpft. Die große Ausdehnung der Küsten in dem ergiebigsten Klima der Erde erregt Hoffnungen, dass genauere Untersuchungen nicht nur die Naturkunde erweitern, sondern auch etwas Nützliches aus dem Mineral- und Pflanzenreiche zu Tage fördern werden. Falls man entweder durch einen großen Fluss oder durch eine in einen Binnensee leitende Straße in das Innere des Austral-Landes gelangen könnte, träfe man vielleicht dann ein schöneres Land und ein anderes Volk, dessen Kenntnis sehr interessant und dem Volk, das seine Entdeckung machte, ersprießlich sein könnte.

Dritter Abschnitt – Süd-Küste

Nuyts' Entdeckung – Untersuchungen von Vancouver, von D' Entrecasteaux – Schlussbemerkungen

(Nuyts 1627)
Keine historische Tatsache ist minder bezweifelt worden, als die, dass die Süd-Küste Neu-Hollands im Januar 1627 entdeckt wurde. Ob dies nun am 26sten d. M., nach De Hondt oder nach Thevenots Karte, am 16ten geschah, ist ziemlich gleichgültig. Man sagt allgemein, dass Pieter Nuyts das Schiff befehligte. Da aber Nuyts bei seiner Ankunft zu Batavia, als Gesandter nach Japan geschickt und nachher

zum Gouverneur von Formosa ernannt wurde, scheint es, dass er mehr ein Zivilbeamter, vielleicht erster Kaufmann auf dem Schiff, als dessen Kapitän gewesen sei. Dessen ungeachtet trägt das von diesem Schiff entdeckte Land seinen Namen.

Der holländische Bericht sagt: »Im J. 1627 wurde die Südküste des großen Südlandes zufällig von dem großen Handelsschiffe »het gulde Zeepaard« (das goldene Seepferd) in einer Länge von 250 g. Meilen entdeckt.« Man hielt diese Entdeckung für etwas Wichtiges. Im J. 1718 erschien in Amsterdam eine Abhandlung, die beweisen sollte, »dass Nuyts' Land, da es im fünften Klima, zwischen 34° und 36° s. Br. liege, gleich allen so gelegenen Ländern, einer der bewohnbarsten, reichsten und fruchtbarsten Teile der Erdoberfläche sei.« Das Tagebuch dieser Reise scheint entweder verloren gegangen oder unterdrückt oder vernichtet worden zu sein, wie dies die damalige holländische Politik erforderte. Aus der Karte und obigem Berichte allein konnten einige nähere Nachrichten über diese Reise mitgeteilt werden.

(Vancouver 1791)
Mit Ausnahme des Hrn. De St. Alouarn, der im Jahr 1772 bei dem Kap der Leeuwin geankert haben soll, scheint doch die Südküste des Austral-Landes von 1627 bis 1791 unbesucht geblieben zu sein. In diesem Jahre kam Kapitän Vancouver auf seiner Fahrt nach dem nordwestlichen Amerika am 26sten September auf der Höhe vom Kap Chatam an der Südküste, unfern dem Punkte an, wo Nuyts seine Entdeckungen begonnen hatte. Von hier segelte er längs der Küste bis zum 28sten, wo er die Anker in einem Sunde fallen ließ, den er »Königs Georgs des Dritten Sund« nannte. – Die Umgegend des Sundes und seiner beiden Häfen fand er von verschiedenartiger, angenehmer Bildung. Gras und

Holz bekleidete sie und ob sie gleich mehr unfruchtbar als fruchtbar war, zeigte sie doch manche der Kultur fähige Flecke. Das Klima schien so gesund zu sein, als die Temperatur für angenehm befunden wurde. Kängurus schienen nicht selten zu sein. Auch waren die Waldungen nicht sparsam mit den befiederten Geschlechtern bevölkert. Amphibien und andere giftige Tiere waren nicht in Menge vorhanden. Unter den Seevögeln nahmen die schwarzen Schwäne und die wilden Enten die erste Stelle ein, waren aber gleich den Landtieren sehr scheu. Seefische und Muscheln waren in ziemlichem Überflusse vorhanden. Man sah keinen der Eingeborenen. Aber aus dem Anblicke ihrer verlassenen Hütten urteilte man, dass sie dasselbe elende Volk seien, wie das an den Nordwest- und den Ostküsten. Keine Spur von Canots, noch von Überbleibseln von Fischen oder Muscheln wurde in der Nähe dieser Wohnungen gefunden. Dieser Umstand veranlasste, mit der Scheuheit der Vögel und vierfüßigen Tiere verglichen, den Glauben, dass die Eingeborenen ihre Nahrung den Wäldern verdankten. – Kapitän Vancouver verließ am 11ten Oktober Königs Georgs Sund und schiffte ostwärts zu fernerer Erforschung der Küste, woran ihn widrige Winde hinderten. Das von ihm zuletzt hier gesehene Land war die Termination-Insel. Die Küste hinter dieser Insel schien zerschnitten zu sein. Obgleich aber in Nuyts' Karte in dieser Gegend eine beträchtlich große Inselgruppe niedergelegt ist, so vermutet Kapitän Vancouver doch, dass diese bloß die Fortsetzung des festen Landes war.[86] So weit sich seine Untersuchung erstreckte, so fand er sie mit der alten Karte Nuyts' übereinstimmend. Eine fernere Bestätigung der Entdeckung des holländischen Seefahrers erhielt man im folgenden Jahre.

86 Über Vancouvers Entdeckungen an der Süd-Küste des Austral-Landes, s. m. dessen: Voyage round the World. Vol. I. p. 28 - 57.

(D'Entrecasteaux 1792)
Der französische Contre-Admiral Bruny D'Entrecasteaux wurde im J. 1792 mit den Schiffen La Récherche und L' Espérance zur Aufsuchung des verunglückten La Pérouse ausgesendet. Er erreichte die Höhe der Südküste des Austral-Landes am 5ten Dezember 1792, etwa im N. W. vom Kap Chatam[87]. Die Küste vom Südwestkap bis zur Länge der Termination-Insel wurde mit aller Genauigkeit von dem Admiral erforscht, der die Küste genauer als Vancouver verfolgen und daher die Lücken von dessen Karte ergänzen konnte. Das zerschnittene Land, nördlich von Termination-Insel, wurde der Niederlegung von Nuyts gemäß befunden. Es bildete einen Teil einer sehr ausgedehnten Inselgruppe, von der eine zu rechter Zeit, am 9ten Dezember, den französischen Schiffen gegen einen starken Windstoß von S. W. Schutz gab.

Sie blieben eine Woche auf diesem Ankerplatz, während der die Naturkundigen die Umgegend erforschten und die Geodäten die von den Schiffen sichtbaren Inseln bestimmten. Seehunde, Pinguins und einige Kängurus sah man. Aber kein süßes Wasser, das den Schiffen zugänglich war, konnte irgendwo aufgefunden werden, da das Land, welches von dem Schiff aus erreicht werden konnte, dürr und unfruchtbar war. Vom 17ten bis 24sten Dezember steuerten die Schiffe ostwärts längs der Außenseite der Inselgruppe. Das feste, hinter diesen Inseln liegende Land war zwar durchaus sichtbar, lag aber in einer zu großen Entfernung, als dass die genaue Bildung der Küsten bestimmt werden konnte.

87 Als der Investigator (des Vfs Schiff) absegelte, war bloß das Tagebuch des Hrn. Labillardiêre, Naturforscher bei D'Entrecasteaux' Expedition, erschienen. Nachher aber hat Hr. de Rossei, einer der vornehmsten Offiziere bei derselben, diese Reise nach den Tagebüchern des Contre-Admirals herausgegeben und aus ihr ist Folgendes ausgezogen.

Diese Gruppe ist die Erste der beiden auf Nuyts' Karte angegebenen und Admiral D'Entrecasteaux lobt die Genauigkeit des holländischen Seefahrers, dass er die Breiten der Leeuwins Spitze und der Küsten des Nuits-Landes mit einer Schärfe niedergelegt habe, die für die frühe Epoche dieser Entdeckung erstaunenswert sei. Diese freimütige Anerkennung ist umso seltsamer, da bei der Benennung dieser ausgedehnten Inselgruppe der französische Admiral weniger daran dachte, dem ersten Entdecker oder dessen Schiff »het gulde Zeepard« die gebührende Ehre durch Beifügung deren Namen zu erteilen, als vielmehr seinem eigenen Schiff.

Jenseits dieses Archipels fand man die Südküste Ost nordostwärts laufen, ohne dass irgendeine Insel vor derselben lag oder dass sie irgendeinen Zufluchtsort darbot. Die Küste war entweder ein steiler, gleichhoher Kalkfelsen, oder niedrig und sandig mit einigen nackenden Hügeln. »Man darf sich nicht wundern«, sagt D'Entrecasteaux, »dass Nuyts von dieser unfruchtbaren Küste keine Nachricht gegeben hat. Denn ihr Anblick ist so gleichförmig, dass die fruchtbarste Einbildungskraft, über sie etwas zu sagen, es unmöglich finden würde.«

Getäuscht in der Hoffnung, frisches Wasser einzunehmen und mit nur so viel versehen, um kümmerlich Van Diemens Insel zu erreichen, gab er am 3ten Januar 1793 die fernere Erforschung der Südküste des Austral-Landes auf.

Vergleicht man die französischen Karten mit der des Nuyts, so erhellet, dass der Contre-Admiral nicht so weit an dieser Küste vorgedrungen ist, als der holländische Seefahrer. Denn er sah die Inseln St. Franz und St. Peter nicht.

Im Jahr 1801 kannte man nur drei Seefahrer, welche die Südküste des Austral-Landes besucht hatten; nämlich Nuyts,

Vancouver und D'Entrecasteaux.[88] Die Küstenlinie vom Kap der Leeuwin, bis nahe 132° der Länge, war im Allgemeinen genau erforscht und die Karten von Vancouver und D'Entrecasteaux schienen so gut zu sein, dass wenig mehr in dieser Strecke, für künftige Seefahrer zu tun übrig schien. An zwei Orten waren auch die Gegend und die Produkte am Meere untersucht. Doch war bis dahin noch keine Verbindung mit den Urbewohnern gemacht worden. Man wusste von Nuyts, dass unter 133° oder 134° östl. L. ein zweiter Archipel und dass daselbst die Küste eine unregelmäßige Bildung anzunehmen begann. Aber es war ungewiss, welche Richtung sie nahm, ob südöstlich, gegen die Bass'-Straße oder ob nördlich in den Meerbusen von Carpentaria?

Der große Gegenstand, der erforscht werden sollte, war ein Küstenstrich von nahe 188 g. Meilen Länge, in gerader Richtung. Was die Kenntnis dieses Strichs wichtig machte, war der Umstand, dass bis dahin noch kein bedeutender aus dem Austral-Land kommender Strom an den Küsten entdeckt worden war. Aber es war kaum glaublich, dass, wenn dieses große Land eine zusammenhängende Masse festen Landes sein sollte, sie nicht einige große Ströme enthielte und wäre dieses der Fall, so war dieser Küstenstrich eine der beiden noch übrigen Gegenden, wo man erwarten konnte, dass sie sich daselbst ins Meer ergössen.

Der scheinbare Mangel an Flüssen führte Manchen auf den Gedanken, dass das Austral-Land aus zwei oder mehreren Inseln bestehe, welches die sonstige Vermutung der Holländer und Dampiers war. Andere, die an den Zusammenhang der Küsten glaubten, dachten, dieser Mangel könne daher

88 Nachmals wurde es bekannt, dass Lieutenant James Grant im Jahr 1800 auf seiner Fahrt nach Port-Jackson im königlichen Schiff Lady Nelson einen Teil dieser unbekannten Küsten entdeckt hatte.

entstehen, dass im Inneren sich ein großer Binnensee befinde. Allgemein aber gab man zu, dass die Mündung der trennenden Kanäle oder die Einfahrt in den vermuteten See am wahrscheinlichsten an dem noch unerforschten Teil der Südküste aufzufinden sei.

Außer der Auflösung dieses geographischen Problems war noch etwas bei den schon entdeckten Küstenstrichen zu tun übrig. Das feste Land hinter der ersten Inselgruppe und gleichfalls die der Küste nahe liegenden Inseln sollten in Rücksicht auf Häfen, in denen Erfrischungen für Schiffe gefunden würden, untersucht werden. Desgleichen war eine Vergleichung des Körperbaues und der Gebräuche der Urbewohner dieser Gegenden mit denen in anderen Teilen dieses großen Landes lebenden wünschenswert und obgleich wenig Nutzen aus den bekannten Produkten der beiden besuchten Orte zu ziehen war, so konnte man doch vernünftiger Weise erwarten, dass die Untersuchung einer so ausgedehnten Küste viel Belehrung geben werde.

Manche Umstände vereinigten sich in der Tat, die Südküste des Austral-Landes zu einem der interessantesten Gegenstände der Erdoberfläche zu machen, auf den, bei dem Beginn des neunzehnten Jahrhunderts, der Geist der Entdeckung zu richten sei. Ihre Erforschung bildete einen Teil der dem verunglückten La Pérouse erteilten Instruktionen und nachher der seines Landsmannes D'Entrecasteaux. Daher wurde es, nicht ohne Grund, den Engländern zum Vorwurf gemacht, dass eine eingebildete Küstenstrecke von 188 g. Meilen Länge in der Nähe einer ihrer Kolonien so lange auf den Karten als unbekannte Küste bezeichnet werden musste. Dies stimmte wenig mit dem Ruhm Englands, die erste Seemacht zu sein, überein, und um diesen Vorwurf künftig zu vermeiden, war dieses ein Hauptpunkt, der dem Investigator in seinen Instruktionen aufgegeben wurde.

Vierter Abschnitt – Ost-Küste und Van Diemens-Insel

ERSTE ABTEILUNG

Vorläufige Bemerkungen – Entdeckungen von Tasman, Cook, Marion und Furneaux – Beobachtungen von Cook, Bligh und Cox – Entdeckungen D'Entrecasteaux', Hayes

Die Entdeckung der Van Diemens – Insel würde eigentlich mehr unter den Abschnitt, der von den Entdeckungen an der Südküste des Austral-Landes handelt, gehören; aber die neuesten Entdeckungen in Hinsicht dieser Insel stehen in so genauem Zusammenhang mit denen an der Ostküste, dass es unmöglich ist, sie zu trennen ohne die Deutlichkeit in der Erzählung zu verlieren.

Die Begierde der holländischen Regierung zu Batavia zu erfahren, wie weit sich die Süd-Länder gegen den südlichen Polarkreis ausdehnten, war die Ursache, dass Tasman mit zwei Schiffen ausgesendet wurde, diesen Punkt aufzuklären. Die Entdeckung von Van Diemens-Insel war eines der Resultate dieser Reise. Da es nun nicht der Politik der holländischen Regierung entsprach, die von ihr veranstalteten Entdeckungen zur allgemeinen Kunde zu bringen, »so wurde,« sagt Dr. Campbell, »diese nie ganz bekannt gemacht und es ist wahrscheinlich, dass die ostindische Kompanie niemals Willens war, sie auf irgendeine Art bekannt werden zu lassen.« Dessen ungeachtet gab Dirk Rembrantz, bewogen durch die Trefflichkeit dieses Werks, einen Auszug aus Kapitän Tasmans Tagebuch in plattdeutscher Sprache heraus, der bisher als eine große Seltenheit betrachtet und als solche in verschiedene Sprachen übersetzt wurde.[89] Soll man ein Urteil über den Auszug fällen, so hat Rembrantz einen großen Teil der nautischen Details Van Diemens-Insel betreffend, hinweggelassen. Sie ist aus einem Tagebuchentnommen, das außer den täglichen Begebenheiten und Beobachtungen während der ganzen Reise eine Sammlung von achtunddreißig handschriftlichen Karten, Ansichten und Figuren enthält. Der oft darin vorkommende Ausdruck »von mir«, welcher mit »Abel Jansz Tasman« unterzeichnet ist, zeigt, dass dies nicht sein ursprüngliches Tagebuch, sondern eine Abschrift desselben war, die wahrscheinlich jemand an Bord für den Gouverneur und den Rat zu Batavia verfertigte. Dieses interessante Dokument und eine im J. 1776 von Hrn. C. G. Woide, Kapellan der königlichen holländischen Kapelle zu St. James verfertigte Übersetzung desselben erhielt ich von der Gewogenheit des Sir Joseph Banks.[90]

(Tasman 1642)
Kapitän Abel Jansz Tasman segelte von Batavia am 14ten August 1642 mit den Jachten Heemskerk und Zeehaan und nachdem er die Insel Mauritius berührt hatte steuerte er südöstlich nach Entdeckungen. Am 24sten November erblickte er in N. O. hohes Land, das gegen 10 g. Meilen entlegen schien. Er gab ihm den Namen »Antony Van Die-

89 Complete Collection of Voyages and Travels, originally published by John Harris, D. D. and F. R. S. London. 1744. Vol. I. p. 325. f.

90 Ich fühle mich glücklich, bei dieser Gelegenheit öffentlich meine Verbindlichkeiten gegen den hochverehrten Präsidenten der Königlichen Gesellschaft der Wissenschaften anzuerkennen und meine Stimme den Vielen beizufügen, die in ihm bei der Erweiterung wissenschaftlicher Kenntnisse einen Freund und Gönner fanden. So zeigte er sich bei dem Beginnen und der ganzen Dauer meiner Reise, in dem Unglücke, das Zufall durch Tyrannei über sie brachte, und nachdem es überstanden war. Seine große und kostbare Bibliothek stand mir offen und lieferte mir vieles, was mir weder Zeit noch Geld hätten gewähren können.

mens-Land« zur Ehre des General-Gouverneurs, »unseres Herren, der uns aussendete, um Entdeckungen zu machen«. Die es umgebenden Inseln erhielten, so wie wir sie kennenlernten, die Namen der Mitglieder des Rats von Indien.« Am 28sten abends kamen sie an drei kleinen Inseln vorbei, von denen eine wie ein Löwenkopf gebildet war und 3 g. Meilen vom Land lag. (Diese war Furneaux' Mewstone). Am 29sten waren sie gleich nach Mittag vor zwei kleinen Felseninseln vorbeigekommen, von denen die westlichste (Swilly des Furneaux) Ähnlichkeit mit der Pedra Blanca an der chinesischen Küste hat; die östlichste (Eddystone des Cook) aber einem furchtbaren Turm glich und gegen 4 g. Meilen von der Küste liegt. Am 29sten wurde die Sturm-Bai entdeckt und am 1sten Dezember warfen sie eine Stunde nach Sonnenuntergang »in einem guten Hafen, auf einem weißlichen, guthaltenden, 22 Faden tiefen Sandgrund die Anker, wofür sie dem allmächtigen Gott dankten.« Dieser Hafen ist auf der Karte »Frederik-Hendriks-Bai« benannt. Am folgenden Morgen wurden zwei bewaffnete Boote in eine Einfahrt (die innere Bai), die 1 bis 1¼ g. Meilen nordwestlich von dem Schiff entfernt war, abgesendet, um süßes Wasser, Holz und andere Erfrischungen aufzusuchen. Nachmittags kehrten sie wieder zurück und die Offiziere statteten folgenden Bericht ab: Sie umruderten 1 bis 1¼ g. Meilen die Spitze der Einfahrt längs einer gleichhohen Küste. Wilde Pflanzen fand man im Überfluss. Manche glichen denen am Vorgebirge der guten Hoffnung »und könnten die Stelle des Wermuts« vertreten. Andere waren lang und salzig und glichen der See-Petersilie. Sie fanden manche ausgetrocknete Wasserabflüsse und einen Ort, wo gut Wasser, aber nur schwer und in geringer Menge zu erhalten war. Man vernahm einige menschliche Stimmen und einen der Trompete ähnlichen Schall. Unter den Bäumen zeichneten sich zwei durch ihre Dicke von 6 englischen Fuß und ihre 60 bis 65 englische Fuß bis zu den untersten Ästen hohen Stämme aus. Die Rinde war mit einem scharfen Stein abgelöst und in die Stämme waren volle fünf Fuß voneinander entfernte Stufen eingehauen, weshalb die Eingeborenen entweder sehr hoch gewachsen sein oder sich eines Kunstgriffs, um auf diese Bäume zu gelangen, bedienen müssen. Man vermutete, dass diese Stufen in der Absicht, auf ihnen zu den Vogelnestern auf den Bäumen gelangen zu können, in die Baumstämme eingehauen wären. Man bemerkte Spuren, gleich denen der Tigertatzen auf dem Boden und sah Exkremente von Säugetieren, wie man glaubte. Einige gut aussehende Gummen, die aus den Bäumen getropft und dem Gummi-Lack ähnlich waren, wurden an Bord gebracht. An der Ostspitze der inneren Bucht erblickte man eine Anzahl Männer, sowie wilde Enten und Gänse. Hier und dort waren durchbohrte Muscheln auf Buschzweigen befestigt. Mehrere Bäume waren rund um ihre Wurzeln her angebrannt und hier und dort war der Boden durch Feuer so hart wie Stein geworden. Am 3ten Dezember wurde hier des Königs Flagge aufgepflanzt.

(Cook 1770)
Über ein Jahrhundert war nach dieser berühmten Reise Tasmans verflossen und die östliche Begrenzung des Austral-Landes war noch immer unbekannt. Als aber dann das britische Volk an die Spitze der entdeckenden Nationen trat und die neuen, liberalen Grundsätze S. M., Königs Georg des Dritten, diese Entdeckungen fortgesetzt verlangten, so war dieses ein sicheres Anzeichen, dass ein so bedeutender Teil des Austral-Landes nicht länger unbeachtet bleiben würde. Daher wurde Kapitän James Cook, von Hrn. Green in der Endeavour im J. 1770, zur Beobachtung des Durchgangs der Venus vor der Sonnenscheibe nach Tahiti begleitet, dann zur Aufnahme von Neu-Seeland und endlich zur Erforschung der noch unbekannten Ostküste des Austral-Landes abgeschickt.

Früh am 19ten April 1770 wurde dieses in einer Richtung von N. O. g. W. entdeckt. Aber Kapitän Cook konnte nicht entscheiden, ob es mit Tasmans Van Diemens Insel zusammenhänge oder nicht.

Betrachtet man diese Reise des Kapitäns Cook in Hinsicht ihrer ausgedehnten Entdeckungen und die Genauigkeit, mit der sie entworfen sind oder in Hinsicht der Arbeiten der sie begleitenden Gelehrten, so übertrifft sie alles, was zuvor geschah. Ihre allgemeine Bestimmung gestattete ihm jedoch nicht, in jedes Detail aller entdeckten Gegenden einzugehen, welches ihm auch die Ausdehnung seiner Entdeckungen unmöglich machte. So wurden manche Teile der Küsten des Austral-Landes in der Nacht beschifft, manche Öffnungen zwar gesehen, aber ununtersucht gelassen, und die in einiger Entfernung von der Küste liegenden Inseln und Riffe konnten im Allgemeinen bloß angezeigt werden.

(Marion 1772)
Der Erste, der Van Diemens Insel nach Tasman, ihrem ersten Entdecker, besuchte, war Kapitän Marion, der den Mascarin und den Marquis de Castries von der Insel Mauritius kommandierte. Eine der Absichten seiner Reise war, über das Dasein eines großen, gegen den Südpol zu liegenden Landes zu entscheiden. Diese im Jahr 1783 zu Paris erschienene Reise ist sehr belehrend.

Hr. Marion langte an der Westküste derselben am 3ten März 1772 an und erblickte hinter einer Spitze eine sich nach N. erstreckende Öffnung. Am 4ten gelangte er abends in Frederik-Hendriks Bai und ankerte auf einem 22 Faden tiefen Sandboden.

Die Feuer und Rauchwolken, die man bei Tage und in der Nacht erblickte, zeugten von der bedeutenden Bevölkerung dieser Küste. Wie die Schiffe ankerten waren gegen 30 Eingeborene an denselben versammelt. Als die Boote am folgenden Morgen ausgesendet wurden näherten sich ihnen die Eingeborenen ohne Misstrauen. Nachdem sie einige Stücke Holz zusammengehäuft hatten, reichten sie ein angezündetes Stück den Neuangekommenen dar und schien zu wünschen, dass man diesen Holzhaufen anzünde. Unbekannt mit der Bedeutung dieser Zeremonie tat man doch ihren Willen. Dieses erregte weder Erstaunen noch bewirkte es irgendeine Veränderung in dem Betragen der Eingeborenen. Sie blieben mit Weibern und Kindern bei der französischen gelandeten Mannschaft. Diese Leute waren von gewöhnlicher Größe und schwarzer Farbe. Sowohl Männer als Weiber waren nackend. Manche der letzteren hatten ihre Kinder mittels aus Binsen verfertigter Stricke auf ihren Rücken befestigt. Die Männer waren mit Speeren und steinernen Beilen bewaffnet. Im Allgemeinen hatten sie kleine Augen, in denen das Weiße dunkler war, als bei denen der Europäer. Ihr Mund war sehr groß, ihre Zähne waren sehr weiß und ihre Nase platt. Ihr dem Wollenhaar der Kaffer ähnliches Haar war in kleine Flechten geteilt und mit rotem Ocker eingepudert. Sie waren von schlankem Wuchs, ziemlich gut gebildet, hielten ihre Schultern zurück und hatten auf ihrer hervorragenden Brust Figuren eingeätzt. Ihre Sprache schien rau und ihre Worte schienen aus der Tiefe der Luftröhre zu kommen. – Die Franzosen versuchten, sie durch kleine Geschenke zu gewinnen. Verachtend aber wiesen sie jedes ihnen Dargebotene, selbst Eisenwaren, Spiegel, baumwollene und wollene Tücher zurück. Man zeigte ihnen Enten und Hühner, die man von den Schiffen mitgebracht hatte und gab ihnen zu verstehen, dass sie dieselben leicht als Eigentum erhalten könnten. Sie nahmen aber diese Tiere, mit denen sie unbekannt zu sein schienen und warfen sie verdrießlich von sich.

Die Gelandeten hatten sich mit diesen Wilden etwa eine Stunde so beschäftigt, als Kapitän Marion an die Küste kam. Einer der Eingeborenen ging ihm entgegen und bot ihm einen Feuerbrand an, um einen kleinen Holzhaufen anzuzünden und da der Kapitän vermutete, diese Zeremonie sei zu dem Beweise, dass er in friedlichen Absichten komme, nötig, steckte er sogleich den Haufen ohne Bedenken in Brand. Kaum war dieses geschehen, so zogen sich plötzlich die Eingeborenen auf einen kleinen Hügel zurück und warfen einen Hagel von Steinen auf die Gelandeten, wodurch sowohl Kapitän Marion als auch der Befehlshaber des Castries verwundet wurden. Dann wurden einige Schüsse gegen die Eingeborenen abgefeuert und die Franzosen kehrten in ihre Boote zurück und fuhren längs der Küsten der Bai zu einer offenen Stelle in der Mitte derselben, wo kein Hügel und keine Anhöhe war, von der sie beunruhigt werden konnten. Die Eingeborenen schickten ihre Weiber und Kinder in die Waldungen und folgten den Booten längs der Küsten. Wie sie gegen das Land steuerten, erhob einer der Eingeborenen ein schreckliches Geschrei und sogleich erfolgte ein Hagel von Speeren. Ein schwarzer Bedienter wurde in den Schenkel verwundet, worauf Feuer gegeben wurde und mehrere Wilde verwundet wurden. Unter furchtbarem Geheule entflohen sie jetzt in die Waldungen und trugen die Verwundeten, die ihnen nicht folgen konnten, mit sich fort. Fünfzehn mit Flinten Bewaffnete verfolgten sie und fanden bei ihrem Eintritte in die Waldungen einen sterbenden Wilden. Er war etwas über 5 Fuß, 7 Zolle hoch. Seine Brust war gleich der der Kaffer auf Mozambique tätowiert. Seine Haut schien schwarz zu sein. Wie man sie aber vom Schmutze durch Waschen gereinigt hatte war sie rötlich. Die Furcht, dass die Speere vergiftet seien, verschwand, da die Wunde des Negersklaven leicht heilte.

Nach der Flucht der Eingeborenen sendete Kapitän Marion zwei Offiziere mit Mannschaft, um Wasser und die erforderlichen Bäume für einen Vordermast und ein Bogspriet für den Castries aufzusuchen, ab. Nachdem sie 1½ g. Meilen der Gegend durchwandert hatten, ohne irgendeinen Eingeborenen zu treffen, so kehrten sie, in beider Absicht getäuscht, an Bord zurück. Während der sechs Tage, die das Schiff in Frederik-Hendriks Bai zubrachte, war daselbst kein frisches Wasser zu finden. – Der Boden ist durchaus sandig, doch mit Buschholz und einigen schwachen Bäumen besetzt, welche von den Wilden mehrenteils ihrer Rinde, um ihre Schaltiere dabei zu rösten, beraubt sind. Der größte Teil der Bäume war um die Wurzel her verbrannt. Eine Art kleinerer Fichten, als die europäischen sind, war aber ganz verschont geblieben, wahrscheinlich weil die Eingeborenen sie auf andere Art zu benutzen verstehen. Überall traf man Spuren von Feuer an und an manchen Orten war die Erde mit Asche bedeckt. Wo die Gewächse nicht verbrannt waren, wuchs üppiges Gras, Farnkraut, Sauerampfer und Sauerklee. Dass man so wenige Tiere sah, rührt wohl von den, an den Küsten von den Eingeborenen angezündeten Feuern her, welche sie in die Waldungen vertrieben. Die Schützen trafen eine gefleckte Katze und mehrere Erdhöhlen, denen der Kaninchen gleich, an. Sie schossen Krähen, Amseln, Drosseln, Tauben, einen weißbauchigen Papagei, dessen Gefieder dem des am Amazonenstrome einheimischen glich und verschiedene Arten von Seevögeln, vorzüglich Pelikane und schwarzleibige Rotschnäbel.

Die Luft war, obgleich das Ende des Sommers erst da war, sehr kühl und man erstaunte, dass die Eingeborenen nackend gingen, um so mehr, als das, was etwa Häuser darstellen sollte, weiter nichts als um ihre Feuerherde aufgepflanzte Baumäste zur Abhaltung des Windes waren.

Die vielen Haufen von Muschelschalen zeigten, dass ihre Nahrung hauptsächlich aus Schaltieren bestand.

Mancherlei große Rochen, Seekatzen, Hornfische und verschiedene Fische, deren Namen nicht bekannt waren, wurden hier gefangen. Sie fanden hier auch zahlreiche Krebse, Hummer, sehr große Krabben und gute Austern; die Naturfreunde See-Sterne, See-Eier und eine Menge schöner und seltener Konchylien.

Da Kapitän Marion sah, dass man in dieser unwirtbaren Gegend seine Zeit vergebens hinbrachte, um Wasser zu suchen, so entschloss er sich nach Neu-Seeland zu gehen, wo er einen besseren Erfolg erwartete und auch Masten für den Castries zu erhalten hoffte. Am 10ten März verließ er daher Van Diemens-Insel und beschloss die Nachricht von ihr mit der Bemerkung, dass sie sehr schlechtes Wetter an der Westküste, hingegen weit helleres und gemäßigtere Winde an der Ostküste derselben hatten.

(Furneaux 1773)
Im Jahr, nachdem Marion Frederik Hendriks-Bai verlassen hatte, wurde Van Diemens Insel vom Kapitän Tobias Furneaux im königlichen Schiff Adventure besucht. Er gelangte am 9ten März 1773 auf die Höhe des Südwestkaps und steuerte dann ostwärts längs der Inseln und Klippen, die Tasman »Maatsuykers« nannte, hinter denen sich eine zum Landen und Ankern gut zu eignen scheinende Küste erstreckte. Nachdem er Maatsuykers Inseln zurückgelegt hatte sendete er am 10ten ein Boot ans Land. Hier fand dessen Mannschaft Stellen, an denen Eingeborene gewesen waren und wo Perlenmuschelnschalen zerstreut herumlagen. »Der Boden schien sehr ergiebig zu sein. Die Gegend war reich beholzt, vorzüglich an den unter dem Winde liegenden Seiten der Anhöhen. Reichliches Wasser stürzte in Fällen

zwei bis drei hundert Fuß hoch senkrecht von den Felsen herunter in das Meer. Aber man konnte keinen sichern Ankerplatz entdecken.« Nach Rückkehr des Boots segelte Kapitän Furneaux ab und gelangte bis »zu dem westlichsten Punkte einer sehr tiefen von Tasman »Sturm-Bai« genannten Bucht. Von der West- bis zur Ostspitze derselben liegen mehrere kleine Inseln und schwarze Klippen, die man die »Friars« (Mönche) nannte. Von diesen folgte er g. NO. der Küste 3 g. M. und ankerte denselben Abend in der Adventure-Bay. »Wir hielten erst diese Bai«, sagt Kapitän Furneaux, »für die, welche Tasman Frederik-Hendriks-Bai nannte; fanden aber nachher, dass diese an 4 g. M. weiter g. N. von ihm gesetzt wurde[91].«

Adventure-Bay zeigte sich als eine sehr nützliche Entdeckung. Sie gewährt einen guten, sicheren Ankerplatz und Holz und Wasser sind hier in Menge und ohne große Mühe zu haben. Die Umgegend war schön; der Boden schwarz und ergiebig, aber nicht tief. Die Seiten der Anhöhen waren mit großen, immer grünen Bäumen bedeckt, die, bevor sie Äste trieben, eine bedeutende Höhe erreichten. Man traf hier mehrere Arten Landvögel und die Seevögel waren Enten, graue Krickenten und Fischfresser (Sheldrakes). Man sah ein Opossum und die Exkremente eines Tieres, das zu dem Rotwild zu gehören schien. Es wurden Seefische, doch

91 Kapitän Furneaux irrte sich hier in der Sturm und der Frederik-Hendriks-Bai des Tasman und in diesen Irrtum sind alle folgende englische Seefahrer geraten, was nicht wenig Verwirrung in der Kunde dieses Landes gemacht hat. Die für die Sturmbai gehaltene Bai hat auf Tasmans Karte keinen Namen. Die mit dem Namen »Die Mönche« bezeichneten Felsen an der Ostspitze dieser Bai sind »Tasmans Boreels Eilande« und die wahre Sturmbai ist eine tiefe Einfahrt, von der Adventure-Bai eine Bucht ist. Frederik-Hendriks-Bai liegt nicht in dieser Einfahrt, sondern nordostwärts, an der Außenseite des Landes. Alles dieses leuchtet durch eine genaue Vergleichung der Küsten auf den beiden Karten ein Anm. des Vfrs.

nicht genugsam, gefangen. Die Lagunen (das flache Küstenwasser) hatten Überfluss an Forellen und verschiedenen anderen Fischarten. Kein Eingeborener näherte sich den Schiffen. Doch sah man mehrere ihrer Feuer in der Ferne und untersuchte einige ihrer elenden Hütten. Man erblickte keine Spur von einem Kahn oder Boot und wir glaubten, dass die Eingeborenen auch keine hätten, »die, so viel wir urteilen konnten, ein sehr unwissendes und elendes Volk bilden mussten, obgleich sie eine Gegend bewohnten, die alle Lebensbedürfnisse zu erzeugen fähig war und unter dem herrlichsten Himmelsstriche liegt. Wir fanden nicht die mindeste Anzeige von Mineralien oder Metallen.« Nachdem sich C. F. fünf Tage in der Adventure-Bay aufgehalten hatte segelte er nordwärts längs der Küste, um zu erforschen, ob Van Diemens-Insel mit Neu-Süd-Wallis zusammenhänge. Da er die Bass'-Straße für einen tiefen Meerbusen hielt und nordwärts derselben auf sehr ungleichen Grund kam, steuerte er nach Neu-Seeland.

(Cook 1777)
Der nächste, der Van Diemens-Insel besuchte, war Kapitän James Cook in den königlichen Schiffen Resolution und Discovery. Am 24sten Januar 1777 kam er auf der Höhe des Südwestkaps an und steuerte ostwärts längs der Küste, so wie Kapitän Furneaux, doch gewöhnlich in einer weiteren Entfernung. Am 26sten ankerte er in der Adventure-Bay. Sein Bericht über dieselbe stimmt ziemlich mit dem von Furneaux überein. Doch verschafften sich die Schiffe hier einen großen Vorrat von Fischen und hatten öfteren Umgang mit den Eingeborenen. Seine Schilderung derselben trifft sich im Allgemeinen mit der aus Marions Reise oben mitgeteilten. Der bedeutendste Unterschied zwischen diesem Volke und dem, was Kapitän Cook an der Ostküste von Neu-Süd-Wallis sah, lag in der Sprache, dem Mangel an Kähnen und der verschiedenen Beschaffenheit der Haare.

Bei den lezteren war es lang und schwarz, doch im Allgemeinen kurz abgeschnitten, während die Eingeborenen um die Adventure-Bay ebenso wolliges Haar, wie die Papuas auf Neu-Guinea hatten[92].

(Bligh 1788, 1792)
Kapitän William Bligh gelangte im J. 1788 mit dem königlichen Schiff Bounty in die Adventure-Bay und im J. 1792 mit den Schiffen Providence und Assistant in dieselbe, um Holz und Wasser einzunehmen. Beides geschah leicht, auch erhielt man einen Überfluss an Fischen. Manche nützliche Samen und Bäume wurden ausgesät und angepflanzt. Da hier keine neuen Entdeckungen gemacht und nur die von Furneaux und Cook gemachten bestätigt wurden, so verweisen wir den Leser auf Kapitän W. Blighs »Voyage to the South-Seas«, p. 45 bis 54.

(Cox 1789)
Die Brig Mercur, befehligt von John Henry Cox, Esq. ankerte am 3ten Juli 1789, am Eingang einer tiefen Bai an der Südküste von Van Diemens Insel. Diese Bai wurde damals zuerst entdeckt.[93] Das Land wechselte mit Anhöhen und Tälern ab. Manche Anhöhen waren bis an ihre Gipfel mit Bäumen bekleidet. Etwa 1 g. M. vom Schiff war ein Süßwasserstrom und nächst demselben stand eine aus Baumzweigen und trockenem Laube artig erbaute Hütte. »Umher war eine große Menge von Perlen-, Schellfisch-, Austern- und anderen Schalen zerstreut, die kürzlich geröstet worden waren. Überall traf man die Exkremente irgendeines großen Tieres. Allein weder dieses noch einer der Eingeborenen wurde angetroffen. Am 5ten Juli nötigte

92 M. s. Cooks Third Voyage. Vol. I. p. 93—117.
93 Observations, etc., made during a voyage in the brig Mercury by Lieutu. G. Mortimer. London, 1791.

eine starke Flutung von S. Hrn. Cox sich auf den Weg zu machen und er fuhr längs der Küste g. O. Da Hrn. Cox übrige Bemerkungen mit denen Marions und Cooks in den benachbarten Baien übereinstimmen, so ist es hier unnötig, sie aufzuführen.

(D'Entrecasteaux 1792, 1793)
Der französische Contre-Admiral Brunyd'Entrecasteaux kam in der Absicht an die Küste von Van Diemens Insel, um Holz und Wasser in der Adventure-Bay einzunehmen; langte aber, durch die Gestalt der Küsten getäuscht, die an verschiedenen Gegenden einander gleicht, am 20sten April 1792 in der Sturm-Bai an[94]. Da der Admiral aber hier Schutz und guten Ankergrund fand beschloss er hier zu bleiben und diese Einfahrt zu untersuchen. Das Resultat dieser Untersuchung belohnte seine Bemühung reichlich, da er die wichtigste Entdeckung machte, welche seit Tasman hier gemacht worden war. Er fand nämlich statt einer offenen Bai eine Einfahrt in einen Kanal, der sich an 8 g. M. nordwärts erstreckt und mit der wahren Sturmbai in Verbindung tritt. Er ist ein einziger, zusammenhängender Hafen, von seinem Anfang bis zu seinem Ende. Er erhielt den Namen »Kanal de D'Entrecasteaux« und nachdem er durch ihn mit seinen Schiffen gekommen war steuerte er quer durch die Sturmbai, indem er südlich von dem Land vorbeikam, was Furneaux und Cook für die Marien-Inseln gehalten hatten. An der Spitze der Sturm-Bay sah man andere Öffnungen. Aber der Nordwind und der Mangel an Zeit hinderte sie damals zu untersuchen.

Am 21sten Januar 1793 ankerte Admiral D'Entrecasteaux abermals in einem der Häfen an der Westseite der Einfahrt

94 Voyage de D'Entrecasteaux, redigé par. M. de Rossel. a Paris, 1808. Tome I. p. 48.

des kürzlich von ihm entdeckten Kanals und nachdem er seine zwei Schiffe die Récherche und die Espérance mit Wasser und Holz versehen hatte, setzte er seine Fahrt fort und sendete Boote zur Vollendung der Aufnahme der verschiedenen Häfen an beiden Seiten des Kanals aus. Auch wurde ein Boot zur Erforschung der beiden Öffnungen an der Spitze der Sturm-Bay ausgeschickt. Die westlichste war ein Fluss, auf dem das Boot 5 g. M. gegen Norden hinauffuhr. So weit war er für Schiffe fahrbar. Er wurde nicht weiter verfolgt, so, dass die Distanz, in welche diese Rivière du Nord landeinwärts drang, ungewiss blieb. Die östliche Öffnung führte nordwärts in eine weite, offene Bucht und diese in eine andere, große Wasserfläche ostwärts, die aber nicht untersucht wurde. Doch glaubte man, diese östliche Bucht stehe mit Frederik-Hendriks Bucht in Verbindung und in dieser Vermutung (welche in der Folge unbegründet befunden wurde) wurde das Land, was Furneaux und Cook fälschlich für Marias Insel gehalten hatten »Abel Tasmans-Insel« benannt.

Admiral D'Entrecasteaux gibt einen sehr vorteilhaften Bericht über die Stimmung der Eingeborenen an den Küsten des Kanals, mit denen er häufige Verbindungen hatte. In Hinsicht ihres Körperbaues und ihrer Lebensart stimmt er mit den von Marion und Cook gegebenen Nachrichten überein. Aber das Wortverzeichnis ihrer Sprache ist etwas verschieden und Kähne von Baumrinden, die frühere Seefahrer in dem Besitze der Eingeborenen nicht glaubten, traf er in diesem Kanal. Das Klima war gut, doch feucht. Holz, Wasser und Fische, als Hilfsmittel für Schiff, waren im Überflusse vorhanden. Hr. Labillardière sagt in seiner Nachricht von D'Entrecasteaux Reise, dass er ein schwaches Steinkohlenlager nahe am Südkap entdeckt habe und dass Kalksteinfelsen die Westküste der Adventurebay bilden. Diese Umstände hat Hr. de. Rossel übergangen, desgleichen die Bemerkung, dass, obgleich die Eingeborenen im

Allgemeinen ihre Zähne vollständig besitzen, doch bei manchen Anwohnern dieser Bai in der oberen Kinnlade ein oder zwei Zähne fehlen. Dasselbe fand Dampier bei den Bewohnern der Nordwestküste des Austral-Landes und diese Übereinstimmung, verbunden mit ihrer persönlichen Ähnlichkeit, vorzüglich in Hinsicht ihres wolligen Haares, lässt mit gutem Grunde vermuten, dass diese, obgleich an den entgegengesetzten Küsten dieses großen Landes wohnenden Völker, einen gemeinschaftlichen Ursprung haben, inzwischen die Urbewohner der Ostküste sich von ihnen wesentlich unterscheiden.

(Hayes 1794)
Kapitän John Hayes, zum Bombay-Geschwader gehörend, besuchte im Jahr 1794 mit den Privatschiffen Duke und Dutchess aus Ostindien, die Sturm-Bai und D'Entrecasteaux' Kanal. Er fuhr die Rivière du Nord weiter hinauf, als das französische Boot und nannte diesen Fluss »Derwent River«. Wahrscheinlich wird dieser Name an die Stelle der früheren Benennung treten. Nachfolgende Seefahrer haben diese Gegenden mit Hayes' Abriss in der Hand besucht, weil D'Entrecasteaux' Karten dort unbekannt waren, woher es schwierig und in manchem Fall unmöglich sein wird, dass der ursprüngliche Entdecker sein Recht noch jetzt behaupten könne, da die von Hayes erteilten Benennungen in der am Derwent-Fluss angelegten Niederlassung völlig gangbar geworden sind. Bloß in Hinsicht der Quelle des Derwent gibt Hayes' Entdeckung Belehrung.

ZWEITE ABTEILUNG

Vorläufige Bemerkungen – Bass' und Flinders' Fahrten auf einem Boot – Clarke. Shortland Bass' Entdeckungen südlich vom Port-Jackson – Entdeckungen von Flinders und von Flinders und Bass – Flinders' Untersuchungen gegen Norden – Schlussbemerkungen

Das Jahr 1788 wird auf immer eine denkwürdige Epoche in der Geschichte des Austral-Landes sein. Am 18ten Januar kam Kapitän (jetzt Vize-Admiral) Arthur Philipp in Botany Bay mit der königlichen Brig Supply an, dem der Sirius unter Kapitän John Hunter mit sechs Transport- und drei Vorrats-Schiffen folgte. Die Absicht dieses Geschwaders war die Anlegung einer Niederlassung in Neu-Süd-Wallis, über welches große Land Kapitän Philipp zum Gouverneur und General-Kapitän ernannt wurde. Da man fand, dass die Botany-Bay keine günstige Lage für die Anlegung einer Kolonie habe, so verließ man sie und zog den etwas über 2 g. Meilen nördlich davon liegenden Port-Jackson vor, der einer der schönsten Häfen der Erdoberfläche ist.

Eine Geschichte der Anlegung dieser Kolonie in einer so entfernten Gegend kann gegenwärtig dem europäischen Leser kein großes Interesse mehr erwecken; da die Neugier des Publikums durch Lesung mehrerer Schriften befriedigt ist, in denen die Geschichte der Kolonie, die Gegend um Port-Jackson, ihre Erzeugnisse und Urbewohner mit großem Detail geschildert sind. Der Gegenstand, den wir hier vorzüglich vor Augen haben, ist die Erweiterung der hydrographischen Entdeckungen, welche eine Folge dieser neuen Ansiedlung waren und da die verschiedenen, zu diesem Behuf angestellten Reisen teils nur unvollkommen, teils gar nicht bekannt sind, so glaubte man, dass eine umständliche Nachricht davon sowohl dem Seefahrer nützlich als auch für das Publikum nicht ohne Interesse sein werde. Überdem standen diese Expeditionen in genauer Verbindung mit der Reise des Investigators, welche sie einzig veranlassten.

Der erste, aus der neuen Ansiedlung für die Hydrographie entstehende Vorteil, war eine Vermessung der Botany- und der Broken-Bay sowie des Port-Jackson und der in sie fallenden Flüsse. Zwar hatte Kapitän Cook die Botany-Bay untersucht, aber von den beiden anderen Buchten bloß den Eingang gesehen. Diese Vermessung, die auch die dazwischen liegenden Küsten begriff, wurde vom Kapitän John Hunter angestellt und bald nach ihrer Übersendung nach England, durch Gouverneur Philipp bekannt gemacht.

Im Anfang des Jahres 1795 segelte Kapitän (jetzt Vize-Admiral) Hunter zum zweiten Mal nach Neu-Süd-Wallis, um Kapitän Philipp in der Regierung der neuen Kolonie zu folgen. Er führte die königlichen bewaffneten Schiffe Reliance und Supply dahin und der Verfasser dieser Reisebeschreibung, der kurz zuvor von einer Reise in den großen Ozean zurückgekommen war, ging, aus Begierde neue Länder zu entdecken, als Passagier mit, um die Gelegenheit zu benutzen, sich an einen Ort begeben zu können, der ihm das weiteste Feld für seine Lieblingsneigung darbot.

Als er im September d. J. zu Port-Jackson ankam, erhellte es, dass die Kunde dieser Küste nicht viel weiter, als auf oben erwähnte drei Häfen ausgedehnt war und selbst in dieser waren noch manche Flüsse unerforscht. Jervis-Bay, vom Kapitän Cook angezeigt, aber nicht genannt, war vom Lieutenant Richard Bowen beschifft und nordwärts hatte vor kurzem Hr. C. Grimes, Feldmesser der Kolonie und Kapitän W. R. Broughton auf dem königlichen Schiff Providence den Port Stephens untersucht. Aber die dazwischen liegenden Küsten, sowohl gegen Norden, als Süden, waren wenig weiter bekannt, als aus Kapitän Cooks Generalkarte

Ferdinand Bauer, Flammenlilie (Doryanthes Excelsa).
Aus: Illustrationes florae Novae Hollandiae (1813).

und keine der weiter entfernten Öffnungen war von ihm näher erforscht.

In Hrn. George Bass, Chirurgus auf der Reliance, hatte ich das Glück einen Mann anzutreffen, dessen Eifer für Entdeckungen kein Hindernis zurückhalten, keine Gefahr abschrecken konnte und mit diesem Freund entschloss ich mich, die Untersuchung der Ostküste von Neu-Süd-Wallis zu vollenden.

(Bass und Flinders 1795)
Wenn Pläne dieser Art von jungen Männern entworfen werden, fallen sie gewöhnlich romanhaft aus. So wenig man einen glücklichen Erfolg derselben erwarten kann, so sehr entmuten selbst Vorsicht und Freundschaft dieselben, wenn sie sich ihnen nicht ganz widersetzen. Doch war dies hier nicht der Fall, so dass ein kleines, acht Fuß langes Boot, mit dem Namen »Tom Thumb«, bemannt mit uns beiden und einem Burschen, die beste Equipierung uns für den ersten Auslauf zu sein schien. Im Oktober 1795 segelten wir in diesem Boot nach Botany-Bay und erforschten den gekrümmten Lauf des in dieselbe fallenden Georgsflusses, 5 g. Meilen oberhalb der Vermessung des Gouverneurs Hunter. Die davon gemachte, dem Gouverneur überreichte Zeichnung und der vorteilhafte Bericht über das ihn umgebende Land, veranlasste ihn, ihn selbst nachher zu besuchen und dort einen neuen Zweig der Kolonie unter dem Namen »Banks Town« zu begründen.

Eine Fahrt nach der Norfolk-Insel unterbrach unsere ferneren Untersuchungen bis zum März 1796. Dann bestiegen Hr. Bass und ich wieder den Tom Thumb, um einen großen Fluss zu erforschen, der einige kleine Seemeilen südlich von Botany-Bay in das Meer fallen sollte. Wir segelten früh am 25sten März von Port-Jackson ab und befanden uns am Abende, statt in der Nähe des Kap Solander, unter den Klippen bei Hat-Hill, 4 bis fünf g. Meilen südlicher, wohin das Boot durch eine starke Strömung getrieben wurde. Da uns Wasser mangelte und wir unterwegs einen Ort sahen, an dem, wenn auch nicht gelandet, doch ein Fass Wasser durch Schwimmen erhalten werden könnte, machte man einen Versuch und Hr. Bass begab sich an die Küste. Während das Fass heraufgezogen wurde, erhob sich eine Strömung von ungewöhnlicher Stärke, führte das Boot ans Gestade und verließ uns da mit durchaus durchnässten Waffen, Munition, Kleidern und Proviant, von dem ein Teil verloren ging. Das Boot wurde sogleich ausgeschöpft und wieder in das Meer gestoßen. Aber es war spät nachmittags, ehe wir alles Verlorene wieder zusammenbringen konnten. Wir gelangten an zwei größere Inseln, die einer Landspitze nahe lagen, auf der wir vier Hügel, welche die Bildung eines doppelten Sattels hatten, erblickten und daraus erkannten, dass sie Cooks Red-Point sei. Diese Inseln waren ebenso unzugänglich, als die vorigen und als es finster wurde, mussten wir die zweite Nacht im Tom Thumb zubringen.

Der Seewind setzte sich auch am 27sten unserer Rückkehr entgegen und als man von zwei Eingeborenen hörte, dass an Red-Point kein Wasser, wohl aber einige kleine Seemeilen südlicher zu finden sei, wo auch Fische und wilde Enten im Überflusse wären, so steuerten wir dorthin. Diese Leute waren aus der Gegend von Botany-Bay. Daher verstanden wir ihre Sprache etwas. Ihr Fluss war weiter nichts, als ein schmaler Arm, der aus einem Teiche unterhalb Hat-Hill kam und sich Bahn bis an den Strand gemacht hatte, so dass wir selbst auf dem Tom-Thumb nur mit Mühe einlaufen konnten. Unsere beiden Führer verließen uns hier, um längs der sandigen Küste, von acht oder zehn Eingeborenen begleitet, fortzugehen. Nachdem wir eine halbe Stunde den Arm aufwärts gefahren waren, fingen wir an zu überlegen, wie wir uns vor diesem Volke sichern sollten, wenn es feindlich gesinnt wäre, – und zu Port-Jackson hatte es den Ruf, dass es sehr wild, wo nicht gar kannibalisch sei. Unsere Flinten waren noch nicht von Roste und Sande rein und notwendig war uns frisch Wasser, ehe wir wieder nach Norden zurückkehren konnten. In dieser Verlegenheit kamen wir überein, an Land zu den Eingeborenen zu gehen, welches auch geschah. Hr. Bass gebrauchte einige derselben, um unser zerbrochenes Ruder herzustellen, während ich das nasse Schießpulver in der Sonne ausbreitete, welches keinen Widerspruch erlitt, da sie es nicht kannten. Aber als wir die Flinten zu reinigen begannen, erregte dieses so viel Lärm, dass wir dies aufgeben mussten. Wie wir die beiden uns freundlichen Eingeborenen nach Wasser fragten, zeigten sie nach dem Teiche. Doch nach manchen Ausflüchten wurde unsere Barica[95] aus einer, nur einige Yards (1 Yard = 3 Engl. Fuß) entfernten Grube gefüllt. Die Zahl der Eingeborenen hatte sich bis auf zwanzig vermehrt und andere näherten sich, so dass es alle mögliche Vorsicht erforderte, aus ihren Händen zu entkommen. Doch mussten wir erst ein neues Handwerk treiben. Wir hatten bei Red-Point den beiden Neuholländern aus Botany Bay Bart und Haare verschnitten. Sie zeigten sie den anderen und überredeten sie, ihrem Beispiel zu folgen. Während nun das Pulver trocknete, begann ich mit einer großen Schere mein neues Geschäft mit den vier oder fünf ältesten Kinnen, die man mir darbot. Da es hier nicht auf große Akkuratesse ankam, so beschäftigte mich das Scheren von einem Dutzend nicht lange. Manche Furchtsame ängsteten sich, dass dieses furchtbare Instrument ihren Nasen so nahe kam und ließen sich schwer bereden, dass sie das Ende der Operation erwarteten. Wenn ich aber ihre Kinne dann in die Höhe hob, um den unteren Teil des Bartes auch abzuschneiden, so war ihre Furcht vor

95 Ein kleines, sechs bis acht Gallonen haltendes Fass.

dem Werkzeuge so groß, der Blick ihrer Augen so wild und ihr Lächeln so gezwungen, dass ein zweiter Hogarth erforderlich war, um diese Szene treu zu schildern. Da wir nun zur Abfahrt bereit waren, so wollten die Eingeborenen, dass wir in den Teich schiffen sollten; doch gelang es uns durch eine List zu dem Ausgange des Kanals, der ihn mit dem Meere verbindet, zu gelangen, wo die Wassertiefe uns ihrer Berührung entzog. Nachmittags am 28sten März gingen wir nordwärts von Hat-Hill vor Anker, kochten etwas und ruhten ohne Störung. Der sandige Strand war unser Bett und nach vieler Ermüdung und drei Nächten im Tom Thumb, schliefen wir hier wie auf Eiderdaunen. – Die Küste ist hier mehrenteils hoch und felsig. Unter den Felsen lagen schwarze Massen, wahrscheinlich von Schiefer, die durch Reibung abgerundet waren. Hr. Clarke, auf seiner unglücklichen Fahrt längs der Küste, benutzte sie später zur Feuerung und bei einer folgenden Untersuchung, entdeckte Hr. Bass ein Steinkohlenlager, das sich durch diese ganze Klippenreihe erstreckte. Am 29sten März ankerten wir nach manchen Gefahren in der von den Eingeborenen Watta-Maulih (Watta Mowlee) genannten Bucht. Am 2ten April langten wir in Port-Jackson an.

(Clarke 1779)
Nach dieser Expedition verschoben die Instruktionen des Schiffs und eine Fahrt nach dem Vorgebirge der guten Hoffnung um das Kap Horn, unsere Pläne auf einige Zeit. Bei Rückkehr der Reliance nach Neu-Süd-Wallis fanden wir hier den Supercargo des Sidney-Cove, eines ostindischen Schiffs, unter dem Kommando des Herrn G. A. Hamilton, welches an der Küste von Furneaux' Inseln gescheitert war. Hr. Clarke, Supercargo, hatte das Wrack mit dem Oberbootsmann und anderen in dem langen Boot verlassen, um nach Port-Jackson zu fahren und dort Anstalten zur Fortschaffung der Offiziere und Mannschaft, auch des

geretteten Teils der Ladung, nach diesem Hafen zu treffen. Da das Boot aber von einem Südoststurm überfallen wurde, so wurde es bei Kap Howe, 75 g. Meilen von der Kolonie, an die Küste geworfen und zertrümmert. Hier war nun keine andere Aussicht für Hrn. Clarke und seine Gefährten, als Port-Jackson zu Fuß erreichen zu suchen und sie traten ihren Marsch längs der Küste mit sparsamer Munition und noch weniger Proviant versehen an. Sie kamen durch mehrere Stämme der Eingeborenen, von denen manche freundschaftlich waren. Aber die Feindseligkeit anderer und die ungemeinen Strapazen verminderten täglich die Zahl dieser unglücklichen Wanderer. Als nun der Proviant und die Munition zu fehlen begannen, so nahm diese Verminderung furchtbar zu. Bloß Hr. Clarke, ein Matrose und ein Laskar[96] erreichten Watta-Maulih. Sie waren so erschöpft, dass sie alle Kräfte aufbieten mussten, sich einem Boot, das in dieser Bucht fischte, bemerkbar zu machen. Endlich geschah dies und sie wurden nach Port-Jackson gebracht.

Hr. Clarke gab die erste Nachricht von dem Kohlenlager bei Hat-Hill. Ein Tagebuch seiner Reise wurde in der Kalkuttaer Zeitung im Jahr 1798 bekannt gemacht. – Der Kolonialschooner Francis war nach Furneaux' Inseln gefahren und brachte von da den Kapitän Hamilton, sowie einen Teil seiner Mannschaft und Ladung. Dasselbe Schiff wollte eben dahin wieder abfahren und ich wünschte diese Gelegenheit zur Erforschung dieser großen, wenig bekannten Länder zu benutzen; allein die bedeutenden Ausbesserungen, welche die Reliance bedurfte, gestatteten meine Abwesenheit nicht. Mein Freund Bass, der in seinem Wirkungskreise nicht so sehr beschränkt war, als ich, machte einige Exkursionen in das Innere, westlich von Port-Jackson, in der Absicht, die dortige Gebirgsreihe zu übersteigen und die Naturbeschaf-

96 Ein Hindu-Matrose.

fenheit der Gegend hinter derselben zu untersuchen[97]. Der Erfolg entsprach jedoch seiner Ausdauer und Mühe nicht. Diese Berge waren unübersteiglich. Doch wurde durch seine Exkursionen der Lauf des Grose-Flusses bestimmt.

(Shortland 1797)
Da im September 1797 ein kleines Kolonialschiff von den Deportierten geraubt war, wurde Lieutenant John Shortland erst auf der Reliance auf einem bewaffneten Boot nordwärts zu ihrer Aufsuchung abgesendet. Diese Absicht wurde zwar nicht erreicht; wie er aber längs der Küste von Port Stephens hinfuhr, entdeckte er einen für kleine Schiffe tauglichen Hafen. Was aber wesentlich diese Entdeckung wichtigmachte, war ein Steinkohlenlager, das sich durch das südliche Vorgebirge des Hafens und eine felsige Insel bei dessen Eingang erstreckte. Diese Kohlen waren nicht nur Schiffen zugänglich, sondern von mehr Güte als die der Klippen bei Hat-Hill. Dieser Hafen erhielt den Namen des Gouverneurs Hunter und kürzlich ist daselbst eine Niederlassung, unter dem Namen New-Castle begründet worden. Die Einfahrt in ersteren ist eng und das tiefste Wasser (gegen 3 Faden) findet sich dicht an der Nordwestseite der Kohlen-Insel. Kein Schiff, das über 300 Tonnen trägt, muss hier die Einfahrt versuchen.

(Bass 1797)
Im Dezember 1797 erhielt Hr. Georg Bass Erlaubnis, eine Fahrt gegen Süden anzustellen und dazu ein schönes Walfischboot, sowie sechswöchentlichen Proviant vom Gouverneur und sechs Mann von den Schiffen. Er segelte am 3ten Dezember abends ab. Ein rauer, heftiger Wind nötigte ihn,

97 Kürzlich (im Jahr 1814) soll es einigen Kolonisten gelungen sein, das blaue Gebirge zu übersteigen und eine große Strecke durch einen bedeutenden Fluss bewässerten Landes zu entdecken.

in dem Port Hacking und in der Bucht Watta-Maulih Zuflucht zu suchen. Am 5ten musste er in einer kleinen Bucht an der Küste anlegen, welche etwas südlich von Alaurih (Alourie) liegt. Hier sind die Landspitzen basaltisch. Wie Hr. Bass rund umher die verbrannten Felsen, die sich hinter der Küste halbkreisförmig verbreiten, überblickte, entdeckte er eine Höhle von 25 bis 30 Fuß Durchmesser, in die das Meer durch einen unterirdischen Kanal drang. – Am 6ten Dezember kam er einem langen, abhängigen Vorsprunge vorbei, den ich »Bass' Spitze« benannt habe. Sie liegt etwas über 2 g. Meilen südwärts von Alaurih. Jenseits dieser Spitze bildet die Küste eine sandige Bucht von 3 bis 4 g. M. Länge, die zwei kleine Einfahrten hat. Da die südlichste dem Boot zugänglich war, so begab sich Hr. Bass an dieselbe und blieb hier drei Tage. Dieser Ankerplatz schien keinen besseren Namen zu verdienen als den »Hafen der Untiefen« (Shoals Hafen). Die große Kette von Höhen, die man die blauen Berge nennt und von der die Kolonisten zu Port-Jackson zu glauben scheinen, sie dehne sich gegen Westen aus, schien Hrn. Bass sich hier nahe bei der Seeküste zu endigen. In der westlichen Richtung von Shoals-Hafen und in dem ganzen Raume südlich von dieser Linie, dehnte sich eine weite, ebene Fläche aus, auf der eine Gesellschaft, die das Innere des Austral-Landes zu erforschen wünschte, wahrscheinlich die Hindernisse nicht antreffen würde, welche bis jetzt westwärts von Port-Jackson unübersteiglich gewesen sind.

In einer Exkursion vom Boot zu dem südlichen Ende der Berge, entdeckte Hr. Bass einen bedeutenden Fluss, dem er bis an die Küste und gegen 1¾ g. M. nördlich von Shoals-Hafen folgte. Dies ist die erste Einfahrt der langen Bai, die er von der See aus beobachtet hatte und deren Mündung eine Sandbank verschließt. Den Boden am südlichen Ufer dieses Flusses vergleicht er an Güte mit den Ufern des Hawkesbury und schreibt seine ungewöhnliche Fruchtbarkeit derselben Ursache, den häufigen Überschwemmungen, zu.

Man hat späterhin in der Tat gefunden, dass dieser Fluss von dieser Bergreihe zuströmt und bei ihrem südlichen Ende in das Meer sich ergießt, so dass er hier dasselbe Geschäft vollbringt, welches der Hawkesbury weiter nordwärts erfüllt, dass beide nämlich das Gewässer von dem hohen Land abführen. Da er aber bei starkem Regen diesem Geschäfte nicht gewachsen ist, so werden seine Ufer überschwemmt und die südliche und westliche Gegend von ihm unter Wasser gesetzt und befruchtet. Doch liegen hinter Shoals-Hafen viele Tausend Acres von flachem Land, dessen Boden eine reiche, vegetabilische Dammerde zeigt und jetzt nicht mehr den Überschwemmungen ausgesetzt ist. – Am 10ten Dezember verließ das Boot Shoals-Hafen und kam in Jervis-Bay an, einer großen, weiten Bucht, die einen wenig versprechenden Anblick gewährt. Die Ostküste der Jervis-Bay erstreckt sich 3 bis 4 g. Meilen so stark g. N., dass sie an ihrem Anfang nicht über 400 Yards von der Küste der langen Außen-Bay entfernt ist. Die so gebildete schmale Halbinsel ist sehr hoch und mit einer Reihe steiler Klippen gegen das Meer zu besetzt. Die Felsen der inneren Seite zeigen deutlich Spuren von vulkanischem Feuer. Da sie parallel geschichtet sind, so ist ihre Neigung nach Westen sehr deutlich. Längs der Küsten war viel Bimsstein zerstreut. – Die Umgegend der Bai ist mehrenteils unfruchtbar. An der Ostseite ist sie felsig, mit Heidekraut und Strauchholz besetzt. Die Westseite ist, mit einigen Ausnahmen, niedrig, morastig oder sandig. Aber an der Südseite sind Wiesen, die zu Viehweiden dienen könnten. – Am 13ten Dezember wurde Jervis-Bay verlassen und am Abend hielt Hr. Bass in einer Bucht an, die durch die Point-Upright gegen nördliche Winde geschützt wird. Den folgenden Tag verwendete er zur Untersuchung der Umgegend. Die Täler und Schluchten zwischen den Hügeln waren größtenteils fruchtbar. Am 15ten ankerte er an einer Spitze unter 36° s. Br. und da der Wind am

16ten rau war, legte Hr. Bass das Boot an der Küste an und untersuchte die Umgegend. In einer Entfernung von gegen 2 g. Meilen von der Küste dehnt sich eine Reihe buckliger Hügel gen Süden aus. Die Ebene zwischen dieser und dem Meer ist flach und größtenteils von Salzmorästen eingenommen. In einem Umkreis von 3 bis 3 ½ g. Meilen konnte Hr. Bass keinen Tropfen süßes Wasser finden oder einen Eingeborenen erblicken, obwohl er manche Hütten antraf und mehreren, von denselben aus gemachten Fußpfaden folgte, die bis zu in den niedrigsten Gegenden ausgegrabenen Höhlen führten. Die ganze Umgegend scheint an Dürre zu leiden. Am 18ten Dezember langte er in Barmouth-Creek an, entdeckte am 19ten Twofold-Bay und umsegelte am 20sten Kap Howe. Am Abend landete er bei dem Eingang eines Teichs, ¼ Stunde nördlich vom Ram Head, um so viel süßes Wasser, als möglich einzunehmen. Ein von W. S. W. kommender starker Wind nötigte ihn, hier bis zum 31sten Dezember zu verweilen. Diese Zeit wurde zur Untersuchung der Umgegend angewendet, die dem Anscheine nach hügelig, jedoch mehrenteils niedrig, sandig und feucht war. Übrigens war hier süßes Wasser im Überfluss vorhanden.

Am 3ten Januar 1798 bemerkte Hr. Bass auf einer kleinen Insel, die unfern der Küste lag, Rauch und mehrere Leute. Diese waren zu seinem Erstaunen keine Eingeborenen, sondern Europäer. Sie waren, im Einverständnis mit anderen Verbrechern, mit einem Boot von Port-Jackson ausgelaufen, um das Wrack der Sidney-Cove auszuplündern. Da sie dieses nicht auffinden konnten, hatten ihre Gefährten sie verräterisch während sie schliefen auf dieser Insel verlassen. Sie waren an der Zahl sieben und hatten während der fünf Wochen, die sie auf diesem öden Ort zubrachten, von Sturmvögeln und einem Robben gelebt. Hr. Bass versprach ihnen, bei seiner Rückkehr an der Insel anzulegen.

Am 4ten Januar entdeckte er den Western-Port, in dem er sich 13 Tage aufhielt. Widrige Winde trieben ihn dahin zurück und er musste im Western-Port bis zum 26sten Januar verbleiben. Diese Zeit wurde zum Einsalzen der erlegten Sturmvögel verwendet. Jetzt schien es ihm Zeit zu sein, seinen Plan mit den sieben Deportierten auszuführen. Fünf setzte er, da sein Boot nicht alle aufnehmen konnte, auf das feste Land aus, gab ihnen eine Flinte, seine halbe Munition, einige Angeln und Schnüre, einen leichten Kessel zum Kochen und Regeln, wie sie ihren Marsch nach Port-Jackson einrichten sollten.[98] Die übrigen zwei, von denen der Eine alt, der Andere krank war, wurden mit Bewilligung der Mannschaft in das Boot aufgenommen.

Vom 26sten Januar bis zum 1sten Februar hinderten Ostwinde Hrn. Bass an seiner Rückkehr. Sein Boot lag in Sealers-Cove während er Wilsons Vorgebirge untersuchte. Am 15ten Februar erreichte er die Two-fold Bay und gelangte am 24sten desselben Monats in Port-Jackson an.

Man erwäge, dass Hr. Bass nur mit Vorrat auf sechs Wochen versehen, absegelte, seine Reise aber durch zufällige Ergänzungen von Sturmvögeln, Fischen, Robbenfleisch und einigen Gänsen und schwarzen Schwanen auf elf Wochen verlängerte, dass seine Wissbegierde und Ausdauer zum Verdrusse der rauen Winde mit einem Erfolge belohnt wurden, den man von so schwachen Hilfsmitteln nicht erwarten konnte. An einem 75 g. Meilen langen Küstenstrich von Port-Jackson bis Ram-Head entdeckte er viele Gegenstände, die dem Kapitän Cook entgangen waren und jedem Seefahrer bei der ersten Entdeckung entgehen werden, wenn er

98 Man hat bis 1803 nichts weiter von diesen fünf Deportierten vernommen.

nicht Zeit und Mittel hat, eine genaue Untersuchung durch Boote anstellen zu lassen.

Unsere Kenntnisse von der Ostküste des Austral-Landes und von Van Diemens -Insel, erstreckten sich höchstens über Ram-Head etwas hinaus und hier begann die Ernte, von der sich Hr. Bass die erste Garbe zu verschaffen suchte. Die von ihm neuentdeckte Küstenstrecke wurde 75 g. Meilen verfolgt. Statt sich nach Süden auszudehnen, fand er, dass sie hinter einem gewissen Punkte fast die entgegengesetzte Richtung nahm und den Anschein erhielt, als sei sie den Stößen eines offenen Meeres ausgesetzt. Hr. Bass selbst zweifelte nicht an dem Dasein einer Straße, die Van Diemens -Land von Neu-Süd-Wallis trenne und mit größtem Widerwillen gab er der Notwendigkeit, zurückzukehren nach, bevor diese Straße als solche wirklich anerkannt worden sei. Doch hatte er die Genugtuung, an dem Ende seiner neuentdeckten Küste einen großen, nützlichen Hafen (Western-Port) aufzufinden, dessen Umgebungen alle anderen bekannten Häfen im südlichen Teil von Neu-Süd-Wallis weit übertreffen.

(Flinders 1798)
Während Hr. Bass auf dem Walfischboot abwesend war, wurde der Schooner Francis abermals mit Kapitän Hamilton nach dem Wrack seines Schiffes Sidney-Cove abgesendet. Alles, was noch von der Ladung desselben auf Preservations-Insel vorrätig war und die wenige dort zurückgelassene Mannschaft abzuholen. Mit Erlaubnis des Gouverneurs Hunter begab ich mich an Bord dieses Schooners, um für die Erdkunde und Schifffahrt dienliche Beobachtungen zu machen.

Am 1sten Februar 1798 segelten wir von Port-Jackson aus und am 12ten ankerte man in Hamiltons Rhede, am

Ostende der Preservation-Insel. Hier maß ich eine Basis auf der sandigen Nordostspitze und nahm Winkel von allen in die Augen fallenden Punkten auf.

Am 16ten Februar war das lecke Boot wieder in brauchbaren Stand gesetzt und ich machte eine fünftägige Exkursion durch den Kanal, der das Land von Cape Barren von den südlicheren Inseln trennt. Er wird »Armstrongs Kanal« genannt, weil so der Kapitän der Supply hieß, der die Ladung des Schiffs Sidney-Cove zu retten bestimmt und der Erste war, der auf diesem Weg nach Port-Jackson zurückkehren wollte, aber nie dort angekommen und wahrscheinlich mit seiner Mannschaft und seiner Sloop untergegangen ist. Die Punkte, aus denen Winkel für eine Vermessung dieses Kanals aufgenommen wurden, waren folgende: 1) Wombats Spitze, ein felsiges Vorgebirge von Cape-Barren-Insel, wo mehrere der neuentdeckten Tiere, Wombat genannt, erblickt und einige getötet wurden. – 2) die Batterie-Insel, so von vier aufgestellten Kanonen ähnlichen Felsen genannt. Schwarze Sturmvögel und dick behaarte Robben fand ich hier. – 3) Die sandige Nordostspitze von Clarkes Insel, welche mit der gegenüber liegenden Stoping-Point den engsten Teil des Kanals bildet und noch durch einige, an der Südküste liegende Klippen verengt wird. Diese Klippen werden auch von behaarten Robben besucht und manche von ihnen (die alten Männchen) sind von ungeheurer Größe und außerordentlicher Kraft. Ich schoss meine Flinte auf einen, der auf dem Gipfel einer Klippe saß und seine Nase gegen die Sonne erhob und traf ihn mit drei Flintenkugeln. Er stürzte um und tauchte in der See unter. Keine halbe Stunde verging, als er wieder seinen vorigen Platz und seine vorige Stellung einnahm. Als ich wieder feuerte, sprang aus seiner Brust ein Blutstrom mehrere Yards weit und er fiel sinnlos um. Bei seiner Sektion fand sich, dass die sechs Kugeln in seiner Brust steckten und eine, die ihn tötete, hatte sein

Herz durchbohrt. Er wog so viel, als ein gewöhnlicher Ochse. – 4) Auf Sloping-Point, wo ein stachliger Ameisenfresser gefangen und einige Quarzkristalle an der Küste gesammelt wurden. – 5) An der Ostküste von Kents Bay unter dem Pik von Cape Barren. Ich wünschte diesen Pik zu besteigen, um eine Aussicht der umliegenden Länder, vorzüglich eines großen, südlich gelegenen Landstrichs zu erhalten, der wegen des daselbst immer aufsteigenden Rauches für einen Teil von Van Diemens -Land (Insel) gehalten wurde. Aber das ganz undurchdringliche Strauchwerk, mit dem die Seiten des Piks und der ihn umgebenden Hügel bekleidet waren, vereitelte meinen Vorsatz. –6) Zu Passage-Point. – 7) Zu Cove-Point. Hier war die Zahl der Robben so ungemein groß als keiner von uns vorher gesehen hatte. Sie waren kleiner und von einer anderen Art, als die Armstrongs Kanal besuchenden. Statt der stumpfen Mopsnase und dem dünn zerstreuten Haar, hatten diese scharf zugespitzte Nasen und ihre Haarfarbe näherte sich dem Schwarzen. Die Spitzen der Haare waren silbergrau und an der Wurzel derselben saß ein feiner, weißlicher, dicker Pelz. Die jungen Robben verkrochen sich zusammen in die Felsenhöhlen und wimmerten kläglich. Die Erwachsenen entwichen und stürzten sich mit ihren Müttern in die Fluten, während einige der alten Männchen sich zur Verteidigung ihrer Familien erhoben, bis der Schrecken, den die mit Blei beschlagenen Prügel der Seefahrer erregten, zu stark wurde, um längeren Widerstand zu leisten. Diejenigen, welche einen Pachthof gesehen haben, der mit Schweinen, Kälbern, Schafen, Ochsen und mit zwei oder drei Würfen von jungen Hunden mit ihren Müttern gut versehen ist und sie zusammen lärmen gehört haben, können sich einen guten Begriff von dem verwirrten Getöse der Robben zu Cove-Point machen. Die Matrosen töteten so viele dieser harmlosen und nicht unfreundlichen Geschöpfe, als erforderlich war, um Platz für die zu nehmenden Winkel zu gewinnen. Dann verließen wir die arme erschrockene Menge, damit sie sich von der Wirkung unseres, ihnen unglücklichen Besuches erholen könnten. – 8) Das Südende der östlichen Passage-Insel. – 9) Die Südwestspitze der westlichen Passage-Insel. – 10) Die Südostspitze von Clarkes Insel. Die 11te und letzte Station war zu Look-out Head. Auf diesen verschiedenen Stationen wich die Nadel des Theodoliten oft 2 bis 3 Grad von sich selbst ab, wie dieses auch auf Preservations-Insel der Fall war, eine Wirkung, die ich der Anziehung der Felsen zuschreibe, indem ich seitdem dieselben und noch bedeutendere Differenzen an den meisten Orten, wo die Felsen aus Granit bestehen, bemerkt habe. –

Erst am 25sten Februar war jeder Rest der Ladung des Sidney-Cove an Bord gebracht und zugleich gestattete eine vorteilhafte Veränderung des Windes, unsere Segel nach Port-Jackson aufzuspannen. Dieser viertägige Aufenthalt setzte mich in den Stand, meine Vermessung fortzusetzen.

Gutschmeckendes, frisches Wasser findet man in gewissen Jahreszeiten in kleinen Teichen an der Ostspitze der Preservation-Insel. Das von den Felsen herabfließende wurde von der Mannschaft des Sidney-Cove anfänglich benutzt, bis einige derselben starben. Kleine Bäche oder Teiche finden sich fast überall am Fuß der Höhen auf Cape-Barren-Insel und wahrscheinlich gibt es auch welche auf Clarkes Insel. Aber auf den Passage-Inseln fanden wir es schwer, unseren Durst zu stillen.

Die Gebirgsart, aus welcher der südliche Teil und wahrscheinlich der ganze Archipel der Furneaux-Inseln besteht, ist meistenteils ein weißlicher, zuweilen in das rötliche fallender Granit, der mit kleinen, schwarzen Flecken durchmengt ist. Der Ausnahmen von der allgemeinen

Verbreitung des Granits sind nur wenige. Sie werden von einigen schwarzen und grauen Schiefern gebildet, nur dünne Lager stehen beinahe senkrecht auf dem Horizont. Doch sind auch dann die Spalten dieser Lager mit Granit durchzogen. – Manche der Bäume auf Preservations-Insel, haben teilweise eine eigentümliche Verwandlung erlitten. Die stärksten von ihnen waren nicht dicker, als der Schenkel eines Mannes und ganz abgestorben. Während die oberen Äste noch von Holz waren, waren die Wurzelschossen und die Stämme bis zu einer gewissen Höhe in eine steinige Substanz, die der Kreide glich, verwandelt. Brach man diese kreidigen Stämme um, was leicht geschehen war, so erblickte man Ringe von braunem Holze, die noch nicht völlig verwandelt waren. Bei den meisten traf man aber nur noch Spuren von Ringen an. Der Ort, an dem man diese Bäume hauptsächlich fand, war ein sandiges, der Mitte der Insel nahes Tal, welches auch wegen der Menge dort zerstreuter Knochen von Vögeln und kleinen Quadrupeden merkwürdig war. Diese Versteinerungen untersuchte Hr. Bass nachher genauer und war der Meinung, dass sie vom Wasser bewirkt worden seien.

Auf Cape-Barren-Insel erhoben sich die Hügel zu einer beträchtlichen Höhe. Der Pik, der nicht weit über die anderen hervorragt, ist nahe 1200 englische Fuß hoch. Auf den kleineren Inseln finden aber keine bedeutenden Höhen statt. Der Gipfel aller ist im Allgemeinen mit großen Granitmassen gekrönt. Auf manchen von diesen, vorzüglich auf der Rum-Insel, ruht eine kleinere, unverbundene, runde Masse in einer Höhle auf dem Gipfel. Ich bemerkte durch ein Fernglas, dass ein Stein dieser Art auf der Spitze des Piks auf der Cape-Barren-Insel lag. Die niedrigen Teile dieser Inseln sind gewöhnlich sandig. An verschiedenen Orten bilden sich am Fuß der Höhen Moraste und Lachen, deren Wasser gewöhnlich rot gefärbt ist. An einer Stelle, die den Passage- und Cove-Spitzen nahe lag, hatte es so sehr den Anschein von Blut, dass ich es kostete. Ich fand aber weiter nichts, als dass es etwas salzig schmeckte. Ob das Wasser diese Farbe auf seinem Lauf von den Höhen durch Auflösung erdiger oder metallischer Stoffe, oder von Wurzeln und Blättern von Vegetabilien erhält, kann ich nicht entscheiden.

Alle Inseln sind mit Strauchholz überwachsen, zwischen dem an den mehr geschützten und minder unfruchtbaren Flecken einige verkrüppelte Bäume wachsen, die ihre Rinde jährlich zu verlieren und von der schweren Holzart zu sein schienen, die man in Port Jackson Gummi-Bäume zu nennen pflegt. Das Strauchholz bedeckt selbst Felsen, wenn es nur einige Haltung finden kann. Gewöhnlich ist es undurchgänglich und an den Süd- und Westküsten der Inseln nimmt es eine niedrige Zwergform an, ein Beweis der Gewalt der Winde. Manche sandige Gegenden sind mit Matten von durch einander geflochtenem Gras bedeckt, welche den Lieblingsaufenthalt des schwarzen Sturmvogels bilden und hinter den Küsten findet sich gewöhnlich eine Fläche, wo kriechende Salzpflanzen wachsen und wohin sich vorzüglich die Pinguins begeben. Zu diesem allgemeinen Verzeichnis der dürftigen vegetabilischen Produkte der Furneaux-Inseln kann man noch mehrere niedrige Sträucher und ein Gras, das an feuchten Stellen wächst und zum Futter für Vieh dienen könnte, rechnen.

Was die tierischen Bewohner dieser Inseln betrifft, so ist ihr Verzeichnis etwas stärker. Folgende Arten sind sie der See schuldig: zwei Arten Robben, schwarze Sturmvögel und Pinguins. Die behaarte Robbe scheint die vor Stürmen gesicherten Ufer, Spitzen und Klippen zu lieben, während die schönere und größere Art die Klippen und felsigen Spitzen, die der Gewalt der Wogen ausgesetzt sind, vorzieht.

Der schwarze Sturmvogel, den Matrosen bekannter unter dem Namen »Sheer-Water« (Scheide-Wasser), besucht die buschigen, berasten Gegenden der Inseln in zahlloser Menge. Sie machen bekanntlich Gruben, gleich den Kaninchen in die Erde, legen da ein oder zwei verhältnismäßig ungeheuer große Eier hinein und ziehen in denselben ihre Jungen auf. Abends kommen sie vom Meer und haben ihren Kropf mit einer gallertartigen, von den Wogen gesammelten Materie angefüllt. Damit füttern sie entweder ihre Jungen oder behalten sie zu ihrer eigenen Nahrung. Bald nach Sonnenuntergang wird die Luft über der Preservation-Insel von ihrer Menge verdunkelt und es dauert wohl eine Stunde, ehe der Zank unter ihnen aufhört und jeder sein Nest gefunden hat. Ihre Anhänglichkeit an dieselben ist sehr groß, wovon die Bewohner von Sidney-Cove zeugen können. Bei der Erbauung dieses Ortes waren die Zelte dicht bei einem Stück Land aufgeschlagen, welches voll ihrer Nester war. Obwohl nun viele derselben durch das darüber Hin- und Hergehen zerstört und obwohl viele Tausende dieser Vögel getötet wurden, da sie über sechs Monate den neuen Ansiedlern hauptsächlich zur Nahrung dienten, so blieben sie fast so zahlreich als zuvor und es war fast keine Erdhöhle weniger als vorher, wenn man den Raum, den die Zelte einnahmen, abrechnet. Diese Vögel haben etwa die Größe einer Taube. Gerupft und geräuchert fanden wir sie ziemlich genießbar. Wir konnten uns jeden Abend welche verschaffen, indem wir Leute an das Land schickten. Diese brauchten weiter nichts zu tun, als den Arm bis an die Achsel in die Höhle zu stecken und den Vogel zu greifen.

Die Pinguine sind von der Art, die man die kleine nennt. Der Rücken und die oberen Teile sind bleiblau, die Brust und die unteren Teile weiß. Am Tage sitzen sie auf Felsen oder in Höhlen am Strand. Ihr Nest ist ebenso gebaut wie das des Sturmvogels. Doch scheinen sie nicht, wie dieser, alle Nächte, sondern nur dann, wenn sie ihre Jungen füttern, in dasselbe zurückzukehren. Die ihnen für ihr Ausbrüten liebsten Orte sind mit Salzpflanzen bedeckte Sandflecke. Ihr Fleisch ist so schwer zu verdauen und schmeckt so nach Fischen, dass, wenn ihre Häute nicht zur Verfertigung schöner, dem Regen undurchdringlicher Mützen dienten, man sie ruhig gehen lassen würde.

Keine anderen vierfüßigen Tiere fanden wir auf diesen Inseln, als das Känguru, das Wombat und den stachligen Ameisenfresser mit dem Entenschnabel. Das Känguru hat eine rotbraune Farbe und gleicht der kleineren Art, welche in den Gesträuchen bei Port-Jackson lebt und ausgewachsen vierzig bis fünfzig Pfund wiegt. Auf den Passage-Inseln war keine Spur von diesen Tieren zu sehen. Aber auf Cape Barren und Clarkes Inseln waren sie in ziemlicher Menge vorhanden. Auch waren sie sehr zahlreich auf Preservations-Insel, als die Sidney-Cove hier strandete.

Clarkes Insel lieferte das erste Exemplar eines neuentdeckten Säugetiers: Womat, auch Wombat und Womback von den Eingeborenen genannt. Es ist ein kleines, dem Bären ähnliches Tier. Seine Höhlen gleichen denen des Dachses und es verlässt dieselben in bewohnten Gegenden nicht eher, als bis es dunkel ist. Aber auf den unbewohnten Inseln geht es zu jeder Zeit auf Nahrung aus und man sah es häufig im Auswurf des Meeres etwas dazu Taugliches suchen. Doch scheint Gras seine gewöhnliche Nahrung zu sein. Man fängt es sehr leicht, wenn es von seiner Höhle entfernt ist. Sein Fleisch gleicht im Geschmack magerem Schafleisch und gewährte uns eine angenehme Nahrung. Man hat noch eine andere Art dieses Tieres in Neu-Süd-Wallis entdeckt, das auf den Gipfeln der Bäume lebt und in seiner Lebensart sehr dem Faultiere gleicht.

Wir fanden den stachligen Ameisenfresser nur auf Cape-Barrens Inseln. Er ist sehr fett. Sein Fleisch hat einen etwas aromatischen Geschmack und schien uns ein wahrer Leckerbissen zu sein.

Unter den Vögeln, welche die Furneaux-Inseln besuchen, sind die schätzbarsten die Gänse und die schwarzen Schwäne. Letztere sieht man selbst auf den Süßwasserlachen selten und sie scheinen nur zur Brutzeit an die Küsten zu gehen. Die hiesige Gans lebt von Gras und geht selten ans Wasser. Auf den kleinen Inseln fand ich sie in großer Anzahl, ihr Gewicht war von sieben bis zu zehn Pfunden. Sie bildeten unser bestes Gericht, waren aber sehr scheu geworden. Rotgänse, Rotschnäbel, Krähen, Habichte, Papageien und andere Vögel sah man zuweilen. Fische waren nicht im Überflusse vorhanden.

Gelbgefleckte Schlangen von 3 bis 4 Fuß Länge fanden wir auf Preservations-Insel und sie werden ohne Zweifel auch auf den größeren Inseln vorhanden sein. Sie begeben sich oft in die Höhlen der schwarzen Sturmvögel, wahrscheinlich um die Jungen zu töten. Ein Matrose, der einen dieser Vögel aus seiner Höhle zu ziehen glaubte, hatte eine solche Schlange herausgezogen, die er schnell weit von sich warf und so nicht gebissen wurde. Diese Schlange hat Giftfänge.

Am 25sten Februar war der Schooner zum Absegeln fertig und da der Westwind günstig war, so verließen wir Hamiltons Rhede, um nach Port-Jackson zurückzukehren. Noch war es zweifelhaft, ob das im Süden erblickte Land Inseln, oder ein Teil von Van Diemens -Land (Insel) sei. Die unteren Hügel waren mit Gras bekleidet, auf dem hier und dort Baumgruppen zerstreut sind, während das dahinter liegende Land mit Zimmerholz reichlich bedeckt ist. Wir steuerten dem Land zu und fuhren dann gegen N. »Unter dieser Breite,« sagt Kapitän Furneaux, »erstreckt sich das Land gegen W.«[99] und da er der Küste von der Südspitze dieses Landes gefolgt war, konnte man nicht länger zweifeln, dass er das, 1642 von Tasman entdeckte, Land wieder aufgefunden habe. Die wichtige Frage: ob dieses Land mit Neu-Holland zusammenhänge, konnte ich leider nicht entscheiden, da der Schooner nicht zu meiner Disposition war. Am 9ten ankerten wir in Sidney-Cove.

Hr. Bass war vor 14 Tagen von seiner Fahrt auf dem Walfischboot zurückgekommen. Es schien kein anderer Beweis für die Existenz einer Straße zwischen Neu-Süd-Wallis und Van Diemens -Land noch übrig zu sein, als sie wirklich zu durchsegeln.

(Flinders u. Bass 1798)
Im folgenden September übergab mir der Gouverneur, Se. Exz., Hr. Hunter den Norfolk, eine der Kolonie zuständige Schaluppe von 25 Tonnen mit dem Auftrag: hinter Furneaux Inseln durchzufahren und im Fall eine Straße entdeckt würde, durch dieselbe zu gehen und um das südliche Ende von Van Diemens -Land zurückzukehren, indem ich solche Untersuchungen und Aufnahmen unterwegs anstellte, als es die Umstände gestatteten. Zwölf Wochen waren zu diesem Geschäfte anberaumt und Vorräte für diese Zeit an Bord gebracht. Das übrige, noch zur Ausrüstung Erforderliche, bot Kapitän Waterhouse von der Reliance gefälligst dar.

Ich war so glücklich, meinen Freund Bass auf dieser Fahrt zum Begleiter und eine treffliche Mannschaft, acht Freiwillige von den königlichen Schiffen, zu bekommen. Leider aber konnte ich keinen Zeithalter, der zu genauen nautischen

99 Cook's second Voyage. Vol. I. p. 114.

Vermessungen so unentbehrlich ist, erhalten. – Wir segelten also am 7ten Oktober 1798 aus Port-Jackson ab. Am 9ten gelangten wir in Two-fold-Bay an und durch widrige Winde gehemmt, landete Hr. Bass am folgenden Morgen früh, um das Land zu untersuchen, während ich mit Hrn. Simpson eine Aufnahme der Two-fold-Bay machen wollte. Auf dem Weg von Snug-Cove durch den Wald nach der langen nördlichen Bai, wo ich eine Grundlinie messen wollte, wurde unsere Aufmerksamkeit plötzlich auf das Geschrei dreier Weiber gezogen, die ihre Kinder aufhockten und höchst bestürzt davon liefen. Bald darauf erschien ein Mann. Er war von mittlerem Alter, hatte nur ein Whaddie (hölzernes Schwert) und kam anscheinend mit sorglosem Zutrauen auf uns zu. Wir gingen ihm entgegen und gaben ihm etwas Schiffszwieback und er beschenkte uns mit einem Stück knorpligen Speck, wahrscheinlich von einem Walfisch. Ich kostete etwas, passte aber auf eine Gelegenheit, es auszuspeien, wenn er es nicht sähe; aber er tat dasselbe mit unserem Schiffszwieback, dessen Geschmack ihm so wenig behagen mochte, als mir der seines Walfischspecks. Wie er uns zu der langen Bai geleitete, hob unser neuer Bekannter aus dem Gras einen langen hölzernen, mit Knochen zugespitzten Speer auf. Doch verbarg er ihn wieder in einiger Entfernung unter dem Gras und machte uns Zeichen, er wolle ihn schon, wenn er zurückkomme, mitnehmen. Den Beginn unserer trigonometrischen Operationen sah er mit Gleichgültigkeit, wo nicht mit Verachtung an und er verließ uns, dem Anscheine nach mit uns zufrieden, weil er von Personen, die sich ernsthaft mit solchen Gegenständen beschäftigten, nichts befürchtete.

Nachmittags wurde die Vermessung fortgesetzt und am folgenden Morgen (am 11ten Oktober 1798), wo der Wind uns immer ungünstig blieb, war die Aufnahme der Westküste der Bai beinahe vollendet.

Ich war im Begriff, einen künstlichen Horizont zur Beobachtung der Breite aufzustellen, als ein Trupp von sieben oder acht Eingeborenen uns von der Höhe der Küste zuriefen und ihre geöffneten Hände uns zeigten, um uns anzudeuten, dass sie unbewaffnet wären. Wir waren unserer drei und hatten außer einer Taschenpistole zwei Flinten. Sie machten keinen Einwand, dass wir diese zu ihnen brächten und wir setzten uns mitten unter diesen Trupp nieder. Er bestand ganz aus jungen, wohlgebildeten und reinlicheren Männern, als die um Port-Jackson einheimischen gewöhnlich sind. Ihre Mienen deuteten zugleich guten Willen und Neugier an, doch mit einiger Art von Furcht. Ihre Neugier bezog sich vorzüglich auf unsere Personen und unseren Anzug und entfernte durchaus ihre Aufmerksamkeit von den kleinen Geschenken, die ihnen nur ein augenblickliches Vergnügen zu machen schienen. Da die Näherung der Sonne an den Meridian mich an den Strand zurückrief, begaben sich unsere Besucher in die Waldungen, dem Anscheine nach sehr mit dem, was sie gesehen, zufrieden. Wir sahen durchaus keine Art von Waffen bei ihnen; aber ich kannte dieses Volk zu gut, um nicht versichert zu sein, dass ihre Speere ihnen irgendwo zur Hand lägen und dass es klug sei, einen scharfen Blick auf die Waldungen zu richten, um während der Beobachtungen jeden Überfall zu verhüten.

Am 12ten ankerten wir abends an der Südküste der Bai. Am 13ten war die Vermessung derselben vollendet. Snug-Cove findet ein Fremder nur schwer. Gelangt man aber in die Nähe des felsigen Vorgebirges an der Südwestspitze der langen nördlichen Bucht, so wird man sie an der Südseite dieses Vorgebirges erblicken. – Holz kann man in Menge in der Umgegend der Bai erhalten, aber nur an zwei Orten fand man süßes Wasser und dieses nicht einmal gut. Einer derselben ist ein sumpfiger Pfuhl auf dem niedrigen Vorgebirge, wo man Fässer ohne Schwierigkeit füllen kann. Der andere liegt in der Nähe des unteren Ankerplatzes an der Südküste der Bai.

Die Teiche und Lachen, die man hinter den meisten Buchten antrifft, werden von Enten, Krickenten, Reihern, Rotschnäbeln und kleinen Zügen von Wasserhühnern und Regenvögeln besucht. Die Bai scheint gut mit Fischen versehen zu sein. Es ist nicht unwahrscheinlich, dass Two-fold-Bay so gut, als die Buchten an Afrikas Ostküste, zu gewissen Zeiten von Walfischen besucht werde. Zwar habe ich keinen entscheidenden Beweis dafür, aber das »Whale-Spit« (Walfisch-Spitze) genannte Felsenriff erhielt diesen Namen von den hier gefundenen Überbleibseln eines Walfisches.

Am 18ten Oktober verließen wir Two-fold-Bay, kamen bei dem Cape Howe, dann den Kents-Inseln,[100] dem Mount Chappell und den Chappell-Inseln am 19ten vorbei, gelangten am 20sten in den Armstrongs-Kanal und kamen am 31sten bei den Schwan-Inseln, Cape Portland und der grünen Insel (Green Island) vorbei. Gegenüber dieser Insel wurde am 3ten November eine große Bucht entdeckt, in die sich drei Flüsse zu ergießen schienen. Hr. Bass erlegte hier vier schwarze Schwäne, die ein willkommenes Nahrungsmittel gaben. Die Bucht, in die wir am 3ten November einliefen und die wir endlich am 3ten Dezember verließen, wurde vom Gouverneur Hunter »Port Dalrymple« genannt. Die geographische Lage ihrer Mitte ist oben bei Low-Head

100 Kents große Inselgruppe ist nicht so unfruchtbar und unbewohnt, als es sich dem Anscheine nach vermuten ließe. Seitdem weiß man, dass in der Mitte der größeren Inseln Täler sind, in denen Bäume sich zu einer beträchtlichen Höhe erheben und in denen zahlreiche Kängurus von der kleineren Art leben. Man fand gleichfalls einige Robben auf den Felsen und süßes Wasser konnte man zu gewissen Zeiten ohne Schwierigkeit einnehmen.

angegeben. Port Dalrymple und der Fluss Tamar[101] nehmen den Grund eines Tales ein, das zwischen zwei unregelmäßigen Hügelreihen liegt, die sich von dem großen inländischen Bergstocke gegen N. W. erstrecken. An manchen Stellen stehen diese Hügel sehr weit auseinander und der Fluss dehnt dann seine Ufer bedeutend aus. An anderen Orten nähern sie sich sehr und beschränken ihn in enge Grenzen. Die Tamar hat in der Tat mehr das Ansehen einer Kette von Seen als eines regelmäßigen Flusses und wahrscheinlich war sie das einst. Aus den Untiefen am Einfluss in die See und noch mehr von denen um die grüne Insel her, welche die ganze Stärke der Fluten abwenden, kann man schließen, dass die Epoche, in der sich die Tamar den Weg in das Meer öffnete, nicht lange vorüber ist.

Von den beiden, das Tal beschränkenden Hügelketten, endet die östliche bei Low-Head. Die andere kommt an der Westseite des Hafens 1¼ oder 1½ g. Meilen von derselben an das Meer. Die Enden dieser Ketten erscheinen, wenn sie gerade von der Einfahrt erblickt werden, als zwei einander ähnliche Hügelgruppen und bei hellem Wetter ragen die blauen Gipfel der entfernten Gebirge über dieselben hervor. 2½ bis 3 g. Meilen westlich vom Hafen ist das innere Land

101 So nannte der verstorbene Oberstlieutenant Paterson diesen Fluss, der im Jahr 1804 hierher zur Gründung einer neuen Kolonie gesendet wurde. Die Quellen des Flusses wurden damals erforscht und die neuen, auf der Karte angezeigten Namen gegeben. Der erste angelegte Ort war Yorktown, an der Quelle des westlichen Arms. Da man aber diese Lage für einen Hafen untauglich fand, tat man den Vorschlag, ihn weiter abwärts gegen die grüne Insel hin zu verlegen. Launceston, welches der Hauptort der neuen Kolonie werden soll, liegt am Zusammenfluss des nördlichen und südlichen Esk und die Erzeugnisse der Ansiedlungen können von da aus auf Booten nach Launceston abgesendet werden. Aber die südliche Esk stürzt von den Bergen durch einen Wasserfall geradezu in die Tamar und ist daher keinem Schiff zugänglich.

ungewöhnlich hoch und die Zinne der Bergreihe in seltsame Formen zerschnitten. Wegen der glänzenden Ansicht mancher Gipfel derselben im Sonnenschein nach dem Regen urteilte ich, sie beständen, so wie die Gebirge auf Furneaux' Inseln, aus Granit. Riffe und Sandbänke erstrecken sich beträchtlich weit von der Westseite der Einfahrt. Ein Signal mit Lotsen wurde 1804 bei Gründung der neuen Kolonie auf Low-Head aufgestellt und seitdem sind die gefährlichsten Felsen und Untiefen auch durch Signale bezeichnet worden.

Wir fanden, dass Port Dalrymple ein sehr guter Erfrischungsort sei. Von den Herden der schwarzen Schwane waren der fünfte bis zehnte Teil unfähig zum Fliegen und weil man dieselbe Bemerkung sowohl im Januar und Mai als auch im Oktober gemacht hat, so mögen diese wohl das ganze Jahr nicht fliegen können. Sie besitzen eine beträchtliche Schlauheit. Sie können nicht untertauchen, haben aber eine Art sich so tief unter das Wasser zu begeben, dass ihr Leib fast unsichtbar wird. Jagten wir sie, so suchten sie den Wind vor unserem kleinen Boot zu gewinnen, welches ihnen gewöhnlich gelang, wenn der Wind heftig war. – Kängurus schienen auch in diesem Teil der Van Diemens-Insel sehr häufig zu sein. Da sie aber sehr scheu waren und wir zu wenig Zeit und Bedürfnis hatten, ihnen nachzugehen, so wurde nur eines erlegt, was von der größeren Art und schmackhafter war, als die um Port-Jackson einheimischen. Enten und Krickenten kamen Herdenweise nach Port-Dalrymple. Doch waren sie scheu. Die schwarzen und scheckigen Rotschnäbel waren in den niederen Gegenden um den Hafen häufig. Auch sahen wir auf den Untiefen einige Pelikane. Muscheln waren häufig auf den, von der Flut überströmten Klippen und die Eingeborenen schienen Austern durch Untertauchen zu fangen, da wir bei ihren Feuerstellen Schalen davon fanden. – Die

Umgegend von Port-Dalrymple hat im Allgemeinen ein angenehmes, fruchtbares Ansehen und die Untersuchung zeigte, dass dieses nicht täusche.

Nachdem wir bei Table- und Rocky-Cape sowie bei Circular-Head vorbeigekommen waren, gelangten wir am 7ten Dezember an eine Stelle, an der die Flut von W. und nicht von O., wie bei den Furneaux'-Inseln kam. Diesen Umstand betrachteten wir als einen deutlichen Beweis, dass Neu-Süd-Wallis durch eine Straße von dem südlicher gelegenen Land (Van Diemens-Insel) getrennt und dass ein Eingang in das südliche Indische Meer nicht weit entfernt sei. Am 9ten steuerten wir längs der uns im N. liegenden Küste gen W. und erblickten mit Tagesanbruch einen großen Flug Seegänse; ihnen folgte eine solche Schar schwarzer Sturmvögel wie wir noch nie gesehen hatten. Sie bildeten einen Strom von fünfzig bis achtzig Yards Tiefe und von dreihundert und mehr dergleichen Breite. Sie waren nicht zerstreut und flogen so eng, wie es eine freie Bewegung ihrer Flügel zu gestatten schien. Anderthalb Stunden dauerte dieser Zug ohne Unterbrechung und die Geschwindigkeit desselben war etwas geringer als die einer Taube. Nach dem niedrigsten Anschlage musste ihre Zahl nicht unter hundert Millionen gewesen sein und wir glaubten daher, sie hätten ihren Aufenthalt auf einer oder mehr unbewohnten großen Inseln dieser weiten Bucht. Die Nordwestspitze von Van Diemens-Insel, die ein steiles, schwarzes Vorgebirge bildet, nannte ich deshalb »Cape Grim« (das hässliche Kap). Am 10ten Dezember wurde ein, 2 g. Meilen von der Nordküste der Van Diemens-Insel entlegener, Berg bemerkt und »Norfolk Berg« genannt. Am 11ten fielen an demselben zwei kleinere Berge in die Augen, die Tasman am 24sten November 1642, wie er diese Insel entdeckte, zuerst erblickte. Ich nannte sie nach seinen beiden Schiffen, die Berge »Heemskerk« und »Zeehaan«. Was Tasman De Witts Inseln nannte, sind nur Berggipfel auf Van Diemens-Insel. Der höchste derselben wurde »De Witts Berg« genannt. Dann ging die Fahrt bei dem Süd-Kap der Pedra Blanca (Swilly Rock), den Boreels Inseln, Fluted Cape, Tasmans Vorgebirge und Frederik Hendriks Kap[102], der Betsei-Insel[103] vorbei und dann wurde D' Entrecasteaux' Nordbai untersucht, Norfolk-Bay entdeckt, die von S. g. N. an 6 g. Meilen lang und von W. g. O. an 2 bis 4 g. Meilen breit ist, der größten Flotte Schutz gewähren kann, einen 4 bis 9 Faden tiefen Ankergrund auf gutem Boden hat und Holz in Menge gewährt. Die in ihr liegenden Smooth- und Gull- (Seegans-) Inseln sind sehr fruchtbar; dann wurde der Derwent-Fluss erforscht und seine Umgegenden vermessen, die sehr fruchtbar sind und an dem 1804 bei Sullivan-Cove eine Niederlassung vom Obristen Collins angelegt ist. Am 11ten Januar 1799 ankerte ich in Port-Jackson. Durch diese Fahrt war es endlich entschieden, dass die Südostspitze des Austral-Landes eine bedeutend große Insel (Van Diemens-Insel) bilde, die von Neu-Süd-Wallis durch eine breite Seestraße abgeschnitten sei. Auf meine Empfehlung wurde sie nach dem, der sie zuerst in einem Walfischboot besuchte und auch zuerst ihr Dasein ahnte, meinem verdienten Freund und Gefährten, »Bass' Straße« von dem Gouverneur Hunter genannt.

(Flinders 1799)
Da der Erfolg dieser Expedition meine Neigung zu ferneren Entdeckungen auffrischte und die Reliance nicht unmittelbar zum Dienste erfordert wurde, so nahm der Gouverneur meinen Vorschlag zur Untersuchung der Glashütten- (Glass-house) und Harveys-Buchten, zwei großen nördlich liegenden Öffnungen, deren Eingang man nur

---

102 D'Entrecasteaux: Kap Trobriand.
103 Dessen: Ile Villaumez.

kannte, an. Ich hegte einige Hoffnung, in einer derselben die Mündung eines bedeutenden Flusses zu finden und mittels desselben tiefer in das Innere des Austral-Landes zu dringen, als dies bisher geschehen war. – Ich erhielt wieder die Schaluppe Norfolk, mit fast derselben freiwilligen Mannschaft wie zuvor und wurde von Hrn. S. W. Flinders, einem Passagier auf der Reliance und dem Eingeborenen Bongarih (Bongaree), dessen gute Eigenschaften und braves Betragen ihm meine Achtung zugezogen hatten, begleitet. Mein guter Freund Bass war aber nach England abgegangen. Ich erhielt Erlaubnis, sechs Wochen abwesend zu sein. – Am 8ten Julius 1799 segelten wir von Port-Jackson ab,[104] kamen bei der Zuckerhutspitze (Sugar-loaf Point) dann den drei Brüdern (Hügeln an der Küste, von Cook so genannt), den einsamen Inseln (Solitary Isles) vorbei und gelangten am 14ten Junius in der Glashütten-Bai an, von deren Eingang Kap Moreton liegt. Am 16ten wurde hinter der Skirmish-Spitze eine Öffnung entdeckt, die über eine halbe Stunde breit war und deren Ufer mit Bimssteinen bedeckt waren, daher ich sie »Bimsstein-Fluss« nannte und die zu den Glashütten führte, von denen ich zu vermuten anfing, dass sie vulkanisch seien. Doch ein Besuch derselben bestätigte diese Vermutung nicht. Die Eingeborenen, die wir hier trafen, schienen von demselben Stamme wie die um Port-Jackson zu sein. Bangärih konnte aber ihre Sprache nicht verstehen. Sie fischen mehrenteils mit Wurf- und Stellnetzen, leben gesellschaftlicher, als die südlicheren Eingeborenen und haben bessere Wohnungen. Ihre Speere sind von festem Holze und werden ohne Wurfstock gebraucht.

104 Da das Tagebuch dieser Reise bei meiner Rückkehr dem Gouverneur Hunter abgeliefert und vom Obersten Collins größtenteils bekannt gemacht wurde, so gebe ich hier nur eine kurze Nachricht über dieselbe. Ausführlichere Belehrung findet man im: Account of the English Colony in New-South-Wales. Vol. II. p. 225 - 263. Anm. des Verf.

Wir sahen zwei oder drei Kähne von Baumrinde. Aus der Zahl der schwarzen Schwäne auf dem Fluss, von denen wir achtzehn in unserem kleinen Boot zusammengebracht hatten, scheint es aber, als ob diese Leute weder ihre Kähne, noch ihre Speere recht zu gebrauchen wüssten. – Am 2ten August kamen wir bei Sandy-Cape vorbei; am 6ten ankerten wir eine Viertelstunde in N. W. vor einer felsigen, sandigen Insel, die, da sie von Seehühnern vorzüglich besucht wird, den Namen »Seehuhn-Insel« (Curlew Islet) erhielt. Vergebens suchte ich Herveys-Bay zu erforschen, da das Wasser derselben für den Norfolk nicht Tiefe genug hatte. Am 20sten August ankerten wir wieder in Port-Jackson.

Nachdem das königliche Schiff, die Reliance, gegen den Schluss des Jahres 1800 in England angekommen war, wurden die Karten der neuen Entdeckungen bekannt gemacht und dem Hrn. Joseph Banks wurde ein Plan zur Vollendung der Erforschung der Küsten des Austral-Landes vorgelegt. Dieser ausgezeichnete Beschützer der Wissenschaften und nützlichen Unternehmungen billigte ihn. Er wurde dem ersten Lord-Kommissär der Admiralität, Earl Spencer vorgelegt und erhielt endlich die Genehmigung Sr. Majestät, welche gnädigst die Unternehmung der Reise beschloss. Ich hatte die Ehre, den Befehl darüber zu erhalten.

Erstes Buch

Begebenheiten vom Anfang der Reise bis zur Abfahrt von Port-Jackson

Erstes Kapitel

Ausrüstung des Investigators – Erhaltene Instrumente, Bücher und Karten, sowie Artikel zu Geschenken und zum Tausch – Edles Betragen der Ost-Indischen Kompanie, Fahrt nach Spithead – Der Roar-Sand – Instruktionen für die Ausführung der Reise – Französischer Pass und dem gemäße Befehle – Offiziere, Gelehrte und Mannschaft, die sich auf dem Investigator einschifften

Am 19ten Januar 1801 wurde auf der Admiralität eine Verordnung unterzeichnet, die mich zum Lieutenant der königlichen Schaluppe, der Investigator ernannte und da ergriff ich am 25sten d. M. zu Sheerness das Kommando.

Der Investigator war ein im nördlichen England erbautes Schiff von 334 Tonnen und glich im Bau fast der Art von Schiffen, die Kapitän Cook für Entdeckungsreisen am zweckmäßigsten hielt. Vor wenigen Jahren war es für den königlichen Dienst erkauft und neu mit Kupfer beschlagen und ausgebessert worden.

Diejenigen von den Offizieren und der Schiffsmannschaft, die alt waren oder nicht freiwillig an dieser Expedition Teil nehmen wollten, erhielten ihren Abschied und statt derselben wurden fähige, junge Männer vom königlichen Schiff Zealand gewählt.

Am 16ten Februar erhielt ich den Rang als Kapitän und am 14ten März zwölf Sechspfünder mit Ammunition und einer Kiste mit Feuerwerk. Da nun aller Proviant und alles übrige Erforderliche am 27sten am Bord und das Schiff fertig zur Abfahrt war, segelten wir aus der Nore.

Ich wünschte sehr an den Küsten des Austral-Landes zeitig genug anzukommen, um den ganzen südlichen Sommer vor mir zu haben. Aber mehrere Umstände verzögerten unsere Abreise und unter anderem war ein Pass von der französischen Regierung, um Hindernisse bei der Reise zu vermeiden, noch nicht angekommen. Ich benutzte diesen Verzug, einem Mangel abzuhelfen, den wir sonst wahrscheinlich empfunden hätten. Die Menge der notwendig mitzunehmenden Vorräte ließ nur für 50 Tonnen Wasser Raum. Wurden aber zehn von den Sechspfündern abgegeben und statt derselben einige leichte Karronaden auf dem Decke aufgestellt, so konnten wir zehn Tonnen Wasser mehr einnehmen ohne unsere Verteidigungsmittel zu schwächen. Am 22sten erhielten wir auf Befehl des Schifffahrts-Bureau eine Anzahl astronomischer und geodätischer Instrumente und verschiedene Artikel zu Geschenken für oder zum Tauschhandel mit den Urbewohnern der zu untersuchenden Gegenden, auch manche zu unserem eigenen Gebrauch und zu unserer Bequemlichkeit. Unter diesen befanden sich mehrere Reisebeschreibungen in den großen Ozean, welche mit unseren eigenen Sammlungen und der britischen Enzyklopädie, die uns der verdiente Herr Joseph Banks schenkte, eine Bibliothek zum Gebrauch aller Offiziere bildete. Jede Karte aus der Sammlung der Admiralität, die sich auf das Austral-Land und die benachbarten Inseln bezog, wurde für uns, unter Aufsicht des verstorbenen Hydrographen Alexander Dalrymple, kopiert, der auch unseren Vorrat von belehrenden Schriften durch Mitteilung derer von seinen Werken, die sich für unsere Reise eigneten, vermehrte.

Die Auslage der Offiziere für eine Ausrüstung von mehreren Jahren, wurde durch die Freigebigkeit der ostindischen Kompanie sehr erleichtert. Die Summe von 600 Pfund Sterling wurde als ein Geschenk für die Gelehrten und die Offiziere des Schiffs sowie für mich und zwar für unseren

Tisch bewilligt und eine gleiche Summe sollten wir bei unserer Rückkehr erhalten. Dieses Geschenk machten uns die Direktoren, weil sie hofften, dass unsere Untersuchungen und Entdeckungen ihrem Handel Nutzen bringen würden und zum Teil, wie sie sagten, wegen meiner früheren Dienste.

Am 26sten erhielt ich Befehl nach Spithead zu gehen. Da aber der Wind immer von Westen kam, langten wir dort nicht eher als am 2ten Junius an. Wie nötig es sei, die königlichen Schiffe mit richtigen Karten zu versehen, wie dieses auch in der Folge geschehen ist, zeigt folgender Vorfall. Da kein Lotse auf dem Investigator angestellt, auch kein Offizier auf demselben genau mit der Schifffahrt im Kanal vertraut war, ich selbst den größten Teil meines Lebens auf auswärtigen Seereisen zugebracht hatte, so war ich genötigt, nachdem ich den Lotsen in den Downs verabschiedet hatte, mich fast einzig auf meine Karte (von Hrn. J. H. Moore) zu verlassen. Indem wir uns am 28sten Mai um Dungeness her bewegten, richteten wir uns nach der Küstengegend, wo nach der Karte die Stadt Hythe liegen sollte, gerieten aber etwas nach 6 Uhr abends auf eine Sandbank, von der wir jedoch ohne scheinbare Beschädigung des Schiffs loskamen. Auf den Karten der Admiralität ist sie unter dem Namen »Roar« niedergelegt. Wegen dieses Zufalls liefen wir am 10ten Junius in den Hafen und die Docke zu Portsmouth ein und da es entschieden wurde, dass das Schiff keinen Schaden genommen habe, so kehrten wir am folgenden Tage nach Spithead zurück und ankerten daselbst, um weitere Befehle zu erwarten.

Am 17ten Julius erhielt ich folgende Instruktionen für die Ausführung der Reise:

Von den Kommissarien des Lord Groß-Admirals des vereinigten Königreichs Groß-Britannien und Irland.

»Da die Schaluppe, die Sie kommandieren, für eine Reise in entlegene Gegenden bestimmt und ausgerüstet ist und da unser Wille ist, dass Sie auf ihr nach der Küste von Neuholland, an dessen Ostküste Sr. Majestät Kolonie von Neu-Süd-Wallis gelegen ist, um dieselbe genau zu untersuchen und aufzunehmen, segeln sollen; so erhalten Sie hierdurch die Weisung, bei dem ersten guten Wind und Wetter in See zu gehen und mit mindestem Zeitverluste oben erwähnten Dienst zu verrichten, wobei Sie an Madeira und dem Vorgebirge der guten Hoffnung anlegen können, um Lebensmittel und Wasser, wenn Mangel daran wäre, einzunehmen.«

»Ist dieses geschehen, so eilen Sie nach der Küste von Neu-Holland und folgen ihr bis Bass' Straße, (indem Sie, finden Sie es nötig, in König Georgs-des-dritten-Hafen, um Erfrischungen u. Wasser einzunehmen, bevor Sie Ihre Vermessung beginnen, einkehren können). Dann bieten Sie Alles auf, die in diesen Gegenden befindlichen Häfen aufzufinden und im Fall Sie irgendeine kleine Bucht oder Öffnung in der Küste entdecken, die vielleicht zu einem Binnensee oder einer Straße führen könnte, so steht es Ihnen frei, sie zu untersuchen, oder nicht.«

»Scheint es Ihnen nötig, so gehen Sie nach Sidney-Cove, um Ihre Mannschaft zu erfrischen, die Schaluppe auszubessern und mit dem Gouverneur von Neu-Süd-Wallis über die beste Art, die Küsten aufzunehmen, zu beratschlagen. Haben Sie von ihm die Belehrungen, die er mitteilen kann, erhalten und den Tender Lady Nelson, den Sie zu Sidney-Cove erwarten können, unter Ihr Kommando genommen, so beginnen Sie Ihre Vermessung wieder, indem Sie die Küste von Bass' Straße bis zu Königs-Georg-des-dritten-Hafen aufnehmen.«

»Bei Untersuchung der besagten Küste bieten Sie die größte Aufmerksamkeit auf und tragen Sie jeden Umstand, der zu einer vollständigen Kenntnis derselben gereicht, in

Ihr Tagebuch ein, als: die Winde und die Witterung, die gewöhnlich in den verschiedenen Jahreszeiten herrschen, die Erzeugnisse und die verhältnismäßige Fruchtbarkeit des Bodens, die Sitten und Gebräuche der Bewohner der Küstenstriche, die Sie erforschen können. Vorzüglich aber bestimmen Sie, wenn dieses in Ihrem Vermögen steht, die Längen und Breiten der merkwürdigsten Vorgebirge, Baien und Häfen durch astronomische Beobachtungen, bemerken die Abweichungen der Nordnadel und die gerade Richtung und den Lauf der Fluten und Strömungen sowie die senkrechte Höhe der Fluten. Sollten Sie während Ihrer Vermessung irgendeinen Fluss entdecken, so fahren Sie entweder selbst denselben in dem Tender so weit als möglich hinauf oder gebieten dem Befehlshaber desselben, in denselben einzufahren und soweit darin vorzudringen, als die Umstände gestatten wollen. Sorgfältig sind dann der Lauf und die Ufer desselben niederzulegen und die Tiefen anzugeben, erstere zu untersuchen, so oft es wahrscheinlich ist, dass eine bedeutende Verschiedenheit in Hinsicht der Erzeugnisse des Bodens oder der Sitten der Urbewohner statt finde und das Land soweit nach innen zu erforschen, als dieses mit der kleinen Zahl der Personen, die auf dem Schiff entbehrt werden können, ohne Gefahr geschehen kann, wenn hier ein Anschein zur Entdeckung von etwas nützlichem für den Handel oder die Manufakturen des vereinigten Königreichs sich ergeben sollte.«

»Wenn Sie die ganze Küste von Bass' Straße bis zu König Georgs-des-dritten-Hafen vollständig untersucht haben, so erforschen Sie zu den Jahreszeiten, die sich am besten für diese Absicht eignen, die Nordwestküste von Neu-Holland, wo, wegen der von Dampier beobachteten, ungemein hohen Fluten, wahrscheinlich manche gute Häfen entdeckt werden können.«

»Ist diese Aufgabe gelöst, so untersuchen Sie den Busen von Carpentaria und dessen westliche Teile zwischen 147°

39' 45" und 156° 39' 45" östl. L. und tragen Sie Sorge, dass dieses, sobald es die Jahreszeit und die herrschenden Winde gestatten, geschehe.«

»Haben Sie den Busen von Carpentaria und dessen westliche Teile erforscht, so schreiten Sie zu einer genauen Aufnahme und sorgfältigen Untersuchung der Straße des Torres' und ist diese vollendet, so erforschen Sie alle noch übrigen Nord-, West- und Nordwestküsten Neu-Hollands und vorzüglich die Teile derselben, auf die ostindische Schiffe auf ihren auswärtigen Handelsreisen treffen können. Hauptsächlich untersuchen Sie so genau, als es die Umstände gestatten, die Sandbank, die sich von den Trial-Rocks gegen Timor zieht: in der Hoffnung, dass durch Bestimmung der Tiefen und Beschaffenheit des Ankergrundes in dieser Gegend großer Vorteil für die Schiffe der ostindischen Kompanie erwachsen dürfte, im Fall sie diese Straße in der Folge oft besuchen sollten.«

»So wie Sie alle erwähnten, Ihnen aufgegebenen Untersuchungen und Vermessungen vollendet haben, so schreiten Sie zu einer sorgfältigen Erforschung der Ostküste Neu-Hollands, welche Kapitän Cook vom Kap Flattery bis zur Einfahrts-Bai (Bay of Inlets) erblickte. Um Ihre Mannschaft zu erfrischen und den Malern den Vorteil verschiedener Ansichten zu gewähren, können Sie die Fidschi- oder andere Inseln der Südsee berühren.«

»Während des Laufs der Vermessung, werden Sie den Tender so viel als möglich benutzen und den Investigator bloß von einem Hafen zum anderen, so wie sie entdeckt werden, führen, damit die Naturforscher Zeit haben, die Erzeugnisse des Bodens zu sammeln und zu ordnen und die Maler ihre begonnenen Abbildungen vollenden können. Haben Sie alle erwähnten Untersuchungen und Erforschungen vollbracht, so verlieren Sie keine Zeit, mit der unter Ihrem Kommando stehenden Schaluppe nach England für weitere Befehle zurückzukehren, indem Sie auf Ihrem Weg, wo nötig, das Vorgebirge der guten Hoffnung berühren, sobald wie möglich von da nach Spithead auslaufen und dort unserem Sekretär von Ihrer Ankunft Nachricht geben.«

»Nach Ihrer Ankunft in England werden Sie unmittelbar vor dieser Stelle erscheinen, um uns den ausführlichen Bericht Ihres Verfahrens während der ganzen Reise vorzulegen, indem Sie, ehe Sie die Schaluppe verlassen, von den oberen und unteren Offizieren die Log- und Tagebücher, welche sie geführt und die Zeichnungen und Karten, die sie gemacht haben, abverlangen, um sie uns versiegelt zu überliefern.«

»Und da Sie mit einem Gewächsbehälter (Plant cabin) versehen sind, um darin solche Pflanzen, Sträucher, Bäume u. s. f., als während oben erwähnter Aufnahme gesammelt worden, aufzunehmen, so lassen Sie bei Ihrer Ankunft in Sidney-Cove besagten Gewächsbehälter durch den Zimmermann auf dem Hinterdeck der von Ihnen befehligten Schaluppe, seinem Zwecke gemäß, errichten und sorgen für Verfertigung von Gefäßen, die mit Erde gefüllt, die gesammelten Pflanzen aufnehmen können. Diese Gewächsbehälter stellen Sie unter die Aufsicht und Sorge des Naturforschers und Gärtners und veranlassen, dass dann während der Vermessung solche Pflanzen, Sträucher und Bäume aufgenommen werden, als Sie solche für tauglich in die königlichen Gärten zu Kew halten. So oft Sie nach Sidney-Cove zurückkehren, lassen Sie besagte Gewächse in des Gouverneurs Garten, unter dessen Aufsicht, bis zu Ihrer Rückkehr nach Europa bringen. Sobald Sie sich zu dieser vorbereiten, so lassen Sie den Gewächsbehälter vom Hinterdecke der Schaluppe wegnehmen und den größeren von der Porpoise an seine Stelle bringen. In diesem Behälter haben der Naturforscher und der Gärtner alle Gewächse, die während der Reise gesammelt sind, aufzustellen, um solche für Se. Maj. nach Hause zu bringen. Sobald die Schaluppe in irgendeinem englischen Hafen geankert hat, geben Sie sogleich Sr. Maj. Gärtner zu Kew von Ihrer Ankunft Nachricht und übersenden ihm ein Verzeichnis der gesammelten Gewächse, welches der unter Ihnen angestellte Gärtner Ihnen liefern muss.«

Gegeben unter unserer Unterschrift, am 22sten Jun. 1801.

(Unterzeichnet:)

An Mathew Flinders, Esq.	St. Vincent.
Kommandanten der königlichen	T. Troubridge.
Schaluppe Investigator zu Spithead.	J. Markham.

Auf Befehl Ihrer Herrlichkeiten.
(Unterzeichnet)
Evan Nepean.

Dieser Instruktion war ein Auszug aus einer Abhandlung des Hrn. Dalrymple über die vorzüglich an der Südküste vom Austral-Land zu erwartenden Winde und Witterung und folgender Pass von der französischen Regierung beigelegt.

»Le premier Konsul de la République Française, sur le compte qui lui a été rendu de la demande faite par le Lord Hawkesbury au Citoyen Otto, commissaire du gouvernement Français à Londres, d'un Passeport pour la corvette Investigator, dont le signalement est ci-après, expédiée par le gouvernement Anglais pour un voyage de découvertes dans la mer Pacifique, ayant décidé que ce passeport serait accordé, et que cette expedition, dont l'objet est d'étendre les counaissances humaines et d'assurer d'avantage les progrès de la science nautique et de la géographie, trouverait de la part du gouvernement Français la súreté et la protection nécessaires.«

»Le Ministre de la Marine et des Kolonies ordonne en conséquence à tous les commandants des bâtiments de guerre de la République, à ses agens dans toutes les colonies Françaises, aux commandants des bâtiments porteurs de lettres de marque, et à tous autres qu'il appartiendra de laisser passer librement et sans empêchement ladite corvette Investigator, ses offiziers, équipage, et effets, pendant la durée de leur voyage; de leur permettre d'aborder dans les différents ports de la République, tant en Europa que dans les autres parties du monde, soit qu'ils soient forcés par le mauvais tems d'y chercher un réfuge, soit qu'ils viennent y réclamer les secours et les moyens de réparation nécessaires pour continuer leur voyage. Il est bien entendu, cepencant, qu'ils ne trouveront ainsi protection et assistance, que dans le cas où ils ne se seront pas volontairement détournés de la route qu'ils doivent suivre, qu'ils n'auront commis, ou qu'ils n'annonceront l'intention de commettre aucune hostilité contre la République Française et ses alliés, qu'ils n'auront procuré, ou cherché à procurer aucun secours à ses ennemis, et qu'ils ne s'occuperont d'aucune espèce de commerce, ni de contrebande.«

Fait à Paris le quatre Prairial an neuf de la République Française.
Le Ministre de la Marine et des Colonies Forfait.
Par le Ministre de la Marine et des Colonies.
Ches. M. Jurien.

»Signalement de la corvette.«

»La corvette l'Investigator est du port de 334 tonneaux. Son équipage est composé de 83 hommes, outre cinq hommes de lettres. Son artillerie est de 6 carronades de 12, de 2 ditto de 18, de 2 canons de 6 et de 2 pierriers.«

»Le soussigné, commissaire du gouvernement Français à Londres certifie le signalement ci - dessus conforme à la note qui lui a été communiquée par le ministre de sa Majesté Britannique.«

Londres le 4 Messidor an 9.

Otto.

Diesem Pass gemäß erhielt ich von der Admiralität die Weisung: »in jeder Hinsicht mich gegen französische Schiffe so zu benehmen, als seien beide Länder nicht im Kriege und«, war hinzugesetzt, »in Hinsicht auf Schiffe anderer Mächte, die mit England im Kriege sind, mich wo möglich, mit ihnen in keine Verbindung einzulassen und keine andere Briefe oder Pakete anzunehmen, als die ich von dem Admiralitäts-Bureau, oder dem königlichen Staatssekretariat erhielt.«

Von Se. Gnaden, dem Herzog von Portland, erhielt ich einen Befehl an den Gouverneur von Neu-Süd-Wallis, die Brig Lady Nelson unter mein Kommando zu stellen und von der Admiralität einen anderen an denselben, mit der Weisung: »nicht, als älterer Seeoffizier, den Investigator anders, als zur Absicht seiner Ausrüstung zu gebrauchen, vielmehr alle ihm zu Gebote stehende Mittel aufzubieten, ihn in den erforderlichen Stand dazu zu setzen.«

So wie ich Befehl zur Abreise erhielt, sendete ich ein Gesuch um Ersatz des, während des Aufenthalts in Spithead verzehrten, Proviants ans Land, der am folgenden Morgen an Bord kam. Wir konnten für zwölf Monate Proviant laden, ausgenommen an Brot, von dem wir nur für sieben Monate und darunter noch etwas Mehl einnehmen konnten. Von eingesalzenem Fleisch hatte ich Vorrat auf achtzehn Monate, da ich schon wusste, wie wenig dieser Artikel in der Kolonie auf Neu-Süd-Wallis zu haben war. Um alle Hindernisse der Reise wegen Mangel an Vorräten zu beseitigen, ließ ich eine Bittschrift an die Admiralität zurück, in der ich um einen zwölfmonatigen Vorrat bat, der mir nachgeschickt und in den Magazinen zu Port-Jackson lediglich zu unserem Gebrauch niedergelegt werden sollte.

Von den verschiedenen, zur Erhaltung der Gesundheit der Mannschaft auf den königlichen Schiffen dienlichen Mitteln, hatten wir einen reichen Vorrat und der Chirurgus war ebenso freigiebig mit antiskorbutischen Heilmitteln versehen.

Die Besatzung bestand aus 88 Mann. Aus diesen bemerken wir hier nur den Astronomen: John Crosley, der aber schon am Vorgebirge der guten Hoffnung seine Funktion verließ, weshalb Kapitän Flinders und dessen Bruder seine Stelle vertreten mussten, den Naturforscher Robert Brown, den naturgeschichtlichen Maler Ferdinand Bauer (einen Deutschen), den Landschaftsmaler William Westall, den Gärtner Peter Good, den Bergmann John Allen, den Kapitän Mathew Flinders, die Lieutenants Robert Fowler und Samuel William Flinders, den Lotsen John Thistle und den Chirurgus Hugh Bell.

Zweites Kapitel

Abfahrt von Spithead – Die Desertas – Ankunft zu Madeira – Bemerkungen über Funchal – Politischer Zustand dieser Insel – Deren Länge und Breite – Abreise von Madeira – Die Insel San Antonio – Nachsuchung nach der Isle Sable – Trinidad – Aufsuchung von Sachsenburg – Zustand der Schiffsmannschaft bei ihrer Ankunft an dem Vorgebirge der guten Hoffnung – Aufstellung einer Sternwarte – Der Astronom verlässt die Expedition – Einige Bemerkungen über Simons-Bay

(Vom 18ten Julius bis zum 3ten November 1801)

Am 18ten Julius 1801 segelten wir von Spithead ab.

Am 31sten wurden zwei Schildkröten gefangen, von denen eine dreißig Pfund wog. Am 1sten August waren die felsigen Inseln, Desertas genannt, 22/5 g. Meilen von uns entfernt. Ich fuhr am folgenden Morgen mit den Hrn. Brown und Bauer nach der südlichsten, Bujio genannten Insel. Auf der Insel sahen wir kein anderes Tier, als einige Vögel, die grünen Hänflingen glichen. In Madeira sagte man uns, dies wären Kanarienvögel gewesen. Die Spitze der Insel konnten wir nicht ersteigen. Sie bestand aus regellosen Lagen, die zum Teil rötlich, wahrscheinlich durch Eisen, gefärbt waren. Die Grundlage war schwarz und dem Honigseim ähnlich, als wenn sie dem Feuer ausgesetzt gewesen wäre und gleicht der zu Funchal gewöhnlichen Steinart. Am 3ten August ankerten wir auf der Rhede von Funchal.

Zu Madeira herrscht im Sommer gewöhnlich der Nordostwind und oft mit großer Stärke. Der Südwestwind ist der Seewind von Funchal und erhob sich, während wir hier auf der Rhede lagen, früh um acht oder neun Uhr und hatte auf der See bis Sonnenuntergang das Übergewicht.

Wir trafen hier das königliche (englische) Schiff Argo und ich besuchte dessen Kapitän, James Bowen, gleich nach meiner Ankunft. Leutnant Flinders wurde zugleich an den Portugiesischen Gouverneur abgesendet, um ihm meine Ehrerbietung zu bezeigen und ihn um Erlaubnis, die uns nötigen Bedürfnisse einkaufen zu dürfen, sowie, dass er den uns begleitenden Gelehrten eine solche Untersuchung der Naturerzeugnisse der Insel gestatten möge, als unser kurzer Aufenthalt auf der Insel erlaubte, zu ersuchen. Die erste Bitte bewilligte der Gouverneur in höflichen Ausdrücken. Aber die Beantwortung der zweiten wurde verschoben, bis er mich gesprochen hätte.

Am 4ten August bewirkte ich durch Beistand des britischen Konsuls, Hrn. Joseph Pringle. Esq., dass Boote von der Küste für unsere leeren Wasserfässer geschickt wurden. Ein Ochse wurde für unseren Bedarf geschlachtet und Wein zum Einschiffen vorbereitet. Der Gouverneur hatte den Mittag dieses Tages bestimmt, um meinen Besuch zu empfangen. Ich wartete ihm also nach gebührender Weise, begleitet vom Konsul, der zum Dolmetscher diente, auf. Der Gouverneur wiederholte seine Anerbietungen und zu unterstützen und da wir ihm die Absicht der Exkursionen, die unsere Gelehrten in das Innere der Insel zu machen wünschten, erklärt hatten, so gab er sehr gern seine Einwilligung dazu. Nachdem ich einige Fragen über die politischen Angelegenheiten in Europa beantwortet hatte, nahmen wir unseren Abschied und wurden von den wachthabenden Offizieren begleitet und von der Wache salutiert. Am 6ten kehrten unsere Gelehrten von ihrer Ausflucht nach dem Pico Ruivo, dem höchsten Berge der Insel (er soll 5067 Engl. Fuß hoch sein) zurück. Sie hatten ihn nicht ersteigen können, kamen spät an der Küste an und schifften sich ein.

Eine Woge überschwemmte ihren Kahn und sie verloren den größten Teil ihrer Sammlungen und Zeichnungen.

Die Stadt Funchal liegt am Fuße eines Berges, der sich von dem großen Mittelrücken aus erstreckt. Da die Häuser meistenteils weiß sind, so machen sie einen angenehmen Kontrast mit dem Hintergrund. Auf verschiedenen Anhöhen nach den Bergen zu sind die Landhäuser der reicheren Bewohner zerstreut, zwischen Baumgruppen und mit Weinstöcken umgeben. Diese mit einem, unserer lieben Frau vom Berge geweihten, auch weißen, zum Teil mit Gebüsch verdeckten Kloster geben dem Ganzen einen malerisch-reizenden Anblick. Die Stadt ist größer und in ihr mehr Handel, als ich in einer kleinen Kolonie erwartete, wo die Studenten des Kollegiums und Geistliche verschiedener Orden eine nicht unbedeutende Zahl der höheren Klasse der Bewohner bilden. Mehrere englische Kaufleute haben ihren Wohnsitz zu Madeira. Ihre Geschäftswohnungen sind zu Funchal; aber ihre Lieblingswohnungen am Abhange des Berges. Ich begleitete den Kapitän Browen zu einer von diesen, dem gastfreundschaftlichen Sitz Hrn. Murdochs. Das Haus des Konsuls Pringle war meine Heimat, wenn ich an der Küste war. Die Höflichkeit meiner Landsleute verhinderte mich, die Bequemlichkeiten zu genießen, welche ein Haus in der Stadt, das den Namen Hôtel führt, darbieten soll. Manche unserer Landsleute klagten: es sei elend genug, wenn auch die Schwärme der Fliegen und anderer Insekten, die sie belästigten, nicht vorhanden wären.

Die königlichen Schiffe Argo, Carysfort und Falcon, mit Transportschiffen, unter dem Befehle des Kapitäns James Browen, waren auf der Rhede von Funchal etwa neun Tage vor uns angelangt und hatten das 85ste Regiment unter dem Obersten Clinton am Bord. Nachdem sie ihre Dispositionen gemacht hatten, sendeten beide Befehlshaber eine Botschaft an den Portugiesischen Statthalter, ihm zu melden: »dass Se. Britannische Majestät, die Wahrscheinlichkeit eines französischen Angriffs auf die Insel voraussehend, Truppen zu ihrer Unterstützung gesendet habe« und verlangten, dass diese landen dürften. Der Statthalter berief einen Rat und da man fand, dass, wenn man auch wollte, man jetzt keinen Widerstand leisten könne, so wurde dieses gestattet und ein Ort zum Lager eingeräumt. Die Mannschaft wurde angestellt, die Werke in guten Verteidigungsstand zu setzen.

Diese Einrichtung verursachte keine Veränderung in der Insel. Man sagte aber vom Statthalter, er sei ungewiss, ob sein Benehmen gebilligt werden würde. Am Tage unserer Ankunft erhielt er die Nachricht von dem zwischen Spanien und Portugal geschlossenen Frieden, dass aber der Krieg gegen Frankreich fortgesetzt würde. Bevor wir absegelten brachte die königliche Schaluppe Voltigeur Depeschen vom Lissabonner Hof, die den Gouverneur bevollmächtigten, britische Truppen aufzunehmen. Dies war die Lage der Dinge, als ich Abschied nahm.

Wasser, Wein und frisches Rindfleisch waren die Vorräte, die wir auf Madeira einnahmen.

Am 9ten August wurde die Insel Palma und am 15ten die nordwestlichste der Inseln des grünen Vorgebirges San Antonio erblickt. Am 16ten Oktober 1801 erblickten wir das Vorgebirge der guten Hoffnung und ankerten in der falschen Bai.

Zu dieser Zeit stand keiner auf der Krankenliste. Sowohl Offiziere als Untergebene waren so gesund, wie bei der Abfahrt von Spithead. Ich hatte zeitig denselben nützlichen Plan zu befolgen begonnen, den zuerst Kapitän Cook ausübte und bekannt machte. Es gehörte zur Tagesordnung des Schiffes, dass an jedem schönen Tage das untere Verdeck und die unteren Zimmer ausgefegt, gescheuert, durch Kohlenpfannen getrocknet und mit Weinessig besprengt wurden. An feuchten und trüben Tagen wurden sie nur gereinigt und getrocknet, nicht aber gescheuert. Man ließ die Mannschaft nicht auf dem Verdeck, noch in ihrer nassen Kleidung schlafen. Jede vierzehn Tage oder drei Wochen, so wie es die Umstände gestatteten, wurden ihre Betten und der Inhalt ihrer Kisten oder Säcke der Wirkung der Sonne und der Luft ausgesetzt. Sonntags und donnerstagmorgens wurde die Mannschaft gemustert und jeder erschien rein barbiert und gekleidet. Waren schöne Abende, so kündeten Trommel und Pfeife an, dass das Vorderdeck zum Tanze bestimmt sei. Auch gestattete ich andere scherzhafte Vergnügungen, die mehr nach dem Geschmacke der Seeleute und nicht unanständig waren.

Innerhalb der Wendekreise wurde Orangensaft und Zucker als hinreichend gegen den Scharbock gehalten. Unter höheren Breiten trat Sauerkraut und Weinessig an deren Stelle. Die Malzessenz wurde für die Fahrt nach Neu-Holland und für künftige Gelegenheiten aufbewahrt. Mit Zurateziehung des Chirurgus hielt ich es für nützlich, einige kleine Veränderungen in der Erteilung der Lebensmittel zu machen. Hafergrütze wurde vier Tage in der Woche zum Frühstück gekocht und wurde Reis, nach der Verteilung von Käse, gegeben, so wurde er die drei übrigen Tage gekocht. Vier Tage wurde Erbsensuppe wöchentlich zum Mittagsmahl bereitet und die übrigen drei machten 4 Lot eingedickte Fleischbrühtafeln mit Zugabe von Zwiebeln, Pfeffer u. a. für jeden Mann eine gesunde Zugabe zu den Salzspeisen. Weder während dieses, noch während irgendeines folgenden Teils der Reise waren Offiziere und Mannschaft auf eine bestimmte Quantität Wasser beschränkt. Oft wurden in einer Woche zwei Fass Wasser zur Reinigung der Wäsche der Mannschaft gegeben.

Mit dieser Anordnung und einer strengen Disziplin sah ich, zu meiner Zufriedenheit, meine Untergebenen ordentlich und voll Eifer für den Dienst, dem sie verpflichtet waren und in einem solchen Zustande von Gesundheit, dass wir uns am Kap (der guten Hoffnung) nicht länger aufzuhalten brauchten, als zur Ausbesserung unsers Schiffs erforderlich war. Ich hoffte einen bedeutenden Teil des südlichen Sommers an der Südküste des Austral-Landes zubringen zu können.

Die Spitze des Vorgebirges der guten Hoffnung ist von Klippen umgeben. Unfern derselben befanden sich zwei Walfische und einer oder mehr Schwertfische in einem furchtbaren Kampfe, etwa eine Viertelstunde vom Schiff. Die Nervenkraft des Schwertfisches musste sehr groß sein. Denn er erhob nicht nur seinen Schwanz hoch aus dem Wasser, um seinen Gegner zu treffen, sondern schwang seinen ganzen Körper oft mehrere Fuß über die Meeresfläche, um auf ihn mit desto größerer Gewalt niederzustürzen. Ihr Kampf bedeckte die See mehrere Faden umher mit Schaum.

Am 16ten Oktober um 3 Uhr nachmittags trafen wir das in Simons-Bay liegende britische Geschwader, vom Vize-Admiral Sir Roger Curtis kommandiert. Der Lotse des Lancasters kam an Bord und ich ging an das Land, um dem Vize-Admiral meine Aufwartung zu machen. Indem ich ihm meine Befehle zeigte und ihm ein Verzeichnis unserer Bedürfnisse überreichte fand ich, dass manche Artikel, vorzüglich Schiffszwieback, nicht zu erlangen wären. Doch befahl der Oberbefehlshaber aus Achtung gegen das Geschäft, das ich ausführen sollte, dass jede Forderung entweder in den aufgezeichneten Artikeln, oder durch ähnliche erfüllt werden solle und da ein durchgängiges Kalfatern die notwendigste Arbeit sei, wurde ein Trupp Kalfaterer am folgenden Morgen an Bord geschickt.

An der Küste der Simons-Bay wurde eine Sternwarte aufgestellt; allein der bei jedem Luftzuge sich erhebende Sand war den Instrumenten sehr nachteilig. Auch ging der Weg nach dem Garten der Kompanie, dicht neben dieser Sternwarte vorbei, welches der einzige Spaziergang in der Nachbarschaft war. Sowohl Personen des ersten Ranges, die ihren Morgenritt machten, als auch Matrosen, die am Abend des Sonntags schwankten und Sklaven mit ihren Bündeln Feuerholz hielten bei der Sternwarte an, um zu sehen was da vorging.

Am Ende des Oktobers waren unsere Vorräte eingenommen, die Segel untersucht, an Bord des Lancasters ausgebessert und wieder aufgespannt. Die Kalfaterer hatten ihre Arbeit vollendet und das Schiff frisch angestrichen. Andere nötige Reparaturen wurden bis zur Ankunft im König Georgs-Sunde verspart. Ich wollte die Zeit, welche zu einer vollkommenen Ausbesserung erforderlich war, lieber in einem Hafen zubringen, in dem zugleich Vermessungen und astronomische Beobachtungen angestellt werden konnten und wo die Naturforscher ein noch unbekanntes Feld vor sich hatten.

Hr. Crosley war während der Fahrt von Madeira oft kränklich gewesen und entschloss sich, nachdem er einige Tage am Land zugebracht hatte, auf dem Vorgebirge der guten Hoffnung zurückzubleiben und die Expedition zu verlassen. Ich fühlte tief den Verlust des Astronomen, da ich bei den Vermessungen seiner genaueren Beobachtungen beraubt war und seine Stelle nun nach meinen Kräften ausfüllen musste. Die Pflichten eines Befehlshabers, verbunden mit den Geschäften eines Vermessers, ließen mir wenig Zeit zu anderen Beschäftigungen. Doch hoffte ich, mit dem Beistande meiner Offiziere, die mir von der Längen-Kommission erteilten Vorschriften zugleich erfüllen zu können. Hr. Crosley gestattete mir die Erlaubnis, eine Abschrift von seinen Instruktionen zu nehmen. Den trefflichen Chronometer Nro. 465 von Earnshaw, der Hrn. Crosleys Eigentum war und den Troughton'schen Reflektions-Kreis Nro. 74 behielt er für sich und beide waren mir ein neuer Verlust.

Drittes Kapitel

Abfahrt aus der falschen Bai – Bemerkungen über die Fahrt nach dem Austral-Land – Erforschung der Schwere des Seewassers – Kap Leeuwin und die Küste von da bis nach König Georgs Sund – Ankunft in demselben – Untersuchung seiner Häfen – Untersuchung des inneren Landes – Gegend, Boden und Erzeugnisse – Urbewohner. Deren Sprache und anatomische Vermessung – Astronomische und nautische Beobachtungen

(Vom 4ten November 1801 bis zum 5ten Januar 1802)

Am 4ten November 1801 verließ ich bei Tagesanbruch Simons-Bay.

Wir beschäftigten uns, das Schiff unterwärts rein, trocken und luftig zu erhalten und die Kleider und Betten der Mannschaft sowie die Segel auf dem Deck zu trocknen und zu lüften. Bei gutem Wetter exerzieren wir mit dem Geschütz und kleinem Gewehr. Bei schlechtem Wetter waren wir trübe und missmutig und konnten wenig verrichten. Dass das häufige Auspumpen des Schiffsraums jetzt nicht mehr erforderlich war, da das während dieser Fahrt eindringende Wasser kaum zwei Zoll in der Stunde betrug, war uns sehr erwünscht. Die ausgegebenen fäulniswidrigen Mittel waren Sauerkraut und Weinessig. Eine halbe Stunde vor Mittag erhielt jeder eine Pinte starker Bierwürze, die durch Aufguss siedenden Wassers auf Malzextrakt bereitet war. Diese wurde auf dem Verdeck getrunken und bildete mit einem halben Zwieback ein Frühstück für Offiziere und Gemeine. Eine halbe Stunde nach dem Mittagsessen wurde die Portion Grog (Rum, Zucker und Wasser) ausgeteilt.

Am 7ten Dezember bemerkten wir, dass die größte der St. Alouarns-Inseln mit dem Land zusammenhing, mithin das Kap, was ich »Kap Leeuwin« nannte, bildet. Es ist eine abhängige Landspitze von etwa 600 Fuß Höhe. An der Ostseite des Kap Leeuwin dehnt sich das Land nordostwärts 2 bis 3 g. Meilen aus, krümmt sich dann südöstlich und bildet eine weite, den Südwinden dem Anscheine nach gänzlich ausgesetzte Bucht. Die Ansicht der Küste war die einer großen Unfruchtbarkeit und kein Anschein vorhanden, dass sie bewohnt sei. Bald nach 4 Uhr kam das Schiff in einer Entfernung von einer Meile vor einem steilen, felsigen Vorgebirge vorbei, welches auf der französischen Karte »D'Entrecasteaux-Spitze« genannt ist. An der Ostseite von Kap Chatam zieht sich die Küste nordwärts zurück und bildet eine Bucht, in der sich ein kleines Felsenriff befindet. Dann springt sie in ein felsiges Vorgebirge aus, das auf der französischen Karte »Kap Nuyts« genannt wird, wahrscheinlich nach der Vermutung, dass hier Nuyts im Jahr 1627 zuerst Land sah. Hinter dieser Spitze streckt sich die Küste fast gerade gegen Osten aus, bildet aber mehrere Vorsprünge, von denen einige hoch, die anderen niedrig sind. Zwischen ihnen liegen sandige Buchten, in denen kleine Schiffe gegen alle Nordwinde Zuflucht finden können. Die hinter dieser Küste liegenden Hügel scheinen unfruchtbar zu sein. Doch wachsen an ihren östlichen Abhängen Bäume in Menge, die aber nicht hoch sind. Das Schiff kam bald nach 2 Uhr bei einer steilen Spitze vorbei, die den Namen »Point Hillier« erhielt. Von hier erstreckt sich die Küste beinahe gegen S. O. ohne bedeutenden Vorsprung, ausgenommen das äußerste damals sichtbare Ende, das um 4 Uhr, 30 Minuten erreicht und Vancouvers Kap Howe war. Da an derselben Küste noch ein anderes, von Cook so genanntes Kap Howe liegt, welches man doch von diesem zu unterscheiden hat, so will ich es »West-Kap Howe« nennen. Am Abend wurde König Georgs

Sund erreicht, der dienen sollte, uns zur Untersuchung der Südküsten des Austral-Landes vorzubereiten und ich suchte den möglichsten Nutzen von den Vorteilen zu ziehen, die er darbieten konnte. Das erste wesentliche Erfordernis war ein ganz gesicherter Platz, an dem die Masten verwechselt, das Tauwerk und die Segel in Ordnung gebracht und Verbindungen mit der Küste unterhalten werden könnten. Dieses erwartete ich aber nach Kapitän Vancouvers Karte und Beschreibung nicht von dem äußeren Sunde. Die Leichtigkeit bei einem solchen Winde, welcher der ferneren Erforschung der Küste günstig wäre, den Hafen der königlichen Prinzessin (Princess-Royal Harbour) zu verlassen, ließ mir diesem den Vorzug vor dem Auster-Hafen (Oyster Harbour) so sehr geben, dass ich jenen zuerst zu untersuchen beschloss. Am Morgen, als wir rund um das Schiff her das Senkblei geworfen hatten so bestieg ich, in Begleitung des Lotsen und des Landschafts-Malers, zu gedachter Absicht ein Boot. Der Naturforscher und andere Männer gingen gleichfalls an das Land, um in der Umgegend von Baldhead zu botanisieren.

Robben-Insel (Seal-Island), bei der wir bei dem Vorbeifahren anhielten, ist eine Granitmasse, die bloß an ihrem Westende zugänglich ist. Nachdem wir einige Robben am Ufer erschlagen, erstiegen wir den Hügel, um die daselbst 1791 vom Kapitän Vancouver zurückgelassene Flasche und Urkunde aufzusuchen, konnten aber von beiden so wenig, wie vom aufgesteckten Flaggenstock und zusammengetragenen Steinhaufen Spuren finden. Auch war es unwahrscheinlich, dass seitdem die Eingeborenen vom festen Land hier herüber gekommen waren. Ich mutmaßte daher, ein anderes Schiff sei vor uns hier angekommen.

Auf Point Possession, an der Südseite der Einfahrt in den Hafen hatten wir eine gute Übersicht dieser ausgedehnten Wasserfläche. Holz schien an den Küsten im Überfluss zu stehen und deshalb zog ein langer, nach S. W. laufender Vorsprung, den Bäume bedeckten, zuerst meine Aufmerksamkeit auf sich. Jemand, wenn auch nicht Kapitän Vancouver, hatte hier Holz geschlagen. Denn mehrere Bäume waren durch Beil und Säge gefällt. Unfern davon stand eine Anzahl aus Baumrinde erbauter Hütten, die denen der Eingeborenen, die in den Waldungen hinter Port-Jackson wohnen, glichen und ein kleines Dorf zu bilden schienen, was aber längst verlassen war. Am 10ten wurde der Lotse ausgesendet, um die Nordseite des Hafens nach Holz und Wasser zu untersuchen und wir gingen mit dem Schiff bis zum Eingang. Um 11 Uhr bestieg ich ein Boot um, in Begleitung des Lieutenant Flinders, den Auster-Hafen zu untersuchen.

Da ich den Vorschlag tat, eine neue Vermessung vom König Georgs Sund zu machen, landeten wir auf der kleinen, in der Mitte desselben gelegenen Insel, die Kapitän Vancouver als mit üppigem Gras und anderen Gewächsen bedeckt beschreibt und auf die er Weinschößlinge, Brunnenkresse und die Samen verschiedener Früchte pflanzte und säte. Von diesen schätzbaren Geschenken ist keine Spur mehr da, obgleich nichts anzeigt, dass diese Insel seitdem besucht worden sei. Zu unserem Verdruss bestand die Vegetation derselben aus Büscheln Wirrgras und ein Paar verkrüppelten Sträuchern, die eine dünne Lage Sandboden trug, welche überall mit Rattenlöchern durchbohrt war.

Von dieser Insel ruderten wir in verschiedenen Richtungen, um die Tiefen des Hafens zu erforschen, aus. Aber das Boot konnte sich selten der Küste nähern. An der Südwestseite waren zwei kleine Bäche, von denen der eine süßes, aber stark gefärbtes, Wasser hatte. Nach der Einfahrt zurückgekehrt, landeten wir auf der Ostseite und fanden eine sechs bis acht Quadratfuß große, umgegrabene, wie ein Gartenbeet zurecht gemachte Fläche, auf der ein Stück Kupferblech mit folgender Inschrift lag: »August 27, 1800. Chr. Dixson – ship Elligood«, welche das Rätsel der gefällten Bäume und der verschwundenen Flasche Vancouvers löste. Wie ich an dieser Stelle nachgrub fand ich, dass süßes Wasser, zwar stark gefärbt, aber von gutem Geschmack hier erhalten werden könnte.

Der Bericht des Lotsen war, dass man an der Nordseite durch Graben nächst der Küste Wasser erhalten könne, Holz aber nur in weiter Entfernung zu haben sei. Ich sendete ihn also am folgenden Morgen ab, um die Naturforscher am Eingang des Auster-Hafens landen zu lassen und dann die Untiefe zu sondieren. Da ich seinem Berichte, sie sei nicht vierzehn Fuß tief, nicht traute, da Kapitän Vancouver ihre Tiefe zu siebzehn angegeben hatte, so begab ich mich auf das nächste Vorgebirge mit dem Theodoliten und der Signal-Flagge, um seine Bewegungen zu leiten. Nicht mehr als dreizehn Fuß Tiefe konnte aber auf der niedrigsten Stelle der Untiefe gefunden werden. Mithin wurde der Plan, das Schiff im Auster-Hafen auszubessern, aufgegeben.

Da der Wind, um in den königlichen Prinzessin Hafen einzulaufen, immer widrig blieb, so wurde am nächsten Morgen ein Trupp zum Holzfällen in eine Bucht abgesendet, wo sich das Holz besser spalten ließ. Da sich aber der Wind nach Osten umsetzte, wurde das Boot zurückgerufen. Wir hoben dann die Anker und fuhren in den Hafen mit den Topsegeln und ankerten am 12ten Dezember um 11 Uhr auf lehmigem Grund unter dem höchsten Hügel. So wie das Schiff sicher lag, landete ich mit den Naturforschern und nachdem ich einen Platz für unsere Zelte bestimmt hatte, bestieg ich den höchsten Hügel, um Winkel zu nehmen. Unter anderen Gegenständen fielen mir zwei entfernte Wasserflächen, die hinter der Bucht bei dem westlichen Kap Howe lagen, in die Augen. Ob sie aber Binnenseen oder Buchten des Meeres waren, konnte man nicht unterscheiden. Unsere Zelte wurden am Abend aufgeschlagen und am anderen Morgen die Instrumente ans Land, unter Aufsicht des Lieutenant Flinders, der mich als Astronom unterstützte, gebracht.

Dass die Umgegend bewohnt war, davon fanden sich überall Spuren. Bald wurden wir mit den Urbewohnern bekannt. Sie waren scheu, aber nicht furchtsam, schienen auch keine Lust zu haben, sich mit uns bekannt zu machen. Die ihnen erteilten Geschenke achteten sie wenig, brachten aber wohl den ganzen Morgen bei unseren Zelten zu, um unser Tun und Lassen zu beobachten. –

Am 30sten Dezember waren unsere Geschäfte hier beendigt, für Holz und Wasser gesorgt, das Tauwerk und die Segel ausgebessert und das Schiff zur Abfahrt fertig. Unsere Freunde, die Eingeborenen, fuhren fort uns zu besuchen und da mehrere an diesem Morgen bei den Zelten waren, so befahl ich, der Trupp der Seesoldaten solle an der Küste exerziert werden. Die roten Röcke und die weißen kreuzweisen Wehrgehänge wurden sehr bewundert, da sie etwas Ähnliches von der Art haben, mit der sie sich selbst verzieren. Die Trommel, vorzüglich aber die Pfeife, erregten ihr Erstaunen. Wie sie aber diese schönen, roten und weißen Männer, mit ihren glänzenden Musketen in einer Linie stehen sahen, schrien sie vor Entzücken. Auch wurden ihre wilden Bewegungen und Ausrufungen nicht eher gehemmt, als bis das Exerzieren begann, dem sie die ernsteste, stillste Aufmerksamkeit bewiesen. Mehrere bewegten unwillkürlich ihre Hände, so wie die Soldaten und ein alter Mann stellte sich an das Ende der Reihe mit einem kurzen Stab in der Hand, den er schulterte, präsentierte, bei den Fuß setzte, so wie die Seesoldaten ihre Musketen, ohne, wie ich glaube zu wissen, was er tat. Als gefeuert werden sollte, machte man den Eingeborenen das, was geschehen sollte, bekannt, so dass die Salven wenig Schrecken erregten.

Die Frauen hielten sie mit scheinbarer Eifersucht von uns entfernt und die Männer schienen dasselbe Benehmen bei uns zu vermuten, nachdem sie sich überzeugt hatten, dass die meisten Bartlosen, die sie bei den Zelten sahen, zu demselben Geschlechte gehörten. Der Glaube, dass Weiber auf dem Schiff wären, veranlasste zwei von ihnen, unserer Zurede zu folgen, an einem Morgen das Boot zu besteigen, um an Bord zu gehen. Aber ihr Mut sank bald und sie wünschten wieder an das Land gesetzt zu werden.

Mit einigem Erstaunen sah ich die Ähnlichkeit der Urbewohner der Ostküste mit denen der Südküste Neu-Hollands. Diese brechen zwar keinen Zahn aus der oberen Kinnlade zur Zeit der Mannbarkeit, wie dies um Port-Jackson stattfindet, bedienen sich auch nicht der Womerah oder des Wurfspießes; aber ihre Farbe, ihre Haare, ihre Körperbildung sind dieselben. Ihre Gesänge haben denselben Vortrag. Die Art sich zu bemalen ist ähnlich. Ihre Gürtel und Haarnetze werden auf gleiche Art verfertigt und angewendet. Der kurze Pelzmantel von Kängurufell, der über den Schultern getragen wird, inzwischen der übrige Leib nackend bleibt, ist mehr den Waldbewohnern, die westlich von Port-Jackson wohnen, als den Küstenbewohnern eigen. Alles, was wir sahen, bestätigt die Vermutung Kapitän Vancouvers, dass sie mehr von der Jagd, als vom Fischfang leben. Keine der kleinen Inseln ist von ihnen besucht worden, keine Kähne sah man hier; kein Baum wurde noch in den Wäldern gefunden, von dem die Rinde, um einen Kahn zu bauen, entnommen wäre. Mit Furcht vertrauen sie sich dem Wasser an. Wir konnten ihnen nie den Gebrauch der Fischangel deutlich machen, ob sie gleich unsere Zeichen über andere Gegenstände begriffen.

Das Benehmen dieses Volkes ist rasch und heftig und ihre Unterredungen schreiend, gleich denen mehrerer ungebildeten Völker. Es schien keinen Begriff von unserer Überlegenheit zu haben. Im Gegenteil verließ es uns nach der ersten Zusammenkunft mit einer Art von Verachtung wegen unserer Kleinmütigkeit, die wahrscheinlich von dem Wunsche herrührte, freundlich mit ihnen umzugehen. Diese Meinung schienen sie aber bei ihren folgenden Besuchen nicht beibehalten zu haben.

Trotz der Ähnlichkeit in Gestalt und Sitten dieser Eingeborenen mit den um Port-Jackson lebenden, ist doch ihre Sprache sehr verschieden. Ihre Aussprache fanden wir schwer nachzuahmen. Manche englischen Worte sprachen sie richtig aus, nur die nicht, in denen ein F oder ein S vorkam. So sagten sie statt Finger, bing-gah, statt Ship, Jip und aus King George machten sie Ken Jag-ger.

Am 30sten Dezember 1801 war alles zu unserer Abreise fertig. Aber ein Südostwind, der eine Zeit hindurch sehr heftig blies, verhinderte unsere Abfahrt bis zum 3ten Januar 1802, an dem wir nachmittags aus dem Hafen der königlichen Prinzessin steuerten. Meine Absicht war es nicht, sogleich in See zu gehen; ich benutzte daher die Gelegenheit, im Sund mit dem über Bord ausgeworfenen Zug- und Austernetz, rück- und vorwärts zu fahren. Eine Menge kleiner Fische wurden gefangen, die wenig Nutzen als Nahrungsmittel gaben. Aber die Muscheln, Meergewächse und Korallen boten den Naturforschern und Zeichnern Vergnügen und Beschäftigung dar und eine schöne Art von Hippocampus (Seepferdchen), die nicht selten war, wurde allgemein bewundert.

Die hier erhaltenen Erfrischungen waren Fische und Austern. Brennholz erhielten wir von der Nordspitze des Eingangs zu dem Hafen der königlichen Prinzessin, am inneren Ende der langen mittleren Bucht. Eine gute Zahl

Bretter und Balken wurde, um Kübel für die Gewächse, die der Naturforscher gesammelt hatte, daraus zu machen, sowie für mehrere andere Absichten, an Bord genommen. Das süße eingenommene Wasser war zwar etwas missfarbig, aber gut und für jede Absicht zulänglich.

Da Kapitän Vancouver die Umgegend um König Georgs-Sund beschrieben hat, so mögen hier einige Bemerkungen über dieselbe genügen. Der Boden der Hügel ist sehr unfruchtbar, doch, mit Ausnahme der an der Seeküste, im Allgemeinen mit Holz bedeckt und der der Ebenen an der Spitze des Hafens der königlichen Prinzessin ist schon als feucht und der Kultur unfähig beschrieben worden. In der Nähe des Auster-Hafens ist das Land besser. – Das Zimmerholz der Waldungen besteht hauptsächlich aus den verschiedenen Arten des großen Geschlechts, das die Kolonisten zu Port-Jackson Gummibaum, die Botaniker aber Eukalyptus nennen. Hier wachsen sie nicht sehr hoch. Ihr Holz ist schwer und selten zu etwas anderem, als zum gemeinen Gebrauch dienlich. Unter den von Hrn. Brown und seinen Gefährten gesammelten Pflanzen war eine kleine von einer neuen Art, die wir gewöhnlich die Krugpflanze (the pitcher plant, Nepenthes destillatoria?) nennen. Die Wurzelblätter sind mit verschiedenen kleinen Gefäßen umgeben, deren oberer Rand mit stachligen Haaren besetzt ist und die gewöhnlich ein süßliches Wasser enthalten sowie eine Zahl toter Ameisen. Man kann nicht behaupten, dass die Ameisen vom Wasser angelockt und von den stachligen Haaren an ihrer Rückkehr gehindert werden. Aber es scheint nicht unwahrscheinlich, dass dies eine Erfindung der Natur entweder zur Erhaltung oder zur Nahrung dieser Pflanze war.

Unter den Tieren nehmen das Känguru und der Kasuar die ersten Stellen ein.

Unweit Point Possession fanden wir zwei Nester von außergewöhnlicher Größe. Sie waren auf den Boden gebaut und erhoben sich zwei Fuß über denselben. Ihr Umfang war groß und sie konnten sehr viel in sich fassen. Die Baumäste und andere Stoffe, aus denen jedes Nest bestand, reichten hin, um einen kleinen Karren anzufüllen. Kapitän Cook[105] fand eines dieser Riesennester auf der Adlerinsel an der Ostküste und entspricht die Größe des Erbauers der des Nestes, so muss im Austral-Lande eine Vogelart hausen, die nicht viel kleiner als der Kondor der Anden ist.

Verschiedene Arten von Eidechsen findet man hier. Die mit Angel und Schnur gefangenen Fische waren vorzüglich kleine Meeräschen und eine vortreffliche Art von Snapper, den die Eingeborenen um Port-Jackson Wollamai nennen.

105 Hawkesworth's Collection Vol. III. p. 195.

Viertes Kapitel

Abfahrt aus König Georgs Sund – Küste von da bis zum Archipel der Recherche – Entdeckung der Lucky-Bay und Thistles Bucht – Die Umgegend und die Inseln des Archipels – Goose-Island-Bay – Salz-See-Küste vom Archipel bis zum Ende von Nuyts' Land – Ankunft in einer Bucht der unbekannten Küste

(Vom 5ten bis zum 27sten Januar 1802)

Am 5ten Januar steuerte ich zwischen Michaels-Insel und dem festen Land hin, kam neben dem hohen, kegelförmigen und wahrscheinlich aus Granit bestehenden Mount Gardner und der D'Entrecasteaux Ile pelée (Bald-Island, kahle Insel), die etwa 5/4 Stunden lang ist vorbei. Letztere liegt vor einer felsigen Verlängerung des festen Landes, an dem sich eine Reihe von Bergen endigt. Auf dem Gipfel dieser Reihe liegen eine Menge kleiner Spitzen, daher ich ihr den Namen »Mount Manypeak« gegeben habe. Nachdem ich durch die Straße bei Bald-Island gekommen war, fand ich, dass sich die niedrige, sandige Küste gegen N. O. erstrecke. 6 g. M. innerhalb des Landes dehnte sich eine Kette ungleich hoher Berge aus, von denen ich den östlichsten und höchsten »Mount Rugged« nannte. Um 6 Uhr kamen wir zu einem steilen, von der Küste entlegenen Felsen und fuhren dann gegen den Wind der Küste zu, um da die Nacht zu verbleiben. Dieser Fels, den ich »Haul-off Rock« nannte, liegt unter einer felsigen Spitze, die auf der französischen Karte Kap Riche heißt.

Am 6ten Januar wurde ein in die See hervordringendes Vorgebirge, das wegen der Felsenmassen auf seinem Gipfel »Cape Knob« genannt wurde, entdeckt. An beiden Seiten desselben ist die Küste sandig. Um 4 Uhr war Vancouvers

Point Hood zurückgelegt und da man einen, etwa ½ Stunde breiten, Kanal zwischen dieser Spitze und den beiden äußersten seiner Doubtful Islands entdeckte, so sendete ich den Lotsen ab, der die Öffnung sehr eng und nicht mehr als 2 Faden tief an ihrem seichtesten Teil fand. Um 8 Uhr fuhren wir südlich auf die Doubtful Inseln zu. An der Nordseite dieser Inseln und der Hoods Spitze zieht sich die Küste zurück, bevor sie sich nach N. krümmt und gewährt guten Schutz gegen alle Winde, die nicht zwischen O. und N. O. strenge wehen. Am 7ten Januar steuerten wir mehr gegen die Nordküste der Doubtful-Island-Bay. Am 8ten wurde eine kleine, felsige, von Robben besuchte Insel entdeckt. Um 5 Uhr waren wir einem hervorspringenden Teil der Küste gegenüber, auf dem die Sandhügel weiße Klippen zu bilden schienen. Es heißt auf D'Entrecasteaux' Karte Kap des Basses. Die ganze Küstenstrecke ist hier niedrig und sandig. Am 9ten Januar war Mittags die Zahl der uns umgebenden, über dem Wasser hervorragenden Klippen, das Brechen der Wogen und der Inseln umher so groß, dass ich beilegen musste, um die Winkel so vieler Gegenstände mit einiger Genauigkeit aufzunehmen. Bloß die Karte kann einen richtigen Begriff von diesem Labyrinth von Inseln und Klippen und unserer Fahrt in demselben bis nach halb fünf Uhr abends geben. Wir waren dann der Insel du Mondrain gegenüber und die Ansicht vom Mastkorb war immer noch so überladen. Da ich keine Wahrscheinlichkeit sah, einen Platz von ruhigerem Wasser, an dem ich während der Nacht bleiben konnte, zu finden so fasste ich notgedrungen den gewagten Entschluss, mit Einwilligung des Lotsen gerade auf das feste Land zuzusteuern. Um 7 Uhr gelangten wir in eine kleine, sandige Bucht, die überall, außer g. S. W. Schutz gab und ankerten hier. Die gefährlichen Umstände unter denen sie entdeckt wurde, gaben Veranlassung, dass ich sie »Lucky-Bay« (Glücks-Bai) nannte.

Ich wollte unsere Fahrt am folgenden Tag (den 10ten Januar) durch den Archipel fortsetzen, als die mich begleitenden Gelehrten den Wunsch äußerten, das Schiff möge noch einige Tage hier verweilen, um die Erzeugnisse der Gegend kennen zu lernen, den ich erfüllte. Ich begab mich gleichfalls ans Land, um über den Gang der Zeithalter Beobachtungen anzustellen und bestieg dann im Hintergrund der Bucht einen Hügel, um mit dem Theodoliten Winkel zu nehmen. Ein Teil meiner Gefährten war auf dem Gipfel und aß eine Frucht, die einer grünen Walnuss glich. Man lud mich zur Teilnahme daran ein. Da ich gefrühstückt hatte und ihr Geruch mir nicht angenehm vorkam, so kostete ich nur ein wenig davon. Hr. Thistle und andere, die mit davon genossen hatten, wurden krank und blieben den folgenden Tag unpass. Die Pflanze, welche diese Nüsse erzeugte, war eine Art der Zamia (Zamia spiralis in Browns Prodr. flor. Nov. Holl. I. 348), eine Pflanzenart, die, nahe mit der dritten Palmengattung verwandt, vom Kapitän Cook auch an der Ostküste getroffen wurde und deren Frucht am Bord der Endeavour[106] dieselben nachteiligen Wirkungen veranlasste.

Wendet man den Blick auf das innere Land, so ist die Ansicht wenig besser. Sand und Steine mit einer leichten Decke von Pflanzen zeigte sich überall in den Niederungen und manche Teile der Hügelseiten schienen noch unfruchtbarer zu sein. Die Vegetation bestand aus einer großen Verschiedenheit von Gesträuchen und kleinen Pflanzen und gewährte den Botanikern eine reiche Ernte. Aber dem Hirten und dem Landmann versprachen sie nichts.

Auf einem Felsen an der Seite des Hügels fand ich ein, denen in König Georgs Sunde gesehenen, ähnliches großes Nest. In gewissen Hinsichten glichen die Auswürfe denen, welche die Haare und Knochen von Mäusen enthalten und

106 S. Hawkesworth's Voyages III. p. 220. 221.

von den Eulen in England ausgebrochen werden, wenn das Fleisch verdaut ist. Aber diese Auswürfe waren größer und bestanden aus den Haaren von Robben und Landtieren, den schuppigen Federn der Pinguine und den Knochen von Vögeln und kleinen Säugetieren.

Am folgenden Morgen sendete ich den Lotsen aus, um eine kleine, ½ g. M. westlich von Lucky Bay gelegene Bucht zu untersuchen. Sein Bericht war, dass sie ein Schiff sicher aufnehmen und Holz und Wasser ihm leicht liefern könne. Nach seinem Namen wurde diese kleine, aber nützliche Entdeckung »Thistles Cove« genannt. Sie scheint viel vorzüglicher zu sein, als Lucky-Bay, wo weder Holz, noch Wasser ohne vielen Zeitverlust und viele Mühe erlangt werden kann und welche keinen so sicheren Zufluchtsort gewährt.

Am 12ten Januar wurde Hr. Thistle zur Untersuchung der östlich gelegenen Küste und Inseln abgesendet. Wir erlegten an diesem Tage mehrere Robben, auch wurden einige Fische längs dem Schiff gefangen. Unser Erfolg wurde aber durch drei gewaltige Haifische gehindert, in deren Nähe sich kein anderer Fisch sehen lässt. Nach einigen Versuchen gelang es uns, einen zu fangen; allein ihn an Bord zu bringen, erforderte ebenso viel Zurüstung, als das Emporheben des Bootes. Seine Länge betrug nur 12 Fuß, 3 Zoll, aber der Umfang seines Leibes war 8 Fuß. Unter der großen Menge von Substanzen, die sein Magen enthielt, war auch ein großer, entzwei gebissener Robbe, der mit der Hälfte des Speeres, mit dem ihn wahrscheinlich ein Eingeborener getötet hatte, hinabgeschlungen war. Der Gestank dieses räuberischen Ungeheuers war schon vor seinem Tod stark und wie sein Magen eröffnet war, wurde er unerträglich.

Es schienen dermalen keine Eingeborenen in der Nähe der Lucky-Bay sich aufzuhalten. Spuren von angemachtem Feuer zeigten jedoch, dass sie diese Gegend nicht lange verlassen hatten. Gänse und Enten waren hier und eben nicht scheu. Manche wurden auf den Streifzügen an die Küste getötet. Auch auf den Inseln wurde eine Gänseart gefunden, die der Bernacle[107] genannten gleich kommt.

Am 14ten ankerten wir in einer kleinen Bucht an der Nordküste von D'Entrecasteaux: I. du Milieu. Am 15ten begab ich mich auf eine ⅛ Stunde nördlich davon liegende Insel, die mit langen, harten Grasbüschen und einigen Stauden bedeckt war. Einige der kleinen, blauen Pinguine, denen in Bass'-Straße ähnlich, herbergten unter diesen Büschen und zwischen dem Gras und an den Küsten war eine Anzahl von Bernacle-Gänsen, von denen wir neun mehrenteils mit Stockschlägen töteten. Noch sechzehn wurden an diesem Tage erlegt.

Nachdem ich von der höchsten der kleinen Anhöhen der »Gänse-Insel« (Goose-Island), wie ich sie nun nannte, mehrere Ortslagen bestimmt hatte, bestieg ich den hohen nordwestlichen Hügel der Mittel-Insel, der eine weitere Aussicht gewährte. Der fernste sichtbare Teil des festen Landes, war ein hervorspringendes Kap mit einem abgestumpften Hügel auf demselben. Da D'Entrecasteaux das Kap nicht gesehen hat, so benannte ich es nach dem verstorbenen Admiral Sir Thomas Pasley, unter dem ich zuerst Seedienste tat. Die Küste zwischen Cape Pasley und Cape Arid ist niedrig und sandig und bildet rückwärts eine weite Bucht, der an der Westseite des Cape Arid ähnlich. Der Hügel, auf dem ich stand, ist der höchste Punkt eines fast nur aus Granit bestehenden Rückens, der sich längs der Westküste der Mittel-Insel erstreckt oder vielmehr sie

107 Diese Gänseart ist halb so großwie die gewöhnliche Gans und hat einen schwarzen Schnabel. Nach Hrn. Labillardière ist sie eine neue Art von Schwan.

selbst bildet. Die anderen Teile der Insel sind flach und dicht mit Strauchholz und einigen Bäumen bewachsen. Eine kleine Art von Känguru schien hier häufig zu sein, allein keines kam in unsere Hände. Im nordöstlichen Teil war ein kleiner See, dessen Wasser rosenfarben und nach Hrn. Thistles Bericht, der ihn besucht hatte, so mit Kochsalz gesättigt war, dass an seinen Ufern so viel kristallisiertes Salz lag, dass ein Schiff eine volle Ladung davon hätte nehmen können. Die Probe, die er davon an Bord brachte, war gut und bedurfte nur getrocknet zu werden, um brauchbar zu sein. Am 16ten wurde Feuerholz eingenommen und auch 26 Gänse wurden zum Teil lebend an Bord gebracht.

Der Salzsee wird den Schiffen die größte Veranlassung geben, in dieser Bai anzulegen. Dieses darf aber nicht im Winter, aus Gründen, die nachher angezeigt werden sollen, geschehen.

Am 17ten Januar kamen wir bei einer niedrigen und sandigen Spitze vorbei, die ich »Point Malcolm«, zur Ehre des Kapitäns Pultney Malcolm von der Marine nannte, von der die Küste sich stark nach N. dehnte. Vom Kap Pasley bis zur letzten nördlichen Abteilung des Archipels der Recherche, die aus zehn Inseln besteht, welche, mit Ausnahme einer einzigen, nicht viel besser sind, als niedrige, unfruchtbare Klippen, ist die Küste sandig und niedrig. Dann ist die allgemeine Richtung der Küste N. N. O. Eine oder eine und ein Viertel g. Meile hinter der Küste läuft derselben eine mäßig hohe Erdbank parallel, über der hier und dort nackende Berge hervorragen.

Jetzt hatten wir den Archipel der Recherche gänzlich aus dem Gesicht verloren. Die Karte, die ich von dieser ausgedehnten Masse von Gefahren (sic!) entworfen habe, ist vollständiger und soll in manchen Teilen auch genauer sein als die von D'Entrecasteaux. Aber keineswegs getraue ich mir zu behaupten, dass die große Anzahl von Inseln, Felsen und Riffen, die sie darstellt, alles Vorhandene ist. Alle Inseln scheinen mehr oder minder von Robben besucht zu werden, aber wie ich glaube, nicht in hinreichender Zahl, um auf sie von Europa aus eine Spekulation zu gründen, wenigstens nicht für Absatz nach China, da sie mehrenteils von der kleinen Art sind und das Fell der anderen rot und grobhaarig war. Auch muss man wagen, von starken Süd- oder Westwinden in dem Archipel zurückgehalten zu werden, in welchem Fall Schiffbruch fast unvermeidlich sein würde. Der Schutz in Thistles Bucht ist zwar vollkommen, wenn ein Schiff einmal in sie eingelaufen ist, aber sie ist zu klein, als dass man anders, als unter günstigen Umständen in sie einlaufen könnte. Am 18ten wurde Point Culver entdeckt und Nachmittags kamen wir durch eine Menge blassroter Medusen, so wie ich sie schon öfter an der Mündung der Flüsse, an der Ostküste gesehen hatte und welche, wenn man sie berührt, ein Gefühl erregen, als habe man sich an einer Nessel verbrannt. Wir bemerkten auch einen roten Schaum auf dem Wasser, von dem etwas aufgenommen wurde, damit ihn Hr. Brown mit einem Mikroskop untersuche. Er bestand aus kleinen, eine halbe Linie langen Teilen und jeder schien aus mehreren zusammenhängenden Fasern zu bestehen. Die Verbindungen hatten gleiche Dicke und waren fast ebenso breit als lang. Im Allgemeinen hatten sie ungleiche Länge und die Enden des zusammengesetzten Teils schienen etwas zerrissen. Im Salzwasser zeigten sie keine Bewegung und in Weingeist eingetaucht lösten sie sich in ihre einzelnen Fasern auf.

Am 19ten umsegelten wir Point Culver. Die Höhe dieser Klippen schien 500 Fuß zu betragen und vor ihnen konnte man nichts von der inneren Gegend sehen.

Ein Vermesser findet hier keinen Punkt, dessen Lage er zum zweiten Mal bestimmen kann. Jeder kleine Vorsprung hat den Anschein eines steilen Kaps, so wie es sich während dem Segeln längs desselben darbietet; aber ehe das Schiff ihm zur Seite kommt, ist es in der allgemeinen Einförmigkeit der Küste verschwunden. Die Küste war niedrig und sandig und mehrere Rauchsäulen stiegen an derselben auf, die ersten, die wir, nachdem wir den Archipel der Recherche verlassen hatten, erblickten. Am 26sten mittags war das Schiff etwa ¾ oder 1 g. Meile vom Strand entfernt. Gegen halb zwei Uhr schloss sich die hohe Bank dicht an das Ufer an und bildete Klippen, die denen ähnlich waren, an denen wir nun schon gegen 23 g. Meilen gemacht hatten. Sie schienen 4 bis 600 Fuß hoch zu sein. Die Höhe war nicht mehr wie zuvor mit Strauchwerk bedeckt, sondern fast ganz vegetationslos und dem Meeresspiegel größtenteils parallel. Die Länge dieser Klippen von ihrem zweiten Anfang beträgt nahe 25 g. Meilen und die der gleich hohen Bank, die zuerst bei Kap Pasley von der See gesehen wurde, beträgt nicht weniger als nahe 109 g. Meilen (genau 108¾). Die Höhe dieser merkwürdigen Bank ist fast überall gleich, nämlich nirgends nach Schätzung niedriger als 400 und nirgends höher als 600 englische Fuß. In den ersten 15 g. Meilen waren zerstreute Gipfel inländischer Berge über ihnen zu sehen. Aber während des übrigen Teils ihres langen Laufes war diese Bank die Grenze unseres Gesichtskreises.

Diese gleiche Erhöhung eine so lange Strecke hindurch und die offenbar kalkige Natur der Bank, wenigstens in den oberen zweihundert Fußen, lässt vermuten, dass sie die äußere Wand eines weit ausgedehnten Korallenriffs bildete, welche überall über die inneren Teile des Landes hervorragte, gewöhnlich aber gleich hoch mit hohem Wasser steht.

Ist diese Vermutung gegründet, so mag man eine Vermutung über das wagen, was ihr jenseits liegt und dieses kann nach meiner Meinung nichts anderes sein, als flache, sandige Ebenen oder Wasser. Die Bank mag vielleicht einen schmalen Damm zwischen einem inneren See und dem äußeren Meer bilden. Ich bedaure es sehr, dass ich damals nicht auf die Idee der Wahrscheinlichkeit dieser Sache kam. Denn trotz der großen Schwierigkeit und des Wagnisses hätte ich gewiss irgendwo eine Landung versucht, um eine so wichtige Tatsache zu entscheiden.

Nach Endigung der Bank und der zweiten Klippenreihe wurde die Küste sandig und dehnte sich 2½ g. Meilen nach N. O. aus, wendete sich dann nach S. O. zu O. und bildete das Vorgebirge der großen australischen Bucht. Nachdem ich den ganzen Strand um das Vorgebirge der großen Bucht her besichtigt hatte, folgten wir der neuen Küstenrichtung 1½ g. Meile weit und waren um 5 Uhr dem äußersten Punkt, den der französische Admiral (D'Entrecasteaux) erblickte, als er seine Untersuchung beendete, gegenüber. Hier ist die Küste ein sandiger Strand und obgleich sich das Land von ihm allmählich erhebt so ist es doch sandig und unfruchtbar. Nach Nuyts' Karte liegt ein großes Riff etwas entfernt von diesem Küstenstrich, was D'Entrecasteaux nicht gesehen hat. Um 2 Uhr waren wir zwischen beiden letzteren Riffen. Die südlichsten Riffe haben ½ bis ¾ g. Meilen Länge und große Klippen ragen auf ihnen über dem Wasser hervor. Die nördlichen Riffe erstrecken sich 2 g. Meilen längs der Küste, von der sie ¾ g. Meilen entfernt sind. Auf ihren östlichen Teilen erheben sich einige Klippen über das Wasser. Man kann zweifeln, ob Nuyts das westliche Riff kannte, aber über das letzte kann kein Zweifel obwalten. Ich nenne das Ganze »Nuyts' Riffe«.

Die Ansicht der Küste gegen N. war der gestrigen ähnlich, nur begann sie hinter den zweiten Riffen eine mehr felsige Gestalt anzunehmen. Ein hohes, felsiges Kap, etwas weiter östlich mit einem nahen, pyramidalen Felsen, habe ich »Cape Nuyts« benannt. Am 28sten Januar ankerten wir hinter einer niedrigen, klippigen Spitze, die gegen 2 g. Meilen in O. 3 N. vom Cape Nuyts lag.

Fünftes Kapitel

Fowlers Bay – Abfahrt von da, Ankunft auf den Inseln St. Franz – Übereinstimmung zwischen den Winden und dem Seebarometer – Untersuchung der übrigen Teile von Nuyts' Archipel und der Küste des festen Landes – St. Peters Inseln – Rückkehr nach St. Franz – Allgemeine Bemerkungen über Nuyts' Land

(Vom 28sten Januar bis zum 8ten Februar 1802)

Die Bai, in der wir Abends am 28sten Januar 1802 am Ende der bis dahin bekannten Südküste des Austral-Landes ankerten, wurde nach meinem ersten Lieutenant Fowlers-Bay genannt, sowie die niedrige, felsige Spitze, welche sie gegen die Südwinde schützt. Die Naturforscher landeten am folgenden Morgen und ich begab mich auch an das Land, um Beobachtungen anzustellen und süßes Wasser zu suchen. Manche Spuren von Eingeborenen wurden gefunden und unter anderem einige jetzt unbrauchbare Speere. Hütten fanden sich aber nicht, auch keine Spur, dass hier kürzlich Menschen gewesen wären. Am Strande waren Fußtapfen von Hunden und Kasuaren oder Emus. In einer Höhlung der niedrigen Klippen fand ich eins der großen Nester, von denen schon oben gesprochen ist, das aber Nichts enthielt und schon lange verlassen war. Weder süßes Wasser noch Brennholz konnte man hier erhalten. Zwei Krickenten wurden am Strande erschossen, weshalb ein See oder Teich nicht fern sein konnte, desgleichen eine Rotgans und eine See-Elster. Einige kleine Fische wurden längs dem Schiff gefangen, das waren alle Erfrischungen, die uns diese Bai darbot und die Botaniker hatten den Mangel an Pflanzen dem anderer Erzeugnisse gleich gefunden. –

Die sandige und felsige Küste richtet sich im Ganzen gegen O. Eine kleine, etwas hohe Insel liegt 1½ g. Meilen von der Südostspitze des Point Bell. Eine Reihe von Klippen und kleinen Inseln erstrecken sich von ihr ¾ g. Meilen weit nach N. O. Eine einzelne Insel liegt ¼ oder ½ g. Meilen von ihr gegen O. Alle zusammen erhielten den Namen »Purdies Inseln«. Am 2ten Februar ankerten wir in einer kleinen sandigen Bai an der Nordseite einer, nahe ¾ g. Meilen von N. W. nach S. O. laufenden, mäßig hohen und an den Spitzen klippigen Insel, deren Mitte ein nur ½ g. Meile breiter, sandiger Isthmus ist, inzwischen die Breite der höheren Enden von ⅜ bis ½ g. Meilen beträgt. Sie liegt in der Mitte einer Inselgruppe und ist gegen N. O. von vier kleinen, gegen W. von zwei und gegen S. auch von zwei Inseln umgeben. Ich nenne sie die »Inseln des heiligen Franz«, weil ich überzeugt bin, dass Nuyts der mittleren diesen Namen gab. Unabhängig von diesen acht Inseln und einer Klippe, die diese St. Franz-Insel umgeben, bestimmte ich von der Nordostspitze derselben noch drei andere Inseln.

Mehrere Tage, bevor wir hier ankerten, hatten wir Scharen von schwarzen Sturmvögeln gesehen und ich fand die Oberfläche der Insel, wo sie sandig und mit kleinem Strauchwerke bedeckt war, voll ihrer Höhlen. Pinguine, denen auf den Furneaux'-Inseln ähnlich, hatten ihre Höhlen näher an der Küste. Auch wurde eine kleine Art von Känguru hier gefunden, so wie die Insel auch kurz zuvor von Gänsen besucht worden sein musste. Da dermalen aber fast alle Vegetation verdorrt war, so schienen sie diese Insel aus Mangel an Futter verlassen zu haben. Die Hitze war in der Tat so groß, dass ein Spaziergang sehr ermüdend war, was dadurch, dass man oft in die von den Vögeln ausgegrabenen Höhlen einsank oder auf den Sand hinfiel, noch unangenehmer wurde. Das Thermometer stand im Schatten 98° und an Bord 78°.

Wo die Oberfläche nicht aus Sand besteht wird sie durch Kalkstein gebildet, der meistens aus losen Stücken besteht. Aber die Steinart, welche die Grundlage der Insel macht, ist schwer, von dichtem Korne und wurde für Porphyr gehalten.

In der Dämmerung sandte ich einige Leute an das Land, um Sturmvögel zu fangen. Als sie nach zwei Stunden zurückkamen, hatten sie so viel, dass jeder der Schiffsmannschaft vier Stück erhalten konnte. Am Morgen wurden die Boote wieder zu derselben Absicht ausgesendet, sowie um das Netz auszuwerfen; allein die Vögel waren schon nach dem Meere ausgeflogen und keine Fische wurden gefangen. Ein kleines Känguru wurde an Bord gebracht und eine gelbe Schlange, die zweite, die auf dieser Insel getötet wurde. Die große Hitze hielt die Naturforscher ab, an das Land zu gehen.

Die kleine Bucht an der St. Franz-Insel, die ich »Petrel-Bay« (Sturmvogel-Bai) nannte, gewährt zwei bis drei Schiffen trefflichen Schutz. Allein damals war kein Tropfen frisches Wasser auf ihr zu finden und einiges zerstreutes Strauchholz war das einzige Feuermaterial, das hier erhalten werden konnte.

Dass hier keine Einfahrt in eine Straße oder eine große Bucht nahe bei diesen Inseln statt finde, zeigte die Unbedeutendheit der Flut. Denn weder in Fowlers-Bay, noch an dieser St. Franz-Insel konnte ein Steigen bemerkt werden und das an der Küste war der Beachtung nicht wert.

Am 5ten Februar wurde 2¾ g. Meilen südöstlich von den Franklins Inseln ein niedriger Vorsprung des festen Landes entdeckt und »Point Brown«, zur Ehre unsers Naturforschers, genannt und 3 g. Meilen weiter in derselben Richtung ein felsiges Vorgebirge, das den Namen »Kap Bauer«, nach unserem naturhistorischen Maler erhielt. Zwischen diesen Vorsprüngen war ein weiter Raum, in dem kein Land sichtbar war und nach dem wir deshalb steuerten, da der Wind mehr nordwärts ging. Die Atmosphäre war noch neblig, vorzüglich am Horizont, weshalb keine, des Zutrauens werte, Beobachtungen weder für Länge noch für Breite angestellt werden konnten. Um 2 Uhr wurde aber doch vom Mastkorb ein niedriges, sandiges Land entdeckt, von dem an mehreren Stellen Rauch aufstieg. Da der Wind aber ungünstig und keine Aussicht auf eine hinreichend große Öffnung vorhanden war, um den Investigator aufzunehmen, so gab ich die fernere Untersuchung dieser Gegend auf und nannte sie die »Streaky Bay« (die gestreifte Bai), weil ihr Wasser verschiedenfarbig gestreift war.

Die zwischen Point-Bell und Point-Brown liegende, gegen 10 g. Meilen lange Küste des festen Landes wurde nicht gesehen. Doch musste sie untersucht werden. Da aber der Wind von N. N. O. kam, so steuerte ich südlich, um einige nähere Kunde von der Küste in dieser Richtung zu erhalten, bevor es dunkel würde.

Westlich vom Kap Bauer liegt, eine g. Meile entfernt, eine niedrige Insel, die rund umher mit Klippen umgeben ist. Ich nannte sie »Olives Insel«. Ein anderer, etwas höherer Vorsprung erhielt den Namen »Point Westall«, unserem Landschaftsmaler zu Ehren. Die Küste zwischen dieser Spitze und dem Kap Bauer ist niedrig und bildet eine 1 bis 1¼ g. Meilen tiefe Bucht, die größtenteils mit einem Sandstrand umgeben ist.

Die dichten Nebel, vorzüglich am Horizont, erschwerten die Beobachtungen ungemein, da der wahre Horizont von den verschiedenen falschen nicht zu unterscheiden war und wir hatten nach der Zahl der Beobachter sechs bis sieben verschiedene Breiten für denselben Punkt. Auch änderte dieser dichte Nebel wegen seiner starken Refraktionskraft die wahre Ansicht auf eine überraschende Weise. Ein sandiger Strand erschien als ein Kalkfelsen und die niedrigsten Inseln hatten steile Ufer.

An der Nordseite des Point-Brown bildete die Küste eine weite, offene Bucht, in welche wir, soweit es der Wind gestattete, eindrangen. Wie wir keine Einfahrt entdecken konnten und nur noch 5 Faden Tiefe hatten, fuhren wir westwärts längs dem Land hin. Die Menge der Rauchsäulen, die sich an den Küsten dieser weiten, offenen Bucht erhoben, veranlassten mich, sie »Smoky-Bay« (Rauch-Bucht) zu nennen.

Am 6ten Februar kamen wir um 4 Uhr an der kleinen Öffnung vorbei, in die wir am 4ten abends vergeblich einfahren wollten und steuerten unter dem Schutz der Insel, die ihre Westküste bildet, nördlich. Weiterhin erblickten wir das feste Land, zwischen dem und den Inseln eine 1¼ bis 1½ g. Meilen weite Öffnung war, die den Anschein hatte, die Mündung eines Flusses zu sein. Gegen N. W. war kein Land sichtbar und außerdem, dass eine Menge von Gras und Ästen von Bäumen oder Sträuchern im Wasser schwammen, so schwebten auf der Oberfläche eine große Zahl solcher langer florgeflügelter Insekten (Wasserjungfern) herum, als die Süßwasserseen und Teiche besuchen. Um ein Urteil zu fällen, ob das Wasser süß oder mit Salzwasser vermischt sei, nahm ich etwas auf, um dessen spezifische Schwere zu bestimmen. Aber bevor dieser Versuch gemacht werden konnte, nahm die Tiefe bis auf 3 Faden ab und man erblickte überall umher niedriges Land. Wir wendeten dann das Schiff und kamen um 7 Uhr in 6 Faden Tiefe vor der Nordküste der westlichen, kleinsten Insel vor Anker.

Die spezifische Schwere des Wassers betrug: 1,034. Dieser Umstand, verbunden mit der wenigen Tiefe der Einfahrt und dem Anblick des so nahe uns umgebenden Landes, bewogen mich, den Vorsatz aufzugeben, weiter hinauf zu fahren, da kein bedeutender Fluss hier zu erwarten war.

Große Schwärme schwarzer Sturmvögel sah man vom Meer nach der Insel zurückkehren und bei der ersten

Dämmerung des folgenden Tages wurde ein Boot abgesendet, um eine Anzahl davon zu fangen und Robben zu schlagen. Die Vögel waren jedoch schon fort und wir erhielten nur vier Robben. Die Botaniker wollten lieber an die Küste des östlich liegenden Landes. Auch war es in der Tat noch nicht entschieden, ob es nicht einen Teil des Austral-Landes bilde. Ich begab mich auf die höhere Insel mit einem Theodoliten, um Winkel aufzunehmen und da die Ansicht gezeigt hatte, dass kein Zutrauen in irgendeine Beobachtung, die seit den letzten fünf Tagen an Bord des Schiffs gemacht war, gesetzt werden könne, so nahm ich die nötigen Instrumente zur Bestimmung der Länge und Breite mit mir.

Granit bildete die Felsen der Küste und schien die Grundlage der Insel zu machen. Er war aber mit einer Rinde von Kalkstein, die oft 54 Fuß stark war, bedeckt. Der Boden am Gipfel war wenig besser als Sand, doch mit Strauchgewächsen bedeckt. Zwischen diesen hatten die Sturmvögel überall den Boden untergraben und die gewaltige Hitze der Sonne, die Rückwirkung ihrer Strahlen vom Sand und das häufige Versinken bis an die halbe Wade in die Höhlen machten es meiner Anstrengung fast unmöglich, den höchsten Hügel nach der Mitte der Insel zu erreichen. Ich hatte kein Thermometer, urteilte aber, dass die Temperatur nicht unter 120° sein könne und kein Lüftchen stillte die Hitze. Meine Anstrengung wurde aber durch eine große Reihe von Bestimmungen der Richtungen von Orten gegen die Himmelsgegenden belohnt. Ich überblickte die niedrigere und östlichere Insel und sah das Meer hinter derselben sich mit der Smoky-(Rauch-) Bay verbinden. Da das niedrige Land und die Insel, auf der ich stand, die nordöstlichste dieses Archipels war, so musste ich zugeben, dass dies die St. Peters-Inseln auf der Karte von Nuyts waren, obgleich sie nur wenig von den St. Franz-Inseln entfernt lagen.

Die nördliche Bai zwischen diesen Inseln und dem festen Land nannte ich »Denial- (Verleugnung-) Bay«, sowohl in Hinsicht auf den heiligen Petrus, als auf unsere getäuschte Hoffnung, hier in das innere Land eindringen zu können. Wie ich an die Küste zurückkehrte, um meine Beobachtungen zu vollenden, kam ein Schwarm Krickenten, von denen vier getötet wurden. Auch waren hier drei Arten Rotgänse und auf der Insel sah man Krähen, einen grünen Papagei und zwei kleinere Vögel. Eine schwarze Schlange von gewöhnlicher Größe wurde getötet, schien aber nicht giftig zu sein. Um 2 Uhr kehrten Hr. Brown und seine Gefährten von der östlichen Insel zurück und brachten vier Kängurus von einer noch unbekannten Art mit. Sie waren nicht größer als ein Hase, sehr mager und voll Ungeziefer. Auf der östlichen Insel hatte man nur Kalkfelsen angetroffen. Sie schien weder Holz noch Wasser darzubieten, zeigte auch keine Spuren, dass die Eingeborenen sie besucht hätten und glich hierin, sowie in der Vegetation und dass sie auch vom schwarzen Sturmvogel besucht wurde, der westlichen Insel. Hrn. Browns Taschenthermometer stand auf dem Sand 125°, im Schatten 98° und an Bord 83°.

Zu Mittag stand die Sonne zu hoch, um ihre Höhe mittels eines künstlichen Horizonts nehmen zu können. Aber ich begab mich an den Strand und erhielt sie mittels des Meerhorizonts und ziemlich frei von den durch die Ausdünstung bewirkten Refraktionsfehlern.

Nach Rückkehr der Naturforscher wurde der Anker gehoben und wir steuerten westlich der kleinen Lounds genannten Insel vorbei, bis nach Purdies Inseln. Als wir hinter denselben die ganze Küstenstrecke erblickt hatten, steuerten wir um 6 Uhr südwärts nach Petrel-Bay und ankerten früh um 1 Uhr am 8ten Februar, unfern unsers vorigen Ankerplatzes.

Hier überzeugten mich genugtuende Beobachtungen, dass die an Bord genommenen Längen und Breiten falsch waren und die daraus sich ergebende Notwendigkeit, meine Karte von diesen Inseln auf das Neue zu entwerfen, veranlassten mich, den übrigen Teil des Tages vor Anker zu bleiben. Ein Boot wurde ausgesendet, mit Schnur und Angel zu fischen; es hatte einigen Erfolg und in der Abenddämmerung wurde eine hinreichende Menge schwarzer Strandvögel aus den Höhlen geholt, dass jeder der Mannschaft neun Stück erhalten konnte. So belief sich die Gesamtzahl der von uns gefangenen Strandvögel, die früher gefangenen mit eingeschlossen, auf 1200. Sie waren freilich nicht so schmackhaft wie die geschossenen Krickenten auf St. Peters-Insel und viele dachten, sie seien wegen ihres Fischgeschmacks nicht zu essen; aber sie gaben doch Leuten, die mehrere Monate auf Salzfleisch beschränkt gewesen waren, eine wirklich angenehme Abwechslung.

Meine Untersuchung dieser Inselgruppe war, da sie bloß auf einem Schiff geschehen war, erträglich genau. Aber vieles blieb noch zu tun übrig, um eine vollständige Vermessung, vorzüglich der Buchten am festen Land zu erhalten, was am zweckmäßigsten durch Boote geschehen konnte. Da mir aber für diese Zeit nur eine allgemeine Untersuchung vorgeschrieben war, sparte ich die nähere Erforschung einem zweiten Besuch auf, den ich in Begleitung des Tenders Lady Nelson hier machen wollte.

Was die Identität der einzelnen Inseln dieser Gruppe mit denen in Nuyts' Karte angegebenen betrifft, so ist kein Zweifel, dass sie dieselben Inseln sind, die der holländische Seefahrer niedergelegt hat und die ich daher durch den Namen »Nuyts' Archipel« von anderen Gruppen an dieser Küste unterscheide.

Sechstes Kapitel

Verfolg der Entdeckung der unbekannten Küste – Anxious (Angst-) Bay – Ankerung an Waldegraves und Flinders' Inseln – Gruppe des Investigators, Coffins-Bay, Whidbeys Inseln – Verschiedenheiten der Magnetnadel – Kap Wiles – Ankerung an Thistles Insel – Thorny (dornige) Passage – Übler Zufall – Ankerung in Memory-Bucht – Kap Katastrophe und dessen Umgegend – Ankerung im Hafen Lincoln und Ausbesserung des Schiffes – Bemerkung über die Umgegend und deren Bewohner – Astronomische und nautische Beobachtungen

(Vom 9ten Februar bis 6ten März 1802)

Am 9ten Februar kamen wir einem hohen, felsigen Vorgebirge vorbei, das ich »Cape Radstock« nannte. Am 10ten wurde eine Bucht wahrgenommen, die aber mit Klippen erfüllt und mit niedrigem Land umgeben war. Die Küste von Cape Radstock dehnt sich nahe gegen O. 3 g. Meilen lang und eine felsige Spitze, »Point Weyland« genannt, beschließt sie. Um 3 Uhr sah man das feste Land sich weiter ausdehnen, als es das Schiff erreichen konnte. Es wurden zwei Inseln erblickt, die den Namen »Waldegraves Inseln« erhielten und über ihnen hinaus eine dritte mit Klippen umgebene, die »Top-gallant-Insel« benannt wurde. Erstere bilden die südliche Grenze und Kap Radstock den nördlichsten Punkt der offenen Bucht, in der wir die Nacht unter Besorgnissen zugebracht hatten und die daher den Namen »Anxious-Bay« (Angst-Bai) erhielt.

Die Mitte der größten Waldegraves Insel ist etwa ½ g. Meile lang und durch Klippen mit der kleinen, auswärts liegenden

Insel verbunden. Beide liegen westlich 1 bis 1¼ g. Meile von einem vorspringenden Teil des festen Landes. Erstere war der westlichen St. Peters-Insel sehr ähnlich. Auch hatten sich früher in diesem Jahre hier Gänse aufgehalten und man fand Spuren, dass sie hier gebrütet hatten. Aber dermalen waren alle Vegetabilien zu sehr vertrocknet, um ihnen einige Nahrung zu geben. Krähen von schwarzer, glänzender Farbe waren in Menge vorhanden. Hr. Brown bemerkte, dass er hier auch nicht einen neuen Beitrag für die Naturkunde dieser Gegenden erhalten habe.

Die größte der Top-gallant-Inseln, so genannt, weil an ihrer Südseite drei, segelnden Schiffen ähnliche Klippen liegen, ist nur klein, aber hoch und felsig. Im S. W. derselben erblickte ich mehrere kleine Inseln. Diese Gruppe erhielt den Namen »Pearsons Inseln«. Eine andere, etwa ¼ g. Meile lange und mäßig hohe Insel, die in einer Entfernung von 3 g. Meilen entdeckt wurde, erhielt nach dem zweiten Lieutenant den Namen »Flinders' Insel«. Sie war mit hohen Klippen umgeben und es lag noch eine kleinere Insel neben ihr. Beide wurden »Wards Inseln« genannt. Alle drei kleine Gruppen mit Waldegraves Inseln und dieser Flinders' Insel, bilden eine eigene, von Nuyts' Archipel verschiedene Gruppe, der ich den Namen »Investigators Gruppe« gab.

Flinders' Insel bildet beinahe ein Viereck, von dem jede Seite ¾ bis 1¼ g. Meilen lang ist. An allen Seiten sind Buchten. Doch scheint nur die an der Nordseite einen guten Ankerplatz zu gewähren. Die mineralogische Beschaffenheit der Insel ist fast der der größten Waldegraves Insel gleich. Nur liegt zwischen der granitischen Grundlage und dem kalkigen Gipfel ein an manchen Stellen zwanzig Fuß dickes Sandsteinlager. Die Vegetation unterschied sich von der der anderen vorher besuchten Inseln dadurch, dass die niedrigeren Gegenden mit starkem Buschwerk bedeckt waren und dass hier nur wenig Exemplare von der weißen, samthaarigen Pflanze (Atriplex) und von dem buschigen, verwickelten Gras sich fanden. Eine kleine Art Kängurus, nicht größer als eine Katze, war sehr zahlreich. Ich schoss fünf derselben und einige andere erlegten die Naturforscher und ihre Leute und wir fanden sie als ein ziemlich gutes Nahrungsmittel. Jetzt begonnen wir Wasser zu bedürfen und durchsuchten den nördlichen Teil der Insel sorgfältig in dieser Hinsicht. Wir fanden aber nur ausgetrocknete Teiche, in denen die in denselben wachsenden Pflanzen rot gefärbt waren, als sei das Wasser salzig gewesen. Bloß einige Kasuarinabäume sah man in einiger Entfernung vom Ankerplatz. Brennholz könnte man mit einiger Schwierigkeit aus den längs der Küste wachsenden Gesträuchen schlagen. Der Strand wurde von Robben besucht. Alle zwei bis dreihundert Yards lag eine Familie von einem Männchen, vier bis fünf Weibchen und ebenso viel Jungen schlafen. Sie waren so sicher, dass ich mancher dieser Familien mich sehr nahen und zurückziehen konnte, ohne ihre häusliche Ruhe zu stören, oder von ihnen bemerkt zu werden.

Am 15ten Februar 1802 wurde eine hervorragende Spitze von Kalkklippen entdeckt und Point Drummond genannt. Die Küste von Waldegraves Inseln bis Point Drummond geht sich schlängelnd in südöstlicher Richtung und bildet Buchten und breite felsige Vorgebirge. Sie schien mittlerer Höhe und unfruchtbar zu sein. Wegen des Nebels konnten ihre Teile nicht genau erkannt werden. Am 16ten war Point Drummond 1¾ g. Meile nordöstlich entfernt und die, sich 1 bis 1¼ g. Meilen hinter demselben zurückziehende, Küste nahm eine südliche Richtung. Ein anderes Land war weiter entfernt und wir steuerten nach der Öffnung zwischen beiden. Um 8 Uhr befanden wir uns in einer Bai, deren Breite von dem äußersten westlichen Punkte der Einfahrt, der den Namen »Point Sir Isaac« erhielt, bis zur

Küste auf der Ostseite bald 2¼ g. Meilen war. Sie dehnte sich auch weit gegen S. S. O. aus. Die große Wasserfläche, welche es gegen die Westwinde schützt, nannte ich »Coffins Bay«, dem gegenwärtigen Vizeadmiral Sir Isaac Coffin Baronet zu Ehren, der als Kommissär in Sheerness so lebhaften Anteil an der Ausrüstung des Investigators nahm. Ich glaube nicht, dass ein etwas bedeutenderer Fluss, als etwa ein schwaches Bächelchen vom hinteren Land in dieselbe falle, da wir rund umher nichts als sandigen Strand und sandiger Klippen erblickten. An der Ostseite der Einfahrt erhebt sich die Küste schnell vom Strand zu gut bewaldeten, beträchtlich hohen Hügeln. Den höchsten derselben nannte ich den »Grünlichen Berg« (Mount Greenly), dessen Höhe zwischen sechs und achthundert Fuß ist und der ziemlich nahe der Wasserseite steht.

Um Coffins-Bay sahen wir an verschiedenen Orten Rauch und auch zwei Truppen Eingeborener. Diese Küsten waren also besser bevölkert, als die westlicheren Teile der Südküste.

Die um diese Zeit (den 18ten Februar 1802) genommenen Azimuts[108] mit den drei Kompassen, während des Schiffs Spitze gegen S. der Nordnadel gerichtet war, gaben die mittlere Abweichung 1° 12' östl., mit dem Vermessungs-Kompass allein aber 1° 39' östl., welchem bei der Aufnahme gefolgt wurde. Am vorhergehenden Tag waren die beiden Kanonen vom Hinterdeck nächst dem Ort des Hangkompasses in den Hinterraum wegen der Überzeugung gebracht worden, dass die Verschiedenheiten der Kompassstriche bei verschiedenem Umlegen des Schiffs von der Nähe irgendeines Eisens bei den Kompassen herrühre.

108 Bogen des Horizonts zwischen einem Meridian und Vertikalkreis.

Strenge Nachforschungen nach Segelnadeln, Eisen, um Taue an einander zu befestigen, oder nach anderen Eisengerätschaften, die in oder um das Behältnis des Hangkompasses sich befinden könnten, wurden wiederholt angestellt. Aber bloß die Kanonen konnten daran schuld sein. Denn man muss bemerken, dass trotz der Beständigkeit der Verschiedenheiten, die Idee, dass ein regelmäßiges Einwirken der Grund der Störungen der Nadel sei, mir noch nicht beigekommen war. Die Vollkommenheit, zu der die Nautik gekommen ist, gestattete mir die Vermutung nicht, dass, wenn eine unvermeidliche und beständige Anziehung auf Schiffen statt finde, diese nicht schon aufgefunden und deren Gesetze bestimmt sein sollten. Doch nicht länger als drei Tage zuvor waren Unterschiede beobachtet worden, die hinreichend schienen, jeden zu überzeugen, dass sie durch eine regelmäßige Ursache hervorgebracht würden. Von Point Drummond, etwa 11 g. Meilen nördlich, wurde die Abweichung 1° 39' w., bei Richtung der Schiffsspitze gegen S. gefunden, da beide Azimuts und eine Amplitude[109] mit demselben Kompass genommen worden waren. Die erste gab 1° 33' westlich, die Schiffsspitze in S. O. zu O. seiend und nachdem wir sie genommen hatten und die Schiffsspitze gegen S. W. z. W. gerichtet war, war die Amplitude 3° 56' östlich. Verschiedenheiten wie diese, von 5° 29', die oft schon vorgekommen waren, schienen die Genauigkeit meiner Vermessung unmöglich zu machen, da ich nicht wusste, welche Abweichung ich den verschiedenen aufgenommenen Ortsrichtungen zuschreiben solle. Die Kanonen wurden, um diese Verschiedenheiten zu heben, bei Seite geschafft, aber sie blieben ziemlich so, wie zuvor und fast verzweifelnd beschloss ich, am Ende eine genaue Untersuchung aller damit verbundenen Umstände anzu-

109 Östliche oder westliche Entfernung eines Horizontalwinkels vom Meridian.

stellen, um die Ursache zu erforschen und womöglich ein Hilfsmittel dagegen anzuwenden. Aber es dauerte lange und es mussten erst viele Tatsachen gesammelt werden, bevor ich zu den Resultaten gelangen konnte, die im Anhang des zweiten Bandes mitgeteilt sind.

Bald nach Mittag steuerten wir gegen das Land und waren um 3 Uhr 1¼ g. Meile davon entfernt. Der entfernteste Punkt des festen Landes war eine abfallende, niedrige Spitze, die etwa 2¼ g. Meilen davon lag. Jenseits etwa ½ oder ¾ g. Meilen von derselben lag südlich eine kleine Insel, die ich »Liguanea« benannte. Am Nachmittag des 19ten, wie der Wind sich wieder gegen S. umgesetzt hatte, kamen wir gegen den Wind vor gedachter Insel vorbei, die im S. und W. mit manchen Klippen umgeben war. Die abfallende, niedrige Spitze war auch noch im Gesicht und ¾ g. Meile nach O. zu lag ein steiles Vorgebirge mit zwei hohen Klippen und einer niedrigeren an demselben. Ich gab ihm den Namen »Cape Wiles«, nach einem schätzbaren Freund von mir zu Liguanea auf Jamaica.

Am 21sten Februar begab ich mich an die Küste des östlichen Landes, um zu entscheiden, ob es mit dem festen Land zusammenhänge oder nicht. Auf unserem Weg auf die Höhen, um einen Platz für die Vermessung zu wählen, trafen wir eine gefleckte, gelbe, schlafende Schlange. Während ich den Kolben einer Flinte auf ihren Nacken setzte, nähte Hr. Thistle ihr mit einer Segeltuchnadel und Zwirn das Maul zu, um sie zur Untersuchung des Naturforschers lebend an Bord zu bringen. Aber schon zwei andere von derselben Art waren getötet worden, von denen die eine 7 Fuß, 9 Zoll lang war. Wir wollten mit unserem Fang vorwärts gehen, als ein weißer Adler mit stolzem Blick und ausgebreiteten Fittichen auf uns zu kam, aber in einer Entfernung von zwanzig Yards anhielt und auf einen Baum flog. Ein anderer

Vogel von demselben Geschlecht verriet sich selbst durch eine Bewegung, die er machte, auf uns herabzustürzen, wie wir unter ihm weggingen. Offenbar hielten sie uns für Kängurus, da sie auf dieser Insel wahrscheinlich noch nie ein anderes aufrecht gehendes Tier als dieses bemerkt hatten. Diese Vögel lauern auf den Bäumen sitzend und kommt ein Känguru am Tage hier vor, um Futter zu suchen, so wird es von diesen gefräßigen Geschöpfen ergriffen und zerrissen. Dieses erklärt, warum wir hier so wenig Kängurus sahen, da wir doch bei jedem Schritt Spuren von ihnen entdeckten und dass sie sich so sehr unter den dichten Gebüschen verbargen, dass es unmöglich war, welche zu schießen. Sie waren größer, als die auf den mehr westlich gelegenen Inseln, aber viel kleiner als das Wald-Känguru des festen Landes.

Von einer freien Stelle auf dem nordwestlichen Vorgebirge der Insel nahm ich die Küste des festen Landes bis zu einem Kap, das in N. 18° W. lag, auf, wo sie verschwand, aber nach ihrer Wiedererscheinung sich bis R. 2° ½ W. erstreckte. Mehr rechts lagen drei kleine Inseln, die ich »Sibsey, Stickney- und Spilsby-Inseln« benannte. An der entgegengesetzten Seite lag eine kleine Gruppe niedriger Inseln und einige Felsen etwas näher. Ich gab ihnen den Namen »Neptuns-Inseln«, da sie Menschen unzugänglich schienen.

Thistles-Insel ist etwa 3 g. Meilen lang und ¼ bis ¾ dergl. breit. Ihre Mitte ist hoch genug, um in einer Entfernung von 7½ bis 9 g Meilen von Schiffen erblickt zu werden. Die Nordostspitze besteht aus Kalkstein. Auf dem an 200 Fuß hohen Gipfel des nordwestlichen Vorgebirges liegen Granit-Rollsteine. Einige Klippen an der Westküste waren weiß, als beständen sie aus Kalk. Der Boden schien im Allgemeinen sandig zu sein. Aber die ganze Insel war sehr gut beholzt, vorzüglich mit Eukalyptus und Kasuarina. Da hier kein Wasser zu finden und der Schiffsvorrat davon sehr schwach geworden war, so kehrte ich an Bord nach Beobachtung der Breite mit der Absicht zurück, an das feste Land zu gehen und dort Wasser aufzusuchen. Da ich aber die, von dem Lieutenant Flinders beobachtete Länge, mit den Resultaten meiner Messungen verglich, so machte der gefundene Unterschied es nötig, die Beobachtungen an der Küste zu wiederholen. Da nun dieses die Zeit der Abfahrt des Schiffes bis in die Nacht verlängert haben würde, so wurde Hr. Thistle mit dem Kutter nach dem festen Land abgeschickt, um einen Ankerplatz auszumitteln, wo man Wasser einnehmen könne.

In der Abenddämmerung wurde der Kutter unter Segel auf seiner Rückfahrt vom festen Land bemerkt. Da er aber nach einer halben Stunde noch nicht angelangt und plötzlich aus dem Gesicht verschwunden war, wurde ein Licht aufgesteckt und Lieutenant Fowler begab sich mit einer Laterne in das Boot, um zu erforschen, was sich zugetragen habe. Zwei Stunden vergingen ohne Nachricht zu erhalten. Dann wurde eine Kanone abgefeuert und Hr. Fowler kehrte bald hernach, aber allein zurück. Bei dem Ort, wo man den Kutter zum letzten Mal gesehen hatte, traf er eine so starke Wogung der Flut, dass er selbst kaum dem Umgeworfenwerden entgehen konnte und man hatte Grund zu fürchten, dass dieses Hrn. Thistle widerfahren sei. Wäre es Tag gewesen, so hätte man vielleicht einige oder alle der Bemannung des Kutters retten können. So aber war es zu dunkel, um etwas zu sehen und keine Antwort konnte man auf das »Hallo«-Rufen oder Abfeuern der Flinten vernehmen. Die Flut strömte gegen Süden und lief anderthalb Stunden, nachdem man das vermisste Boot zuletzt gesehen, in dieser Richtung, so dass es in diesem Fall der See zugeführt wurde. Da nur bloß zwei der aus acht Personen bestehenden Bemannung des Boots schwimmen konnten, so musste man befürchten, dass die meisten derselben verloren gegangen wären.[110]

Mit Tagesanbruch steuerte ich durch die Thorny Passage dem Ort zu, wo der Kutter zuletzt gesehen worden war. Ein Boot wurde abgesendet, um den verlorenen Kutter aufzusuchen. Es brachte ihn bald verkehrt am Schlepptau und überall zerstoßen, wahrscheinlich, weil er gegen die Klippen geworfen war. Eines der Ruder wurde nachher gefunden. Aber von den verunglückten acht Mann wurde keine Spur, trotz mehrtägigen Nachsuchens, gefunden. Wahrscheinlich wurden sie eine Beute der hier zahlreichen Haifische.

---

110 An diesem Abend erzählte mir Hr. Fowler einen Umstand, der mir außerordentlich vorkam, und dieses nachmals noch mehr wurde. Während wir zu Spithead lagen, begab sich Hr. Thistle eines Tages ans Ufer und da er nichts weiter zu tun hatte, ging er zu einem alten Mann namens Pine, um sich sein Glück vorhersagen zu lassen. Dieser listige Mann sagte ihm »er stehe im Begriff auf eine weite Reise zu gehen, und dass dem Schiff, wäre es am Orte seiner Bestimmung angelangt, ein anderes beigefügt werden würde.« Dass dieses bestimmt war, konnte er leicht durch Privatnachrichten erfahren haben; aber er setzte hinzu: »ehe dieses andere Schiff sich mit dem ersten vereine, würde er selbst das Leben verlieren.« Wie dieses geschehen werde, wollte der Seher nicht erklären. Wie meine Schiffsmannschaft dieses vom Hrn. Thistle erzählen hörte, fragte sie daher auch den weisen Mann um Rat und nachdem er von einer langen Reise gesprochen hatte, sagte er ihnen, sie würden Schiffbruch, doch nicht auf dem Schiff, auf welchem sie jetzt ihre Reise anträten, leiden. Ob sie davon und nach England zurückkommen würden, dürfe er ihnen nicht offenbaren. Dieses hatte Hr. Thistle oft seiner Tischgesellschaft erzählt und ich bemerkte mit einigem Verdruss bei dem folgenden Teil meiner Reise, dass, als meine Schiffsmannschaft sich mit mir in die Lady Nelson einschiffen sollte, sie befürchtete, die Zeit des vorhergesagten Schiffbruchs nahe nun heran. Über diese Geschichte mache ich keine Bemerkungen, empfehle aber jedem Befehlshaber, wo möglich, jeden seiner Mannschaft von der Beratfragung der Glückspropheten abzuhalten.

Die südliche Spitze des festen Landes in dieser Gegend nannte ich »Kap Katastrophe«. An einer kleinen Bucht, »Memory Cove« genannt, wurde ein Pfahl mit einer Kupferplatte aufgestellt, die Nachricht von dem uns widerfahrenen Unglück erteilte.

Hr. Thistle war sowohl als Seemann und Offizier wie auch als Mensch ein sehr braver Mann. Schon seit 1794 kannte ich ihn und hatte mit ihm seit dieser Zeit mehrenteils gedient. Er hatte Hrn. Bass auf seiner gefährlichen Fahrt auf dem Walfischboot und mich in der Reise um Van Diemens Insel und nach den Glashütten- und Herveys-Baien begleitet. Außer der anhaltenden Erfüllung der Pflichten seiner Stelle hatte er sich sehr gut mit der Ausübung der nautischen Sternkunde bekannt gemacht und begann sehr brauchbar bei den Vermessungen zu werden. Ich fühlte seinen Verlust sehr tief und alle an Bord, vorzüglich seine Tischgenossen, welche die Güte und Festigkeit seines Charakters genauer kannten, trauerten um ihn. Hr. William Taylor, Unterbefehlshaber des Boots, war ein junger Offizier, der eine Zierde der britischen Marine zu werden versprach, so wie ihn sein freundliches Benehmen und Temperament in der Gesellschaft auszeichnete. Die übrigen sechs verunglückten Reisegefährten hatten diese alle freiwillig angetreten. Sie waren tätige und brauchbare junge Leute. Bei einer unvollständigen Schiffsmannschaft, die so manche Pflichten zu erfüllen hatte, wurde diese Verminderung unserer Kräfte sehr wesentlich gefühlt.

Vom 25sten bis 27sten Februar wurden das Cape Donnington, die Boston-Insel, die Bickers-Inseln, die Sudfleet-Spitze, der Stamford-Hügel, die Spalding-Bucht, die Granthams-Insel, die Kinton-Spitze, die Boston-Bay, die Boston- und die Bolingbrokes-Spitzen, die Louth-Bay und Inseln, die Sir Joseph Banks-Gruppe, der Port Lincoln und das Sleaford-Meer entdeckt, die sämtlich keine große Ausbeute für Natur- und Erdkunde gaben. Die allgemeine Beschaffenheit des Landes war eben die, die oben schon oft geschildert ist und zeigte, dass dieser Teil des Austral-Landes erst vor wenigen Jahrhunderten aus der See emporgestiegen sei, wie die Korallen auf Bald-Head und das Salz, mit dem die Felsen geschwängert sind und das die Regen noch nicht ganz haben wegspülen können, beweisen. In den Gebirgen westlich von Port-Jackson wird Salz durch Ausdünstung des Wassers, welches von den Salzsteinklippen träuft, erzeugt.

Port Lincoln ist ein guter Hafen. Hier aber eine Kolonie anzulegen, wozu der treffliche Hafen Anreiz geben könnte, würde die geringe Fruchtbarkeit des Bodens widerraten. Das Klima ist schön und wir litten nichts von schädlichen Insekten.

Siebentes Kapitel

Abfahrt aus Port Lincoln – Sir Joseph Banks' Gruppe – Untersuchung der Küste nordwärts – Das Schiff befindet sich in einem Meerbusen – Ankerung an der Spitze desselben – Expedition auf einem Boot – Reise auf den Mount Brown – Nautische Beobachtungen – Abfahrt vom Vorgebirge und Untersuchung der Ostküste des Meerbusens – Große Untiefe. Spitze Pearce. Hardwicke-Bay – Allgemeine Bemerkungen über den Busen – Kap Spencer und Althorpes-Inseln – Neu entdecktes Land. Ankerung an demselben – Allgemeine Bemerkungen über die Känguru-Insel – Nautische Beobachtungen

(Vom 6ten März bis zum 24sten März 1802)

Am 8ten März, nachdem wir an dem Elbow-Hill vorbei gekommen waren, verschwanden allmählich unsere Hoffnungen, eine Straße nach dem Meerbusen von Carpentaria zu finden. Mount Brown ist an die 3000 engl. Fuß hoch. Er besteht aus einem rötlichen Tonboden und gewährt nach allen Richtungen hin eine Aussicht über eine flache, bewaldete Gegend, die bloß durch eine, von S. gegen N. streichende, ununterbrochene Bergreihe und das Wasser der südwestlichen Bucht unterbrochen wird. Auf dem Rückweg von demselben wurden einige Enten und Rotschnäbel geschossen. Den schwarzen Schwanen konnte man sich nicht nähern. – Am 18ten erreichten wir eine, einer Insel ähnliche Spitze, die ich »Pearces Spitze« nannte. An der Südseite dieser Spitze oder Insel weicht die Küste 1¾ bis 2 g. Meilen rückwärts gegen O. und geht dann nach S. Sie ist niedrig und sehr sandig, erhebt sich aber auf eine ähnliche Art, wie bei Rileys Spitze. Bei Sonnenuntergang sahen wir das feste Land in S. W. z. S. Wir segelten darauf zu und ließen um

10 Uhr die Anker in 6 Faden Tiefe auf einen Grund von grobem Sand und kleinen Steinen fallen. Die ganze Nacht hindurch hörten wir Hundegeheul. Früh waren wir ½ bis ¾ g. Meilen von der Küste entfernt, die aus einem beholzten, ansteigenden, doch nicht sehr hohem Land bestand. Eine in die Augen fallende Spitze, die ich »Corny Point« nannte, war das weiteste, gegen W. sichtbare Land. Zwischen dieser und der Pearces-Spitze ist eine große, gegen alle Südwinde wohl gesicherte Bucht. Ihre Tiefe und ob ein Fluss in sie falle, kann ich nicht angeben. Nur war das Land besser beholzt und hatte ein fruchtbareres Ansehen, als irgendeine der benachbarten Gegenden. Ich nannte sie »Hardwicke-Bay«. Am 21sten März wurde »Point Marsden« entdeckt. Jenseits desselben dehnte sich die Küste nach Süden in eine weite Bai aus, die drei kleine Buchten enthielt, von denen die eine guten Schutz gegen Windstöße versprach. Sie wurde »Nepeans Bay« genannt. Am folgenden Tage wurden einunddreißig dunkelbraune Kängurus, von denen das kleinste 69, das größte 125 Pfund wog, erlegt. Die Insel, auf der dieses geschah, erhielt den Namen »Känguru-Insel«.

Eine dichte Waldung bedeckte fast den ganzen vom Schiff sichtbaren Teil der Insel. Aber die im Wuchs begriffenen Bäume waren denen, die auf dem Boden lagen oder abgestorben noch aufrecht standen, im Allgemeinen nicht an Größe gleich. Die auf dem Boden liegenden waren so zahlreich, dass, wenn man in das höhere Land hinauf stieg, der bedeutendste Teil des Weges auf ihnen gemacht wurde. Sie lagen nach allen Richtungen und waren fast von gleicher Größe und gleichem Fortschreiten zur Zerstörung. Daher scheint es nicht, dass sie vor Alter oder durch einen Windstoß umgefallen oder umgeworfen worden sind. Ein allgemeiner Brand, – und bei manchen sieht man deutliche Spuren von Feuer – ist vielleicht die einzige, vernünftige anzugebende Ursache. Aber wodurch wurde der Wald entzündet? Dass keine Einwohner auf der Insel waren und die Eingeborenen des festen Landes sie nicht besuchten, zeigte sich, ohne den Mangel aller Spuren eines solchen Besuches in Erwägung zu ziehen, durch die Zahmheit des Kängurus, welches auf dem festen Land so scheu wie ein Reh ist. Vielleicht war der Blitz, vielleicht die durch einen starken Wind verursachte Reibung zweier abgestorbener Bäume schuld daran. Seltsam wäre es aber, wenn sich dasselbe auf Thistles- und Boston-Insel und hier, und zwar zu gleicher Zeit ereignet hätte. Sollte dieser Teil des Austral-Landes, der vorher der Welt unbekannt war, früher besucht worden sein? Der französische Seefahrer La Pérouse war beauftragt, ihn zu erforschen. Aber es scheint unwahrscheinlich, dass er je Torres' Straße zurückgelegt habe.

Man kann die Zeit, wann dieser Brand sich zutrug, einigermaßen aus der Höhe der im Wuchs stehenden Bäume ermessen. Denn seit jener Zeit müssen sie aufgewachsen sein. Sie sind eine Art von Eukalyptus und da sie schwächer als die gefallenen Bäume sind, so haben sie wahrscheinlich noch ihre Reife nicht erreicht. Ihr Holz ist hart und fest und daher kann man ihnen einen langsamen Wuchs zuschreiben. Dieses erwogen, denke ich einen Zeitpunkt nicht kürzer, als zehn und nicht länger als zwanzig Jahre vor unserer Ankunft setzen zu können. Dieses führt uns auf La Pérouse zurück. Er war im Beginn von 1788 in Port-Jackson und wenn er durch Torres' Straße ging und bis zu dieser Küste kam, wie sein Wille war, so musste dies im Mittel oder gegen das Ende genannten Jahres geschehen, d. i. dreizehn oder vierzehn Jahre vor dem Investigator.

Der Boden des von uns untersuchten Teils der Känguru-Insel wurde für weit besser erklärt, als irgendein vorher gesehener, mit Ausnahme einiger Striche hinter dem Hafen vom König Georgs-Sund. Ich hielt hier den Boden für besser als manches angebaute Land um Port-Jackson und weit dem in unseren steinigen Countries in England vorzuziehen.

Vielleicht war noch nie vorher der Besitz der Kängurus auf dieser Insel gestört worden. Der Robbe teilte mit ihnen die Küsten und sie schienen freundschaftlich mit einander zu leben. Es trug sich nicht selten zu, dass der Schall einer Flinte, die auf ein Känguru am Strand abgefeuert war, zwei oder drei blökende Robben aus ihren Gebüschen, ziemlich fern vom Ufer, hervorlockte. Der Robbe schien in der Tat das klügste Tier von beiden zu sein. Denn sein Benehmen zeigte, dass er wisse, wir seien keine Kängurus, inzwischen das Känguru uns oft für Robben zu halten schien.

Achtes Kapitel

Abfahrt von der Känguru-Insel – Untersuchung der Küste des festen Landes östlich vom Kap Spencer – Straße des Investigators – Entdeckung eines neuen Meerbusens. Ankerung bei und Untersuchung der Spitze desselben – Bemerkungen über das umgebende Land. Rückkehr aus dem Meerbusen – Troubridges Untiefe – Yorkes Halbinsel – Rückkehr auf die Känguru-Insel – Bootfahrt in den Pelikan-Teich – Verlassen der Känguru-Insel – Backstairs-Straße – Östliche Küste vom Kap Jervis – Zusammentreffen und Mitteilungen mit dem Geographen – Bemerkungen über die französischen Entdeckungen an des Austral-Landes Südküste

(Vom 24sten März bis zum 2ten April 1802)

Die Investigators-Straße scheidet die Känguru-Insel von der Südküste des Austral-Landes.

Am 28sten erblickte ich mit Tagesanbruch den Mount-Lofty (hohen Berg), auf dem höchsten Teil der Bergkette, die vom Kap Jervis sich nordwärts hinter der östlichen Küste der Einfahrt erstreckt. Der nächste Teil der Küste war 2¼ g. Meilen entfernt, mehrenteils niedrig und aus Sand und Klippen zusammengesetzt, mit einigen Bäumen. Aber einige kleine Seemeilen tiefer in das Land, wo die hinteren Berge emporsteigen, war die Gegend gut mit Zimmerholz bekleidet und hatte ein fruchtbares Ansehen. Die Feuer zeigten, dass dies ein Teil des festen Landes sei. Früh am 30sten begab ich mich, von dem Naturforscher begleitet, in das Boot, um die Spitze der Bucht näher zu erforschen.

Mikroskopische Muscheln verschiedener Art, nicht größer als Weizenkörner, waren reihenweise am hohen Wasserstand aufgehäuft. Weiter zurück war die Küste sandig, erhob sich aber bald wellenförmig zu mit Gras bedeckten Hügeln und die verschiedenen, über sie zerstreuten Baumgruppen gaben dem Land von der Seeseite einen anmutigen Anblick. Am Nachmittag machten wir uns nach dem buckligen Berg auf, der auf der nördlichen Verlängerung der Hügel an der Westseite der Einfahrt etwa 2 g. Meilen vom Wasser steht. Da ich aber fand, dass ich ihn nicht erreichen und zugleich am Abend an Bord zurückkehren konnte, bestieg ich einen näheren Teil des Bergrückens, um die Spitze der Bucht zu überblicken. Sie schien fast gänzlich mit Untiefen erfüllt zu sein, welche im östlichen Teil mehr sandig und im westlichen mehr schlammig zu sein schienen. Diese Untiefen wimmelten von Rochen und wären wir mit einer Harpune versehen gewesen, so hätten wir ein Boot voll laden können. Auch ein schwarzer Schwan und einige Rotgänse wurden erblickt.

Ich fand das Gras auf diesen schön aussehenden Anhöhen nur dünn gesät, die Bäume klein und den Boden an vegetabilischer Erde arm. Der Bergrücken an der Ostseite der Bai streicht dem buckligen Berge in der Entfernung von einigen kleinen Seemeilen vorbei und scheint mehr sandig zu sein. Aber Holz wächst auf ihm im Überfluss und hat einen üppigen Wuchs. Zwischen beiden Bergreihen ist ein breites Tal, dessen Boden sumpfig ist und in welches das Wasser von beiden Seiten bei Regenwetter zusammenläuft und sich in die Bucht ergießt, die man als den niedrigeren und weiteren Teil des Tales betrachten kann.

Diese östliche Reihe ist dieselbe, welche bei Kap Jervis beginnt und sich von da nordwärts gegen den Barn-Hügel und die Bergreihe an der Ostseite von Spencers Golf erstreckt. Verbindet sie sich mit dieser, wie ich stark vermute, so beträgt ihre Länge bloß vom Kap Jervis bis zum Berg Arden, in gerader Linie über 53½ g. Meilen.

Dem edlen Admiral zu Ehren, der dem Admiralitäts-Bureau vorstand, als ich von England absegelte und der fortgefahren hat, mir die Gunst und den Schutz zu gewähren, worin ihm Earl Spencer voranging, nannte ich diese neue Bucht »St. Vincents-Busen« und die Halbinsel, die sie von Spencers-Busen trennt »Yorkes Halbinsel«, dem verehrungswerten Charles Philipp York zu Ehren, der den Fußtapfen seiner Vorfahren bei der Admiralität folgte.

Jetzt war unsere Untersuchung des St. Vincents-Busens beendigt und die ihn umgebende Gegend schien im Allgemeinen besser als die Umgegend von Spencers Busen zu sein. Yorkes Halbinsel zwischen beiden ist eigen, bald wie eine übelgebildete Wade und Fuß geformt. Die Länge des südlichen Teiles von Kap Spencer bis zur sandigen Spitze bei Troubridges Untiefe beträgt gegen 11¼ g. Meilen und von da gegen N., wo sie sich mit dem festen Land verbindet gegen 15 dergl. Ihre geringste Breite von der Hardwicke-Bay bis zur Straße des Investigators beträgt nur 2¼ g. M.

Am 4ten April begleiteten mich die Naturforscher auf einer Fahrt mit dem Boot zu der Spitze der großen, östlichen Bucht der Nepeans-Bay, in der Absicht, wo möglich, eine sandige Anhöhe hinter derselben zu ersteigen. Wie wir uns der südöstlichen Spitze der Bucht näherten, fanden wir eine schmale Öffnung, die in eine bedeutende Wasserfläche führte. Durch einen Arm derselben näherten wir uns der Anhöhe bis auf ¼ g. Meile. Nachdem ich hier die Breite bestimmt hatte, gelangten wir durch den Wald ohne bedeutende Schwierigkeit und kamen um 1 Uhr auf die Spitze der Anhöhe, die den Namen »Prospect-Hill« erhielt. Statt aber eine Ansicht in das Innere der Insel zu erhalten, erstaunte ich, das Meer in einer Entfernung von nur ⅜ oder ½ g. Meile südwärts zu erblicken. Zwei Küstenpunkte gegen das östliche Ende der Insel lagen in einer mutmaßlichen

Entfernung von 3 bis 3¾ g. Meilen. Zwischen diesen beiden äußersten Küstenpunkten liegt eine große Bucht an der Südküste, die aber den Südwinden gänzlich offen liegt und deren Küsten größtenteils felsig sind.

Die Einfahrt zu der Wasserfläche an der Spitze der Nepeans-Bay ist keine Viertelstunde breit und größtenteils seicht. Doch ist am westlichen Ufer derselben ein für jedes Boot hinreichend tiefes Fahrwasser. Nachdem dieses nahe bei der Ostspitze zwei niedrige Inselchen zurückgelegt hat, so wird es offener und tiefer und teilt sich in zwei Arme. Boote können nur bei hohem Wasser das Ende des südlichen Armes erreichen; aber der östliche scheint zu allen Zeiten fahrbar zu sein. In ihm liegen vier kleine Inseln, von denen eine mäßig hoch und beholzt ist, die anderen begrast und niedriger sind. Auf diesen trafen wir manche junge Pelikane an, die noch nicht fliegen konnten. Herden der alten Pelikane saßen am Strande des Sees und die Inseln schienen ihre Brutorte zu sein. Die Menge der hier zerstreuten Gerippe und Knochen dieser Vögel scheint zu erweisen, dass sie schon seit Jahrhunderten diesen verborgenen Aufenthalt zum Wohnsitz gewählt hatten. Gewiss konnten sie keinen vor jeder Störung gesicherteren Wohnplatz auffinden, als diese Inseln in einem verborgenen See auf einer unbewohnten Insel, die an einer unbekannten Küste nahe den Gegenfüßlern Europas liegt. Auch kann nichts der Vaterlandsliebe, haben anders die Pelikane welche, entsprechender sein, als ihren letzten Atem, umgeben von ihren Erzeugten, an eben dem Ort zu verhauchen, wo sie den ersten einzogen. Arme Pelikane! Euer goldenes Zeitalter ist dahin! Doch dauerte es weit länger, als das des Menschen!

Ich nannte diese Wasserfläche »Pelikan-See«.

Während meiner Abwesenheit hatte man einige Känguru- und Robbenfelle erhalten. Ein Matrose, der unvorsichtig eine große Robbe angegriffen hatte, wurde von ihr stark in den Fuß gebissen und er musste sich legen.

Am 6ten April steuerten wir nach Nepeans-Bay. Das Kap, welches die Ostspitze der Känguru-Insel bildet, erhielt den Namen »Kap Willougby«. Fast in der Mitte der Investigators-Straße liegen drei kleine felsige Inseln, »the Pages« genannt, dicht neben einander.

Am 8ten April nachmittags fünf Uhr, traf ich auf das französische Schiff le Géographe, unter dem Befehl des Kapitäns Nicolas Baudin und besuchte ihn in Begleitung Hrn. Browns, der französisch verstand, auf seinem Schiff. Hr. Péron, Naturforscher bei dieser französischen Entdeckungsreise, hat für seine Nation die Entdeckung der ganzen Küste zwischen Western-Port in Bass'-Straße und Nuyts' Archipel in Anspruch genommen und diesen Teil des Austral-Landes »Terre Napoléon« genannt. Meine Känguru-Insel, ein Name, den sie öffentlich auf der Reise annahmen, wurde in Paris in Isle Decrès, Spencers Busen in Golfe Buonaparte und St. Vincents Busen in Golf Josephine umgewandelt und so ist längs der ganzen Küste, bis zum Kap Nuyts, selbst die kleinste Insel nicht ohne gleichen Stempel (angeblicher) französischer Entdeckungen geblieben.[111]

---

111 Die merkwürdigsten Stellen über diesen Gegenstand aus der: Voyage de Découverte aux Terres Australes, rédigé par M. F. Péron, Naturaliste de l'Expédition etc. à Paris 1807. sind folgende:

»De ce grand espace« (der Südküste des Austral-Landes) »la partie seule qui du Cap Leuwen s'étend aux iles St. Pierre et St. François, étoit connue lors de nôtre départ d'Europe. Découverte par les Hollandois en 1527, elle avoit été, dans ces derniers temps, visitée par Vancouver et sourtout par d'Entrécasteaux; mais ce dernier navigateur n'ayant pu lui-même s'avancer au delà des îles St. Pierre et St. François, qui forment la limite orientale de la terre de Nuyts, et les Anglois n'ayant pas porté vers le Sud (?) leurs recherches plus loin que le port Western, il en résultoit que toute la portion comprise entre ce dernier point et la terre de Nuyts étoit encore inconnue au moment, où nous arrivions sur ces rivages« (le 30 Mars 1802) p. 316. Hr. Péron hätte nicht sagen sollen, dass die Küste vom Western Port bis Nuyts'-Land

Als Hr. Péron nachher in Port-Jackson anwesend war, zeigte ich eine meiner Karten von dieser Küste dem Kapitän Baudin und gab ihm die Grenzen seiner Entdeckungen an. Sämtliche Offiziere des Geographen sprachen die anderen dem Investigator zu.

Der erste Lieutenant Hr. Freycinet bediente sich gegen mich in dem Haus des Gouverneurs King und in Gegenwart eines seiner Gefährten, ich glaube Hrn. Bonnefoys, folgenden drolligen Ausdrucks: »Capitän! Hätten wir auf Van Diemens-Land nicht so lange mit Muschelsammeln und Schmetterlingsfangen zugebracht, so würden Sie die Südküste nicht vor uns entdeckt haben!«

Alle englischen Offiziere und angesehene Bewohner, die damals in Port-Jackson waren, können sagen, ob die frühere Entdeckung dieser Gegenden durch mich nicht allgemein anerkannt war. Ja, ich berufe mich selbst im Allgemeinen und Besonderen auf die französischen Offiziere, ob dieses

---

damals unbekannt gewesen sei, sondern dass sie bloß ihm und seinen Gefährten unbekannt war. Denn Kapitän Grant hatte auf der Lady Nelson den östlichen Teil von Western-Port bis unter 157° 34' 45" östl. L. im Jahr 1800 entdeckt, bevor die französischen Schiffe aus Europa abfuhren, und den westlichen Teil hatte ich in Hinsicht seiner Küsten und Inseln vom Nuyts'-Land bis zum Kap Jervis erforscht und befand mich am 8ten April 1802 unter 156° 37' 45" östl. L

»Dans ce moment, le capitaine Anglois nous héla, en nous demandant si nous n'étions pas l'un des deux vaisseaux partis de France pour faire des découvertes dans l'hémisphère Austral. Sur notre réponse affirmative il fit aussitôt mettre une embarcation à la mer et peu d'instans après nous le reçumes â bord. Nous apprîmes que c'etoit le capitaine Flinders, celui-la même qui avoit déja fait la circonnavigation de la terre de Diémen; que son navire se nommoit the Investigator; que parti d'Europe depuis huit mois dans le dessein de compléter la reconnoissance de la Nouvelle Hollande et des archipèls du grand Océan équatorial, il se trouvoit, depuis environ trois mois, à la terre de Nuyts; que, contrarié par les vents il n'avoit pu pénétrer, comme il en avoit eu le projet, derrière les îles St. Pierre et St. François; que, lors de son départ d'Angleterre,« etc. pag. 324. 325.

nicht der Fall war. Wie aber fiel Hr. Péron darauf, etwas so Unwahres zu behaupten? War er ein Mann ohne alle Grundsätze? Meine Antwort ist: Ich glaube, seine Rechtlichkeit war seinen anerkannten Kenntnissen gleich und er musste das, was ihm höhere Autorität befahl, niederschreiben, wenn ihm auch sein Herz weh tat. Er starb, bevor er den zweiten Band der Reisebeschreibung vollendet hatte.

Die Absicht dieser Anmaßung mag ich nicht erklären. Wahrscheinlich rührt sie aus der Begierde her, mit den Briten in der Ehre, die Entdeckungen auf der Erde zu vollenden, zu wetteifern oder ist der Vorläufer eines Anspruchs auf die Besitzung der Länder, die zuerst von französischen Seefahrern entdeckt sein sollen.

»En nous fournissant tous ces détails, M. Flinders se montra d'une grande réserve sur ses opérations particulières. Nous apprimes toutefois par quelques-uns de ses matelots , qu'il avoit eu beaucoup à souffrir de ces mèmes vents de la partie de sud qui nous avoient été si favorables et ce fut alors surtout que nous pûmes apprécier davantage toute la sagesse de nos propres instructions. Après avoir conversé plus d'une heure avec nous , le capitaine Flinders repartit pour son bord, promettant de revenir le lendemain matin nous apporter une carte particulière de la rivière Dalrymple, qu'il venait de publier en Angleterre. Il revint en effet, le 9 Avril, nous la remettre, et bientôt après nous le quittâmes pour reprendre la suite de nos travaux géographiques.« p. 325.

»L'île principale de ce dernier groupe« (ihr Archipèl Berthier) »se dessine sous la forme d'un immense hameçon.« (Hier scheint Thistles-Insel gemeint zu sein.) »Independamment de toutes ces îles, il en existe encore plus de vingt autres disséminées aux environs de la pointe occidentale du golfe et en déhors de son entrée. Chacune d'elles fut désignée par un de ces noms honorables dont notre patrie s'enorgueillit à juste titre.« p. 327.

Dieses ist eine Unwahrheit. Bloß Kapitän Flinders und der Naturforscher Brown, der französisch reden konnte, kamen an Bord des Geographen und kein Matrose des Investigators.

Dieses ist eine zweite Unwahrheit. Niemand als Hr. Brown war bei meiner Unterredung mit dem Kapitän Baudin zugegen.

Neuntes Kapitel

Wiederholung der Untersuchung der Küste – Encounter Bay – Die Vorgebirge Bernouilli und Jaffa. Baudins Klippen – Kap Buffon. Grenze der französischen Entdeckung – Kapitän Grants Vorgebirge Northumberland und Bridgewater – Kings Insel in Bass' Straße – Neujahrsinseln – Kap Otway und die nordwestliche Einfahrt in Bass' Straße – Port Phillip

(Vom 9ten April bis zum 2ten Mai 1802)

Hinter Kap Jervis dehnte sich die niedrige, sandige Küste nach N. O. gegen 3 bis 4 g. Meilen aus, krümmte sich dann nach S. O. und bildete so eine große Bucht oder Bai, die ich, weil ich hier den Kapitän Baudin traf, die »Encounter-Bay« nannte. Da der folgende Teil der Küste zuerst von diesem französischen Seefahrer entdeckt wurde, so werde ich mich der Namen, welche er oder seine Landsleute mehreren Punkten derselben gegeben haben, bedienen und zwar so weit der herausgegebene Band dieser Reisebeschreibung es gestattet, sie zu bestimmen, da dieser Band ohne Karten ist und nur wenige Ortsbestimmungen angibt, vermittelst deren Vorgebirge und Baien identifiziert werden können. Sind daher einige Irrtümer bei der Benennung vorgefallen, so mögen sie mir deshalb zu Gute gehalten werden.

Am 10ten April waren wir mittags unter 35° 49' 30" s. Br. Die Abweichung der Magnetnadel betrug im Durchschnitt 1° 44' O., hatte also bedeutend, seit wir die Känguru-Insel verließen, gegen die gewöhnliche Ordnung abgenommen, welches zeigt, dass die schnelle Zunahme derselben bei unserer Vorbeifahrt bei Yorkes Halbinsel einer besonderen Anziehung derselben oder der nahe liegenden Länder zuzuschreiben war.

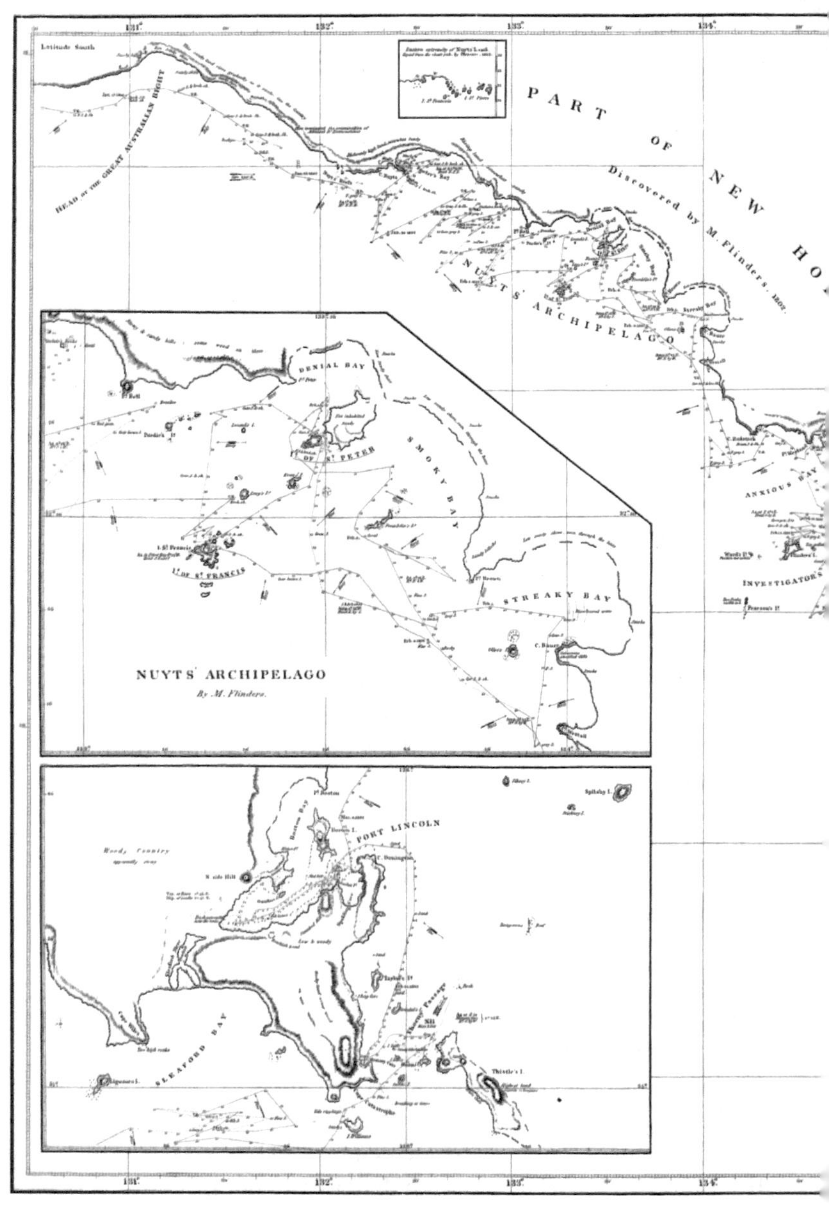

Flinders' Karte des Spencer Golfs und des St. Vincent Golfs. Sie enthält die Encounter Bay, Süd-Australien.
© State Library South Australia

Plate IV.
CHART OF
AUSTRALIS
M. FLINDERS
OF H.M. SLOOP
NVESTIGATOR.
South Coast, Sheet III.
1802.
136°
137°
138°
139°
HEAD OF
SPENCER'S GULF
PART OF NEW SOUTH WALES
Discovered by M. Flinders 1802
SPENCER'S GULF
HARDWICKE BAY
Peninsula
Yorke
INVESTIGATOR'S STRAIT
KANGUROO Id.
Cape Jervis

Am 12ten war zu Mittag eine vorspringende Spitze erblickt, die das Kap Bernouilli der französischen Seefahrer zu sein scheint.

Von Encounter-Bay bis hierher ist die Küste eine bloße Sandbank, mit einigen wenigen Hügeln auf ihrer Höhe, auf denen nur wenige Pflanzen standen. Die Ansicht des Inneren verhinderte die Bank. Wellenförmig zwischen O. S. O. und S. S. O. dehnt sich die Küste aus. Dann geht sie gegen S. und krümmt sich südöstlich in eine Bucht. Hier wird das Land besser mit Sträuchern und kleinen Bäumen bekleidet. Die Südspitze dieser Bucht scheint das Kap Jaffa der Franzosen zu sein. Ich begreife nicht, warum sie der Bucht keinen Namen gegeben haben.

Gegen 2¼ g. Meilen südlich vom Kap Jaffa liegt eine Gruppe niedriger Felsen, wahrscheinlich dieselbe, von der mir Kapitän Baudin Nachricht gab. Wir nannten sie »Baudins-Felsen«. 1 g. Meile jenseits derselben erhebt sich eine sandige, mäßige, mit Gebüsch mehrenteils bekleidete Erhöhung, welche sie »Kap Lannes« nannten. An ihrer Nordseite liegt eine kleine Bai, die sie »Bai von Rivoli« nannten.

Am 17ten wurden die von den französischen Seefahrern »les Charpentiers« genannten Klippen entdeckt, die von einem sandigen, von denselben »Kap Boufflers« genannten Vorgebirge ¼ oder ½ g. Meile liegen. Aber hier gilt die Benennung, die ihm ein früherer Entdecker gab, mehr. Bei meiner Ankunft in Port-Jackson erfuhr ich zu gleicher Zeit mit dem Kapitän Baudin, dass diese Küste schon vorher besucht worden war. Lieutenant (jetzt Kapitän) James Grant, Befehlshaber der königlichen Brig Lady Nelson, sah dieses Vorgebirge am 3ten Dezember 1800 und nannte es »Cape Banks« und verfolgte dann die Küste durch die Bass' Straße.[112]

Napoleons Land erstreckt sich daher von 156° 37' 45" bis 157° 49' 45" östl. L. und von 37° 36' bis 35° 40' s. Br. und bildet mit den Krümmungen einen Küstenstrich von 37½ g. Meilen Länge, an dem keine Einfahrt, Fluss noch Ruheplatz zu finden ist und die elendesten Striche von Nuyts' Land nicht an Unfruchtbarkeit hinter sich lässt.

Am 23sten ankerten wir unter der N. O. Spitze von Kings Insel, deren südlicher Teil von Hrn. Reid und deren nördlicher im Januar 1801 von Hrn. John Black, Befehlshaber der Brig Harbringer, entdeckt wurde und von Letzterem ihren dermaligen Namen erhielt.[113] Es wurde sogleich ein Boot ausgesetzt und ich landete mit den Naturforschern. So wie ich aus demselben trat, schoss ich eins der kleinen, dem Bären ähnlichen Quadrupeden und ein zweites wurde bald nachher getötet. Auch war eine Robbe von einer bisher noch nicht gesehenen Art erhalten. Seine Hinterflossen waren, mit den gewöhnlichen Robbenarten verglichen, doppelt und die vorderen kleiner, standen auch näher am Kopfe. Das Haar war kürzer und von blaugrauer Farbe und die Nase flach und breit. Sein Fett betrug drei Mal so viel wie bei den gewöhnlichen Robben. Ich sah nie den See-Elefanten und vielleicht konnte er ein junges Weibchen sein. Doch war keine Spur von einem Rüssel vorhanden.

---

112 M. s.: A Voyage in the Lady Nelson to New-South-Wales by James Grant. London, 1803. Die Beschreibung dieser Reise war vier Jahre vor Hrn. Pérons Bericht erschienen. Aber man achtete Hrn. Grants Rechte zu Paris so wenig, wie die meinigen. Seine Entdeckungen, die Hrn. Péron und der französischen Expedition schon 1802 bekannt waren, haben sich diese gleichfalls zugeeignet.

113 M. s. *Grants* Voyage to New-South-Wales. p. 86.

Der nordöstliche Teil von Kings Insel dehnt sich 2¼ bis 3 g. Meilen nach S. O. z. O. aus. Die Küste besteht größtenteils aus Sand, der hinter dem Strand in große Rücken angespült oder durch den Wind aufgetürmt, zum Teil aber mit einer Art Hundsgras bedeckt war, das den Sand zusammenhielt. Im Allgemeinen ist das Land niedrig. Hinter den vordersten Sandrücken war fast undurchdringliches Strauchholz. Während ich aber Winkel maß, fanden die Botaniker einige Öffnungen im Gesträuch und sammelten so verschiedene Pflanzen, dass sie noch fernere Untersuchungen hier anzustellen wünschten. Wir kehrten im Dunkeln mit den Wombats, dem Robben und einem Känguru an Bord zurück. Letzteres war von einer Größe, die zwischen der der kleineren auf den kleineren Inseln und der der größeren auf der Känguru-Insel und dem festen Land mitten innen stand. Es schien in der Tat, als ob sich die Größe des Kängurus durchaus längs der Südküste nach der Ausdehnung des Landes, welches es bewohnt, richte.

Ein kleiner Süßwassersee wurde in geringer Entfernung hinter den Sandhügeln der Küste gefunden. Ihn umgab ein guter vegetabilischer Boden und die Menge der in seiner Nähe gesammelten Pflanzen war größer, als auf irgendeiner anderen Insel. Der kleine See liegt zu fern von der Küste, als dass ein Schiff sich bequem daraus mit Wasser versehen könnte. Aber zwei kleine, von den Sandhügeln herabfließende Bäche, machen es wahrscheinlich, dass man durch Graben überall zu dieser Jahreszeit hier Süßwasser erhalten könne.

An diesem Morgen wurden abermals zwei Wombats getötet und man fand einen Schädel, der einem kleinen Hund angehört zu haben schien, wohl aber der eines Opossums war.

Wie wir n. N. N. W. von Kings-Insel steuerten, sahen wir in N. W. zwei kleine Inseln liegen. Es sind dieselben, die Hr. Black die »Neujahrsinseln«[114] nannte. Seine Harbringers Riffe erstrecken sich in einzelnen Abteilungen fast 1½ g. Meile von der Nordspitze der Kings-Insel. Am 24sten April verloren wir ihre höchsten Hügel aus dem Gesichte.

Westlich vom Kap Otway wendet sich die Küste etwas gegen Norden, springt aber in einer Entfernung von 2½ bis 2¾ g. Meilen wieder etwas hervor. Das ganze Land ist hier hoch. Seine größte Höhe betrug an 2000 Fuß. Die Anhöhen waren mit Bäumen, die sehr dunkelgrünes Laub hatten, durchaus besetzt, so dass keine sandigen oder felsigen Stellen eine Unterbrechung machten. Meinem Erachten nach übertraf dieser Teil der Küste an Fruchtbarkeit alle bis dahin von mir besuchten Küstenstriche.

Am 26sten glaubte ich einen neuen, großen Hafen entdeckt zu haben, der aber schon zehn Wochen vorher vom Lieutenant John Murray aufgefunden und Port Phillip genannt worden war. Die felsige Spitze an der Ostseite der Einfahrt erhielt von ihm den Namen »Point Nepean«. Mehrere Eingeborene wurden hier getroffen, die nicht schüchtern waren. Die Port Phillip umgebende Gegend gewährt einen angenehmen, teilweise fruchtbaren Anblick. Die Abhänge einiger Hügel und mancher Täler eignen sich zum Ackerbau. Gras wächst sehr reichlich, scheint sich aber besser für Schafe zu eignen. Diese allgemeine Schilderung leidet doch wahrscheinlich manche Ausnahmen und die

114 Die Neujahrs-Inseln bilden einen kleinen Ankerplatz, in dem die Brig Harrington aus Port-Jackson unter Hrn. W. Campbell wegen eines südwestlichen Windstoßes beilegte. Sie war für den Robbenschlag ausgerüstet. Bass' Straße war erst vor zwei Jahren entdeckt und wurde schon für viele nützliche Absichten benutzt. Ein Beweis des unternehmenden Geistes der Kolonisten auf Neu-Süd-Wallis.

südliche Halbinsel, die Point Nepean endigt, ist eine davon, deren Oberfläche mehrenteils sandig und ihre Vegetation an manchen Stellen wenig besser als Strauchwerk ist. Das gezackte Vorgebirge (indented Head) am nördlichen Teil der westlichen Halbinsel bietet einen besonders angenehmen Anblick. Unlängst war das Gras verbrannt worden und war nun wieder grün und zart hervor gesprosst. Die Bäume waren so sparsam verteilt, dass man zwischen ihnen in große Entfernungen hinblicken konnte. Die Hügel erhoben sich nach und nach über einander so allmählich, dass man überall den Pflug hätte brauchen können. Die häufigsten Baumarten sind die Kasuarina, der Eukalyptus, denen Hr. Grimes noch die Banksia, Mimosa und einige andere zuzählt. Das Zimmerholz ist aber selten gesund und nicht groß.

Würde bei Port Phillip eine Niederlassung angelegt, wie wahrscheinlich bald geschehen dürfte, so kann der Eingang leicht verteidigt werden und es würde nicht schwer sein, mit den Eingeborenen in ein freundschaftliches Verhältnis zu treten. Sie sind von der Wirkung des Feuergewehrs unterrichtet und begierig, manche unserer Sitten und Gebräuche anzunehmen. Ich hielt sie für muskulöser als die Anwohner von König Georgs-Sund. Doch unterscheiden sie sich im Allgemeinen nicht weiter von den anderen Urbewohnern der Süd- und Ostküste als durch die Sprache.

Die Wälder werden von Kängurus, Kasuaren, Papageien und vielen Arten kleinerer Vögel bewohnt. Die Schlammbänke besuchen Enten und einige schwarze Schwäne und die Küsten das gemeine, in Neu-Süd-Wallis häufige, Seehuhn (sea-fowl.) Der Stand des Thermometers war zwischen 61° und 67° und das Klima schien so gut und angenehm zu sein, wie man es in einem Monate erwarten konnte, der unserem November entspricht. Im Jahr 1803 wurde Obrist Collins von den Seesoldaten von England abgesendet, um hier eine neue Niederlassung zu gründen. Aber er verließ Port Phillip, um sich an der Südspitze von Van Diemens-Insel anzusiedeln, wahrscheinlich, weil er dort nicht genug süßes Wasser für den Bedarf einer Kolonie gefunden hatte.

Zehntes Kapitel

Abreise von Port Phillip – Kap Schank – Wilsons Vorgebirge und Inseln – Kents Gruppen und Furneaux' Inseln – Ankunft zu Port-Jackson

(Vom 3ten bis 9ten Mai 1802)

Am 3ten Mai fuhren wir bei Tagesanbruch aus Port Phillip und gelangten um 11 Uhr auf die Höhe des Kap Schank, kamen dann an Philipps Insel, deren Ostspitze, Kap Wollamai[115] unter 163° 4' 45" östl. L. und 38° 33' s. Br. liegt, den fünf bis sechs Glennies-Inseln, den Moncuos-Inseln, dem Teufels-Turm und den Sir Roger Curtis'-Inseln vorbei. Kapitän Grant gab ihnen im J. 1800 diese Namen, hatte sie aber nicht entdeckt. Sie sind sämtlich auf meiner 1799 herausgegebenen Karte nach Hrn. Bass Angabe niedergelegt. Erwägt man, dass dieser unternehmende Mann sie aus einem offenen Boot bei sehr schlechtem Wetter entdeckte, so müssen ihre verhältnismäßigen Lagen zu Wilsons Vorgebirge, wegen ihrer richtigen Bestimmung Erstaunen erregen.

Am 9ten Mai früh um 3 Uhr ankerte der Investigator in Sydney-Cove.

Keine einzige Person war an Bord, die nicht auf dem Deck sich befand, als das Schiff in den Hafen einfuhr und im All-

115 Wollamai ist der Name, den die Eingeborenen einem Fisch im Port-Jackson geben, welchen die Ansiedler zuweilen den reitenden Jäger nennen, da die Knochen seines Kopfes einige Ähnlichkeit mit einem Helm haben. Da nun dies Kap dem Kopf dieses Fisches gleicht, gab ihm Hr. Bass den Namen Wollamai.

gemeinen waren sowohl die Offiziere und die Mannschaft gesünder, als bei ihrer Abfahrt von Spithead, und ebenso gut gestimmt. Mehrere Bewohner von Port-Jackson äußerten, sie hätten sich nie so sehr an England erinnert, als durch die muntere Gesichtsfarbe mancher Personen an Bord des Investigators.

Sobald der Anker gefallen war, begab ich mich an das Land, um Sr. Exzellenz, dem Gouverneur von Neu-Süd-Wallis und ältestem Seeoffizier auf dieser Station, Philipp Gidley King, Esq., meine Aufwartung zu machen. Ich teilte ihm einen allgemeinen Bericht über unsere Entdeckungen und Untersuchungen an der Südküste mit und übergab ihm die Befehle der Admiralität und des Staatssekretärs. Se. Exzellenz versicherten mir, dass jeder Beistand, den mir die Kolonie leisten könne, geleistet werden solle, um einen für die Regierung und für ihn selbst so interessanten Dienst zu befördern. Die Lady Nelson lag damals in Sydney-Cove. Ihr Befehlshaber, Lieutenant Grant, hatte um Erlaubnis, nach England zurückzukehren, angehalten.

Außer der Lady Nelson lagen in diesem Hafen das königliche bewaffnete Schiff Porpoise, der Speedy, Süd-Walfischfänger und das Privatschiff Margaretha und außerdem das französische Schiff Le Naturaliste, kommandiert vom Kapitän Hamelin, dem ich Kapitän Baudins Entschluss nach Port-Jackson, sobald es das Wetter gestatte, zu kommen, meldete. Hr. Campbell, Befehlshaber der Brig Harrington, hatte das Boot des Geographen in Bass' Straße aufgefunden, dessen Offiziere und Mannschaft sich dermalen an Bord des Naturforschers befanden.

Am Morgen nach unserer Ankunft fuhren wir an einen passenden Ort an der Spitze und schickten die Zelte, die Segelmacher und Segel und den Böttcher mit den leeren Fässern an das Ufer. Am folgenden Tage wurde das Observatorium aufgestellt und die Zeithalter und andere astronomische Instrumente der Aufsicht des Lieutenant Flinders übergeben, der mit seinem Gehilfen, Hrn. Franklin, die nötigen Beobachtungen anstellen und die Leitung der verschiedenen, hier zu verrichtenden Geschäfte, übernehmen sollte. Eine kleine Abteilung Seesoldaten war zur Beschützung der Zelte gelandet.

Da ich gefunden hatte, dass die Galerie und das Hinterdeck so hoch waren, dass sie nicht nur gegen den Wind zu fahren, sondern auch die Küstenaufnahme hinderten, so willigte der Gouverneur in die erforderliche Abänderung ein. Um den verlorenen Kutter zu ersetzen, schloss ich einen Kontrakt über ein Boot, das nach dem Muster dessen, in dem Hr. Bass seine Fahrt machte, erbaut werden sollte.

Während diese Ausbesserungen betrieben wurden, untersuchte man sogleich alle Schiffsvorräte, auch um die Offiziere und Mannschaft in den Stand zu setzen, ihre Rechnungen zu machen, um ihre Zahlung bis jetzt zu erhalten, eine Vorsicht, welche die Natur unserer Reise besonders notwendig machte.

Nach Beendigung dieses Geschäfts wurden die Matrosen zur Reinigung des Raums, zum Empfang eines neuen Vorrats von Lebensmitteln, angestellt. Der Naturforscher, seine Gehilfen und auch die beiden Maler machten Exkursionen in das innere Land. Ich beschäftigte mich hauptsächlich mit Entwerfung rein gezeichneter Karten über unsere Entdeckungen und Untersuchungen an der Südküste des Austral-Landes, um sie dem Sekretär der Admiralität zu übersenden.

Am 6ten Junius segelte der Speedy nach England. Durch Hrn. Quested, seinen Befehlshaber, übersendete ich der Admiralität eine Nachricht von meinen an der Südküste des Austral-Landes gemachten Entdeckungen. Da die Karten nicht vollendet waren, musste ich auf eine andere Gelegenheit, sie zu übersenden, warten. Dem königlichen Astronomen sendete ich Arnolds Chronometer Nro. 82 und 176, die still standen, zugleich mit einer Angabe der vorzüglichsten, von mir gemachten astronomischen Beobachtungen und einen Bericht, über Earnshaws zwei dergl., Nro. 543 und 520, welche gut zu gehen fortfuhren.

Am 20sten Julius langte Kapitän Baudin mit dem Geographen an und ein Boot wurde vom Investigator abgeschickt, um das Schiff in die Bucht durch Taue schleppen zu helfen. Der elende Zustand, in den sich sowohl die Offiziere als auch die Mannschaft dieses Schiffes durch den Scharbock versetzt sahen, gab einen traurigen Anblick. Von einhundertundsiebzig Mann konnten, nach des Befehlshabers Bericht, nur zwölf ihren Dienst leisten. Die Kranken wurden in das Hospital der Kolonie aufgenommen und beide französische Schiffe mit allem versehen, was nur die Kolonie liefern konnte. Vor ihrer Ankunft hatte die Notwendigkeit, die Zahl des Rindviehs zu vermehren, den Gouverneur verhindert, uns frisches Fleisch zukommen zu lassen. Jetzt wurden aber einige, der Regierung zuständige Ochsen für die unglücklichen Fremdlinge geschlachtet und indem ich eine gleiche Menge Pökelfleisch, das um diese Zeit hier sehr selten war, hingab, erhielt ich ein Viertel eines Ochsen für meine Mannschaft. Die Not der französischen Seefahrer war in der Tat sehr groß gewesen. Aber der Gouverneur und die vornehmsten Bewohner der Kolonie boten alle Mittel auf, ihnen ihr Leiden und den Krieg vergessen zu lassen, der zwischen Frankreich und England damals obwaltete.[116]

116 Hr. Péron erkennt dieses edle Verfahren, welches dem Gouverneur King und den Kolonisten so viel Ehre bringt, in seinem Reiseberichte aufrichtig an.

Gouverneur King erzeigte mir die Ehre, den Investigator zu besuchen und ein Mittagsmahl einzunehmen, bei welcher Gelegenheit er mit den seinem Range als General-Kapitän gebührenden Ehrenbezeigungen empfangen wurde. Nicht lange nachher genoss ich von den Kapitäns Baudin und Hamelin, Hrn. Péron und anderen französischen Offizieren, sowie vom Vize-Gouverneur, Oberst Paterson dieselbe Gunst und sie wurden mit elf Kanonenschüssen begrüßt. Die vor kurzem eingegangene Nachricht des Friedens trug zur Aufheiterung der Gesellschaft bei und machte unser Zusammentreffen weit angenehmer. Ich zeigte dem Kapitän Baudin eine meiner Karten von der Südküste, die den Teil derselben, den er zuerst entdeckt hatte, genau darstellte. Er machte keine Einwendung gegen die darin bezeichneten Grenzen, fand aber seinen Anteil kleiner, als er gedacht hatte, da er von den früheren Entdeckungen des Kapitäns Grant nichts wusste.

Am 21sten Julius 1802 war alles zur Abreise aus Port-Jackson fertig. Der Preis von frischem Fleische war hier so ungeheuer, dass es nicht möglich war, es für öffentliche Rechnung zu kaufen. Inzwischen brachte das Schiff Coromandel den größten Teil der zwölfmonatigen Vorräte, um die ich bei meiner Abfahrt von Spithead angesucht hatte. Von zwei amerikanischen Schiffen, die einliefen, kaufte ich 1483 Gallonen Rum, was mit unseren Vorräten auf zwölf Monate hinreichte. In anderer Hinsicht wurden sie durch das aus England Angekommene ergänzt. Was übrig blieb, wurde in den öffentlichen Magazinen unter Schutz des Kommissärs bis zu unserer Rückkunft niedergelegt.

Da ich die mir fehlende Mannschaft nicht aus freien Leuten völlig ergänzen konnte, so wendete ich mich an den Gouverneur, dass er gestatten solle, dass solche Verurteilte, die sich selbst anböten und gute Empfehlungen bringen könnten, bei mir Dienste nähmen. Dazu meldeten sich neun, von denen mehrere zur See gedient hatten und alle waren stark und gesund. Was sie selbst betraf, so war die Lage, in die sie versetzt wurden, ihnen höchst wünschenswert, da sie die Aussicht hatten, in ihr Vaterland und in die Gesellschaft zurückkehren zu können, die sie ausgestoßen hatte. Schon früher hatte ich viel Vorteil von der Anwesenheit eines Eingeborenen von Port-Jackson zur freundlichen Unterhandlung mit den Urbewohnern anderer Küstenteile gezogen und als ich dieses dem Gouverneur vorstellte, berechtigte er mich zwei an Bord zu nehmen. Bongarih, der schätzbare, brave Mensch, der mit mir auf dem Norfolk schiffte, entschloss sich jetzt freiwillig, mich zu begleiten. Der andere war Nänbarih, ein gut gearteter Jüngling, den schon Obrist Collins in seinem Account of New-South-Wales erwähnt.

Meine Instruktionen lauteten dahin, mich mit dem Gouverneur King über die besten Mittel, die Absicht der Reise zu vollbringen, zu beraten. Sie beorderten mich auch, sobald ich das Schiff zu Port-Jackson in brauchbaren Stand gesetzt hätte, nach der Südküste zurückzukehren. Aber sowohl er, als auch ich selbst waren der Meinung, dass dieses mitten im Winter unratsam sein würde und dass ein sechsmonatiges Verweilen im Hafen, um besseres Wetter zu erwarten, Zeitverschwendung sei. Überdem hatte ich wenig an der Südküste noch zu erforschen übrig gelassen, ein Umstand, den die Instruktionen nicht in Erwägung gezogen hatten. Alles dieses erwogen, wurde entschieden, nach Norden zu schiffen, Torres' Straße und die Ostküste des Carpentaria-Busens – bevor der nordwestliche Monsun eintrete – zu untersuchen, während dessen Dauer diese Untersuchung nach Kräften fortzusetzen, dann die Nord- und Nordwestküsten des Austral-Landes zu erforschen und auf einem solchen Weg, welcher der Absicht der Reise am meisten entspräche, nach Port-Jackson zurückzukehren.

Der Stand des Thermometers an Bord war von 51° bis 69° und beinahe derselbe an der Küste. Der des Barometers war zwischen 29, 60 und 30, 36 Zoll. Merkwürdig ist's, dass er bei schönem Wetter, wenn der Wind von Westen über das Land herkam, am niedrigsten und am höchsten bei regnerischem, trübem Wetter mit Seewind stand. Der mir vom Obersten W. Paterson, Kommandanten der Truppen in Port-Jackson mitgeteilten Belehrung gemäß findet dieses Verhältnis zwischen dem Quecksilber und dem Wetter hier durchaus im Winter statt, wenn die Ostwinde Regen mit sich bringen. Oft hatte auch ich Gelegenheit an der Südküste zu bemerken, dass Seewinde das Quecksilber im Barometer erhöhen, während Landwinde auch bei gutem Wetter es erniedrigen.

Zweites Buch

Begebenheiten während der Umschiffung des Austral-Landes von der Abfahrt von Port-Jackson an bis zur Rückkehr dahin

Erstes Kapitel

Abfahrt aus Port-Jackson mit der Lady Nelson – Untersuchung verschiedener Teile der Ostküste bis zum Sand-Kap – Breaksea Spitze – Ankerung in Herveys Bay, wo die Lady Relson nach einer Trennung sich wieder anschließt – Einige Nachrichten über die Urbewohner – Fahrt zur Bustard-Bay – Entdeckung und Untersuchung des Curtis-Hafens. Nachrichten über dessen Umgegenden – Ankunft in Keppel-Bay und Untersuchung ihrer Arme, deren einer in den Curtis-Hafen führt – Nachrichten über die Urbewohner und die Umgegend von Keppel-Bay

(Vom 22sten Julius bis zum 18ten August 1802)

Da Lieutenant John Murray, Befehlshaber der Brig Lady Nelson, Befehl erhalten hatte, sich unter mein Kommando zu begeben, so händigte ich ihm ein kleines Signalbuch ein und wies ihn an, dass, im Fall der Trennung, er in Herveys-Bay anlegen solle, in die er durch eine Straße, welche die südlichen Walfischfänger zwischen dem Sand-Kap und der Brecherspitze entdeckt hatten, einfahren solle.

Früh am 22sten Julius segelten wir zusammen aus Port-Jackson ab und befanden uns um elf Uhr in einer Entfernung von 2¼ g. Meilen R. W. von dem südlichen Vorgebirge der Broken-Bay, in die sich der Hawksbury ergießt. Dies ist aber nicht Kapitän Cooks Broken-Bay. Indem wir nordwärts in einer Entfernung von ½ bis 1½ g. Meilen von der Küste steuerten, kamen wir bei zwei felsigen, unter dem hohen Ufer liegenden Inseln und bei Sonnenuntergang bei der Kohlen-Insel, am Eingang des Port Hunter vorbei. Kapitän John Shortland entdeckte ihn im Jahr 1797. Bei Port Stephens kamen wir vor Mitternacht vorbei und die Lady

Nelson war zurückgeblieben. Am 23sten Julius Nachmittags um 4 Uhr erblickten wir die drei Brüder, welche 1 bis 1¼ g. Meilen hinter der Küste am östlichen Ende einer Strecke hohen Landes, die aus der inneren Gegend kommt, liegen.

Nördlich von den drei Brüdern ist eine 3 g. Meilen lange, niedrige, mehrenteils sandige Küste. Dann gelangten wir an einen Vorsprung, dessen Gipfel aus kleinen, unregelmäßig gebildeten Hügeln bestand, von denen der nördlichste eine einem Zuckerhute ähnliche Felsenmasse bildet. Weiterhin zieht sich das Land in eine seichte, mit Klippen über dem Wasser angefüllte Bucht zurück. Der Vorsprung wurde »Tacking-Point« (Wende-Spitze) genannt. Die Küste von ihr bis zum Rauch-Kap (Smoky Cape) ist im Allgemeinen niedrig und sandig. Ihre Einförmigkeit wird aber durch felsige Spitzen unterbrochen, die man anfangs für Inseln hält. Hinter denselben ist das Land niedrig, steigt aber schnell zu mäßig hohen Hügeln empor und da diese gut bewaldet sind, gewinnt die Gegend eine angenehme Ansicht. Cooks Beschreibung vom Rauch-Kap ist wahr. Am 25sten Julius, kamen wir abends um 5 Uhr auf die Höhe vom Kap Byron, das von Shoal-Bay 12½ g. Meilen liegt.[117] Am 26sten kamen wir auf die Höhe von Point-Lookout, welche Bestimmung ich schon früher auf dem Norfolk machte, dann das Kap Moreton – Am 27sten umsegelten wir um halb neun Uhr Double-Island-Point, ein steiles Vorgebirge am Ende eines Landrückens, der sich ½ g. Meile vom Land in das Meer erstreckt. Nördlich von dieser Spitze zieht sich die Küste nach Westen zurück und bildet ein steiles Ufer von weißem Sand. Wie wir aber längs der gekrümmten Küste der weiten Bai (Wide Bay) hinfuhren, so wurde das sandige Ufer ziemlich flach und man bemerkte eine schmale Öffnung in demselben, die in einen Teich zu führen schien. Doch

117 Also 7' östlicher als Kapitän Cook es angab.

hindern die vor der Einfahrt derselben liegenden Untiefen den Zugang jedem Schiff, das größer als ein Boot ist.

An der Nordseite der Öffnung befanden sich an die fünfzig Eingeborene, die das Schiff betrachteten und bei Double-Island-Point hatten wir zehn andere gesehen. Dies zeigt hier eine stärkere Bevölkerung als im südlichen Teil des Landes. Ich schloss auch daher, dass die Wasserfläche an der Spitze der weiten Bai groß und seicht sei. Denn an solchen Orten ziehen die Eingeborenen ihre meiste Nahrung aus den hier in Menge befindlichen Fischen, da sie hier leichter gefangen werden können als in tieferem Wasser. So viel wir vom Mastkorbe aus einer Entfernung von ¾ bis 1 g. Meile sehen konnten, dehnte sich diese Wasserfläche 1¼ g. Meilen westwärts bis an den Fuß einiger Hügel aus, die mit dürrem Holz bedeckt waren. Ihre Ausdehnung nach N. und S. konnte nicht erblickt werden und es schien wahrscheinlich, dass ein, vielleicht auch zwei Flüsse in sie fielen. Es schwammen nämlich bei ihrem Eingang einige große Medusen, wie man sie gewöhnlich in den Flussmündungen dieses Landes antrifft. Wir fuhren über die Untiefen der weiten Bai und steuerten gegen N. bis 1½ und von da bis ½ g. Meilen von dem Ufer bis es finster war. Im Allgemeinen waren hier Sträucher, Büsche und einige Bäume über die Hügel, der See gegenüber, zerstreut. Nichts kann aber wohl unfruchtbarer gedacht werden als diese Halbinsel. Aber der aus manchen Gegenden aufsteigende Rauch bestärkte die über die Bevölkerung um die weite her gemachte Bemerkung und bewies, dass süßes Wasser in dieser sandigen Gegend nicht selten sei.

Am 30sten Julius fand sich die Lady Nelson unter Lieutenant Murray wieder bei dem Investigator ein. Hr. Murray pflegte sich immer nah an der Küste zu halten und hatte sich darum sehr verspätet.

Um den Naturforschern Gelegenheit zu geben, die Erzeugnisse um das Sand-Kap zu untersuchen, entschloss ich mich, hier einen Tag zu verweilen. Da man einige Eingeborene am Strand gesehen hatte, wurde ein Boot ausgeschickt, um Bekanntschaft mit ihnen zu machen. Sie zogen sich aber zurück und gestatteten Hrn. Brown ohne Störung zu botanisieren. Am folgenden Morgen ankerte die Brig eine halbe Viertelstunde vom Ufer, um die von uns Landenden zu bedecken und die bewaffneten Boote, die durch Anker außer dem Wirkungskreis der Eingeborenen fest lagen, waren in drei Divisionen geteilt. Der Trupp der Naturforscher, aus sechs Personen bestehend, ging längs der Küste nach dem oberen Teil der Bai hin. Hr. Murray und seine Leute begaben sich an das Land, um Holz zur Feuerung zu schlagen und der Trupp mit mir, auch aus sechs Personen, mit Einschluss Bongarihs bestehend, ging gegen die Spitze des Sandkaps. Mehrere Eingeborene mit Baumzweigen in ihren Händen waren hier versammelt und winkten uns, während sie sich selbst zurückzogen, dasselbe zu tun. Bongarih zog seine Kleider aus und legte seinen Speer weg, damit sie auf ihn warten sollten. Da er aber fand, dass sie seine Sprache nicht verstanden, redete sie der arme Mensch in seines Herzens Einfalt in gebrochenem Englisch an. Endlich gestatteten sie ihm, zu ihnen zu kommen und nach und nach folgte ihm unser ganzer Trupp. Nachdem sie von uns einige Geschenke erhalten hatten, kehrten zwanzig von ihnen mit uns gegen die Boote zurück und wurden am Ufer mit zwei Meerschweinen bewirtet, die zu dieser Absicht an die Küste gebracht worden waren. Um 2 Uhr kehrten unsere Naturforscher zurück und brachten einige der Sacknetze mit, deren sich die Eingeborenen zum Fischfange bedienen. Wir verließen dann unsere neuen Freunde, nachdem wir sie mit kleinen Äxten und anderen Beweisen unseres Wohlwollens beschenkt hatten.

Sie waren ganz nackend und glichen den Anwohnern von Port-Jackson im Äußerlichen sehr. Doch schienen sie fleischiger zu sein, wahrscheinlich, weil sie mit ihren Sacknetzen sich mehr Nahrung verschaffen können, die an den südlichen Teilen der Küste nicht bekannt sind. Die meisten von ihnen hatten eine harte Geschwulst am äußeren Knöchel des Faustgelenks, die, verstand ich sie recht, von der Stange des Sacknetzes, wenn sie es auswerfen, herrührt. Unser Eingeborener verstand kein Wort von ihrer Sprache und sie schienen den Gebrauch seines Womrah oder Wurfstocks nicht zu kennen. Denn da einer von ihnen eingeladen wurde den Bongarih nachzuahmen, der einen Speer damit sehr geschickt und sehr weit warf, warf dieser auf die verkehrteste Weise Wurfstock und Speer zugleich fort. Wir sahen bei diesem Volk nichts einem Kahn ähnliches. Doch muss es gewisse Mittel haben, um kurze Strecken über das Wasser zurückzulegen, da ich im Jahr 1799 fand, dass die Curlew-(Wasserhuhn-) Insel nahe bei dem Vorgebirge dieser Bucht von ihm besucht worden war.

Trotz der ungemeinen Unfruchtbarkeit des Bodens sind die Sandhügel doch größtenteils mit Gebüsch bedeckt und die Täler enthielten Kasuarina- und Eukalyptus-Bäume. Die Küste erstreckt sich fast ganz gegen N. und scheint, mit Ausnahme des Sand Kaps, durchaus aus Bruchstein zu bestehen, der keinen Einfluss auf die Magnetnadel äußert. Was merkwürdig ist, so treffen meine Beobachtungen mit den vom Kapitän Cook vor zweiunddreißig Jahren angestellten in Hinsicht der Abweichungen ziemlich überein.

Am 5ten wurde um 9 Uhr früh eine kleine Öffnung entdeckt und Wasser jenseits der niedrigen Küste erblickt. Die Lady Nelson erhielt Befehl, sich nach einem Ankerplatz umzusehen und um 11 Uhr kamen wir ¼ g. Meile von der Ostspitze der Öffnung auf einem 4 Faden tiefen, braunen Sandgrund vor Anker. Die Öffnung war keine Viertel g. Meile breit, aber man vermutete wegen des in ihr ausgedehnten Wassers, dass sie eine Verbindung mit der an der Südseite des Gatcombe Head liegenden Bucht habe. Da dieses ein der Untersuchung werter Gegenstand war, wurden die Segel eingezogen und die Boote ausgesetzt. Der Naturforscher und seine Gefährten landeten an der Westseite der Einfahrt, wo sich einige Eingeborene versammelt hatten, um das Schiff anzuschauen. Sie zogen sich bei Erblicken der Landenden zurück und benutzten darauf einen Hügel, um auf diese mit Steinen zu werfen. Sie hörten nicht eher auf, als bis zwei bis drei Schüsse über ihre Köpfe abgefeuert waren, worauf sie verschwanden. Sieben Kähne von Rinde lagen am Ufer und unfern derselben hingen auf einem Baume einige Überbleibsel einer Schildkröte und Sacknetze, wie in Herveys Bay.

Ich fuhr in einem Boot die Öffnung weiter hinauf und Lieutenant Murray machte sich mit der Brig auf, mir zu folgen. Aber die Flut strömte so stark über einen felsigen und sehr ungleichtiefen Boden, dass er sogleich ankerte und auf die mittlere Insel kam, wo ich Winkel maß. Wir gingen dann an das westliche Ufer über und bestiegen einen Hügel, der auf der Karte »Hill View« (Ansicht vom Hügel) genannt ist. Von ihm wurde es deutlich, dass dieses Wasser gewiss mit der Bucht südlich vom Gatcombe-Head in Verbindung stehe und dieses zwar durch eine weit beträchtlichere Öffnung als die, in der die Schiffe ankerten und ich wurde veranlasst, einen regelmäßigen Plan für seine Erforschung zu entwerfen. Da die nördliche Einfahrt zu voll von Felsen und Untiefen war, als dass die Lady Nelson durch sie fahren konnte, wenn sie bei dem Aufziehen ihrer verschiebbaren Kiele (sliding keels) gleich nur sechs Fuß tief in das Wasser ging, so wurde Hr. Murray bestimmt, nach der südlichen Öffnung zu gehen, was gegen Sonnenuntergang geschah.

Früh am 6ten August begab ich mich in das Walfischboot mit Vorrat auf zwei Tage und machte einen ziemlich geraden Lauf gegen eine niedrige, an der Südküste liegende und »South-trees point« genannte Spitze. Das Wasser war sehr seicht, mit manchen Klippen und trockenen Bänken, bis sich die südliche Einfahrt schön öffnete und die Wassertiefe zwischen 7 und 3 Faden abwechselte. Diese bildet den inneren Teil der südlichen Einfahrt und Gatcombe-Head. Von dem südlichen Vorgebirge ist jedoch die Breite des Kanals viel kleiner, da ihn vom entgegengesetzten Ufer entspringende Sandbänke verengen.

Da ich nichts von der Brig erblickte, fuhr ich mit der Untersuchung fort und steuerte westwärts nach einer kleinen Insel. Um Mittag erschien die Lady Nelson in der Gegend des Gatcombe-Head. Aber sie nicht erwartend begab ich mich an eine Spitze an der nördlichen Küste, wo das Wasser so tief war, dass ein Schiff sicher zwischen den Klippen und den Bäumen hinfahren konnte. Bei Sonnenuntergang suchten wir auf einer dritten Insel zu landen. Aber eine sie umgebende Schlammbank machte sie unzugänglich. Wir ruderten daher aufwärts und landeten mit Schwierigkeit am westlichen Ufer, bevor es ganz dunkel wurde.

Früh am 7ten August wurde in der gegenüberliegenden östlichen Küste eine kleine Öffnung bemerkt. Ihre Untersuchung verschob ich bis zu meiner Rückkunft und fuhr mit einem frischen Wind 1¼ g. Meile weiter aufwärts. Hier teilte sich der Strom in zwei Arme. Auf dem Teilungspunkt, der bei hohem Wasser eine Insel bildet, lagen einige rötliche, niedrige Klippen, die zweiten, die ich am westlichen Ufer bemerkt hatte. Da ich einsah, dass es keinen wesentlichen Nutzen gewähre, die Untersuchung einer für Schiffe unzugänglichen Gegend fortzusetzen, so kehrte ich zu der kleinen Öffnung im östlichen Ufer zurück, bei der wir in der Nacht vorbeigekommen waren. Die Tiefe des Wassers betrug hier 4

Faden, nahm aber jetzt wegen der Ebbe ab und ich landete, um den Gipfel eines mit wenigem Holze bedeckten Hügels zu besteigen. Von hier aus war die See sichtbar. Bei der Ostküste der kleinen, mit Manglebäumen besetzten Inseln, kamen wir in einem tiefen Kanal vorbei und gelangten am folgenden Tag an Bord des Investigators. Während meiner Abwesenheit waren die Naturforscher täglich am Land gewesen und hatte Lieutenant Flinders astronomische Beobachtungen gemacht. Vergebens aber hatten die Boote versucht, Fische zu fangen. Da an der Ostseite des Hafens keine Eingeborenen erblickt wurden, gab ich einem Teil der Schiffsmannschaft Erlaubnis, nachmittags an das Land zu gehen, um sich ein Vergnügen zu machen.

Da dieser Teil der Küste zur Nachtzeit vom Kapitän Cook beschifft war gehörte uns die Entdeckung dieses Hafens, den ich zu Ehren des Admirals Sir Roger Curtis »Port Curtis« nannte und die Insel, die ihn gegen das Meer schützt und eigentlich den Hafen bildet, erhielt den Namen »Facing Island«.

Die Umgegend um Port Curtis ist mit Gras bedeckt und erzeugt den Eukalyptus und andere, dieser Küste eigene Bäume. Aber der Boden ist entweder sandig oder mit Rollsteinen bedeckt und ganz der Kultur unfähig.

Rot und schwarz gefleckter, nach allen Richtungen zersprungener Granit, schien die Grundsteinart in den oberen Teilen des Hafens zu sein. Auf der größeren Insel vor Hill-View-Spitze fanden wir eine zarte, weiße Erde, die ich für Kalkerde hielt, die aber mit Säuren geprüft, kein Aufbrausen erzeugte.

Die Eingeborenen leben teils vom Fisch-, teils vom Schildkrötenfang und haben Kähne aus Baumrinde und

Sacknetze. Fische schienen im Überfluss vorhanden zu sein, doch gelang es uns nicht, welche zu fangen. Die Küsten sind reichlich mit Muscheln versehen, unter denen in den höheren Teilen des Hafens auch die, welche die Perlen gibt, war. Da diese aber klein und missfarbig sind, haben sie keinen Wert. In den Waldungen sah ich weder Säugetiere noch Vögel. Aber einige Pelikane, Rotgänse und Wasserhühner hielten sich an den Küsten und auf den Untiefen auf.

Am 9ten August ankerten wir in der Keppel-Bay, um die vom Kapitän Cook in derselben angegebenen Öffnungen zu untersuchen, ob sie etwa Mündungen von Flüssen wären, welches jedoch nicht der Fall war. Die hier stattfindende Zusammenkunft mit den Eingeborenen schlug zu beider Zufriedenheit aus. Die Umgegend besteht im Allgemeinen entweder aus steinigen Hügeln oder sehr niedrigem, mit Salzsümpfen und Manglebäumen bedecktem Land. Fast alle Ufer der Bai sind von letzterer Beschaffenheit, so dass nur wenig Orte vorhanden waren, wo man nicht bevor man festen Boden erreichen konnte erst einige Zeit im weichen Schlamme waden und hernach sich einen Weg durch die Manglebäume mit dem Beile bilden musste. Hügel und Täler stehen hier in guten Verhältnissen. Das Gras ist von besserer Art und häufiger. Die Bäume sind sparsam zerstreut und es gibt hier wenig Unterholz. Die niedrigsten Teile sind hier keine Manglebaum-Sümpfe, wie sonst überall, sondern reizende Täler, in deren Tiefen Süßwasser-Teiche liegen, die Scharen von Enten besuchen. Vieh würde hier ziemlich hinreichendes und nahrhaftes Futter finden, obgleich der Boden nicht tief und gut genug sein mag, dem Landbauer eine ergiebige Ernte zurückzugeben.

Wo wir landeten, waren Eingeborene gewesen. Aber bloß in der Nähe des Schiffs erblickten wir einige. Die Herren, die sie sahen, beschrieben sie als große, muskulöse Leute, die den Tauschhandel besser zu verstehen schienen als die meisten oder vielleicht keiner der hier noch angetroffenen Eingeborenen. Am äußeren Knöchel des Faustgelenks hatten sie denselben harten Buckel wie die Umwohner von Herveys-Bay. Vergebens forschte man nach der Ursache, die aber wohl dieselbe ist, die schon bei den Eingeborenen an Herveys-Bay angegeben wurde. Diese Leute waren nicht frei von Neugier. Aber manche Gegenstände, von denen man voraussetzen konnte, dass ihre Neugierde erregt werden würde, blieben von ihnen unbeachtet. Ihr moralisches Benehmen war höchst lobenswert.

Kaum ist nötig, zu melden, dass dieses Volk mehrenteils schwarz und durchaus nackend ist. Neben seinen Feuerstellen waren gewöhnlich die Schalen großer Krabben, die Schilder der Schildkröten und die Überbleibsel einer pastinakähnlichen Wurzel, wahrscheinlich eines Farnkrauts, zerstreut. Außer diesen fangen sie ohne Zweifel Fische und man sah sie im Besitz wilder Enten. Hier sind auch Perlenmuscheln, doch nicht so häufig wie in Port-Curtis.

Zweites Kapitel

Die Keppels-Inseln und Küste bis zum Kap Manifold – Entdeckung und Untersuchung eines neuen Hafens – Neue Einfahrt in die Shoalwater-Bay – Ansicht vom Berg Westall – Verlust eines Bootes – Untersuchung der oberen Teile der Shoalwater-Bay – Einige Nachrichten von der Umgegend und den Anwohnern – Allgemeine Bemerkungen über genannte Bai

(Vom 18ten August bis zum 4ten September 1802)

Die beiden größten der Keppels-Inseln liegen 1¼ g. Meilen von einander. Die südlichste und größte derselben hat 3 g. Meilen im Umkreise. Ihre felsigen Hügel sind zum Teil mit Gras und Waldungen bedeckt und die Wasserabflüsse längs der Seiten, sowie, dass man auf ihr Eingeborene erblickte, zeigte, dass man hier süßes Wasser haben könne.

Am 20sten August fuhren wir längs der Küste der Insel hin, die unter dem Kap Manifold liegt. Letzteres besteht aus mehreren felsigen Vorgebirgen. Die dahinter liegenden Hügel, von denen das Kap genannt ist, erheben sich einer über den anderen und scheinen felsig und unfruchtbar zu sein. Vom Kap Manifold zieht sich die Küste in einen langen sandigen Strand zurück, vor dem einige Klippen liegen. Das Land ist hier sehr niedrig. Am nördlichen Ende des Strandes ist aber ein hügeliger Vorsprung.

Am 21sten August erreichten wir die Herveys-Inseln Cooks und mich überraschte der Anblick von Bäumen, die der Fichte von der Norfolk-Insel glichen, da man, meines Wissens, diesen Baum noch nicht an dieser, auch an keiner anderen Küste des Austral-Landes gefunden hatte. Hinter einer südlicher gelegenen Insel war eine tiefe Bucht in der Küste, die aber ein Hafen von einiger Ausdehnung war, der nicht nur Kapitän Cooks Aufmerksamkeit entgangen, sondern wegen Veränderung des Windes auch bald von uns übersehen worden war. Ich nannte ihn »Port Bowen« und den hügeligen Vorsprung an der Südseite der Einfahrt »Kap Clinton«. Da das Netz ergiebige Ausbeute brachte, auch süßes Wasser vorhanden war, so gab ich dem Lieutenant Flinders den Auftrag, das Schiffsvolk zum Schlagen von Fichten-Baustämmen[118] und Einnahme von Wasser anzuwenden und setzte mich am 22sten August in mein Walfischboot, um den Umfang des Hafens zu untersuchen.

Die Umgegend von Port Bowen ist im Allgemeinen sandig oder steinig und für Kultur unfähig. Doch gibt es außer Fichten noch andere Baumarten, vorzüglich Eukalyptus-Arten und es sind die Täler um Kap Clinton mit ziemlich gutem Gras bedeckt. In den Wäldern waren Kängurus. Habichte und nacktköpfige Spottdrosseln von Port-Jackson fanden sich hier in Menge. Enten, See-Elstern und Rotgänse besuchten die Untiefen bei niedrigem Wasser. Fische waren hier in größerer Menge als in irgendeinem vorher besuchten Hafen. Die mit dem Netz am Wasserstrand gefangenen bestanden größtenteils aus Meeräschen. Haie und fliegende Fische waren zahlreich.

Mount Westall, von dem man eine sehr weite Aussicht genießt, erhielt diesen Namen nach dem die Reise mitmachenden Landschaftmaler Westall. Er und die umliegenden Höhen sind steinig und steil. Fichten wachsen in den Wasserabflüssen und etwas süßes Wasser wurde hier

118 Die Äste sind zwar sehr spröde; aber die Stämme für Sparren und Bretter weit denen der norwegischen Fichte vorzuziehen. Terpentin schwitzt zwischen dem Holz und der Rinde in beträchtlicher Menge aus.

in Höhlen gefunden. Die niedrigeren Hügel sind mit Gras und Bäumen bedeckt, wie auch das tiefere Land, obgleich der Boden seicht und sandig ist. Das Holz ist mehrenteils Eukalyptus.

Am 31sten August gelangte ich an eine bewaldete Insel. Diese Insel war von den Eingeborenen besucht worden und Bäume auf ihr waren eingekerbt, wie es die Leute zu Port-Jackson machen, wenn sie bei Verfolgung der Opossums die Bäume besteigen wollen. Auf dem festen Land, westlich von dieser Insel, wo ich eine halbe Stunde in das Innere hinein ging, fand ich zahlreiche Feuerplätze und andere Anzeigen von Bewohnern, auch viel Spuren von Kängurus. Aber weder ein Tier noch einen Eingeborenen erblickte ich. Um die erloschenen Feuer waren Schildkrötenbeine, Krabben-, Schnecken- und Austernschalen, letztere von der kleinen Art, zerstreut. In den unteren Gründen bemerkte ich mehrere Höhlen, die wahrscheinlich bei dem Nachgraben nach Farnkrautwurzeln von den Eingeborenen gemacht wurden. Ein Iguana, 2 bis 3 Fuß lang, das auf dem Ast eines hohen Baumes auf Beute lauernd saß, war das einzige getötete Tier.

Während meiner Abwesenheit waren die Naturforscher und Künstler an der Westküste der Bay gelandet, wo sie mit sechszehn Eingeborenen zusammentrafen. Ihr Äußeres wurde viel elender geschildert, als das der Anwohner von Keppels- und Herveys-Bay. Doch waren sie friedlich und schienen zu hungern. Sie hatten Kähne von Rinde, die, obwohl nicht so schön geformt, an den Enden doch besser gesichert waren, als die zu Port-Jackson. In denselben lagen Speere, die mit Quarzstücken künstlich zugespitzt waren, um Schildkröten zu töten. Die Zahl der um ihre Feuerplätze her liegenden Schildkrötenschalen zeigte, dass dieses Tier ihre Hauptnahrung mache. Außerdem mögen auch Muscheln und Farnkrautwurzeln dazu dienen.

In jedem Hafen und in jeder Bucht, die wir besuchten war mein erstes Geschäft nach der Landung, den von der See gemachten Auswurf zu untersuchen. Der französische Seefahrer La Pérouse, dessen unglückliches Geschick, wenn er auch noch lebte, mir immer vor Augen schwebte, hatte, wie man glaubte, irgendwo in der Nachbarschaft von Neu-Kaledonien Schiffbruch gelitten. War dieses der Fall, so mussten wahrscheinlich die Überbleibsel seines Schiffes durch die Passatwinde an diese Küste getrieben werden und die Lage des Riffs oder der Insel, wo er verunglückte, anzeigen. Mit einer solchen Anzeige glaubte ich, dass es möglich sei, den Ort aufzufinden und obgleich die Hoffnung, Hrn. La Pérouse oder einen seiner Gefährten ihrem Vaterlande und ihren Freunden wiederzugeben, vernünftigerweise nicht gehegt werden konnte, so würde doch eine Nachricht über ihr Schicksal die Unruhe über die Ungewissheit desselben endigen. Vielleicht wäre es auch noch nicht zu spät, einige Dokumente über ihre Entdeckungen aufzufinden.

Ein Netz wurde am schmalen Strande am Südende der Insel ausgeworfen und eine gute Menge Meeräschen und von einem, einem Seepferdchen ähnlichen Fische an die Küste gezogen, auch eine Art von Makrelen, kleine Fische vom Heringsgeschlecht und einmal ein zwischen vier und fünf Fuß langer Schwertfisch. Sein anderthalb Fuß langes Schwert war mit starken, scharfen Zähnen besetzt und er schwang es so wütend von einer Seite zur anderen, dass es schwer war, ihn an die Küste zu bringen.

Der Fichtenberg (pine mount) ist steinig, doch mit großen Bäumen besetzt. Das Land zwischen ihm und dem Wasser ist begrast, trägt Zimmerholz und hat ziemlich guten, wohl der Kultur fähigen Boden. Er besteht aus dem Grünstein der deutschen Mineralogen. In den östlichen Klippen lag eine weiche, weißliche Erde und an der Nordwestseite der Insel bestand die Küste aus einem Konglomerat von Rollsteinen, kleinen Quarzstücken, Bimsstein und anderen Stoffen.

Sollte eine englische Niederlassung in Shoalwater-Bay angelegt werden, so wäre der bessere Boden und die leichtere Landung um den Fichtenberg dazu vorzuziehen.

Drittes Kapitel

Abfahrt aus der Shoalwater-Bay und Ankerung im Thirsty-Sound – Boot-Expedition nach den nächsten Northumberland-Inseln – Bemerkungen über den Thirsty-Sound – Beobachtungen auf dem West-Hill – Broad-Sound. Ankerung bei dem oberen Vorgebirge – Expedition zur Spitze des Broad-Sounds. Eine andere um Long-Island – Bemerkungen über den Broad-Sound und die ihn umgebende Gegend – Vorteile für eine Niederlassung daselbst

(Vom 4ten bis zu dem 28sten September 1802)

Vom Thirsty-Sound (dem Durst-Sund) als Hafen betrachtet kann man wenig rühmen. N. O. und Ostwinde treiben einen guten Teil des Meeres hinein und er hat nur für drei oder vier Schiffe Raum. Seine Einfahrt lässt sich an zwei runden Hügeln, die an jeder Seite derselben liegen, erkennen. Der nördlichste heißt Pier-Head Die Umgegend ist mit Gras und Holz bekleidet. An der der langen Insel gegenüberliegenden Seite ist aber ersteres zu grob. Bäume sind sparsam zerstreut und der Boden ist für Getreidebau überall zu steinig. Es waren hier manche, doch keine neue Spuren von Eingeborenen.

West-Hill am Broad-Sound besteht aus einem Stein, der mit Quarz oder Feldspat eingesprengt ist. Er hat ein basaltisches Ansehen. Ein Stück desselben an den Theodoliten gehalten zog die Nadel zwei Grad aus ihrer Richtung.

Um die Spitze des Broad-Sounds bildet der Boden eine tonige, mit Gras bedeckte Fläche, die bei Springfluten überschwemmt zu werden schien. Zwischen dem Gras wuchs eine Art von Sinnkraut, dessen Blätter sich in unseren Fußtritten und um dieselben so zusammen krümmten, dass unser Weg einige Zeit zu unterscheiden war.

Gegen den Double-Mount und die Shoalwater-Bay hin, bestand die Gegend aus sanft aufsteigenden Hügeln und ausgedehnten, gut beholzten und anscheinend fruchtbaren Ebenen. Der Fluss an der Spitze des Broad-Sounds konnte von dem Zelt aus ¾ bis 1 g. Meile aufwärts untersucht werden. Aber er kann vielleicht weiter von S. O. herkommen, wiewohl zu schmal sein, als dass man ihn in den Waldungen auffinden oder dass er ein Boot ausnehmen könnte. Bei Port-Curtis war das Urgebirge Granit und dasselbe fand bei dem kleinen Hügel am Broad-Sound statt, von dem ich Kompassstriche nahm. Mehr als ein Mal hatte ich bemerkt, dass Granit zu den Körpern gehört, die auf die Magnetnadel einen Einfluss äußern, und der Anziehung der südlichen und westlichen Bergreihe schreibe ich die große Abweichung der Kompassstriche auf dieser Station zu. Bei Sonnenuntergang kehrten wir in unser Zelt zurück und brachten unter Moskitos, Sandfliegen und Ameisen eine unangenehme Nacht zu.

Am festen Land scheinen die niedrigen Gegenden zwischen den Mangle-Bäumen und den Hügeln einen ziemlich guten Boden zu haben und nach dem Berichte einiger der Naturforscher, die eine Exkursion hinter das Upper-Head gemacht hatten, trugen die Täler gutes Gras und schienen fruchtbar zu sein. Es scheint in der Tat um Broad-Sound und auf der Halbinsel zwischen demselben und der Shoalwater-Bay eine beträchtliche Fläche Landes zu liegen, welche, wenn sie auch dem Anbauer keine reiche Weizenernte gewährte, doch viel Vieh ernähren und Mais, Zucker und Tabak erzeugen könnte. Baumwolle und Kaffee würden an den mehr felsigen Abhängen der Hügel und wahrscheinlich auch auf der langen Insel gedeihen. Sollte man einst darauf denken, innerhalb des Wendekreises eine Niederlassung in Neu-Süd-Wallis zur Unterstützung von Port-Jackson und der südlicheren Kolonien zu gründen, so wird sie wahrscheinlich hier herum angelegt werden. Das große Steigen der Flut bietet hier Vorteile dar, die einst zum Schiffsbau benutzt werden können.

Die besten für Schiffswerfte zu bestimmenden Orte scheinen die oberste der flachen Inseln, wo die Untiefen einen natürlichen Hafen bilden und bei dem Eingang der Öffnung nächst Upper-Head die darin liegende kleine, sandige Insel, die weder mit Mangle-Bäumen bedeckt, noch mit schlammigen Untiefen umgeben ist, zu sein. Die Fichten von Port Bowen, Shoalwater-Bay und den Northumberland-Inseln würden die nötigen Balken und Bretter geben und es ist kein Grund zu glauben, dass der Eukalyptus, der über die ganze Gegend verbreitet ist, nicht für Zimmerwerk, u. s. f. brauchbar sein sollte, wie man dieses südlicher gefunden hat. Kein Eisen wurde in der Umgegend bemerkt. Würde hier aber die tiefer im Land liegende Bergreihe näher untersucht, so könnte man dieses und andere Metalle wohl finden. Die Anziehung, die diese Bergreihen auf die Magnetnadel äußern, scheint diese Vermutung zu bestätigen. Dass hier süßes Wasser zu häuslichem Gebrauch gefunden werden kann, leidet keinen Zweifel.

Wir erblickten weder an den Ufern des Thirsty-, noch an denen des Broad-Sounds Eingeborene. Kängurus sind in den Wäldern, doch nicht zahlreich. Die Untiefen im Sund wurden von Enten und Wasserhühnern besucht. Mehrere Schildkröten wurden auf dem Wasser bei Long Island gesehen und ihre um die Feuerplätze zerstreuten Schalen zeigten, dass sie die Hauptnahrung der Eingeborenen bilden. Wir besaßen die Geschicklichkeit nicht, welche zu fangen. Bei dem Fischfang hatten wir mit Angel und Schnur

nur wenig Glück und das Netz auszuwerfen, gestattete die Beschaffenheit der Küsten nicht.

Das Klima war hier unter einem Grad nördlich vom südlichen Wendekreise zu dieser Jahreszeit, die man als den Frühling betrachten kann und welche die trockenste im Jahr ist, warm. Moskitos und Sandfliegen waren überall in der Nähe der Manglebäume sehr beschwerlich. Wir sahen aber keine Schlangen oder andere giftige Amphibien und Insekten.

Vom Cape Howe bis Port Curtis fällt die Zeit des hohen Wassers zwischen sieben und neun Stunden nach des Mondes Durchgang und es steigt nicht über neun Fuß. Aber von hier gegen N. von Keppel-Bay tritt sie später ein und steigt höher, bis sie im Broad-Sound um elf Uhr eintritt und sich bis fünfunddreißig Fuß erhebt. Die Flut an dieser Küste soll von Südosten und die Ebbe von Nord- oder Nordwesten kommen. Aber wegen der Bildung der Keppel- und Shoalwater-Bay und des Broad-Sounds, deren Eingänge dem Norden oder Nordwesten offen stehen, dringt die Ebbe in dieselben und häuft das Wasser an, so dass sie hier zur Flut wird. Dieses wird die spätere Zeit und das höhere Steigen erklären. Aber ich glaube, es wirkt dazu noch ein anderer Umstand mit. In einer Entfernung von etwa 22½ g. Meilen von der Break-sea-Spitze beginnt ein großer Damm von Riffen, der sich über Broad-Sound hinaus erstreckt. Diese meist trockenen und niedrigen Riffe mögen den freien Zutritt der Ebbe und Flut verhindern und die größere Menge wird zwischen der Break-sea-Spitze und den Riffen früher erscheinen als in den weiter entlegenen Teilen. Nehmen wir an, dass die Riffe sich im Norden des Broad-Sounds endigen, oder dass daselbst eine große Öffnung in ihnen befindlich ist, so wird eine zweite Flut von Norden kommen und die vorige antreffen. Die Anhäufung des Wassers von diesem außerordentlichen Zusammentreffen wird also einen ungewöhnlich hohen Wasserstand erzeugen, ebenso wie das

Zusammentreffen der Ebben und Fluten in den englischen und irländischen Kanälen einen hohen Wasserstand an Frankreichs Nordküste und Englands Westküste hervorbringt.

Dass eine Öffnung in diesen Riffen vorhanden ist, wird späterhin erhellen und Kapitän Cooks Beobachtungen beweisen, dass in einer über einen Grad betragenden Entfernung die Flut von Norden kam.

Viertes Kapitel

Die Percy Inseln, Bemerkungen über sie. Korallenriffe – Elftägige Fahrt zwischen denselben, um eine Durchfahrt in das Meer zu finden – Beschreibung eines Riffs – Ankerung an einer östlichen Cumberland-Insel – Fortsetzung der Korallenriffe und dreitägige, abermalige Fahrt zwischen denselben – Kap Gloucester – Entdeckung einer Öffnung und Verlassen der Riffe – Allgemeine Bemerkungen über die große Barriere

(Vom 28sten September bis zum 21sten Oktober 1802)

Die Percy Inseln bilden eine eigene und zwar die nördlichste Abteilung der Northumberland-Inseln. Sie sind mit Manglebäumen und Fichten bewachsen. Auf vielen ist süßes Wasser vorhanden.

Auf keiner dieser Inseln trafen wir Eingeborene. Ihre sonstige Anwesenheit zeigten verlassene Feuerplätze. Sie kommen hier wahrscheinlich vom festen Land zu gewissen Zeiten her, um Schildkröten zu fangen, worin sie viel geschickter sein mussten, als wir. Kängurus waren auf diesen Inseln nicht. Auch sahen wir keine uns nutzbaren Vögel. Die großen Vampyrs, die zu Port-Jackson fliegende Füchse genannt werden, fanden wir oft unter den schattigen Wipfeln der Palmbäume an ihren Klauen, den Kopf unterwärts, aufgehängt. Ein einsamer Aal von ziemlicher Größe wurde gefangen, als wir die Höhle reinigten, aus der wir früher unsere Wasserfässer füllen wollten.

Fichten, süßes Wasser und Fische mögen zum Besuch der Percy-Inseln einladen. Ein nasses Dock ließe sich da, wo wir ankerten, ohne andere Mühe und Ausgabe anlegen, als den engen Eingang etwas zu vertiefen und ein paar Pforten vor demselben anzubringen. Wäre der Schlamm ausgeräumt, so könnte sie fünfzehn bis zwanzig Kauffahrteischiffe aufnehmen.

Am 9ten Oktober 1802 ankerten wir zwischen den Riffen am Eingang der Torres' Straße. Nachmittags begab ich mich mit einem Teil unserer Gelehrten auf das Riff und da das Wasser rund um dessen Rändern her sehr helle war, zeigte sich eine für uns neue, doch die alte nachahmende Schöpfung. Wir erblickten Weizengarben, Pilze, Hirschhörner, Kohlblätter und verschiedene andere Bildungen unter dem Wasser in lebhaften Tinten, von jeder Schattierung zwischen Purpurfarben, Grün, Weiß und Braun hervorglänzen, die dem Lieblingsbeete des wissbegierigen Blumisten in Schönheit glichen und seine Gegenstände an Größe übertrafen. Es waren Korallen- und Tangarten, die aus dem festen Felsen hervor wuchsen und von denen jede ihre eigene Bildung und Farbe hatte. Während wir aber diesen reichen Anblick betrachteten, konnten wir nicht lange vergessen, welche Zerstörung ihm drohe.

Mehrere abgestorbene Korallen, die in eine dunkelweiße feste Masse zusammengewachsen waren, bildeten die Steinart des Riffs. Die Ränder des Riffs waren vorzüglich da, wo sich das Meer daran brach. Innerhalb derselben fand man Teiche und Höhlen mit lebenden Korallen, Seeschwämmen, Seeeiern und Seegurken[119] und mehrere Riesenmuscheln (Chama Gigas) waren an verschiedenen Orten des Riffs zerstreut. Bei niedrigem Wasser scheint diese Muschel gewöhnlich halb offen zu stehen. Oft aber schließt sie sich mit starkem

119 Sie schienen der Seeschaufel (bêche de mer) oder dem Trepang der Chinesen gleich zu sein, die diese als stimulierendes Mittel betrachten.

Getöse und wirft das in ihrer Beschalung enthaltene Wasser in einem drei bis vier Fuß hoch springenden Strom aus. Durch dieses Getöse und diesen Auswurf entdeckten wir sie, da sie sonst schwer von den Korallenfelsen zu unterscheiden gewesen wären. Wir brachten eine Zahl dieser Muscheln an Bord und kochten sie in den Kesseln. Aber sie hatten einen zu üblen Geruch und wurden nur von wenigen gegessen.

Da beide Schiffe mehrere Anker verloren hatten, so entschloss ich mich, die Erforschung der schmalen Durchfahrten durch das Barriere-Riff, aufzugeben. In diesen strömt die Flut mit außerordentlicher Gewalt; der Boden ist Korallenfelsen und keine Lage kann mit oder ohne Wind gefährlicher sein. Ich entschloss mich daher, für künftige Erforschung einer Durchfahrt alle engen Kanäle zu vermeiden und längs der größeren Riffe hinzufahren, bis sich eine gute und sichere Öffnung von selbst darböte. Denn Kapitän Cook hatte gefunden, dass die Flut, nachdem er bei den Cumberlands Inseln vorbeigekommen war, von S. O. kam, ein Umstand, der eine weite Öffnung nördlich oder nordwestlich von diesen Inseln anzudeuten schien. Am 15ten Oktober langten wir an einer dieser Inseln an, deren fünfzehn entdeckt wurden.

Dieses Kapitel will ich mit einigen allgemeinen Bemerkungen über die Riffe beschließen, die eine so außerordentliche Schutzwehre dieses Teiles von Neu-Süd-Wallis bilden und zwischen denen wir vierzehn Tage segelten, bevor wir eine Durchfahrt durch sie ins Meer finden konnten.

Wie breit die von uns durchschiffte Öffnung gewesen sei, ist ungewiss. Aber da Kapitän Cook stilles Wasser bei seiner Fahrt nach W. und N. W. vom Kap Tribulation, wo er zuerst die Riffe erblickte, fand, so scheint sie nicht groß zu sein und höchstens 15, vielleicht nur 4 g. Meilen zu betragen.

Daher vermute ich mit großer Wahrscheinlichkeit, dass, mit Ausnahme dieser und vielleicht anderer schmaler Öffnungen, unsere Barriere-Riffe mit Kapitän Cooks Labyrinth verbunden sind und sich bis zur Torres' Straße und nach Neu-Guinea erstrecken, was man in keiner anderen bekannten Erdgegend antrifft.

Die Breite der Barriere scheint in ihrem südlichen Teil 11¼ g. Meilen zu betragen, aber gegen N. abzunehmen. Soweit ich gegen Norden die Barriere-Riffe erforschte, so haben sie mit dem Land keinen Zusammenhang

Ein Meerarm ist zwischen diesem Riff und der Küste eingeschlossen, der erst 19 bis 22¼ g. Meilen weit ist, gegen Broad-Sound über aber sich auf 15 und bei Kap Gloucester auf 6¾ g. Meilen verengert. Dies scheint ferner zu geschehen bis etwas über Kap Tribulation hinaus, wo die Riffe dicht an der Küste liegen. Zahlreiche Inseln liegen in dieser eingeschlossenen Wasserfläche zerstreut. Aber so viel uns bekannt ist, finden sich in derselben keine anderen Korallenbänke, als die, welche einige der Inseln umgeben. Da diese Meeresfläche so vor den tiefen Wogen des Ozeans geschützt ist, so eignet sie sich sehr gut für den Küstenhandel.

An der Ostseite dieses Dammes hat das Meer im Allgemeinen eine unmessbare Tiefe; aber innerhalb desselben und zwischen den Riffen kann man die Tiefe ergründen. Wo der Grund sandig ist, ist die Tiefe wenig verschieden. Aber in eben dem Verhältnis, wie die Breite der Riffe und des Meerarms, den sie umschließen, abnimmt, nimmt auch die Meerestiefe, je mehr man gegen N. kommt, ab. Je mehr unter dem Winde, je niedriger das Wasser, scheint bei Korallenriffen ein Gesetz zu sein.

Fünftes Kapitel

Fahrt vom Barriere-Riff nach Torres' Straße Riffe, »Eastern Fields« (östliche Felder) genannt – Einfahrt der Pandora in diese Straße – Ankerung bei Murrays Inseln. Umgang mit den Urbewohnern – Half-way (halben Wegs) Island – Notizen über die allgemeine Bildung der Korallen-Inseln – Des Prinzen von Wales Inseln und Bemerkungen über sie – Wallis' Inseln – Einfahrt in den Carpentaria-Busen – Übersicht der Fahrt durch Torres' Straße

(Vom 21sten Oktober bis zum 3ten November 1802)

Die letzten Riffe waren abends am 21sten Oktober außer Gesicht und wir setzten unseren Lauf nach der Straße des Torres' fort. Aber die Barriere war zu wenig entfernt, um nicht noch einzelne Riffe zu befürchten und ich hielt es für zu gewagt, während der Nacht durch diese Straße zu fahren.

Ein Stück Land ist südwestlich von den ersten Riffen angegeben. Aber dessen Dasein ist sehr zweifelhaft. Denn alles, was Hr. von Bougainville darüber (II. 169) sagt, ist: »Manche glaubten niedriges Land südwestlich von den Klippen zu sehen.«

Am 28sten wurde eine Klippenbank, die sich ½ bis 1½ g. Meile von S. W. zu W. gegen N. O. erstreckte, früh um 8 Uhr entdeckt. Dann waren keine Riffe zu sehen.

Obgedachte Riffe liegen nahe einen Grad östlich von denen, welche die Kapitäns Edwards und Bligh, als sie in Torres' Straße einfuhren, entdeckten. Von diesem Punkte dehnt sich die östliche Klippenlinie nach S. S. W. 2½ bis 3 g. Meilen aus. Wie weit aber die Riffe gegen S. W. gehen, konnte nicht ausgemittelt werden. In dem Glauben, dass dieses die erste

Entdeckung dieser Korallenbänke gewesen sei, nannte ich sie »Eastern Fields« (östliche Felder), um dadurch ihre Lage von anderen Riffen in der Torres' Straße zu unterscheiden.

Unsere Breite Mittags am 28sten Oktober war gerade dieselbe der Öffnung, durch welche Kapitän Edwards im Jahr 1791 mit der Pandora in diese Straße eingefahren war. Ich nenne sie daher »Pandoras Einfahrt«. Diese Öffnung scheint der weiter nördlich liegenden, durch welche Kapitän Bligh und Hr. Bampton in die Riffe gelangten, vorzuziehen, vorzüglich, da sie gerade nach den Murrays-Inseln führt, an denen ich, wo möglich, ankern wollte.

Nachdem wir bei Portlocks Riff (so vom Kapitän Bligh genannt) vorbeigekommen waren, so gelangten wir am 29sten bei den Murrays-Inseln an.

Eine Menge an verschiedenen Orten aufgestellter Pfähle, vorzüglich zwischen den Inseln, erschienen in einiger Entfernung als die Masten von Canots und ließen mich fürchten, dass die Anwohner der Straße hier eine Flotte versammelt hätten. Als wir aber näher kamen, so fanden wir, dass die Pfähle auf Riffen standen und wahrscheinlich für den Fischfang aufgestellt waren. Kaum hatten wir geankert, als zwischen vierzig bis fünfzig Eingeborene in drei Kähnen anlangten. Sie wollten nicht am Schiff anlegen, sondern hielten sich davon etwas entfernt und hielten Kokosnüsse, Absätze von Bambus mit Wasser gefüllt, Pisangs, Bogen und Pfeile in die Höhe, indem sie riefen: Tuhrih! Tuhrih! (Eisen!) und Mämmuhsih! Bald begann ein Tauschhandel, der auf folgende Art geführt wurde. Hielt man ein Beil oder ein anderes Stück Eisen in die Höhe, so boten sie ein Bündel grüner Pisangs, einen Bogen und ein Bund Pfeile, oder was sie sonst zum Tauschhandel für dienlich achteten, dar. Wurden Zeichen der Einwilligung gemacht, so sprang der Eingeborene mit seiner Tauschware aus dem Kahn, kam an die Seite des Schiffes und händigte sie dem ein, der zu ihm vom Borde kam. Hatte er dann sein Beil u. s. f. erhalten, so schwamm er wieder zum Kahne hin. Ihre Begierde Tuhrih zu erhalten, war groß und zuerst nahmen sie jede Sache, die aus diesem Metalle gemacht war, an. Ward aber nachher ein Nagel einem Eingeborenen gezeigt, so schüttelte er den Kopf und man verstand ihn gut genug.

Bei Sonnenuntergang kehrten zwei Kähne nach Murrays-Insel zurück, indem sie mit mehrerer Geschwindigkeit gegen den Wind ruderten, als eines unserer Boote vermocht hätte. Das dritte zog ein schmales, senkrechtes Segel zwischen zwei Masten im Vorderteil des Kahnes auf und steuerte nach N. W., wie ich glaubte nach Kapitän Blighs Darnleys Insel.

Ich vergaß nicht, dass die Bewohner dieser Insel im Jahr 1792 einen Angriff auf die Schiffe Providence und Assistant machten und dass Hrn. Bampton im Jahr 1793 einiges Volk auf Darnleys Insel abgeschnitten hatte. Die Seesoldaten wurden also unter die Waffen gestellt, die Kanonen gereinigt und Lunten angezündet. Offiziere erhielten den Auftrag, auf jede Bewegung in jedem Kahn, solange er nahe dem Schiff war, zu achten. Alle Kähne waren mit Bogen und Pfeilen versehen. Aber kein Anschein von Feindseligkeit fand statt.

Am folgenden Tag besuchten uns die Eingeborenen mit sieben Kähnen. Einige derselben kamen unter das Hinterteil des Schiffs und fünfzehn bis zwanzig an Bord, die Perlmutterschalen und Halsbänder von Kauris (eine kleine weiße Schneckenart) in ihren Händen brachten, für welche, sowie für Bogen und Pfeile, sie mehr des köstlichen Turrih erhielten.

Da ich wünschte, die Freundschaft und das Zutrauen dieser Inselbewohner solchen Schiffen, die in der Folge durch die Torres' Straße kommen könnten, zu sichern, aber kein

Oberhaupt unter ihnen unterscheiden konnte, wählte ich den ältesten Mann und beschenkte ihn mit einer Handsäge, einem Hammer, Nägeln und einigen anderen Kleinigkeiten. Hierauf bemühten wir uns, ihm deren Gebrauch zu zeigen, aber, wie ich glaube, ohne Erfolg. Denn der arme, alte Mann wurde, wie er sich so besonders ausgezeichnet sah, furchtsam.

Die Farbe dieses Volkes ist dunkel schokoladenbraun. Es besteht aus tätigen, muskulösen Männern, die etwas mehr als mittlerer Größe sind. Ihre Gesichter drücken das Gefühl eines schnellen Verdachtes aus. Ihre Bildung und ihre Haare gleichen denen der Eingeborenen von Neu-Süd-Wallis und sie gehen gleichfalls ganz nackend. Manche tragen Verzierungen von Muscheln oder geflochtenen Haaren oder Fasern von Rinde um ihren Bauch, Nacken und Knöchel. Unser Freund Bongarih verstand nichts von ihrer Sprache. Auch schienen die Eingeborenen ihm wenig Aufmerksamkeit zu erzeigen und er selbst schien seinen eigenen minderen Wert zu fühlen und spielte nur eine klägliche Rolle unter ihnen.

Die größte der Murrays-Inseln ist sehr hoch und den Hügel an ihrem westlichen Ende kann man vom Verdecke eines Schiffs in einer Entfernung von 6 bis 7 g. Meilen bei hellem Wetter sehen. Die beiden kleineren Inseln scheinen aus dem Meer steil aufsteigende, schwer zugängliche Höhen zu sein. Wir sahen auf ihnen weder Feuer noch andere Spuren von Bewohnern. An den Küsten der größeren Insel waren mehrere mit Palisaden, wahrscheinlich von Bambusrohr, umgebene Hütten. Kokosnussbäume waren sowohl in den niedrigen Gründen, als an den Seiten der Hügel, im Überfluss vorhanden. Pisangs und andere Früchte brachte man uns an Bord. Mehrere Eingeborene saßen in Gruppen am Ufer und von den sieben Kähnen, welche am Morgen an das Schiff kamen, hielt jeder 10 bis 20 oder alle zusammen gegen 100 Mann. Nimmt man nun an, dass diese 100 Mann die Hälfte der auf die Insel gehörenden Männer waren, rechnet dazu ebenso viel Frauen und 300 Kinder, so muss die Volksmenge der Murrays Inseln 700 betragen und diese fast gänzlich der größeren Insel angehören.

Am 30sten Oktober landete ich mit den Naturforschern auf einer Insel, die wahrscheinlich zu Hrn. Bamptons Cornwallis' Rang gehörte, die zwar wenig besser als eine Sandbank auf einer Grundlage von Korallenfelsen, aber mit Bäumen und Sträuchern so dicht bedeckt war, dass man an manchen Orten darauf nicht fortkommen konnte. Der nordwestliche Teil ist durchaus sandig.

Es schien, dass diese kleine Insel gelegentlich von den Eingeborenen besucht wurde, welche von ihr die Frucht des Pandanus und wahrscheinlich auch Schildkröten erhielten, da man Spuren von diesen fand. Da kein Wasser auf dieser Insel ist, so scheinen sie folgenden Ausweg aufgefunden zu haben. Lange Streifen von Rinde werden um die schlanken Stämme des Pandanus gewunden und deren freie Enden in die unten aufgestellten Muschelschalen geleitet. Durch diese Streifen wird der Regen, der am Stamme und an den Ästen des Pandanus herabfließt, in diese Muscheln geleitet und erfüllt sie bei jedem starken Schauer. Da nun jede Muschel zwei bis drei Pinten enthalten kann, so können vierzig oder fünfzig unter verschiedene Bäume verteilt einer guten Zahl Menschen Wasser liefern.

Diese kleine Insel, oder vielmehr das sie umgebende Riff, das ¾ bis 1 g. Meile lang ist, gewährt Schutz gegen die Südostwinde und da sie eine mäßige Tagereise von Murrays-Inseln entlegen ist, so bildet sie einen passenden, nächtlichen Ankerplatz für ein Schiff, das durch Torres' Straße geht. Ich benannte sie »Half-way Island« (Halbwegsinsel). Vor nicht gar langer Zeit war sie eine der Bänke, die durch

Anschwemmung von Sand und zertrümmerten Korallen entstanden, wovon die meisten Riffe Zeugnisse und die in der Torres' Straße eine große Menge Belege liefern. Diese Bänke sind auf verschiedenen Stufen der Fortschreitung. Manche sind, gleich dieser, zu Inseln geworden, aber noch nicht bewohnbar. Manche sind über dem hohen Wasserstand, aber ohne Vegetation, während andere bei jeder Flut überschwemmt werden.

Mir scheint es, dass, wenn die Tierchen, welche die Korallen auf dem Grunde des Ozeans bilden, zu leben aufhören, ihre Gebäude entweder wegen einiger klebrigen Überbleibsel oder wegen einer besonderen Eigenschaft des Salzwassers aneinander hängen bleiben und dass die Lücken allmählich mit Sand und zerbrochenen Korallenstücken durch Anspülung des Meeres ausgefüllt werden, welche gleichfalls dort hängen bleiben, so dass endlich eine Felsenmasse gebildet wird. Nachfolgende Stämme dieser Tierchen errichten ihre Wohnungen auf der entstehenden Bank und sterben in der Bemühung, dies Denkmal ihrer wundervollen Arbeiten zu erweitern, vorzüglich aber zu erhöhen. Die Sorge in den früheren Zeiten senkrecht zu arbeiten beweist einen erstaunenswerten Instinkt in diesen kleinen Geschöpfen. Ist ihre Korallenmauer bis zum Meeresspiegel empor geführt, so gewährt sie einen Schutz, unter dem sie ihre erzeugten Kolonien sicher aussenden können; und dieser instinktmäßigen Vorsicht scheint es zuzuschreiben zu sein, dass die dem Wind ausgesetzte Seite eines Riffs, das der offenen See frei steht, gewöhnlich der höchste Teil desselben ist und in der Regel senkrecht zuweilen aus einer Tiefe von 200 und mehr Faden emporsteigt. Es scheint zur Existenz dieser kleinen Tiere erforderlich, dass sie immer mit Wasser bedeckt sind. Denn sie arbeiten nicht, ausgenommen in den Höhlen auf dem Riffe, jenseits des niedrigen Wasserstands. Aber der Korallensand und andere zerstörte Überreste setzen sich an den Felsen fest und bilden eine solide und so hohe Masse mit ihm, wie die gewöhnlichen Fluten reichen. Ist diese Höhe überstiegen, so verlieren die künftig anschwimmenden Überreste ihre anhängende Eigenschaft und bilden auf dem Gipfel des Riffes das, was man den Schlussstein nennt. Nicht lange dauert es, so besuchen die Seevögel die neue Insel. Salzpflanzen schlagen ihre Wurzeln hinein und ein urbarer Boden fängt sich zu bilden an. Eine Kokosnuss oder eine Pandanusfrucht wird an das Ufer getrieben. Landvögel besuchen sie und legen auf ihr Samen von Sträuchern und Bäumen nieder. Jede hohe Flut und vorzüglich jeder Sturm fügen der Bank etwas bei. Nach und nach ist die Form einer Insel hergestellt und zuletzt kommt der Mensch, um von ihr Besitz zu nehmen.

Am 2ten November erreichten wir Goods Insel, unserem botanischen Gärtner zu Ehren so genannt. Sie gleicht dem übrigen Teil der Gruppe darin, dass sie hügelig, bewaldet und felsig ist und unter dem Wind kleine Buchten hat. In Menge wuchs eine Art von Seidenbaumwollen-Pflanze (Silk-cotton plant). Die Fasern in der Hülse sind stark und haben einen feinen Glanz. Vielleicht wären sie vorteilhaft in Manufakturen anzuwenden. – Jetzt war entschieden, dass die, Schilderhäusern gleichenden, Figuren weiße Ameisenhügel von acht und mehr Fuß Höhe waren. Pelsaert fand ähnliche Hügel an der Westküste und sagt: »Man hätte sie für Häuser der Eingeborenen halten können.« Auch Dampier sah sie an der Nordwestküste und irrte sich auf gleiche Art. Aber er sagt, er hätte gefunden, dass es Felsen seien, wahrscheinlich, weil er die Untersuchung nicht mit seiner gewöhnlichen Sorgfalt machte. Die sie bewohnenden Ameisen sind klein, rötlich, haben schwarze Köpfe und scheinen eine träge, schwache Art zu sein. Wir trafen hier die gemeine, schwarze Fliege in ungeheurer Menge und sie war uns ebenso lästig, wie Dampier die an der Nordwestküste beschreibt.

Sechstes Kapitel

Erforschung der Küste an der östlichen Seite des Busens von Carpentaria – Landung bei dem Coen-Fluss – Spitze des Busens – Ankerung bei Sweers' Insel – Zusammenkunft mit den Eingeborenen auf der Horse-shoe-(Hufeisen-) Insel – Das Schiff wird in einem verfallenen Zustand befunden – Allgemeine Bemerkungen über die Inseln an der Spitze des Busens und ihre Bewohner – Astronomische und nautische Beobachtungen

(Vom 4ten November bis zum 1sten Dezember 1802)

Am Morgen des 4ten Novembers kamen mehrere Landvögel an Bord, welche die Größe einer Taube hatten, aber schlanker waren. Wollte man sie ergreifen, so wehrten sie sich verzweifelt, da sie an jedem Flügel mit einer starken Klaue zum Kampf bewaffnet waren. Diesen Vogel hatten wir schon im Port-Philipp an der Südküste gesehen. Er gehört zu dem Geschlecht Tringa und ist mit der Tringa Goensis nahe verwandt.

Am 7ten wurde eine schmale Öffnung in der Küste entdeckt und da die Naturforscher die Produkte dieser Gegend zu untersuchen wünschten, wurde das Walfischboot ausgesetzt Als wir uns ihr näherten, fuhr ein Kahn oder etwas Ähnliches von der Nord- bis zur Südseite hin und wieder. Der Ruderer bediente sich beider Hände zum Rudern, gleich den Bewohnern der Murrays Inseln. An der Nordseite befand sich ein Trupp Eingeborener und Bongarih ging nackend und waffenlos an die Küste zu ihnen. Ob sie nun gleich Speere hatten, zogen sie sich doch vor ihm zurück und alle unsere Bemühungen, mit ihnen einen Verkehr zu veranstalten, waren vergebens. Es war für unsere Naturforscher nicht sicher, in Gegenwart dieses verdachtvollen Volkes zu botanisieren und deshalb ruderten wir ½ Stunde weiter hinauf, gegen einen grün aussehenden Ort an derselben Seite und landeten da ungefähr um Mittag.

Während die Botaniker ihre Untersuchungen anstellten und ich längs dem Ufer ging, um einige Vögel zu schießen, ertönten mehrere Rufe in dem Walde, als wenn Volk gegen uns anrücken wolle. Da nun hier eine zu schöne Gelegenheit war, von den Eingeborenen heimlich umgebracht zu werden, versammelten wir uns und zogen uns in unser Boot zurück, um ihre Ankunft zu erwarten. Da ein Seewind eingetreten war und die Eingeborenen sich nicht sehen ließen, ruderten wir an den ersten Ort zurück, wo die Gegend offen war und unsere Naturforscher botanisierten, während auf den Sandhügeln Wachen aufgestellt waren. – Vergebens sah ich mich nach dem Kahn um, der hier gelandet hatte, sowie nach Hütten der Eingeborenen.

Bevor wir das Ufer verließen, wurde ein Beil an einen Baumast befestigt, so dass es von der Wasserseite deutlich in die Augen fiel. Kaum waren wir wieder in das Boot gestiegen, als der Trupp Eingeborener, dessen Zahl sechszehn betrug, wieder erschien und uns zurief. Wie wir des Bootes Spitze aber gegen sie kehrten, liefen sie davon. An der Südseite der Einfahrt waren vier andere Eingeborene, die auch bei unserer Annäherung fortliefen. Wir steckten also ein anderes Beil für sie in den Strand und kehrten zu dem Schiff zurück.

Dies Volk war durchaus nackend und glich sowohl in der Farbe als in jeder anderen Hinsicht den Bewohnern der östlichen und südlichen Küsten des Austral-Landes. In der Straße des Torres' waren Bogen und Pfeile die Angriffswaffen. Aber hier sahen wir nur Speere. Jeder Mann hatte mehrere in seiner Hand und etwas, von dem man vermutete, es sei ein Wurfstock.

Am 8ten November fiel mittags die von der holländischen Jacht Duyfhen im Jahr 1606 entdeckte Spitze uns in die Augen, welche auf der holländischen Karte nicht angegeben ist. Damit aber die Erinnerung daran nicht verloren gehe, nannte ich sie »Duyfhen-Point«.

Am 9ten kamen wir mittags bei einem über die Küste hervorspringenden, etwas höheren und sich durch einige rote Klippen auszeichnenden Vorgebirge vorbei, welches auf der holländischen Karte angemerkt ist. Aber ich nannte es »Pera-Head«, um den Namen des zweiten Schiffes, welches im Jahr 1623 längs dieser Küste segelte, aufzubewahren.

Am 13ten November sah man vom Mastkorbe einen Strich, der zuverlässig eine beständige oder doch eine einstweilige Verbindung mit dem Meere hatte. Aber man konnte keine solche entdecken. Der kleine, hier befindliche Vorsprung ist auf der alten holländischen Karte als Staaten-Fluss bezeichnet. Wo man aber diesen Fluss finden kann, weiß ich nicht.

Nachmittags war unser Lauf längs der Küste mehr westlich und dieses, mit der zunehmenden Seichtigkeit des Wassers, ließ mich besorgen, dass ich den Busen so beendigt finden würde, als er auf alten Karten dargestellt ist und dass die Hoffnung auf eine Straße oder Durchfahrt aus demselben nach irgendeinem anderen Teil des Austral-Landes vergeblich sei. Um 4 Uhr befanden wir uns einer kleinen Öffnung gegenüber, welche der auf der holländischen Karte am südöstlichen Ende des Busens bezeichnete Caron-Fluss zu sein scheint. Was er nun auch zu Tasmans Zeiten gewesen sein mag, so würde dermalen kein Seefahrer versuchen, mit einem Schiff in ihn einzufahren.

Am 15ten wurde die südlichste Spitze des Busens von Carpentaria entdeckt, die aber vielleicht noch etwas südlicher in das Land dringen kann. Von hier nahm jedoch die Küste eine nordwestliche Richtung.

Am 19ten wurde eine 2 bis 2¾ g. Meilen lange Insel in diesem Busen entdeckt und nach dem Lord William Bentinck Bentincks-Insel genannt, sowie eine zweite, die den Namen »Allens-Insel«, nach dem praktischen Bergmann unserer Expedition, erhielt.

Allens-Insel ist zwischen 1 und 1¼ g. Meilen lang und obwohl im Allgemeinen unfruchtbar, so trägt sie doch Büsche, kleine Bäume und etwas gutes Gras. Sie ist durchaus niedrig und ihr Südostende ist klippig. Kein frisches Wasser fand man an der Küste, auch keinen Platz, wo Fässer gelandet werden konnten. Nachdem ich eine Reihe Kompassstriche aufgenommen hatte, überließ ich die Naturforscher ihrer Willkür und ruderte nordwestlich, um die Insel rund zu umschiffen. Aber ein undurchfahrbares Riff dehnte sich so weit aus, dass dieser Plan aufgegeben werden musste. Nachdem ich Winkel von einer dieser Klippen genommen hatte, begab ich mich ostwärts auf eine ½ g. Meile entfernte, kleinere Insel, wo ich verschiedene Eingeborene sah. Das Wasser war zu seicht, als dass das Boot sich ihnen nähern konnte. Doch landeten wir in einer kleinen Entfernung von ihnen und gingen hinter drei Männern her, die sechs kleine Flöße nach den äußersten nördlichen Felsen schleppten, auf denen drei andere Eingeborene saßen.

Da diese Männer ihre Flöße nicht verlassen wollten, so war eine Zusammenkunft unvermeidlich. Einer von uns ging unbewaffnet auf sie zu und da Zeichen gemacht wurden, dass sie ihre Speere niederlegen sollten, so verstanden sie dieses so, dass sie sich niedersetzen sollten, welches sie auch taten. Nach und nach wurde ein freundliches Verhältnis hergestellt. Sie nahmen einige rot gesponnene Mützen und Netze an sowie ein Beil und ein Hohleisen, deren Gebrauch ihnen sogleich deutlich wurde, als man ihnen denselben erklärte. Zum Dank gaben sie uns zwei sehr unbearbeitete Speere und ein Womerah oder einen Wurfstock, fast von derselben Gestalt, wie die haben, deren die Eingeborenen um Port-Jackson sich bedienen.

Die Flöße bestanden aus mehreren geraden, stark getrockneten Ästen des Manglebaumes, die mit den breitesten Enden an der einen Seite, so dass sie hier einen breiten Teil bilden, verbunden sind und sich an der anderen Seite in eine Spitze schließen. Nahe bei dem breiten Ende war ein Bündel Gras, auf dem der Mann, der rudert, sitzt. In der Tat hätte ich schwerlich vermutet, dass es einen Mann über dem Wasser erhalten könne. Auf einem der Flöße befand sich ein kurzes Netz, das wegen der Größe seiner Maschen wahrscheinlich zum Schildkrötenfang bestimmt war. Auf einem anderen war ein junger Haifisch. Dieses mit ihren Rudern und Speeren schien der ganze Betrag ihrer irdischen Reichtümer zu sein.

Zwei von diesen drei Männern waren schon in den Jahren vorgerückt und nach ihrer Gesichtsbildung schienen sie Brüder zu sein. Mit Ausnahme zweier Oberhäupter von Tahiti, waren sie die größten der Eingeborenen, die ich je sah. Beide Brüder waren drei bis vier Zoll länger als mein Oberbootsmann, der fünf Fuß, elf Zoll lang ist. Durch Stärke oder schlanken Wuchs zeichneten sie sich nicht aus. Gleich den meisten Australiern haben ihre Schenkel nicht das Verhältnis zu ihren Köpfen und ihren Leibern, was die der Europäer haben. Der dritte Eingeborene war nicht so groß wie die beiden anderen; aber nach unseren Begriffen besser proportioniert. Ihre Bildung unterschied sich übrigens nicht bedeutend von der ihrer Landsleute an den Süd- und Ostküsten. Aber jedem von ihnen fehlten zwei Vorderzähne in der oberen Kinnlade. Ihr Haar war kurz, aber nicht kraus und ein netzartiges Gewebe, welches der jüngste Mann um seinen Kopf gewickelt hatte, war die einzige Zierrat oder Kleidung, die man bei ihnen sah. Zu meinem Erstaunen hatten die beiden Alten die Beschneidung erlitten. Aber die Stellung des Jüngsten, der immer sitzen blieb, gestattete nicht, dass über ihn eine Beobachtung gemacht werden konnte.

Nachdem ich fünf Minuten mich bei ihnen aufgehalten hatte, schlugen die alten Männer mir vor, zu unserem Boot mitzugehen. Dieses wurde bewilligt und wir gingen Hand in Hand mit ihnen. Aber sie hielten auf dem halben Weg an und indem sie etwas zurücktraten, hielt der Älteste eine kurze Rede, welche er mit dem emphatisch ausgesprochenen Wort »Oschärih!« beschloss. Dann kehrten sie zu ihren Flößen zurück und schleppten sie zu ihren drei Gefährten, die auf den entferntesten Felsen saßen. Ich vermutete, dass sie Frauen waren und dass der Vorschlag der Männer, mit uns zu unserem Boot zu gehen, eine Erdichtung war, um uns von jenen zu entfernen. Es schien jedoch nicht, dass die Weiber sich so vor uns fürchteten, als dieses die Männer in ihrer Hinsicht zu tun schienen. Denn, obwohl wir zurückkehrten, den Flößen vorbei und ihnen viel näher als zuvor kamen, so beschäftigten sie sich ruhig mit der Sammlung von Austern. Mein Wunsch war es nicht, dieses arme Volk zu beunruhigen. Daher ließen wir sie auf ihrem eigenen Weg und nahmen die entgegengesetzte Richtung zur Untersuchung der Insel.

Dieses niedrige Landstück erhielt wegen seiner Form den Namen »Horse-shoe Island« (Hufeisen-Insel.) Es gibt auf derselben sehr wenig Sandboden und, mit Ausnahme der

Manglebäume an der Küste, trägt sie nichts weiter als Gebüsch. Wir fanden keine einzige Hütte. Aber das um zwei oder drei benachbarte Feuerplätze herliegende, dürre Gras, zeigte den letzten Aufenthalt der Eingeborenen hier an. Daneben lagen mehrere große Schneckenmuscheln; wahrscheinlich die Gefäße, in denen sie Wasser vom festen Land hierher gebracht hatten. Denn keines war auf dieser Insel zu finden, auch kein Anschein da, dass man sich welches verschaffen könne. Schalen und Knochen von Schildkröten waren in Menge umher zerstreut.

Indem ich am Abend auf das Schiff zurückkehrte, steuerte ich von Horse-shoe nach dem Südostende von Allens Insel und sondierte den Kanal zwischen beiden. Dieser Weg war kein passender Durchgang für das Schiff und da erachtete ich es für das ratsamste, zurückzukehren und das Schiff zwischen Bentincks- und Sweers'-Inseln zu legen, bis das notwendige Kalfatern geendigt sei. Man hatte auf beiden Inseln Eingeborene gesehen und dieses gab Hoffnung, dass man noch Wasser finden werde, um die Behälter vor Eintritt des schlechten Wetters durch den Nordwest-Passat, den man jeden Tag erwartete, damit zu füllen.

Bei Tagesanbruch am anderen Morgen wurde der Anker gelichtet und da wir gegen widrige Winde arbeiten mussten, wurde die Breite des Schiffsdurchganges zwischen Bentincks Insel und dem südlichen festen Land bestimmt und sondiert. Abends ankerten wir im Dunkeln ⅛ g. Meile von der westlichen Sandspitze der Sweers Insel. Dieser Ankerplatz zwischen zwei Inseln, obgleich man diesen Platz keinen Hafen nennen kann, ist doch fast ebenso gut geschützt und ich nannte ihn »Rhede des Investigators«.

Am folgenden Tag wurde ein Boot ausgesendet, um mit dem Netz an Sweers Insel zu fischen. Die Naturforscher teilten sich in zwei Parteien, um beide Inseln zu besuchen und die Zimmerleute begannen die Starbord- (rechte) Seite des Schiffs zu kalfatern. Ich wiederholte die Beobachtungen unter dem Inspektions-Hügel, um den Gang der Zeithalter kennen zu lernen. Als ich bei meiner Rückkehr erfuhr, dass der Unterbefehlshaber auf dem zum Fischfang bestimmten Boot eine kleine Höhle mit etwas schmutzigem Wasser, neben dem eine Muschel lag, entdeckt habe, so gab ich Befehl, dass dieser Ort bis auf elf Fuß ausgegraben werden solle. Unter dem Ton fanden wir einen Boden von Steinen und grobem Sand und dass das Wasser hell und sehr geschwind hinein floss. Dieses war eine große Erwerbung, besonders da die Quelle nicht fern vom Strand, an der Westspitze der Sweers-Insel lag, wo man die Fässer bequem landen konnte und wo wir großen Erfolg im Fischfang hatten.

Die Naturforscher, welche die Bentincks Insel besuchten, fanden einen kleinen Süßwassersee unfern der Küste und es erhellt, dass der innere Teil von Sweers Insel gegen das nördliche Ende mit Morasten gefüllt sei. Dieser verhältnismäßige Überfluss an Wasser auf solchen niedrigen Inseln, am Ende der trockenen Jahreszeit, scheint sehr merkwürdig zu sein. Es kann vielleicht der tonigen Beschaffenheit des Lagers unmittelbar unter dem Sand und dem körnigen Felsen, auf dem dieses Lager ruht, zugeschrieben werden. Das eine verhindert die Verdünstung des Regenwassers und das andere die fernere Einsaugung.

Früh am nächsten Morgen (am 23sten November 1802) wurde das Schiff auf zwei Kabeltaulängen (jede zu 120 Klaftern) von der Westspitze näher der Quelle gebracht.[120]

120 Der Investigator wurde bei genauerer Untersuchung von einer ungemein schlechten Beschaffenheit befunden. Vieles Holz war verfaulet, u. s. f.

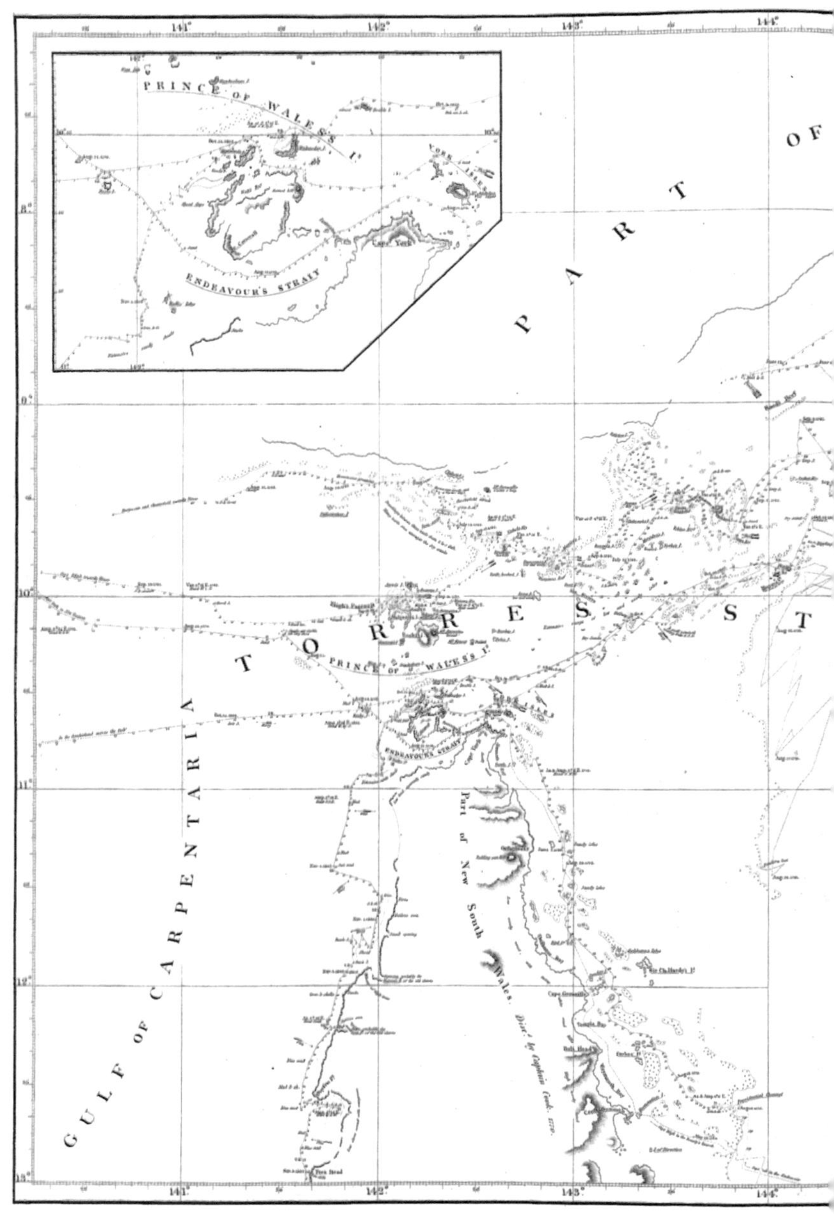

Flinders' Karte der Torres Strait und Einfahrt in den Golf von Carpentaria.
© State Library of New South Wales

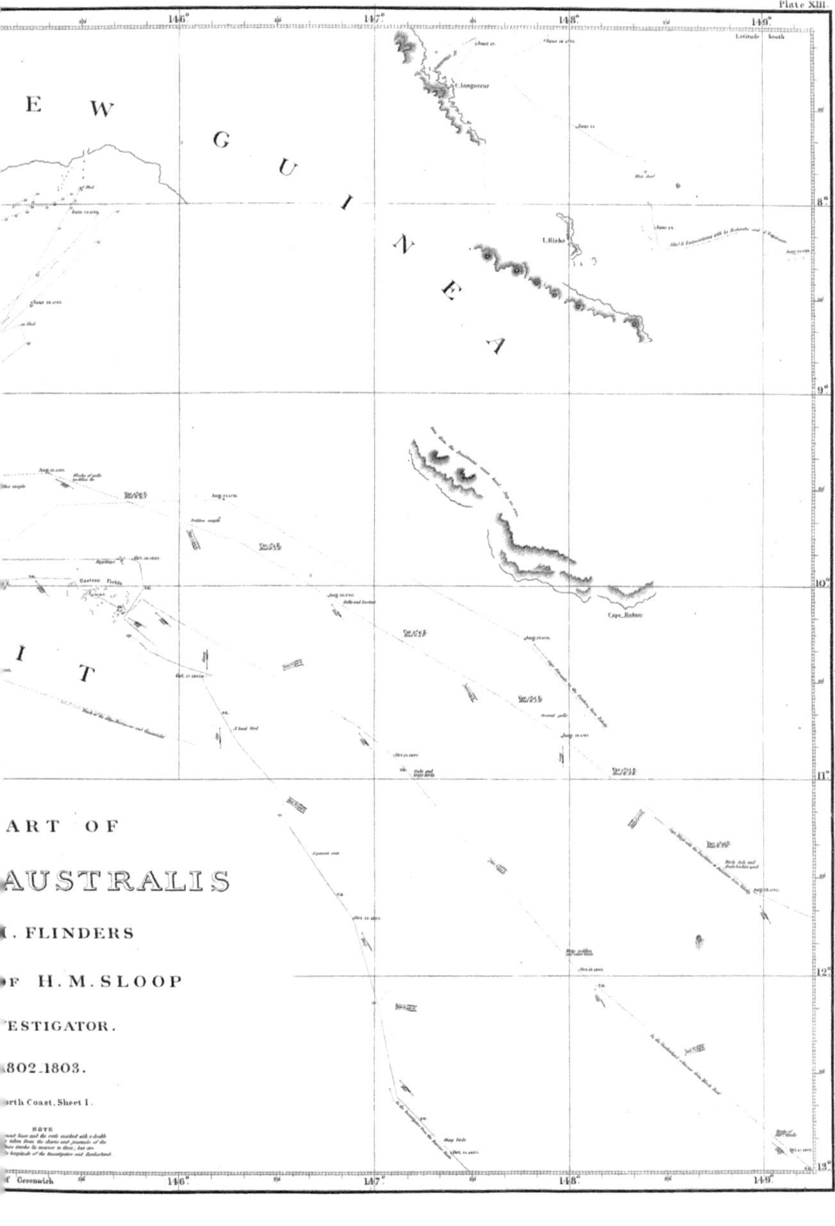
146°
147°
148°
149°
Latitude South
8°
9°
10°
11°
12°
13°
E W G U I N E A
C. Longuerue
I. Riche
Cape Rodney
I T
ART OF
AUSTRALIS
. FLINDERS
F H. M. SLOOP
ESTIGATOR.
802.1803.
orth Coast, Sheet I.
NOTE
Greenwich

Lieutenant Fowler wurde an der Küste mit einem Teil der Matrosen und Seesoldaten etabliert. Er nahm Zelte mit sich, ein Netz und andere Bedürfnisse, um das Schiff mit Wasser zu versorgen und uns mit Fischen zu versehen.

Eine Fahrt nach Port-Jackson zu dieser Zeit bot keine gewöhnlichen Schwierigkeiten dar. Fuhr ich nach Westen fort, so war es wahrscheinlich, dass der Passatwind ein unübersteigliches Hindernis machen würde und kehrte ich gegen Osten zurück, so musste ich stürmisches Wetter in der Torres' Straße erwarten; einer Stelle, wo die vervielfachten Gefahren eine Ursache zu noch weit größerer Besorgnis gaben. Diese Betrachtungen sowie der ernstliche Wunsch, wo möglich die Erforschung des Busens von Carpentaria zu vollenden, bestimmten meinen Entschluss, in der Küstenaufnahme während der Dauer des Nordwest-Passatwindes fortzuschreiten und bei dem Eintreten eines guten Windes nach Port-Jackson den westlichen Weg einzuschlagen, wenn das Schiff sich zu einer Winterfahrt längs der Südküste tauglich zeigen sollte; wo aber nicht, in den nächsten Hafen Ost-Indiens einzulaufen.

Am 28sten November hatten wir unsere Wasser- und Brennholz-Einnahme vollendet. Der Konstabel hatte alles Pulver in der Sonne getrocknet. Die Zelte und die Mannschaft waren an Bord gebracht. Auch war alles vollführt, was die Zimmerleute zur Ausbesserung, Kalfaterung, Ergänzung des verfaulten Schiffbauholzes u. s. f. hatten bewirken können.

Eingeborene sahen wir häufig, sowohl auf der Bentincks als auch Sweers'-Insel. Aber sie vermieden uns durchaus und verschwanden oft auf eine uns unbegreifliche Art. Wahrscheinlich verbargen sie sich in die, in die Erde gegrabenen Höhlen. Denn wir trafen eine solche einmal an, die zwei Gemächer enthielt, in denen jeder ein Mensch sich niederlegen konnte. Feuerstellen unter schattigen

Bäumen mit rundumher zerstreutem Heu wurden häufig angetroffen. Ich vermute, dass dieses ihre Wohnungen bei gutem und dass die Höhlen es bei schlechtem Wetter sind. Die Farnkraut- oder eine ähnliche Wurzel scheint einen Teil ihrer Nahrung zu bilden. Denn es waren sowohl im Sand als auch in den trockenen Sümpfen Stellen, wo der Boden so mit zugespitzten Stöcken ausgehöhlt war, wie wenn Schweine da gewühlt hätten.

Ob dieses Volk immer auf diesen Inseln wohnt, oder auf sie vom festen Land herüberkommt, ist ungewiss. Es scheint keine Kähne zu haben, wohl aber auf Flößen Seefahrten anzustellen. Nach den früheren, von Holländern gegebenen Nachrichten, erwartete ich, dass die Anwohner vom Carpentaria-Busen wild und grausam und sowohl mit Pfeilen und Bogen als auch mit Speeren bewaffnet wären. Ich fand sie aber im Gegenteil furchtsam und so begierig, einen Umgang mit Fremden zu vermeiden, dass nur allein Überraschung unsere einzige Zusammenkunft mit ihnen auf der Horseshoe-Insel veranlassen konnte; und gewiss war dann nichts Wildes in ihrem Betragen. Von Bogen und Pfeilen war weder auf diesen Inseln noch am Coen-Fluss etwas zu sehen und ihre Speere waren viel zu schwer und zu ungeschickt verfertigt, dass sie als Angriffswaffen gefährlich sein könnten; aber bei der Verteidigung mochten sie einiges Gewicht haben.

Merkwürdig ist es, dass die drei Eingeborenen, die wir auf der Horse-shoe-Insel sahen, zwei Vorderzähne in der oberen Kinnlade verloren hatten. Dampier sagt, wenn er von den Bewohnern der Nordwestküste spricht: »Die zwei vordersten Zähne in der oberen Kinnlade fehlen ihnen Allen, Männern und Weibern, Alten und Jungen.« Aber bei den Eingeborenen an der Straße des Torres', der Keppel-, Herveys- und Glashouse-Bay an der Ostküste sah man nichts davon.

Südlicher bei Port-Jackson wird aber den Knaben, wenn sie mannbar werden, ein Vorderzahn aus der oberen Kinnlade gebrochen, aber nicht mehr. Mädchen sind dieser Operation nicht unterworfen. Die Beschneidung, welche zwei von drei Eingeborenen auf der Horse-shoe-Insel erlitten hatten und von der bessere Beweise an anderen Küsten-Gegenden des Meerbusens von Carpentaria gefunden wurden, ist, wie ich glaube, ganz neu in der Beschreibung des Austral-Landes.

Auf Sweers'-Insel fanden wir sieben Menschenschädel und mehrere Knochen in der Nähe von drei erloschenen Feuern und ein viereckiges, sieben Fuß langes Stück Tiekholz. Auf Bentincks-Insel sah ich die Stümpfe von wenigstens zwanzig Bäumen, welche durch eine Axt oder ein anderes scharfes, eisernes Werkzeug gefällt waren. Nicht weit davon waren die Trümmer eines irdenen Kruges zerstreut. Diese Umstände mit einander verglichen schien es wahrscheinlich, dass ein Schiff aus Ostindien hier etwa vor zwei bis drei Jahren gescheitert sei; – dass ein Teil der Mannschaft von den Eingeborenen erschlagen sei – und dass die übrigen vielleicht sich auf das feste Land auf, nach Art der Eingeborenen verfertigten, Flößen geflüchtet hätten.

Von der Zeit unserer ersten Ankunft bei, bis zur Abfahrt von Sweers'.-Insel stand das Thermometer an Bord zwischen 81 und 90 Grad. An der Küste möchte es am Tage 5 bis 10 Grad höher gestanden haben. Folglich war die Luft sehr warm. Da aber beständig kühlende Lüfte von der See und vom Land kamen, so war selten die Hitze unerträglich und die Insekten wenig beschwerlich.

Siebentes Kapitel

Abfahrt von Sweers'-Insel – Untersuchung der Südseite des Van-Diemen-Kaps – Ankerung bei Bountiful- (wohltätige) Insel. Schildkröten und Haifische daselbst. – Das Land des Van-Diemen-Kaps ist eine Insel – Erforschung der Küste des festen Landes bis zum Kap Vanderlin – Dieses Kap besteht aus einer Gruppe von Inseln – Deren Untersuchung, Boden u. s. f. – Von den Eingeborenen errichtetes Denkmal – Spuren von früheren Besuchern dieser Gegenden – Astronomische und nautische Beobachtungen

(Vom 1sten bis zum 27sten Dezember 1802)

Mittags am 1sten Dezember war das Land 1½ bis 1¾ g. M. entfernt und schien der innere Teil des großen Vorsprungs des festen Landes zu sein, der auf den alten Karten unter dem Namen »Van Diemens – Kap« angegeben ist. Aber die felsige Beschaffenheit der Küste und die Unebenheit der Oberfläche waren so sehr von der sandigen Einförmigkeit des festen Landes verschieden, dass ich stark an dem Zusammenhang beider zweifelte.

Bei näherer Besichtigung fand sich dieses bestätigt. Am 3ten Dezember näherten wir uns um Mittag dem östlichen Ende und erblickten eine kleine Insel, 1½ g. Meile weiter nördlich, eine von den dreien, die in der alten Karte nächst dem Kap Van-Diemen niedergelegt sind. Sie ist dick mit Holz, vorzüglich der saftigen, weißen Art, bedeckt, woher sie den Namen »Pisonia-Insel« erhielt. Eine andere, größere Insel, zeigte sich nachher von dem Kap. Diese konnte keine von den dreien sein. Denn sie liegt so dicht an der Küste, dass Tasman, oder wer immer diese Teile entdeckte, schwerlich diese Trennung bemerkt haben würde. Auch kamen in der Tat die beiden anderen Inseln sogleich südwärts in das Gesicht und zwar nahe in der, für sie auf der alten Karte angegebenen, Lage. Da der Wind, um das Kap zu umschiffen, ungünstig war, richteten wir unseren Lauf auf die beiden Inseln und ankerten bald nach 4 Uhr an der Südostseite des äußersten Grundes.

Spuren von Schildkröten unterschied man am Strand, als wir um die Nordostspitze fuhren; dies gewährte uns eine angenehme Hoffnung auf frische Lebensmittel. Mehrere Monate hindurch hatten wir tropische Küsten erforscht, ohne irgendeinen der Vorteile, die gewöhnlich damit verbunden sind, zu ernten und wurden oft bei der Ansicht der Schildkröten im Wasser und ihrer Knochen und Schilder um die Feuerplätze am Land her, zu Tantalussen. Aber wir hofften nun einen Ort gefunden zu haben, wo uns die Eingeborenen nicht zuvorgekommen sein würden.

Während ich Kompassstriche vom höchsten Hügel dieser Insel nahm, hatte das ungeduldige Schiffsvolk, das die Ankunft der Schildkröten auf dem Land nicht erwarten konnte, sie im Wasser angefallen und zwar drei große gefangen, aber meinen Harpun zerbrochen. Sie hatten auch einige aus den Höhlen gezogen, von denen der obere Teil des Strandes voll war. Von einer füllten sie einen Hut voll Schildkröteneier und von einer anderen nahmen sie einen Schwarm junger Schildkröten, die einen Krontaler im Durchmesser hatten und die ich in jedem Teil des Boots herumkriechen fand. Es war dann nach Sonnenuntergang und zahlreiche Schildkröten waren gesammelt, die nur auf unsere Abfahrt warteten, um den Strand zu erreichen. Ich eilte daher auf das Schiff und sendete den Lieutenant Fowler mit einem Teil der Mannschaft an das Land, dort die Nacht zu bleiben und die Schildkröten umzukehren.

Am nächsten Morgen (den 4ten Dezember 1802) gingen zwei Boote ab, um den Offizier und das Volk nebst ihrem Fang abzuholen. Aber ihr Erfolg war so groß gewesen, dass es notwendig war, die Launch[121] auszuwerfen und es kostete fast den ganzen Tag, alle Schildkröten, welche die Verdecke und Räume fassen konnten, ohne dadurch die Regierung des Schiffs zu verhindern, an Bord zu bringen. Hr. Brown (der Naturforscher) fand sie der wahren grünen Schildkröte zwar sehr, doch nicht ganz ähnlich, so dass er glaubte, es sei eine noch unbeschriebene Art. Wir beschlossen sechsundvierzig zu behalten, von denen die kleinste 250 Pfund und jede im Durchschnitt 300 dergleichen wog. Außerdem waren viele an die Küste zurückgekehrt.

Diese »Bountiful- (wohltätige) Insel«, denn so nannte ich sie, ist nahe ¾ g. Meile lang und im Allgemeinen niedrig und sandig. Die höchsten Teile sind Sandrücken, die mit einem langen, kriechenden, grobem Gras-überdeckt sind, was den Sand zusammenhält und ihn gegen das Treiben durch den Wind sichert. An den niederen Orten wachsen gewöhnliches Gras, einige Büsche und kleine Bäume.

Nichts zeigte an, dass je diese Insel besucht worden wäre, woher es wahrscheinlich ist, dass die Eingeborenen der benachbarten Küsten keine Kähne besitzen. Denn mit diesen ließe sich eine Distanz von 3 g. Meilen wohl zurücklegen, aber zu weit für solche Flöße, wie ich auf der Horse-shoe-Insel sah.

Eine Art Trappen mit einem sehr starken Schnabel, aber nicht größer als ein Huhn, war auf Bountiful-Insel sehr häufig und schien sich von jungen Schildkröten zu ernäh-

121 Ist auch eine Art Schiffsboot, vorzüglich zum Wassereinnehmen bestimmt.

ren. Die Wirkung des Instinkts ist in allen Fällen bewunderungswert und war bei diesen kleinen Amphibien sehr auffallend. Sie sahen kaum, aus ihren Höhlen entnommen, das Tageslicht, als sie eiligst dem Wasser zuliefen, als wüssten sie, dass die Trappen ihnen auflauerten. Wurden sie in einer von der See abgewendeten Richtung aufgestellt, welches wir versuchten, so drehten sie sich selbst herum und nahmen den geradesten Weg nach dem Meere. Aber nicht nur die Trappen auf dem Land haben sie als Feinde zu fürchten, sondern auch im Meere die Haifische, die so zahlreich und so gefräßig sind, dass sich beständig sieben von fünf bis neun Fuß Länge an den Schiffsseiten befanden. Diese empfangen gern diese kleinen Tiere, welche ihren ersten Feinden entgangen sind und selbst eine völlig ausgewachsene Schildkröte hatte ein halb kreisförmiges Stück, das ungefähr ein Zehntel des ganzen Körpers betrug, durch den Biss dieses Raubfisches aus seiner Seite verloren. Was aber außerordentlicher ist, so hatte sich die Schale wieder geschlossen und der Ort war geheilt. Wäre die Vernichtung dieser Tiere in den verschiedenen Zuständen ihres Daseins nicht so ungeheuer, so müsste es ihnen endlich an Nahrung gebrechen; denn ihre Fruchtbarkeit ist so groß, dass alle tropischen Meere und Küsten, in wenigen Jahren keinen Raum mehr für sie haben würden. Die Zahl der bei den Weibchen gefundenen Eier betrug gewöhnlich von vier bis siebenhundert.

Käme der Name Van Diemen nicht so oft in der Beschreibung von dem Austral-Land vor, so würde ich ihn dieser Insel erteilt haben. Daher gab ich ihr zu Ehren meines Beschützers, des General-Gouverneurs des britischen Indiens den Namen »Mornington-Insel« und die ganze, von mir an der Spitze des Carpentaria-Busens entdeckte Inselgruppe, habe ich »Wellesleys-Inseln« genannt.

Das feste Land ist von derselben Beschaffenheit, als das längs dem wir vorher 142½ g. Meilen gefahren waren, nämlich eine sehr niedrige, bewaldete Gegend, von einem sandigen Strande begrenzt. Die Küste hat einige schwache Krümmungen, wiewohl so schwach, dass man keinen Punkt derselben zwei Mal aufnehmen kann. Diese ekelhafte Gleichförmigkeit begann aber etwas unterbrochen zu werden. Denn eine Reihe niedriger Hügel wurde im Inneren in einer Entfernung von 2 bis 3 g. Meilen gesehen, so dass dadurch die Krümmungen der Küsten leichter zu unterscheiden waren.

Am 14ten Dezember legten wir bei Vanderlins Insel an. Mehrere Eingeborene hatte man längs der Ostseite einen Kahn oder ein Floß ziehen sehen und ein Trupp von fünfunddreißig derselben hatte sich versammelt, um das Schiff zu beobachten. Diese verhältnismäßig zahlreiche Volksmenge und der den Naturforschern mehr als gewöhnlich interessierende Anblick dieser Insel ließ mich wünschen, einen sicheren Ankerplatz neben ihr zu finden. Am Morgen (den 15ten Dezember) landeten wir an der Nordostspitze, welche nahe bei ihrem Ende drei Hügel hat. Von dem höchsten derselben bestimmte ich zwei kleine Inseln nach Nordwesten, wo ebenfalls zwei in der alten Karte niedergelegt waren und sah mehr Land westlich vom Kap Vanderlin, anscheinend eine große, eigene Insel. Da das Wasser zwischen denselben weit ausgedehnt war und es guten Schutz versprach, kehrten wir nach einer kurzen Untersuchung an Bord zurück, um das Schiff dahin zu führen.

Ein harter, dicht gekörnter Sandstein bildet die Grundlage der nordöstlichen Spitze der Vanderlins Insel. Der Boden ist sehr sandig und nur dürftig mit Vegetation bekleidet. Man sah hier Fußtapfen von Menschen, Hunden und Kängurus und Spuren von Schildkröten nächst der Küste. Aber wir erblickten weder Menschen noch Tiere.

Am 16ten Dezember landete ich früh mit den Naturforschern, um Kompassstriche zu nehmen, unter anderen von dem rauen und unebenen Nordende der westlichen Insel, was ich »Cape Pellew« nannte.

Nach unserer Rückkehr auf das Schiff steuerten wir nach der Öffnung zwischen den Vorgebirgen Vanderlin und Pellew. Der Wind kam von N. W. und da dieses die Gegend war, aus der er am beständigsten wehte, ankerten wir unter der westlichen Insel ⅛ g. Meile von der Küste.

Die Naturforscher landeten seitwärts vom Schiff und Lieutenant Flinders begann eine Reihe Beobachtungen wegen des Ganges der Zeithalter auf der kleinen Insel, die daher den Namen »Observation-(Beobachtungs-) Insel« erhielt. Meine Aufmerksamkeit zog eine kleine Bucht an der Westküste auf sich, an deren Ufern häufiger als irgendwo anders eine kleine Art von Kohlpalme wuchs, daher ich sie »Cobbage-tree Cove« (Kohlpalmen-Bucht) nannte.

Am 17ten Dezember morgens wurde ein Teil der Mannschaft an das Land gesendet, um Brennholz zu schlagen und da hier ein bei der Ebbe wasserloser Strand war, wurde das Netz nicht ohne Erfolg ausgeworfen. Ein kleines Flüsschen lief hinter den Manglebäumen, am Hinterteile des Strandes und hieb man einen Weg durch sie, so konnten unsere leeren Wasserfässer gefüllt werden. Doch hoffte ich einen besseren Ort zu finden und ging sowohl in dieser Absicht, als auch um die Vermessung fortzusetzen, in dem Boot ab.

Alle diese Inseln sind von mäßiger Höhe und schienen mehrere Buchten und kleine Eingänge zu haben, welche

Süßwasserbäche zu versprechen schienen. Aber das Wetter war zu ungünstig, um eine nähere Untersuchung anstellen zu können. Nachdem ich Kompassstriche von den Süd- und Südostspitzen der nördlichen Insel genommen hatte, kehrte ich an Bord zurück.

Am folgenden Tag wurde ferner Holz eingenommen und obgleich die Witterung trübe blieb und oft starker Regen fiel, wurden doch einige Kompassstriche genommen und Beobachtungen für die Zeithalter angestellt. Am 19ten Dezember klärte sich früh das Wetter auf und ich fuhr mit dem Schiff nach Cape Vanderlin, teils wegen der Vermessung, teils den Naturforschern eine bessere Gelegenheit zur Untersuchung dieser Insel zu geben, die um so belehrender ausfallen zu müssen schien, da diese Insel die größte dieser Gruppe war. – Die höchsten Teile von Cape Vanderlin sind Hügel, die fast nur aus Sand bestehen. Auf der Landenge hinter demselben sind verschiedene Sträucher und Büsche. Unter diesen fand man einen wilden Muskatnussstrauch in ziemlicher Menge. Die Frucht war klein und noch nicht reif. Aber die Schale (Macis) und die Nuss hatten einen brennenden, gewürzhaften Geschmack.

Während der zwei Tage, die wir hier blieben, untersuchte ich eine seichte Bai an der Ostseite der Zentral-Insel und ging gegen Westen bis zu den felsigen Inseln, indem ich die Lage mehrerer Punkte aus verschiedenen Stationen nach dem Kompassstrich bestimmte. Verschiedene Süßwasserflüsschen wurden an dem Ende mehrerer kleiner Buchten gefunden, aber die Tiefe derselben war zu gering, als dass das Schiff sich einem derselben ganz annähern konnte. Deshalb kehrten wir nach unserem ersten Ankerplatz bei Cabbage-tree-Cove (Kohlpalmen-Bucht) zurück, um einen Weg durch den Mangle-Wald zu hauen und um die Wassergefäße aus dem dahinter laufenden kleinen Bach zu füllen. Dieses

Geschäft überließ ich der Sorge des ersten Lieutenants und die Fortsetzung der Beobachtung des mittleren Ganges der Zeithalter der, des zweiten und ging denselben Nachmittag in meinem Boot auf eine viertägige Exkursion aus, bei der mich Hr. Westall, Landschaftsmaler der Expedition, begleitete. –

Bisher habe ich wenig über diese Inseln oder ihre Erzeugnisse oder über die Spuren von Eingeborenen oder früheren Besuchen derselben gesagt, die ich in dieser, oder früheren Exkursionen auf dem Boot entdeckte. Diese werden jetzt mitgeteilt, da nach meiner Rückkehr an Bord das Schiff mit dem nötigen Brennholz und Wasser versehen war, zu der ferneren Erforschung des Carpentaria-Busens fortzuschreiten.

In der alten holländischen Karte ist Kap Vanderlin als ein großer Vorsprung vom festen Land vorgestellt und die äußeren Enden der nördlichen und westlichen Inseln als kleinere Spitzen desselben. Zwischen denselben sind zwei Einzahnungen oder Buchten angezeigt, welche vielleicht den zwischen den Inseln stattfindenden Öffnungen entsprechen. Aber ich finde die Bestimmung der vier kleinen, westlich vom Kap Vanderlin niedergelegten Inseln schwer. Ob an dieser Küste seit anderthalb hundert Jahren eine Revolution vorgefallen und Teile derselben in Inseln verwandelt worden seien? – Oder ob der holländische Entdecker bloß eine flüchtige Untersuchung anstellte und sich zur Entwerfung seiner Karte Vermutungen bediente? – Ist vielleicht unmöglich zu bestimmen. Ich habe diese Inseln »Sir Edward Pellews« Gruppe genannt.

Auf allen Inseln fanden wir Spuren von Eingeborenen, sowohl auf den großen als auch kleinen. Letztere werden aber nur zu Zeiten besucht. Sie schienen ebenso wie die Bewohner der Wellesley-Inseln jede Verbindung mit Fremden vermeiden zu wollen. Wir sahen sie nur ein Mal in einiger Entfernung vom Schiff. Zwei an der Küste der Nordinsel gefundene Kähne waren aus Streifen von Baumrinde, die Brettern glichen, zusammengenäht, so dass der Rand jedes Streifens über dem eines anderen lag, so wie bei unseren, mit Klammern erbauten Booten. Ihre Breite betrug gegen zwei Fuß. Aber die Länge konnte man, weil sie zu sehr zerbrochen waren, nicht bestimmen. Es ist ungewiss, ob diese Kähne von den Eingeborenen verfertigt worden sind. Denn sie glichen mehr einer Sache, die ohne Zweifel anderen Völkern angehörte, als den Austral-Ländern und ihre Bauart war weit vorzüglicher, als man sie bisher bei den Kähnen der Australier entdeckt hat. Dass sie aber aus Rinde bestanden scheint doch anzudeuten, dass sie von diesen verfertigt worden waren. – Derselbe Zweifel fand bei einem kleinen, auf der Insel gefundenen Denkmal statt. Unter einem Rindendach waren zwei zylindrische, etwa 18 Zoll lange Stücke von Stein aufgestellt, welche von der Küste entnommen zu sein schienen, wo sie die Wogen durch hin und her Rollen abglätteten und ihnen die Gestalt von einem Kegel gaben. Rund um jeden derselben waren zwei schwarze Kreise gezogen, immer einer nach dem einen Ende zu. Zwischen denselben waren vier ovale, schwarze Flecken in gleicher Entfernung von einander, rund um den Stein, mehr mit Holzkohlen gemalt. Die Räume zwischen den ovalen Flecken waren mit weißen, mittels des Dotters eines Schildkröteneies befestigten Daunen und Federn bedeckt, wie ich aus dem Leim und der daneben liegenden Schale des Eies schloss. Über die Absicht der Aufstellung dieses Denkmals unter einem Dach, konnte niemand eine vernünftige Vermutung machen. Die erste Idee war, dass es einigen Bezug auf den Tod hatte und wir gruben in der Nähe nach, um unsere Neugierde zu befriedigen, fanden aber nichts.

Anzeichen, dass irgendein fremdes Volk diese Inseln besucht hatte, waren überall so zahlreich und so weit verbreitet, als diese von den Eingeborenen verlassen waren. Außer Stücken von töpfernen Gefäßen und mit Beilen abgehauenen Bäumen fanden wir Überbleibsel von Gitterwerk aus Bambus, Palmblätter mit baumwollenem Zwirn in eine, den chinesischen Hüten ähnliche Form zusammengenäht und die Überbleibsel von blauen, baumwollenen weiten Hosen, von der Art, die man mohrische nennt. Ein hölzerner Anker mit einem Haken und drei Boot-Ruder von violettem Holz wurden auch gefunden. Aber was mich am meisten in Erstaunen setzte, war eine Sammlung von Steinen, die in gerader Linie aufgehäuft war und einer niedrigen Mauer mit kurzen, senkrecht von hinten auf sie zulaufenden Linien, die den hinteren Raum in Abteilungen zerlegten, glich. In jedem derselben waren Spuren von Kohlenfeuer und rund umher waren die Bäume abgehauen. Hr. Brown sah auf einer anderen Insel einen ähnlichen Bau mit nicht minder als sechsunddreißig Abteilungen, über die ein grobes Stück von Strumpfwirkerei ausgedehnt war. Die benachbarten Manglebäume waren bis auf 1½ Acres niedergeschlagen. Offenbar stammte dieses Volk aus Asien, aber von welcher besonderen Nation und was sein Geschäft hier gewesen sei, konnte man nicht bestimmen. Dessen ungeachtet vermutete ich, dass es Chinesen waren und dass die Muskatnüsse möglicherweise der Gegenstand ihres Hierherkommens seien. Von den auf den Wellesley-Inseln gefundenen Resten zerbrochener Boote vermutete man, sie haben Schiffbrüchigen gehört. Diese Meinung schien aber mir nicht richtig zu sein.

In den schweren Windstößen, bei Regen, Donner und Blitz von Nordwesten stand das Quecksilber in mittlerer Höhe. Am Schiffsbord war der mittlere Stand des Thermometers nahe 85 Grad. An der Küste war es heißer. Dessen ungeachtet waren die Moskitos nicht sehr störend. Aber die gemeinen, schwarzen Fliegen waren wegen ihrer außerordentlichen Anzahl und Unverschämtheit schwerlich eine geringere Plage als die Moskitos. Sie flogen in Mund und Nase und setzten sich auf das Gesicht oder einen anderen Teil des Körpers mit so viel Sorglosigkeit, als flögen sie auf einen Gummibaum zu. Dieses war der Fall sowohl am Ufer als auch an Bord des Schiffes, als es hier vor Anker ging und einen oder zwei Tage nachher. Aber die menschliche Gesellschaft bewirkte eine Veränderung des Betragens, selbst dieser kleinen Tiere. Bald wurden sie vorsichtiger, flogen bei dem Aufheben der Hand fort und betrugen sich, nachdem wir das Land drei oder vier Tage verlassen hatten, ordentlich, wie andere Fliegen und, obgleich sie zahlreich an Bord waren, so verursachten sie doch wenig Beschwerden. Dampier fand diese Insekten ebenso beschwerlich an der Nordwestküste. Denn er sagt (Vol. I. p. 464.), indem er von den Eingeborenen spricht: »Ihre Augenlieder sind immer halb verschlossen, um die Fliegen aus denselben abzuhalten. Sie sind hier so beschwerlich, dass kein Fächeln sie davon abhält, in Eines Gesicht zu kommen, und ohne Hilfe beider Hände, sie abzuhalten, werden sie in die Nasenlöcher und in den nicht dicht verschlossenen Mund kriechen.«

Achtes Kapitel

Abfahrt von Sir Edward Pellews Gruppe – Küste von da nach Westen – Kap Maria ist eine Insel – Limmens Bucht – Küste nordwärts vom Kap Barrow; Landung an derselben – Umschiffung des Groote-Eylandt – Proben von der Kunst der Eingeborenen auf Chasm-Insel – Ankerung in der Nordwest-Bay auf dem Groote-Eylandt – Blue-Mud- (Blaue Schlamm-) Bay – Scharmützel mit den Eingeborenen – Kap Shield – Berg Grindall – Küste bis zu der Caledon-Bay – Vorfälle in derselben, mit Bemerkungen über die Gegend und die Bewohner derselben

(Vom 27sten Dez. 1802 bis zu dem 10ten Feb. 1803)

Ein gleicher Irrtum, wie mit den Van Diemens- und Vanderlins-Vorgebirgen, ist auch hier auf der holländischen Karte, wo die Insel Maria als ein Vorgebirge niedergelegt und benennt ist.

In der Nacht wurden auf der Insel Feuer erblickt und früh am 1sten Januar 1813, landete ich mit den Naturforschern, um die Produkte zu erforschen und Kompassstriche zu nehmen. Meine Aufmerksamkeit wurde durch etwas, das der Hütte eines Eingeborenen ähnlich war, aufgeregt. Es war ein gegen 8 Fuß hoher Ameisenhaufen von roter Erde, gleich einem Heuhaufen gebildet. Die Bewohner waren dieselbe schwache Insektenart, die ich vorher auf des Prinzen von Wallis-Inseln sah. Der kleinste Druck zerquetschte sie.

Die Länge dieser Insel von N. O. nach S. W. beträgt gegen 1¾ g. M. und ihre Breite wechselt von ¼ bis 1 g. M. ab. Trotz ihrem unfruchtbaren Boden war ihre Ansicht vom

Schiff grün und angenehm. Dass Menschen auf derselben lebten, bewiesen die nächtlichen Feuer und dieses wurde durch die frischen, in den Sand eingedrückten Fußtapfen bestätigt. Aber sie vereitelten unsere Nachforschung und wir fanden weder Kähne noch Wohnungen.

Am 4ten Januar wurde unser Lauf g. N. fortgesetzt. Ehe ich die Erforschung dieser Insel begann, wünschte ich vorher die Küste des festen Landes zu entwerfen und wo möglich den Naturforschern Gelegenheit zu geben, seine Produkte zu untersuchen; nur einmal hatten sie, seit wir in den Busen Carpentaria gekommen waren, Gelegenheit gehabt, an das Land zu gehen. Um 7 Uhr richteten wir unseren Lauf gegen das Land und als wir in eine Tiefe von 3½ Faden gekommen waren, warfen wir den Anker auf einem Grunde von blauem Schlamme, etwa ¼ g. M. von der Küste.

Während die Naturforscher dem Schiff gegenüber landeten, fuhr ich mit dem Walfischboot auf eine bewaldete Insel.

Von dieser waldigen Insel setzte ich zu dem festen Land neben dem Schiff über und nahm eine andere Reihe Kompassstriche für die Vermessung. Am Ufer waren Stücke von Bambus und andere Spuren von demselben fremden Volk, von dem schon oft Erwähnung getan ist. Drei kleine Hütten wurden gefunden, die so ganz mit Gras bedeckt waren, dass keine Öffnung in sie zu finden war. Aber sie waren leer und nichts war unter ihnen begraben. Am Ufer eines kleinen Süßwassersees ernteten die Botaniker eine Menge neuer Pflanzen ohne Schwierigkeit. Man sah nirgends Eingeborene; aber man fand mehrere Skelette, die in den hohlen Stümpfen von Bäumen standen. Da ihre Schädel und Knochen teils rot, teils weiß beschmiert oder gemalt waren, so gaben sie einen sehr seltsamen Anblick. In einiger Entfernung sah man einige Kängurus und nach ihren Fußtapfen im Sand zu urteilen, mussten sie hier sehr zahlreich sein. Das Land ist nächst der See steinig und unfruchtbar. Weiter in das Land hinein erhebt es sich allmählich und scheint gut mit Gras und Wald bedeckt zu sein.

Früh am 5ten Januar steuerten wir ostwärts nach dem Groote-Eilandt, welches ich jetzt umschiffen wollte. Als wir bei der Südseite der Bickertons Insel vorbeikamen, beobachteten wir in derselben eine große Bucht, welche bei dem Nordwestpassat Schutz gewähren würde, wenn sie für ein Schiff tief genug wäre. Da die Hügel im Hintergrunde hoch und bewaldet sind, so ist es wahrscheinlich, dass sie einen Süßwasserstrom erhalten.

Am Nordwestende der Großen Insel befindet sich ein ausgedehntes Vorgebirge, welches auf dieser Seite das Ende einer, aus der Mitte der Insel kommenden, Reihe bewaldeter Hügel bildet, von denen der höchste unter dem Namen »Central-Hill« (Zentral-Hügel) niedergelegt wurde.

Vor der Nordspitze der Großen Insel liegen mehrere Klippen und zwei Inseln. Die eine erhielt den Namen »North-point-Islet« und die andere wurde »Chasm-Island« genannt.

Zu der letzteren fuhr ich mit den Naturforschern auf einem Boot, um selbst von den höchsten Klippen Kompassstriche zu nehmen. Aber die vielen tiefen Schluchten, welche die höheren Teile zertrennten, machten es unmöglich, ihre Gipfel in der kurzen Zeit, die wir anwenden konnten, zu erreichen. Einige wenige Kompassstriche von der östlichen niedrigen Spitze genommen, war alles, was erhalten werden konnte.

Wir fanden auf dem Chasm-Island eine Frucht, welche einer neuen Art Eugenia angehörte. Sie hatte die Größe eines Apfels und ihr säuerlicher Geschmack war angenehm. In verschiedenen dieser Schluchten schossen Bäume dreißig bis vierzig Fuß hoch auf und betrachtete man sie genau, so waren es Bäume, von denen Muskatnüsse abgefallen waren, so dass das, was oberhalb ein ausgebreiteter Busch war, in der Tiefe wegen des Bedürfnisses von Luft und Licht ein hoher, schlanker Baum wurde und die wunderbare Kraft der Natur zeigte, sich örtlichen Umständen anzupassen. Die Frucht war klein und von keinem angenehmen Geruch. Auch ist es nicht wahrscheinlich, dass sie je der Muskatnuss der Molukken gleichkommen werde. Es ist die Myristica insipida in Browns Prodromus Florae Novae Hollandiae p. 400.

In den steilen Seitenwänden dieser Schluchten befanden sich tiefe, unter dem Felsen hineingehende Höhlen. An den Wänden derselben fand ich rohe, mit Holzkohlen und etwas roter Farbe auf den weißen Grund des Felsens gemachte Zeichnungen, die Meerschweine, Schildkröten, Kängurus und eine Menschenhand darstellten. Hr. Westall, der sie später besuchte, fand die Abbildung eines Kängurus, dem eine Reihe von zweiunddreißig Personen folgte. Die dritte Person derselben war doppelt so hoch wie die anderen und hielt in ihrer Hand etwas dem Whaddie oder dem hölzernen Schwert der Eingeborenen um Port-Jackson ähnliches. Sie sollte wahrscheinlich ein Oberhaupt vorstellen. Sie konnten nicht, wie bei uns, den Vorrang durch Kleidung und Verzierungen andeuten, indem sie nichts von dieser Art tragen. Deshalb schienen sie die Höhe der Figur mit der Zugabe einer Waffe, den Alten gleich, zum Emblem der höheren Würde gemacht zu haben, welche in den früheren Zeiten der Gesellschaft unstreitig aus einer höheren Körperkraft folgen musste.

Am 15ten Januar früh landeten die Naturforscher auf der Großen Insel und ich begab mich mit dem zweiten

Lieutenant auf Finchs-Insel, um dort astronomische und magnetische Beobachtungen anzustellen.

Wo wir landeten, bestand der Boden so ganz aus Steinen und Sand, dass man durchaus keine Möglichkeit ihn zu kultivieren sah. Aber die nur wenig von der Wasserseite entfernten Anhöhen waren gut mit Holz bedeckt und es ist unwahrscheinlich, dass im Inneren der Großen Insel nicht fruchtbare Täler sein sollten.

Das Holz auf der Großen Insel bestand mehrenteils aus verschiedenen Arten von Eukalyptus. Die Bäume waren dünn und möchten zur Feuerung und anderem gemeinen Gebrauch aber nicht für höhere Zwecke dienen. Chasm-Insel war der einzige Platz, wo Muskatnüsse gefunden wurden. Kleine Wassermengen, welche die letzteren Regen in Felsenhöhlen zurückgelassen hatten, dienten den Seeleuten nützlich zum Waschen ihrer Kleidungsstücke. Aber wir fanden nirgends hinreichendes Wasser zur Versorgung eines Schiffes, noch Strandorte, wo wir mit Erfolg das Netz auswerfen konnten.

Am 20sten Januar wurde »Morgans Insel« entdeckt, die ihren Namen von dem unten näher zu erwähnenden, traurigem Vorfall erhielt. Ich landete mit den Botanikern auf ihr und bestieg einen Hügel an ihrem Ostende, wo die Aussicht nicht durch Waldungen versperrt war.

Ein Teil der Mannschaft war am 21sten Januar morgens zum Holzschlagen und ein anderer zum Fischfang ausgesendet. Auch landeten die Botaniker und ich ging, um die Breiten zu beobachten und Ortsrichtungen zu bestimmen, an das Westende dieser Insel. Jeder war bewaffnet, da man ganz vor kurzem in den Sand eingetretene Fußtapfen gesehen hatte und wir ein Zusammentreffen mit den Eingeborenen erwarten mussten. Nachdem ich meine Geschäfte beendigt hatte, ging ich über das hohe Land durch ein sehr ermüdendes Strauchholz zu den Holzschlägern und dem Boot zurück. Wie ich aus dem Walde kam, sah man 4 bis 5 Eingeborene auf einem etwa ⅛ g. Meile links liegenden Hügel und einige von den Holzschlägern auf sie zugehen. Unser Anblick schien die Eingeborenen besorgt zu machen, dass sie umzingelt werden könnten und sie liefen fort. Aber unser ruhiges Fortschreiten zu dem Boot schien ihre Furcht zu mindern Die wissenschaftlichen Mitglieder unserer Schiffs-Gesellschaft begleiteten mich zum Mittagsessen an Bord und ich hörte von Hrn. Westall, dass, während er eine Zeichnung vom Ostende der Insel machte, ein Kahn mit sechs Männern von der Insel Wuhdah kam. Er kümmerte sich wenig um sie, bis er fand, dass sie in einer kleinen Entfernung von ihm landeten. Dann hielt er es für ratsam, sich mit seinem Bedienten nach dem Trupp der Holzfäller zurückzuziehen. Die Eingeborenen folgten ihm dicht auf dem Fuß nach und als sie auf dem Gipfel des Hügels erschienen, gingen Hr. Whitewood, der Unterschiffer und einige seiner Holzschläger auf sie friedlich zu. Dieses geschah zu der Zeit, als die Erscheinung meines Trupps sie zur Flucht veranlasste. Wie wir aber die Küste verlassen hatten, waren sie still gestanden und unser Volk ging ruhig zu ihnen den Hügel hinauf.

Die Eingeborenen hatten Speere. Da ihre Zahl gering war und unsere Leute bewaffnet waren, so fürchtete ich keine Gefahr. Kaum hatten wir aber das Schiff erreicht, als wir Musketenschüsse hörten. Unsere Leute machten Signale und brachten einige nach dem Boot als tot oder verwundet herunter. Unmittelbar sendete ich zwei bewaffnete Boote zu ihrer Unterstützung unter Leitung des Schiffsmeisters mit dem Befehl, dass, wenn er die Eingeborenen anträfe, solle er freundlich sein, ihnen Geschenke geben und sie nicht in die Wälder verfolgen. In der Tat vermutete ich, dass unsere Leute zuerst angegriffen hätten; gebot aber dem Schiffsmeister, dass, wenn die Eingeborenen einen unnötigen Angriff gemacht hätten, ihren Kahn zur Strafe aufzubringen.

Um 5 Uhr wurde Hr. Whitewood mit vier von Speeren empfangenen Wunden an Bord gebracht. Es schien, dass die Eingeborenen, indem sie auf unseren Empfang warteten, ihre Speere so gut wie unsere Leute ihre Flinten in Bereitschaft hatten. Hr. Whitewood der voranging, streckte seine Hand aus, um einen Speer zu empfangen, der ihm, nach seiner Vermutung, dargeboten wurde. Aber der Eingeborene, der vielleicht dachte, dass dieses ein Versuch sei, ihm seine Waffen zu nehmen, rannte den Speer in die Brust seines vermuteten Feindes, der Offizier schnappte sein Flintenschloss ab, aber es versagte, worauf er sich zu seinen Leuten zurückzog. Die hierdurch ermutigten Eingeborenen warfen ihm mehrere Speere nach, von denen drei ihre Wirkung leisteten. Unsere Leute versuchten zu feuern und nach einiger Zeit waren zwei Flinten im Gange und die Eingeborenen flohen, doch nicht ohne einen Hut mitzunehmen, der herunter gefallen war. Der Matrose Thomas Morgan, der einige Zeit mit bloßem Kopfe der Sonne ausgesetzt gewesen war, bekam den Sonnenstich. Er wurde zugleich mit Hrn. Whitewood an Bord gebracht und starb in derselben Nacht an der Phrenitis.

Sobald der Schiffsmeister gehört hatte, was vorgefallen war, fuhr er im Walfischboot an das Ostende der Insel, um sich in Besitz des Kahnes zu setzen. Indem er die von mir ihm gegebenen Befehle vergaß, sendete er Hrn. Lacy mit den Holzschlägern über das Land, um von dieser Seite die Eingeborenen abzuschneiden. Ihre Forschungen waren eine Zeitlang fruchtlos. Aber im Dunkel des Abends sahen die Holzschläger drei Eingeborene, die, bevor sie abgeschnitten werden konnten, in den Kahn gelangt waren. Ein scharfes Feuer wurde auf sie gegeben und ehe sie aus der Wirkung desselben kamen, fiel einer und die anderen sprangen aus dem Kahn, tauchten unter und wurden so frei. Ein Matrose, der ihn erschossen haben wollte, schwamm zum Kahn, auf dessen Boden er ihn tot mit einem Strohhut liegen fand, den er für sein Eigentum erkannte. Während er dieses triumphierend erzählte, stieß er das schwankende Schiffchen um und die Leiche versank. Aber der Kahn wurde an das Ufer gezogen und der Schiffsmeister kehrte damit um 9 Uhr zurück.

Sehr war ich über das, was vorgefallen war, betroffen und mit dem Schiffsmeister höchst unzufrieden, dass er meinem Befehl so entgegen gehandelt hatte. Aber da das Unglück einmal geschehen war, so wurde am anderen Morgen ein Boot zur Aufsuchung des toten Körpers ausgesendet. Der Maler wollte gern eine Zeichnung von ihm machen und der Naturforscher und Wundarzt ihn zu anatomischen Absichten benutzen. Die Leiche fand man am Wasserrande in der Stellung jemandes, der gerade noch fähig ist, sich aus dem Wasser zu retten und zu sterben. Ich glaube, dass er einer der Eingeborenen war, der aus dem Kahn sprang und von denen man dachte, sie seien entwischt. Er war von mittlerer Größe, mehr schlank, hatte eine hervorragende Brust, schwache Schenkel und eine den übrigen Urbewohnern dieses Landes ähnliche Bildung. Auch zeigte es sich, dass er beschnitten war. Eine Flintenkugel hatte ihn in das Schulterblatt getroffen und sie stak im Genick.

Es stimmt mit dem gewöhnlichen, feigen Charakter der Bewohner des Austral-Landes nicht überein, wenn man voraussetzen wollte, dass diese Eingeborenen von der Insel Wuhdah in der Absicht einen Angriff zu machen hier herüber kamen. Ich kann diese ungewöhnliche Aufführung bloß dadurch erklären, dass sie Zwistigkeiten mit und keine hohe

Meinung von ihren asiatischen Besuchern unterhielten, von denen wir so viele Spuren und manche in der Ansicht dieses Ortes gefunden hatten.

Der Körper des so unglücklich umgekommenen Thomas Morgan wurde an diesem Tag (am 22sten Januar 1803) mit der üblichen Zeremonie der Tiefe übergeben und die Insel nach ihm »Morgans-Insel« genannt.

Am 3ten Februar sahen wir mehrere Eingeborene an der Küste, dem Schiff gegenüber. Lieutenant Fowler wurde abgeschickt, um mit ihnen in Unterhandlung zu treten und nach süßem Wasser zu suchen. Sie erwarteten ihn, ohne die den Australländern so übliche Furcht zu zeigen und nach einer freundschaftlichen Unterhandlung, in der wechselseitige Geschenke gemacht wurden, kehrte Hr. Fowler mit der Nachricht zurück, dass süßes Wasser im Überfluss vorhanden sei.

Am nächsten Morgen früh landete ich mit den Naturforschern. Die Eingeborenen rannten aus ihren Nachtherbergen herbei, um uns zu besuchen. Es waren zwölf junge und im mittleren Alter stehende Männer, welche alle viele Freude ausdrückten, zumal als sie Bongarih, unseren Eingeborenen aus Port-Jackson, sahen. Bei der Ankunft der beiden anderen Boote zogen sich die Eingeborenen, mit Ausnahme zweier in die Wälder zurück, welche Beistand bei dem Ziehen des Netzes leisteten. Die Anderen kamen nach und nach unbewaffnet, wie zuvor, zurück und erhielten einen Teil der Fische. Ich begab mich in den Wald gegen einige Sandhügel hin, um Ortslagen zu bestimmen. Wie ich aber einen Umweg nehmen musste hörten wir, dass die Eingeborenen in den Wald liefen und sich einander zuriefen. Dieses geschah zwei Mal. Endlich wurde eine Flinte abgeschossen, worauf ich eiligst zu den Zelten wiederkehrte.

Als die Naturforscher den Wald mit ihren Begleitern erreicht hatten, folgte ihnen der größere Teil der Eingeborenen. Einer von ihnen fand Gelegenheit, ein Beil der Hand eines Bedienten zu entreißen. Dann rannten die Eingeborenen fort. Da sie aber keine Verfolgung bemerkten, noch dass man darauf besonders Acht gehabt habe, kehrten sie bald zurück und wurden freundlicher, als zuvor. Jeder von unseren Leuten hatte einen Eingeborenen mit sich, mit dem er Arm in Arm ging und Hrn. Browns Bedienter hatte deren zwei, die ihm besondere Aufmerksamkeit bezeigten, so dass, während der eine ihn bei dem Arm hielt, der andere ihm die Flinte von der Schulter wegstahl und sie sämtlich fortliefen, d. i. alle, die noch zurückgeblieben waren. Denn mehrere hatten sich früher fortgeschlichen. Ein Flintenschuss wurde dem Dieb nachgeschickt. Aber er war schon zu weit entfernt und er verursachte nichts weiter, als dass er schneller lief. Die Naturforscher hielten es für unvorsichtig, ihre Forschungen fortzusetzen und kehrten zu den Zelten zurück.

Zwei Stunden vergingen, bevor wir etwas von den Eingeborenen hörten. Manche sah man in dem Walde und man erhielt mit zweien eine Unterredung, denen man zu verstehen gab, man wolle ihnen ein Beil geben, würden sie die Flinte ausliefern. In kurzer Zeit brachten sie solche mit zerbrochenem Ladestock und ohne Kratzer wieder, worauf sie das Beil erhielten. Hierauf kamen die Eingeborenen voll Zutrauen an die Zelte und manche wären die Nacht hindurch da geblieben, wenn man es ihnen gestattet hätte.

Am folgenden Tag (den 5ten Februar 1803) kamen die Eingeborenen früh zu den Zelten und betrugen sich bis zum Mittag ruhig, als einer, der sehr gütig behandelt worden war, mit einer Holzart davon lief und wegen der Dichtigkeit des Waldes, die gegen ihn angestellte Verfolgung vereitelte. Der Korporal und ein anderer Seesoldat, die ohne ihre Hüte hinter den Eingeborenen her gelaufen waren, erlitten einen Sonnenstich und wurden in einem der Raserei ähnlichen Zustand an Bord geschickt. Aber sie genasen glücklich.

Da ich dieses Volk so stark zum Stehlen jedes Dinges, das sie erlangen können, geneigt fand, so beorderte ich den Lieutenant Fowler eine Gelegenheit zu ergreifen, wo er sich zweier Eingeborenen bemächtigen könne, um einen nach einiger Zeit zu entlassen und ihm zu verstehen zu geben, dass der andere im Schiff hinweggeführt werden würde, stelle man das gestohlene Beil nicht wieder zurück.

Wir kehrten am Nachmittag zu dem Schiff zurück. – Seit der Entwendung des Beiles hatten sich die Eingeborenen den Zelten nicht genähert. Aber am folgenden Morgen kamen zwei derselben, welche einige kleine Früchte brachten. Als sie eingeladen wurden, Fische zu essen und sie sich dazu niedersetzten, bemächtigte man sich ihrer sogleich. Andere, die ihnen folgten, liefen, als sie ihr Geschrei hörten, fort. Bald darauf wurde der Älteste und Verständigste von Beiden frei gelassen, da er durch Zeichen versprach, die Axt wieder herbeizuschaffen und man ihm zu verstehen gab, dass sein Kamerad fortgeführt werden würde, wenn er nicht Wort hielte. Wir bemerkten von dem Schiff viele Eingeborene in den Wäldern hin und herlaufen und nach den Zelten sehen. Damit sie kein Unheil anstifteten, wurde ein Sechspfünder mit einem Traubenschuss bereit gehalten. Nachdem aber der eine Gefangene freigelassen war, so schienen sie weniger Angst zu haben.

Abends landete ich bei den Zelten und nahm den noch verhafteten Eingeborenen, einen Jüngling von 14 Jahren namens Woga, in das Boot und ruderte an den von den Eingeborenen am meisten besuchten Ort, von denen ich einige hinter den Büschen erblickte. Zwei kamen vorwärts und brachten in ihren Armen ein junges Mädchen und boten sie durch ausdrucksvolle Zeichen dem Bongarih dar, um ihn an die Küste zu locken, wahrscheinlich, um sich seiner als Geisel zu bemächtigen. Wir verlangten die Wiedergabe der Axt und unser Gefangener schien alle seine Kräfte aufzubieten, um dieses Gesuch zu unterstützen. Aber die immerwährende Antwort war, der Dieb Jehanschirih sei geschlagen worden und hinweggelaufen. Da wir nun sahen, dass wir schwerlich die Axt wieder erhalten würden, wurde Woga unter vielem Geschrei, Drohungen und zur Wehr Stellung von seiner Seite wieder an Bord gebracht. Hier aß er aber mit Herzenslust, lachte, schrie zuweilen und gab auf alles Obacht; drückte auch oft seine Bewunderung über das, was er sah, vorzüglich über die Schafe, Schweine und Katzen aus.

Am folgenden Morgen nahm ich nach dem Frühstück unseren Gefangenen mit zu den Zelten. Als wir uns der Küste näherten, machte er einen Versuch aus dem Boot zu entspringen, welches ihn abermals zu binden nötig machte. Denn an Bord des Schiffs hatte man ihn entfesselt. Er sträubte sich sehr und rief Bongarih zu seiner Hilfe auf. Aber nach einiger Zeit wurde er ruhig und ich verließ ihn an einen Baum gebunden, indem er Reis und Fische verzehrte.

Ein Teil unserer Naturforscher landete neben der Spitze der Bai und hoffte ohne Störung botanisieren zu können. Aber eine Menge Eingeborener hatten sich hier versammelt und suchten sie in den Wald dadurch zu locken, dass sie andeuteten, es könnten daselbst eine Menge Tiere geschossen werden. Aber jene fürchteten Verrat und hielten es für ratsam, nach dem Boot zurückzukehren, worauf die Eingeborenen sie mit zugespitzten Speeren umgaben und jeden Anschein von feindlichen Absichten hatten. Die Richtung von Schießgewehr auf sie verhinderte einen Augenblick ihr

Vorschreiten. Aber sie kamen wieder auf uns los. Da wurde auf jeden der beiden Vordersten ein Schuss getan, welches sie in die Flucht trieb. Aber die Naturforscher fanden es nicht geraten, fortzufahren und kehrten auf das Schiff zurück. Keiner der beiden Eingeborenen fiel. Da aber die Flinten mit Rotwildschrot geladen waren, vermutete man, dass Einer oder Viele verwundet worden seien.

Nun trat der zweite Abend von Wogas Gefangenschaft ein, ohne dass die Axt wieder gegeben worden wäre. Seine Verhaftung hatte uns vielmehr Verdruss und seinen Landsleuten Unglück verursacht. Beharrte ich darauf, ihn hinwegzuführen, so konnte dieses unseren Nachfolgern, vorzüglich dem Kapitän Baudin, den wir täglich nach dem, was er zu uns in Port-Jackson gesagt hatte, anzutreffen erwarteten, nachteilig sein. Hätten die Folgen uns allein betroffen, so war die Zeit unserer Abreise so nahe, dass ich froh über den Umstand, den Woga gefangen zu haben, hätte sein müssen; denn er war ein munterer, mutiger Bursche, den unsere Behandlung bald mit uns versöhnt haben würde und der bei unseren künftigen Unterhandlungen mit den Eingeborenen sowohl, als auch durch Mitteilung mancher interessanten Nachrichten hätte sehr brauchbar sein können. Aber aus obigem Grund und weil ich fühlte, nicht anders gerecht handeln zu können, so entschloss ich mich den Gefangenen zu entlassen, wenn auch die Axt nicht wieder gegeben würde. Woga schien heute in seiner Gefangenschaft etwas traurig zu sein, glaubte aber nicht seine Entlassung zu erhalten und hatte den größten Teil des Morgens und Nachmittags Nahrung zu sich genommen. Er bat dann aber dringend um seine Befreiung und versprach mit Tränen in den Augen, dass er die Axt zurückbringen werde. Nachdem er einige Kleidung und Geschenke erhalten hatte, wurde ihm seine Abreise gestattet. Etwa 200 Yards ging er ganz langsam. Dann aber sah er sich um und hob dann seine

Beine mit aller Kraft auf, indem er uns keinen Glauben an die Erfüllung seiner pathetischen Versprechungen ließ.

Nachdem wir unsere Vorräte mit Holz und Wasser ergänzt hatten wurde unsere Niederlassung an der Küste eingeschifft und wir waren zur Abfahrt bereit. Die Botaniker machten eine Exkursion auf die mittlere Spitze und verfolgten ihre Untersuchungen ohne Störung. Denn weder Woga noch seine Landsleute wurden den ganzen Tag hindurch gesehen.

Die Eingeborenen um Caledon-Bay gehören zu demselben Stamme wie die um Port-Jackson und König Georgs Sund; Gegenden, die beinahe an den beiden äußersten Teilen des Austral-Landes liegen. Doch waren sie nicht so kraftvoll gebaut, aber dies würde durch reichlichere Nahrungsmittel wahrscheinlich verschwinden. Alle, die zu den Zelten kamen, hatten einen Vorderzahn auf der linken Seite der oberen Kinnlade verloren, inzwischen bei dem Alter der Mannbarkeit zu Port-Jackson der auf der rechten Seite herausgenommen wird. Ob die Frauen dieselbe Operation erleiden, konnten wir nicht erfahren, da wir nur einmal eine Frau und zwar in der Entfernung gesehen hatten. Sie trug ein kleines Stück Rinde, statt dem Feigenblatte, welches die einzige Annäherung an Kleidung war, die wir bei ihnen sahen. Über den Ellenbogen tragen die Männer gewöhnlich eine Binde von Netzwerk, in welcher ein kurzes Stück von starkem Gras, Namens Tomo steckte, das sie als Zahnstocher brauchten. Aber der merkwürdigste Umstand bei diesen Leuten war, dass sie sämtlich den jüdischen und mohammedanischen Gebrauch der Beschneidung haben. Dasselbe wurde zuvor schon bei einem Eingeborenen von der Insel Wudah und bei zweien der Wellesleys Inseln bemerkt. Es scheint daher, dass dieses an der Westküste des Carpentaria-Busens allgemeine Sitte sei.

Wir sahen bei diesem Volk keine anderen Waffen als Spieße. Aber es kannte auch Pfeile und Bogen. Wahrscheinlich hat es Kähne von Baumrinde, ob wir gleich keine sahen. Denn mehrere Bäume waren wohl zu dieser Absicht abgeschält. Aber als Bongarih ihnen ein Geschenk mit dem aus der Blauen Schlamm-Bai (Blue-mud-Bay) mitgebrachten Kahne macht, bezeigten sie wenig Vergnügen über diese Gabe und schienen nicht zu wissen, wie sie ihn auszubessern hätten.

Dass diese Bai früher von einigen Fremden besucht wurde, wurde durch die Kenntnis, welche die Bewohner vom Feuergewehr hatten, bewiesen und wurde auf ihr Ersuchen eine Flinte abgefeuert, so beunruhigte dieses sie wenig. Eine Menge von Pfosten, die nahe an der Küste lagen, waren unleugbar mit eisernen Werkzeugen behauen. Fragten wir die Einwohner über diesen Gegenstand, so ahmten sie mit ihren Händen die Bewegung eines Beiles, das einen Baum umhauen soll, nach und riefen bei dem Aufhören »Puh!«. Dieses war alles, was wir von den Eingeborenen lernen konnten. Aber wegen des hier gefundenen Bambus' und des hier angetroffenen, dem auf Pellews Gruppe ähnlichen Gitterwerks, waren es wahrscheinlich Dieselbigen Asiaten, von denen so manche Spuren überall seit der Einfahrt in diesen Busen gefunden wurden. Ich hege einige Hoffnung, dass die, welche uns folgen werden, nicht, wenigstens mit solcher Frechheit nicht, bestohlen werden und zugleich, dass die Anwohner der Caledon-Bay eine fernere Verbindung mit den Europäern nicht vermeiden, sondern wünschen werden.

Ich weiß nicht, ob die Sprache an irgend zwei Teilen, sind sie auch nahe, des Austral-Landes völlig übereinstimme. Denn selbst zu Botany-Bay, Port-Jackson und Broken-Bay ist nicht nur der Dialekt, sondern auch manche Wörter radikal verschieden[122] und dieses bestätigt einen Teil der Bemerkung, deren Wahrheit allgemein anerkannt zu sein scheint: dass, obgleich Ähnlichkeit der Sprache zweier Völker einen gleichen Ursprung derselben beweist, doch die Unähnlichkeit der Sprachen kein Beweis für das Gegenteil ist. Mag daher die Sprache an der Caledon-Bay ganz von der an der Ost- und Südküste gesprochenen verschieden sein, so haben doch die Einwohner einen gemeinschaftlichen Ursprung. Auch glaube ich nicht, dass die Sprache gänzlich so verschieden ist, dass sich nicht einige Annäherungen finden sollten, obgleich die an erwähnter Bai gesprochene Sprache so wenig von Bongarih, als von uns verstanden wurde.

Einige unserer Leute litten an der Ruhr, die ein Fieber begleitete, welche Krankheit der Wundarzt der Hitze und der Feuchtigkeit der Atmosphäre zuschrieb. Denn seit dem Dezember, in dem der Nordwest-Passat begann, regnete es fast täglich und Gewitter waren sehr häufig. Den Kopf der Sonne unbedeckt auszusetzen, vorzüglich wenn man mit einer schweren Arbeit beschäftigt war, zeigte sich hier sehr gefährlich. In der Blauen-Schlamm-Bai verlor ich dadurch einen Mann, weil er sich in dieser Hinsicht nicht in Acht genommen hatte und an demselben Ort kamen aus derselben Ursache zwei andere kaum mit dem Leben davon. Moskitos waren an der Küste sehr beschwerlich und ebenso die schwarzen Fliegen. Giftige Tiere aber sahen wir bei unseren beschränkten Exkursionen nicht.

122 Diese Verschiedenheit der Sprachen in demselben Lande bietet einen außerordentlichen Kontrast mit den Inseln im großen Ozean dar, wo von den Sandwich-Inseln unfern des nördlichen Wendekreises bis zum südlichsten Ende Neu-Seelands unter 47° s. Br. die Sprache fast überall dieselbe ist und der Dialekt sich so wenig unterscheidet, dass die verschiedenen Inselbewohner es gar nicht schwer finden, einander zu verstehen.

Neuntes Kapitel

Abreise aus der Caledon-Bay – Kap Arnhem – Melvilles-Bay – Kap Wilberforce und Brombys Inseln – Inseln der englischen Kompanie – Es werden bei denselben Schiffe aus Makassar angetroffen – Arnhem-Bay – Die Wessels-Inseln – Die fernere Untersuchung der Nordküste wird aufgegeben – Ankunft in Coepang-Bay in Timor – Bemerkungen und astronomische Beobachtungen

(Vom 10ten Februar bis zum 8ten April 1803)

Am 11ten Februar 1803 früh um 8 Uhr kamen wir bei dem Cape Arnhem, was man auf der holländischen Karte nicht benannt hat, vorüber, einem mit Gras bedeckten, sanft in das Land vom Wasserrand sich emporhebenden Vorsprung. Das zu Mittag in der größten Entfernung sichtbare Land war ein mit flachem Gipfel versehener Hügel, den ich »Mount Saunders« nannte und näher bei uns lag ein höherer und mehr bewaldeter Hügel, der gleichfalls einen flachen Gipfel hatte und gegen Norden steil war, den ich »Mount Dundas« nannte.

Am 14ten Februar wurden Leute zum Holzschlagen nach Dundas' Spitze gesendet und die Naturforscher begaben sich eben dahin. Sie bildet eine Halbinsel des hohen, felsigen Landes, das ich »Drimmie-Head« nannte. Bei hohem Wasser ist sie wirklich eine Insel. Dann fuhr ich südwärts längs der Küste von Drimmie-Head und erhielt von einem Hügel nahe am südwestlichen Ende eine gute Ansicht von der Bai und sah die westliche Küste nordwärts bis zu einem felsigen Vorgebirge, das ich nach Hrn. William Wilberforce, dem verehrten Repräsentanten von Yorkshire benannte.

Da der Name dieser Bucht in der holländischen Karte fehlt, so habe ich sie zu Ehren des ersten Lords der Admiralität, Hrn. Robert Saunders Dundas, Viscount Melville, welcher den mir von seinen Vorgängern gewährten Schutz verlängert hat, »Melvilles-Bay« genannt. Sie ist der beste Hafen, den wir im Carpentaria-Busen fanden.

Der Stein an der Nordseite der Melvilles Bay ist eine granitische Zusammensetzung von Quarz, Glimmer und rohen Granaten. Diese sind groß und geben dem Steine das Ansehen vom Puddingsteine. Würde er geschliffen, so müsste er sehr schön sein.

Es schien nicht, als ob an den Küsten der Bai ein ergiebiger Boden wäre. Aber gegen die Süd- und Ostseite war die Gegend mit einer angenehmen Mischung von Gras und Bäumen bedeckt und besser für Viehzucht geeignet, als ich je eine in einer so kleinen Breite getroffen habe. Obgleich der vegetabilische Boden nicht tief ist, so würde er viele dem Klima gemäße Produkte hervorbringen können. Ein Santalum, näher mit dem wahren Sandelholze verwandt, als irgendeine in diesem Land vorher gesehene Art, wuchs an den Rändern der Bai.

Keine Einwohner wurden bemerkt, auch keine Spuren von ihnen. Aber da zwei Mal Hunde gesehen wurden, so ist es wahrscheinlich, dass die Eingeborenen uns aus einer nicht weiten Entfernung beobachteten. Sie hatten alle Orte, an denen ich gelandet war, besucht und müssen daher Kähne haben. Auch fanden sich hier Spuren von den schon oft erwähnten Fremdlingen, unter anderem Teile von Gitterwerk und ein Stück von einem großen irdenen Geschirr. Unser Netz brachte gewöhnlich außer Fischen einige graue nackende Seeschnecken oder See-Gurken mit an das Ufer, doch nicht so häufig als in Caledon-Bay.

Hier wurden wir von den schwarzen Fliegen nicht so gepeinigt wie zuvor. Aber Moskitos und Sandfliegen waren zahlreich und höchst lästig. Die meisten Büsche enthielten von einer kleinen grünen Ameise gebaute Nester. Wurden die Büsche beunruhigt, so kamen die rachgierigen kleinen Tiere scharenweise gezogen und hörten nicht eher auf, ihren Ruhestörer zu verfolgen, als bis er ihnen aus dem Gesicht kam. Indem wir unseren Weg oft durch das Unterholz erzwangen, wurden zuweilen Haare und Kleider mit ihnen angefüllt. Da nun ihr Biss sehr scharf ist und ihre Rache nie gestillt wird, so war kein anderer Rat, als sich bald möglichst auszukämmen und zu entkleiden.

Am 17ten Februar 1803 war die Untersuchung des Carpentaria-Busens vollendet. Die in den alten Karten angegebene Form desselben ist nicht sehr irrig, welches beweist, dass dieses das Resultat einer wirklichen Untersuchung war. Da man aber keine besonderen Nachrichten über die Entdeckung besitzt und nicht einmal den Namen des Entdeckers weiß, obgleich sie Tasman zugeschrieben wird, so wurde diese Karte für wenig besser, als für die Darstellung eines Feenlandes gehalten und erhielt nicht den Glauben, welchen sie verdiente.

Nachdem wir die enge Straße zwischen Cape Wilberforce und den Brombys Inseln zurückgelegt hatten, folgten wir der Küste des festen Landes gegen S. W., indem wir auf der rechten Seite einige hohe und große Inseln hatten, welche sich so gegen die Küste hinrichteten, dass es ungewiss war, ob hier eine Durchfahrt zwischen beiden statt finde. Unter der nächsten Insel sah man einen mit Männern besetzten Kahn und auf einer Art von Rhede am Südende derselben Insel lagen sechs oben bedeckte Schiffe, als sollten sie für die nasse Jahreszeit dienen. Unsere Vermutungen waren darüber verschieden, was dieses Volk und was sein Geschäft hier sei.

Aber wir zweifelten wenig, dass es nicht das Nämliche sei, dessen Spuren wir so häufig am Carpentaria-Busen fanden. Ich hatte mich zu der Meinung geneigt, dass diese Spuren von Chinesen herrührten und der Bericht der Eingeborenen an der Caledon-Bay, dass sie Schießgewehre hätten, verstärkte diese Vermutung. Verglich ich nun dieses mit der Erscheinung dieser Schiffe, so hielt ich sie für seeräuberische Diebe, die sich hier vor Verfolgung verbargen. Mit dieser Idee angefüllt begaben wir uns nach der Rhede und da unsere Flagge und unser Wimpel aufgezogen wurden, hing jedes ihrer Schiffe eine kleine weiße Flagge aus. Bei der Annäherung sendete ich den Lieutenant Flinders in einem bewaffneten Boot zu ihnen, um zu hören, wer sie seien und bald darauf kamen wir bis auf Flintenschussweite in 12 Faden Tiefe vor Anker.

Jede Bewegung im Walfischboot und in den Schiffen, nächst denen es lag, wurde genau durch unsere Gläser beobachtet. Aber alles schien friedlich abzugehen. Nach der Rückkehr des Lieutenant Flinders hörten wir, dass es Praus (Prows) aus Makassar waren. Die sechs malaischen Befehlshaber kamen bald darauf in einem Kahn an Bord. Glücklicherweise war mein Koch ein Malaie und durch ihn konnte ich mich mit ihnen unterhalten. Das Oberhaupt der sechs Praus war ein kurzer, ältlicher Mann namens Pobassuh. Er sagte, es wären an der Küste in verschiedenen Divisionen 60 Praus und Salluh sei der Oberbefehlshaber. Diese Leute waren Mohammedaner und wie sie in unseren Raum sahen drückten sie großes Schrecken darüber aus, dass sie darin Schweine erblickten. Übrigens machten sie keinen Einwurf gegen Portwein und baten um eine Flasche, um sie bei Sonnenuntergang mitzunehmen.

Am folgenden Morgen begab ich mich an den Bord von Pobassuhs Schiff, mit zwei von den Gelehrten und meinem

Dolmetscher, um fernere Nachforschungen anzustellen. Nachher kamen die sechs Oberhäupter an Bord des Investigators und mehrere Kähne lagen längs des Schiffes, um Tauschhandel zu treiben. Vor Mittag langten noch fünf andere Praus bei den vorigen an und wir hatten mehr Volk um das Schiff, als ich an Bord zu lassen für ratsam fand. Denn jeder trug einen kurzen Dolch oder Kris an seiner Seite. Meine Leute waren bewaffnet und mit den Kanonen wurde manövriert, auch auf Verlangen der Oberhäupter ein Schuss aus denselben abgefeuert. Am Abend zogen sie sich sämtlich ruhig zurück. Aber unsere Kanoniere wurden fertig zum Dienst gehalten und die halbe Mannschaft war die ganze Nacht auf der Wache. Das Wetter war sehr regnerisch und gegen Morgen hörte man viel Getöse von den Praus. Bei Tagesanbruch gingen sie unter Segel und steuerten durch die enge Straße zwischen dem Kap Wilberforce und den Brombys-Inseln, durch welche wir gekommen waren und richteten nachher ihren Lauf südöstlich in den Carpentaria-Busen.

Nach Pobassuhs Bericht, von dem ich hauptsächlich meine Belehrung erhielt, hatten 60 dem Radsja von Boni gehörende Praus, welche 1000 Mann trugen, Makassar mit dem Nordwest-Passat zwei Monate zuvor zu einer Expedition an diese Küste verlassen. Diese Flotte lag dann an verschiedenen Orten westlich, immer fünf oder sechs Praus bei einander. Pobassuhs Division war die vorderste. Diese Praus schienen von etwa 25 Tonnen zu sein und waren mit 20 bis 25 Mann besetzt. Die von Pobassuh führte zwei kleine metallene, von den Holländern erhaltene Kanonen. Aber die anderen hatten nur Flinten, außer denen jeder Malaie einen Kris oder Dolch offen oder insgeheim trägt. Ich fragte nach ihren Bogen und Pfeilen und dem Gifte Ippo. Aber sie hatten von all dem nichts und ich hatte Mühe, ihnen begreiflich zu machen, was ich mit dem Ippo meine.

Der Gegenstand dieser Expedition war ein gewisses Seetier, Trepang genannt. Von diesem gaben sie mir zwei getrocknete Exemplare und ich fand, dass dieses die Bêche-de-mer oder die See-Gurke war, die wir zuerst an den Riffen der Ostküste gesehen hatten.

Die Malaien fangen durch Tauchen den Trepang und wo er im Überfluss ist, kann ein Mann mit einem Mal acht bis zehn in die Höhe bringen. Die Art, ihn aufzubewahren ist folgende: Das Tier wird auf einer Seite aufgeschnitten, gekocht und durch ein Gewicht von Steinen ausgepresst. Dann wird es auf zerspaltenem Bambus offen der Sonne und nachdem dem Rauch ausgesetzt. Ist er so weit fertig, dass er in Säcke gepackt werden kann, so muss er noch oft der Sonne ausgesetzt werden. Sie werden nach Timor gebracht und dort an die Chinesen verkauft.

Pobassuh hatte sechs oder sieben Reisen in den vergangenen zwanzig Jahren von Makassar hierher gemacht und er war einer der Ersten, der dahin kam, hatte aber hier nie vorher ein Schiff gesehen. Diese Rhede war der erste Sammelplatz für seine Abteilung, um Wasser vor ihrer Fahrt in den Busen einzunehmen. Eine ihrer Praus war das Jahr vorher verloren gegangen und viele Nachfragen wurden von Pobassuh an uns gemacht, ob wir nicht das Wrack gesehen hätten. Da das Ruder eines Kahnes ihm gezeigt wurde, erkannte er es als der Prau zugehörend. Sie hatten oft Scharmützel mit den Küstenbewohnern. Pobassuh selbst war mit einem Speer in das Knie verwundet worden und ein anderer Mann wurde gleichfalls leicht verwundet und sie rieten uns, uns vor den Eingeborenen sehr in Acht zu nehmen.[123]

---

123 Eine Frage bietet sich hier von selbst dar: Konnten die Eingeborenen an der Westseite des Carpentaria-Busens nicht den Gebrauch der Beschneidung von diesen mohammedanischen Malaien erlernt

Sie hatten keine Kenntnis von irgendeiner europäischen Niederlassung in diesem Land und wie sie den Namen Port-Jackson hörten schrieb ihn Pobassuhs Sohn zur Erinnerung von der Linken zur Rechten auf. Bis man ihnen einige Muskatnüsse zeigte, wussten sie nicht, dass sie dort wuchsen. Fische und zuweilen Schildkröten war alles, was sie sich verschafft hatten. Sie führen in Bambusabsätzen für einen Monat Wasser mit sich. Ihre Nahrung besteht aus Reis, Kokosnüssen und getrockneten Fischen sowie aus einigen Hühnern für die Oberhäupter. Ich fragte sie, ob sie einige Flüsse oder Einfahrten in das innere Land kannten? – Ob sie Karten von dem, was sie sähen, machten? – Oder ob sie sich überhaupt der Karten bedienten? Alles dieses beantwortete Pobassuh verneinend. Ich konnte kein anderes nautisches Instrument bei ihnen auffinden als einen kleinen Taschenkompass, der in Holland anscheinlich verfertigt war. Durch ihn richteten sie ihren Lauf in der See ohne irgendeine Karte zu besitzen, oder eine astronomische Beobachtung anzustellen.

Meine zahllosen Fragen wurden mit Geduld und mit anscheinender Wahrheit beantwortet. Pobassuh blieb sogar nach meinem Wunsch einen Tag länger, als er gewollt hatte. Denn der Nordwestpassat, sagte er, würde nicht einen Monat länger blasen und er habe sich schon verspätet. Ich beseitigte seine und seiner Begleiter Unruhe durch verschiedene Geschenke, vorzüglich eiserner Werkzeuge, die sie gern zu besitzen wünschten. Er bat mich um eine englische kleine Flagge, die er in der Folge an der Spitze seines Geschwaders aufsteckte. Er wünschte auch einen Empfehlungs-Brief von mir zu haben, um ihn, wenn er ein anderes europäisches

---

haben? Dieses scheint mir wegen der kurzen Periode, in welcher die letzteren diese Küste besuchen und wegen der Beschaffenheit ihres gegenseitigen Umganges sehr wenig wahrscheinlich.

Schiff träfe, vorzeigen zu können. Ich schrieb daher einen solchen an den Kapitän Baudin, den er wahrscheinlich im Carpentaria-Busen entweder bei seiner Ankunft oder Rückkehr treffen musste.

Gleich nach Abfahrt der Praus begannen die Naturforscher sowie ich unsere Untersuchungen.

Vom 19ten bis zum 22sten war die Witterung häufig regnerisch mit Donner und Blitz und der Wind bließ in starken Stößen zwischen Nord und West, machte es daher unratsam, das Schiff in Bewegung zu setzen. Während dieser Tage untersuchten die Naturforscher die, die Malaiische Rhede bildenden Inseln und ich lief mit dem Boot nach Astells und dann nach dem Nordende von Cottons-Insel aus, um die Meerestiefe zu bestimmen und Kompassstriche für die Vermessung zu nehmen. Bei letzterer Exkursion sahen wir drei schwarze Kinder am nordöstlichen Strand und indem ich den Weg fortsetzte, bemerkten wir zwei Hütten von Baumrinde und einen ältlichen, neben denselben unter einem Baum sitzenden Mann. Dieser, als er sich entdeckt sah, lächelte und ging hinter einen Strauch, von wo man einen verwirrten Lärm von Weibern und Kindern hörte, die sich in den Wald flüchteten. Auch der Mann zog sich auf den Hügel zurück und unsere Zeichen von Freundschaft hielten ihn nicht zurück. In einer der Hütten fanden wir ein sackförmiges Netz, welches einige Stücke von Gummi, Knochen und einen zerbrochenen Brettnagel enthielt sowie eine Muschel zum Trinkgeschirr. Gegen einen nahen Strauch standen drei Speere, von denen einer eine Menge Widerhaken hatte und mit einiger Kunst verfertiget war. Diesen nahm ich hinweg; alles Übrige blieb aber, wie wir es gefunden hatten, nur dass wir ein Beil und ein Schnupftuch hinzufügten.

Cottons, Pobassuhs und Astells Inseln, auf welche unsere Untersuchung beschränkt war, sind mäßig hoch, bewaldet und neigen sich an ihrer Westseite gegen den Wasserspiegel, bilden aber an der Ost- und noch mehr an der Südostseite steile Klippen. Indem ich einige Stücke aus diesen Klippen ausbrach, sah ich sie wunderbar mit Figuren von Blumen und Bäumen bezeichnet, welche, wie man mir sagte, dem Eindringen von Blutstein oder Eisenerz in die Spalten zuzuschreiben waren. Die Lager haben eine rötliche Farbe und gleichen flachen Ziegeln. Man könnte sie fast ganz ohne Vorbereitung als solche gebrauchen. Sie sind hier in hinreichender Menge, um eine ganze Stadt zu bedecken und der Sandstein auf dem oberen Teil der Klippen ist gleichfalls sehr zum Bau der Mauern der Häuser tauglich.

Die höheren Flächen dieser Inseln sind unfruchtbar; aber in den Tälern, durch welche damals Bäche liefen, ist ein erträglich fruchtbarer Boden. Eins dieser Täler am Südende von Cottons Insel möchte einen trefflichen Platz zur Errichtung eines Klosters für Mönche abgeben, welche die Hitze des Klimas ertragen könnten und gefühllos gegen den Stich der Moskitos wären. Die Hitze war zum Ersticken und die Moskitos gestatteten keinen Augenblick Ruhe.

Wie ich den Plan dieser ausgedehnten Bai niederlegte, war ich etwas erstaunt, die große Ähnlichkeit desselben mit der ihm in der holländischen Karte gegebenen Form zu entdecken. Sie hat keinen Namen. Da aber kein Zweifel sein kann, dass entweder Tasman oder vielleicht ein früherer Seefahrer sie erforscht hat, habe ich ihr den Namen der Küste gegeben, an der sie liegt, nämlich »Arnhem-Bay«. Insofern man einen sichern Ankergrund verlangt, kommt sie jedem mir bekannten Hafen gleich. An den niedrigen Küsten sahen wir kein anderes Mineral als Eisenerz, dem im oberen Teil der Melvilles-Bay und dem der mittleren Spitze der Caledons-Bay ähnlich. Dieses urteile ich aus dem, was ich nächst den Vorgebirgen der Buchen gesehen habe. Denn unsere Exkursionen in das Innere waren notwendig sehr beschränkt und ich verließ nicht die Wasserseite von Arnhem-Bay, da ich durch die skorbutischen Geschwüre meiner Füße daran verhindert wurde.

Diese Gegend scheint nicht sehr bevölkert zu sein. Spuren von Menschen aber fanden wir überall, wo wir landeten. In den Waldungen waren verschiedene Vogelarten, vorzüglich von Papageien. Spuren von Kängurus waren zahlreich. Diese Umstände würden einer in der Nachbarschaft angelegten Kolonie günstig sein. Soll aber ein solcher Schritt erwogen werden, so ist es zuvörderst höchst notwendig, diese Gegend in der trockenen Jahreszeit vom Junius bis zum November zu erforschen. Man kann nämlich vermuten, dass dann die Vegetation vertrocknet ist und die Süßwasserquellen fast ganz unergiebig sind.

Wir hatten nun die Vermessung der Küste über einen halben Monat länger betrieben, als der Schiffsmeister und Zimmermann erklärt hatten, dass das Schiff ohne große Wagnis, vorausgesetzt, es bleibe beim guten Wetter und dass es kein Unfall betreffe, segeln könne. Da das, was noch an Zeit übrig war, nicht mehr als hinreichend war, um nach Port-Jackson zu gelangen, so hielt ich es für unverständig, die Erforschung weiter fortzusetzen. Der Zustand meiner eigenen Gesundheit und der der Schiffsmannschaft, verbunden mit der Fäulnis des Schiffes, zwangen mich hier die Untersuchung zu beenden. Alle meine Gefährten waren durch die Hitze und Feuchtigkeit, durch starke Ermüdungen und durch Mangel an nährenden Substanzen geschwächt. Ich selbst war wegen der skorbutischen Geschwüre unfähig, auf den Mastkorb zu steigen oder Expeditionen im Boot zu machen. Da nun das ganze Vermessungsfach auf mir beruhte, so war unser längerer Aufenthalt für einen seiner Hauptgegenstände zwecklos.

Am 31sten März 1803 langten wir in Coepang auf der Insel Timor an Coepang hat fast keinen anderen Handel als mit Batavia. Sandelholz, Wachs, Honig und Sklaven werden ausgeführt und Reis, Arrak, Zucker, Tee, Kaffee, Betelnüsse, chinesische, einige ostindische und europäische Manufaktur-Waren eingeführt. Die davon entrichteten Abgaben sollen hinreichen, diese Niederlassung aufrecht zu erhalten. Ein mit Ammunition, Kleidung und anderen Vorräten für die Soldaten beladenes Schiff kommt jährlich von Batavia. Was man aber den Handel von Coepang nennen kann, ist mehrenteils in den Händen der Chinesen, von denen sich mehrere in der Stadt niedergelassen und mit den Malaien vermischt haben.

Ich stellte manche Nachforschungen nach den malaischen Trepang-Fischern an, die wir am Eingang des Carpentaria-Busens trafen und hörte folgende Nachrichten. Die Bewohner von Makassar sind lange gewohnt gewesen, den Trepang auf den Java benachbarten Inseln und auf einer trockenen Untiefe, die südlich von Rottih liegt, zu fangen. Aber etwa vor 20 Jahren wurde eine ihrer Praus vom Nord-West-Passat an Neu-Hollands Nordküste getrieben, und da sie hier den Trepang in Menge fanden, kehrten sie in der Folge und bis jetzt hierher zurück, um hier zu fischen.

Dem Kapitän Johnson, der von hier im Mai nach Batavia abgehen wollte und mir versprach, Briefe von dort zu befördern, vertraute ich eine Nachricht über die an der Ost- und Nord-Küste gemachten Untersuchungen für die Admiralität an, zugleich mit dem Bericht des Schiffsmeisters und Zimmermannes über den Zustand des Schiffes und einer Nachricht über die Belehrung, die ich über die Trepangfischerei erhalten hatte. Zu Coepang erhielten wir folgende Vorräte für unser Schiff: Reis, Arrakk, Zucker und Palmensirup; frisches Fleisch, Obst und Vegetabilien während unseres Aufenthalts und für die folgenden zehn Tage. Gemüse waren teuer und nicht gut und für manche Früchte war es noch zu früh im Jahr.

Nach dem Ansehen derer zu urteilen, die eine bedeutend lange Zeit sich in Coepang aufgehalten haben, ist das Klima nicht gut. Selbst im Vergleich mit uns, die wir doch bedeutend gelitten hatten, sahen sie als Kranke aus. Aber sie sprachen von der portugiesischen Niederlassung zu Dili, als in dieser Hinsicht sehr verderblich. Kapitän Baudin verlor während seines Aufenthalts zu Coepang zwölf seiner Leute an der Ruhr und ich fand ein Denkmal, das er seinem ersten Gärtner errichtet hatte. Eben aber fing es an zu verfallen.

Zehntes Kapitel

Abfahrt von Timor – Aufsuchung der Trial-Klippen – Ankerung in der Goose-Island- (Gänse-Insel) Bay – Beerdigung des Bootsmannes und kränklicher Zustand der Schiffs-Gesellschaft – Entkommen aus der Bai und Fahrt durch Bass' Straße – Ankunft in Port-Jackson – Verlust an Leuten – Besichtigung und Beurteilung des Schiffes – Pläne, um die Vermessung fortzusetzen, doch endliche Vorbereitung zur Rückkehr nach England – Zustand der Kolonie zu Port-Jackson

(Von dem 8ten April bis zu dem 4ten Julius 1803)

Da es mir misslungen war, eingesalzenes Fleisch zu erhalten und einen Offizier von Coepang an die Admiralität zu senden, hatte ich notwendiger Weise den Plan aufgeben müssen, an der Nordküste des Austral-Landes rückwärts zu gehen.

Trübes Wetter mit öfterem, starken Regen, Donner und Blitz hatten seit unserer Abfahrt von Coepang geherrscht und es wirkte auf die Gesundheit der Schiffs-Gesellschaft dasselbe, was ähnliche Witterung zuvor im Carpentaria-Busen getan hatte. Wir hatten zu dieser Zeit zehn Mann auf der Krankenliste, die am Durchfall litten. Manche andere waren minder krank. Es schien möglich zu sein, dass der Wechsel der Nahrung von Salzspeisen zu frischem Fleisch, Obst und Gemüsen von Timor – ein Wechsel, von dem ich hoffte, dass er jedes Symptom von Scharbock vertreiben sollte – auf diese neue Krankheit einen Einfluss habe und war dieses der Fall, so hieß dieses die Scylla vermeiden, um in die Charybdis zu fallen und war wirklich übel genug.

Am 13ten Mai kamen wir auf den Parallelkreis von Kap Leeuwin. Am 14ten um 6 Uhr Abends waren wir 5¼ g. M. von D'Entrecasteaux' Spitze entfernt. Wir steuerten an der Südküste des Austral-Landes mit einem frischen Wind und einer uns günstigen Strömung. Meine Absicht, dass ich der Küste so nahe kam, war längs den äußeren Teilen des Archipels der Récherche zu fahren, welche vorher unvollkommen gesehen wurden und einen oder zwei Tage in der Goose-Island-Bay in der Absicht anzulegen, um Gänse für unsere Kranken, Robbenöl für unsere Lampen und einige Fässer Salz von der Mittel-Insel zu erhalten.

Hier starben Hr. Charles Douglas, mein Bootsmann und William Hillier, einer meiner besten Leute an der Ruhr. Der Wundarzt hatte 14 Personen auf seiner Liste, die keine Dienste tun konnten. Statt, dass wir hier im J. 1802 65 Gänse erhielten, bekamen wir jetzt nur 12. Auch war kein Salz zu haben, da der anhaltende Regen alles Vorhandene aufgelöst hatte.

Am 26sten Mai starb der Sergeant der Seesoldaten James Greenhalgh an der Ruhr, den ich herzlich bedauerte, da er durchaus die Pflichten seiner Stelle mit Eifer und Treue erfüllte. – Am 2ten Junius verloren wir den Quartiermeister John Draper, einen der ordentlichsten Leute auf dem Schiff. Es schien die Ruhr gerade den schätzbarsten Teil der Schiffsmannschaft hinzuraffen. Endlich liefen wir am 9ten Junius in Port-Jackson ein. Vier von unserer Mannschaft starben trotz aller ihnen geleisteten Hilfe in wenigen Tagen. Der erste war Hr. Peter Good, botanischer Gärtner, ein für seine Wissenschaft eifriger, verdienter, allgemein bedauerter Mann.

Lieutenant Murray war mit der Lady Nelson nach einer etwas schwierigen Fahrt von den Barrier-Riffen hier gesund angekommen. Der Geograph und der Naturforscher waren nur erst einige Monate, nachdem ich Port-Jackson um nach Norden zu gehen verlassen hatte, nach der Südküste abgegangen und bis zu dem Ende des Dezembers lag Kapitän Baudin bei Kings Insel in der Bass' Straße. Daher war es nicht sehr wahrscheinlich, dass er den Carpentaria-Busen in der Mitte des Februars erreichen würde, zu welcher Zeit ich dessen Untersuchung vollendet hatte, auch nicht einmal im Beginn des März, wenn der Südwestpassat ihm entgegenwirkt.

Wir trafen auch zu Port-Jackson Hrn. James Inman (dermalen Professor der Mathematik an dem königlichen Schifffahrts-Kollegium zu Portsmouth) an, den das Längen-Bureau abgeschickt hatte, um als Astronom die Expedition statt des Hrn. Crosley, der uns auf dem Vorgebirge der guten Hoffnung verlassen hatte, zu begleiten. Dieses Mannes Sorge vertraute ich alle größere astronomische Instrumente und auch die Zeithalter, nachdem Beobachtungen angestellt waren, um ihre Längen mit denen von Cattle-Point zu vergleichen.

Um die Gesundheit der Schiffsmannschaft wieder herzustellen, schloss ich einen Kontrakt für eine regelmäßige Lieferung von Gemüsen und frischem Fleisch. Auf mein Ansuchen bei dem Gouverneur wurde der Kommissar beordert, uns Porto-Wein zu liefern und eine Pinte wurde täglich allen denen, die sowohl an Bord als auch am Land waren und deren geschwächte Gesundheit dieses nach dem Urteil des Wundarztes bedurfte, verabreicht.

Da die zu der Gesundheit der Schiffs-Gesellschaft dienenden Verfügungen getroffen waren, sendete ich dem Gouverneur den Bericht von dem Schiffs-Meister und Schiffs-Zimmermann über die Beschaffenheit des Investigators im Carpentaria-Busen zu und verlangte, dass Offiziere von Sr. Exzellenz bestimmt würden, um eine Untersuchung anzustellen. Diese wurde in meiner Gegenwart von Hrn. W. Scott, Kommandanten des königlichen bewaffneten Schiffes Purpoise, Hrn. E. H. Palmer, Kommandanten des Extraschiffes Bridgewater der ostindischen Kompanie und Thomas Moore, Baumeister in dem Territorium von Neu-Süd-Wallis angestellt, deren Resultat ergab, dass der Investigator zu künftigem Dienst unbrauchbar sei.

Da dieses Urteil ergangen war, entwarf man verschiedene Pläne, um die Entdeckungs-Reise fortzusetzen, wobei man hauptsächlich den Gouverneur zu Rate zog. Ich benutzte diese Gelegenheit, mich in die Niederlassung am Hawkesbury, am Fuß der inneren Berge zu begeben. Der Genuss der gesunden Luft, mit einer vegetabilischen Diät und ärztlicher Hilfe verbunden, machte bald eine große Veränderung in den skorbutischen Geschwüren, die mich seit vier Monaten untauglich gemacht hatten. Im Anfang des Julius kehrte ich ziemlich wieder hergestellt in das Schiff zurück.

Am 4ten Julius langte die Porpoise von Van Diemens Insel an und ich kam darum ein, dass der Gouverneur den Befehl zu ihrer Untersuchung erteilen möge. Ich hatte manche Nachrichten gehört, dass sie schadhaft sei und es war schlimmer als Tollheit, sich die Mühe und die Unkosten zu machen, ein Schiff auszurüsten, welches, außer einer Wiederholung der Gefahr, die wir im Investigator erlitten hatten, auch die Absicht der Reise unvollendet lassen könnte. Es erhellte, dass die Vollendung der zu der Reise nötigen Ausbesserungen nicht vor zwölf Monaten geschehen könnte und auch dann war dieses Schiff wegen seiner Kleinheit und seines unten zugeschärften Baus sehr schlecht zu diesem Dienst geeignet. Andere Anordnungen wurden daher vorgeschlagen.

Jeder von dem Gouverneur vorgeschlagene Plan war mit einem gemeinschaftlichen Nachteil verbunden: der Verzögerung der Vermessung. Meine Wahl war daher, mich als Passagier auf der Porpoise einzuschiffen, um meine Karten und Tagebücher den Lord-Kommissarien der Admiralität vorzulegen und um, beliebte es denselben, ein anderes Schiff zu erhalten, die Erforschung des Austral-Landes zu vollenden. Der letzte Dienst, den ich der Kolonie erzeigen konnte, war, dass ich noch einige Ankertiefen in Sydney-Cove bestimmte. Wie dieses vollbracht war, verließen wir das Schiff und bereiteten uns zur Abfahrt vor.

Die Porpoise wurde von Hrn. William Scott, einem alten Schiffs-Kapitän kommandiert. Da aber er und der größte Teil seiner Mannschaft den Wunsch um Entlassung erklärt hatten, so wurde dies erfüllt und Hr. Fowler, erster Lieutenant des Investigators, erhielt das Kommando und eine andere, aus 38 Personen bestehende Mannschaft aus der Schiffs-Gesellschaft wurde gewählt. Anderen Personen überließ man die Wahl, ob sie sich anschließen wollten. Die Herren Brown, Bauer und Allen blieben zu Port-Jackson, um ihre naturhistorischen Forschungen bis zu meiner Ankunft in einem anderen Schiff fortzusetzen, oder bis achtzehn Monate verlaufen wären, ohne Nachricht von der Fortsetzung der Reise erhalten zu haben. Neun Mann erhielten auf ihr eigenes Gesuch den Abschied und die zwei-und-zwanzig übrigbleibenden Offiziere und Mann, mich eingeschlossen, schifften sich als Passagiere auf der Porpoise ein.

Von den neun Verurteilten, die in dem Investigator aufgenommen wurden, war einer gestorben. Ein anderer hatte sich so schlecht aufgeführt, dass ich ihn dem Gouverneur nicht empfehlen konnte. Die übrigen sieben wurden von dem Gouverneur völlig von ihrer Transportation freigesprochen, da ihr Betragen durchaus so war, dass es meine Zufriedenheit erhielt. Vier derselben ergänzten die Mannschaft der Porpoise. Aber das folgende Betragen von zweien derselben war sehr verschieden von dem, welches sie damals zeigten, als sie ihre Freilassung beabsichtigten und ein Dritter wurde nicht lange nach seiner Ankunft in England zum Gefängnis verurteilt.

Da ich im Begriff bin, Port-Jackson zu verlassen, so möchte man erwarten, dass ich einige Nachrichten über unsere dortige Kolonie gäbe. Im J. 1803 war sie in einem fortschreitenden Gang gegen einen Zustand von Unabhängigkeit vom Mutterland in Hinsicht auf Nahrung und Kleidung. Sowohl das wilde als auch das zahme Rindvieh hat sich in einem solchen Verhältnisse vermehrt, dass es wahrscheinlich ist, es werde in wenigen Jahren wirklich in Menge vorhanden sein. Manufakturen von Wollen- und Leinenzeuchen, Seilerarbeit und Leder, Brauereien und eine Topfmanufaktur sind begonnen. Die Zahl der Einwohner war im raschen Steigen und der energische Unternehmungsgeist, welcher Britanniens Kinder auszeichnet, scheint in dieser neuen Welt kraftvolle Sprösslinge erzeugt zu haben. Der Robbenschlag in Bass' Straße wurde mit Eifer betrieben. Viele Boote wurden zum Fange der Fische und ihrer Zubereitung für die Dauer an der Küste verwendet. Boote und Schooner lagen auf den Werften. Verschiedene entfernte Niederlassungen wurden angelegt und mehrere sollten dieses noch werden. Alles dieses macht den schönen Hafen von Port-Jackson zu einer lebendigen Szene von Geschäftigkeit, die dem Beobachter des Wachstums der Nationen sehr interessant ist.

In Sydney und Parramatta traten Häuser von Steinen oder Ziegeln an die Stelle derer von Holz und Mörtel. Eine schöne Kirche war am letzteren Ort erbaut und der Bau einer neuen am ersteren Ort begonnen. Werften wurden erbaut oder repariert. Eine steinerne, über den die Stadt Sydney durchschneidenden Fluss führende Brücke war beinahe vollendet und die Whiskey-Wagen und Frachtwagen sieht man sich auf bequemen Straßen nach allen Gegenden der Kolonie bewegen.

Unter den Hindernissen, welche sich dem schnelleren Fortschreiten dieser Kolonie entgegensetzten, waren die vornehmsten: Die lasterhaften Neigungen des größeren Teils der Verbannten, der Mangel an häufigerer Verbindung mit England und das Verbot, mit Indien und den Westküsten Südamerikas Handel zu treiben im Gefolge des Privilegiums der ostindischen Kompanie. So wie diese Hindernisse beseitigt werden und das Kapital steigt, so werden auch die Fortschritte der Kolonisten rascher sein und wenn die Hilfsmittel von der Regierung nicht zu früh dieser Kolonie entzogen werden, so ist kein Zweifel, dass nicht einst Neu-Süd-Wallis ein blühendes Land und von bedeutendem Nutzen für Handel und Schifffahrt des Vaterlandes sein werde.

Drittes Buch

Begebenheiten seit der Zeit,
in der Port-Jackson im J. 1803
verlassen wurde bis zur Ankunft
in England im J. 1810

Erstes Kapitel

Abfahrt von Port-Jackson in der vom Bridgewater und Cato begleiteten Porpoise – Die Catos-Bank – Schiffbruch der Porpoise und des Cato in der Nacht – Die Mannschaften erretten sich auf eine Sandbank, wo sie der Bridgewater verlässt – Rettung des Proviants – Anordnungen auf der Bank – Maßregeln, nach Port-Jackson zurückzukehren – Beschreibung der Wrack-Riff-Bank – Bemerkungen über Herrn De la Pérouses Verlust

(Vom 10ten bis zum 24sten August 1803)

Da der dritte Band meines Logbuchs und Journals in den Begebenheiten, welche der Unbrauchbarkeit des Investigators folgten, verloren ging, so habe ich meine Zuflucht zu meinem Memorandum-Buch und den Journalen der Offiziere genommen, um die Angaben und Tatsachen, die in den ersten drei folgenden Kapiteln enthalten sind, zu ergänzen.

Am 20sten Julius verließ Lieutenant Fowler den Investigator mit der von ihm gewählten Mannschaft und übernahm das Kommando von dem königlichen bewaffneten Schiff Porpoise und am folgenden Tag begab ich mich mit dem Überrest meiner Offiziere und Mannschaft als Passagier an Bord derselben. Unter anderen Vorbereitungen zur Reise war ein Gewächshaus auf dem Hinterverdeck dieses Schiffes angebracht und in demselben die mit dem Investigator an der Süd-, Ost- und Nord-Küste des Austral-Landes gesammelten Gewächse aufgestellt, welche für den königlichen botanischen Garten zu Kew bestimmt waren. Da wir das Unglück gehabt hatten, den Gärtner der Expedition zu verlieren und Hr. Brown, der Naturforscher, zurückblieb, war ein Mann aus Port-Jackson zu dessen Besorgung mitgegangen.

Im Anfang des Augusts war die Porpoise beinahe segelfertig und da zu Sydney-Cove zwei nach Batavia bestimmte Schiffe lagen, baten sie um Erlaubnis, uns durch des Torres' Straße begleiten zu dürfen. Diese waren der britisch-ostindischen Kompanie Extraschiff Bridgewater, kommandiert von E. H. Palmer, Esq., und das Schiff Cato von London, von Herrn John Park befehligt. Die Begleitung dieser Schiffe machte mir Vergnügen. Denn sollte es uns gelingen, eine sichere und kurze Reise durch diese Straße zu machen, so wäre dieses ein offenbarer Beweis von dem Vorteil der im Investigator erforschten Straße gewesen und sie zu allgemeiner Benutzung empfohlen. – Am 10ten nahm ich von meinem verehrten Freund dem Gouverneur Abschied und erhielt seine Depeschen nach England, und nachdem Lieutenant Fowler dem Bridgewater und Cato ein kleines Verzeichnis der Signale übermacht hatte, segelten wir an demselben Morgen um elf Uhr zusammen aus Port-Jackson und steuerten nordöstlich nach Torres' Straße.

Am 17ten August abends um halb neun Uhr wurden Klippen von der Schiffsspitze gesehen und gleich nachher geriet die Porpoise auf ein Korallenriff. Der Vordermast ging verloren. Der Boden wurde zerstoßen und der Raum füllte sich mit Wasser. Gestattete die Brandung uns, gegen den Wind zu sehen, so erblickte man, dass der Bridgewater und der Cato nur um eines Kabeltaues Länge entfernt waren und sich einander so sehr näherten, dass ihr Zusammenstoßen uns unvermeidlich schien. Dieses war ein angstvoller Augenblick und wenn die Bogen (Vorderseiten) der Schiffe auf einander trafen, so wurde selbst jeder Atemzug zurückgehalten. Sie rückten gegeneinander vor und wir glaubten augenblicklich ihr schreckliches Krachen zu hören. Aber plötzlich öffneten sie sich gegenseitig voneinander, da sie Seite an Seite aneinander vorbeigegangen waren, ohne sich zu berühren. Unsere eigene Sicherheit schien bloß von diesen beiden Schiffen abzuhängen und die Freude, die wir fühlten, als diese so nah bevorstehende Gefahr verschwand, war groß, doch von kurzer Dauer. Der Cato lief auf ein Riff, das von der Porpoise ungefähr 240 Klafter entfernt war. Wir sahen ihn auf seine breite Seite fallen und die Masten fast augenblicklich verschwinden. Aber die Dunkelheit der Nacht verhinderte, bei dieser Entfernung das zu erblicken, was sich weiter ereignete.

Als wir unsere Augen gegen den Bridgewater richteten, bemerkten wir an seiner Mastspitze ein Licht, durch welches sie über das Riff gelangt war und unsere ersten Gedanken waren, dass ihr Befehlshaber gewiss anhalten und Boote uns zur Hilfe senden werde. Als aber eine geringe Überlegung gestattete, uns selbst an seine Stelle zu setzen, erhellte es, dass er sich dem Riff in der Nacht bei dem herrschenden, frischen Wind nicht so sehr nähern und noch weniger seine Boote und Mannschaft zu ihrer sicheren Vernichtung in die Klippen absenden würde.

Die Porpoise hatte sich sehr glücklich auf dem Riff an die Seite gelegt, so dass die Wogen, die gegen ihre oberwärts gekehrte Seite schlugen, darüber hinwegflossen, ohne etwas davon wegzuspülen und die gute Aussicht auf das Wasser an der Windseite gewährte die Hoffnung, die Boote an dieser Seite auszusetzen. Dieser Versuch wurde mit einem vierruderigen Boot angestellt und gelang. Aber ein sechsruderiger Kutter wurde durch die Gewalt der Stöße gegen den Not-Anker geworfen und mit Wasser gefüllt.

Es war keineswegs gewiss, wie lange das leicht gebaute und nicht feste Schiff zusammenhalten werde.

Hinter dem stillen Wasser, dicht unter dem Wind, war eine Reihe von Klippen, hinter denen die See ruhig zu sein schien. Daher war es wahrscheinlich, dass Boote sich dem Schiff von dieser Seite nähern konnten und wenn dieses dem Kapitän Palmer vom Bridgewater gemeldet werden könnte, etwas zur Rettung der Schiffsmannschaft baldigst geschehen würde. Vermutlich war mein Einfluss auf ihn am bedeutendsten und da ich Passagier auf der Porpoise war, machte keine Pflicht meine Anwesenheit an Bord unmittelbar notwendig. Deshalb schlug ich vor, den Versuch in dem Boot zu machen, was Hr. Fowler bewilligte. Da es in einer kleinen Entfernung vom Schiff liegen musste, damit es nicht umschlage, sprang ich über Bord und schwamm zu ihm hin. Wir gelangten durch die Klippen zu stillem Wasser, indem wir unterwegs von zwei oder drei Wogen überdeckt wurden, die uns beinahe zum Sinken gebracht hätten. Bei der Untersuchung der Beschaffenheit des Boots fand ich nichts, womit man das Wasser ausschöpfen konnte und nur zwei Ruder, die nicht zu demselben gehörten. Statt dass die Mannschaft desselben aus vier Mann bestehen sollte, bestand sie nur aus dreien und außerdem aus folgenden noch Aufgenommenen: dem Waffenschmied, dem Koch und einem Seesoldaten, welche kein Ruder zu behandeln wussten. Letztere wurden zum Wasserausschöpfen mit ihren Hüten und Schuhen gebraucht und wir ruderten gegen das Licht auf dem Bridgewater, indem wir uns unter dem Wind von den Klippen hielten. Dieses Schiff segelte von uns ab und ich sah, dass jeder Versuch, sich ihm zu nähern, vergeblich sei, wenn es nicht anhalte. Ich entschloss mich daher, unter dem Wind der Klippen zu bleiben, bis der Bridgewater anlangte und nahe bei der Porpoise anlegte, damit im Fall, dass diese am folgenden Morgen in Stücken ginge, man einige der Mannschaft retten könne.

Ich wünschte an Bord des Schiffes gegangen zu sein, um der Mannschaft zu erkennen zu geben, dass die Boote in Sicherheit wären und was wir vom Riffe entdeckt hätten.

Aber die Klippen zwischen uns und das Dunkel der Nacht schnitt bis zum Morgen alle Hoffnung zu einer Mitteilung ab. Die Porpoise zündete, um dem Bridgewater Signale zu geben, jede halbe Stunde blaue Lichter an. Um zwei Uhr früh schien es Ebbe zu sein und das Schiff lag dann um so mehr sicher als zuvor, so dass die Furcht, es möchte vor Tages Beginn in Stücke gehen, sehr vermindert wurde. Um aber für die nächste Flut bereit zu sein, gebrauchte Hr. Fowler seine Leute, während der Nacht ein Floß von den vorrätigen Topmasten, Raastangen u. s. f., rund umher mit kurzen Tauen umgeben, damit sich die Mannschaft daran halten konnte, verfertigen zu lassen. Ein Fass mit Wasser, eine Kiste mit Lebensmitteln, ein Sextant und des Investigators Logbücher wurden auf das Floß gerettet.

In dem kleinen Boot wurden wir gänzlich durchnässt. Meine Gedanken richteten sich hauptsächlich auf Entwürfe zu unserer eigenen Rettung, da ich besorgte, dass wir den Bridgewater nicht mehr sehen würden. Aber um nicht die Mannschaft zu entmutigen, sprach ich zu jedem, dass ich am Morgen an Bord gehen und unsere Reise nach England fortsetzen wolle, als ganz unbezweifelt.

Von dem armen Cato konnten wir weder etwas hören noch sehen. Als der Cato auf das Riff traf, so geschah dieses auf die Spitze eines Felsens und er stürzte gegen die Windseite, so dass seine Verdecke den Wogen ausgesetzt waren. In kurzer Zeit waren Verdecke und Räume zerstört und alles fortgeschwemmt und der einzige noch übrige Ort, wo das unglückliche Volk noch Schutz gegen die Wut des Meeres zu finden glauben konnte, war im linken Vorder-Kanal, wo sie alle zusammenkrochen und manche bloß noch Hemden hatten. Sie hofften vom Bridgewater Hilfe, nicht so von der Porpoise. Sie glaubten, dieselbe sei untergegangen, bis sie die Signallichter sahen.

Bei der ersten Dämmerung des Tages ging ich vermittelst der gefallenen Maste an den Bord der Porpoise. Jeder war in guter Stimmung, da er sah, dass das Schiff so gut zusammenhielt und die Boote gerettet waren. Mit Tages Anbruch erblickten wir eine trockene Sandbank in einer Entfernung von nur einer Viertelstunde, die hinreichend groß war, uns mit allen Vorräten, die wir aus dem Schiff erhalten konnten, aufzunehmen und die Genugtuung, die sich aus dieser Entdeckung ergab, wurde vermehrt, da man den Bridgewater unter Segel erblickte und er, obgleich entfernt, doch gegen das Riff zu kommen schien. Von der anderen Seite war der Anblick des armen Cato mit seinem Volk, das vom Bogspriet und Vorderkastell des Schiffes, den einzigen Teilen über dem Wasser, uns durch Zeichen um Hilfe anrief, ungemein traurig.

Das Riff enthielt mehrere weite, anscheinlich tiefe Öffnungen, durch die der Bridgewater hätte laufen und dort ankern können, während er seine Boote uns zur Hilfe gesendet hätte. Aber er wendete sich bald nachher nach einer anderen Richtung und man sah an diesem Tag nichts mehr von ihm.

Eine Menge von Seevögeleiern, die über die Sandbank zerstreut war, zeigte, dass sie über dem hohen Wasserstande läge und ich sendete das Boot mit dieser Nachricht an Lieutenant Fowler zurück. Da er sah, dass der Bridgewater sich nicht näherte, so beorderte er das Boot, sich dem Cato gegenüber zu legen und Kapitän Park und seine Mannschaft warfen sich mit einem Brett oder anderem Holzstück, das sie finden konnten, in das Wasser, schwammen durch die Klippen dem Boot zu und wurden dann nach der Porpoise gebracht, wo sie Nahrung und einige Kleidung erhielten. Mehrere hatten die Wogen gegen die Korallenfelsen geschleudert und drei junge Leute waren ertrunken.

Zur Zeit der Ebbe, welche um zwei Uhr eintrat, war das Riff nahe bei der Porpoise trocken und sowohl die Offiziere als auch die Gemeinen wurden anhaltend angestellt, um aus derselben Vorräte und ihre Kleider hervorzuschaffen. Von da wurden sie durch die Boote gebracht, da die Wassertiefe eine ziemliche Weite um die Sandbank her, mehrere Fuß betrug. Bevor es dunkel wurde, waren fünf halbe Oxhofte Wasser, einiges Mehl, Salzfleisch, Reis und geistige Getränke gelandet, sowie auch die nicht ertrunkenen Ferkel und Schafe. Jeder Mann von beiden Schiffen war hier angekommen. Einige von der Mannschaft des Cato erschienen in Offiziers-Uniformen, die man ihnen in der Porpoise gegeben hatte und ich war froh zu sehen, dass unsere Lage von der Mannschaft nicht für so schlecht gehalten wurde, dass sie sich nicht Scherze über diese Promotionen erlaubt hätten. Diejenigen, welche große Oberkleider oder Decken gerettet hatten, teilten mit den minder Glücklichen. Wir legten uns in ziemlicher Ruhe zum Schlaf auf dem Sande nieder, da wir durch Strapazen sehr ermüdet waren. Mit Ausnahme der jammernden Stimmen einiger von der Mannschaft des Cato, welche dadurch, dass sie gegen die Klippen geworfen worden waren, heftige Schmerzen erlitten, war alles ruhig und stille.

Um bessere Disziplin zu erhalten und damit zwischen der Mannschaft der Porpoise, des Cato und den Passagieren des Investigators die in dergleichen Umständen höchst erforderliche Einigkeit statt finde, war es sehr ratsam, dass sie auf denselben Fuß gesetzt und unter ein Oberhaupt vereinigt würden. Die Porpoise war ohne Hoffnung verloren und die Lage der Offiziere und Mannschaft stellte sie den Passagieren gleich. Ich hielt mich daher selbst dazu, als ältester Offizier, für autorisiert und berufen, das Kommando über das Ganze zu übernehmen. Da ich meinen Willen dem Lieutenant Fowler zu erkennen gab, billigte er ohne Zögern die Nützlichkeit und Nötigkeit dieser Maßregel. Auch Ka-

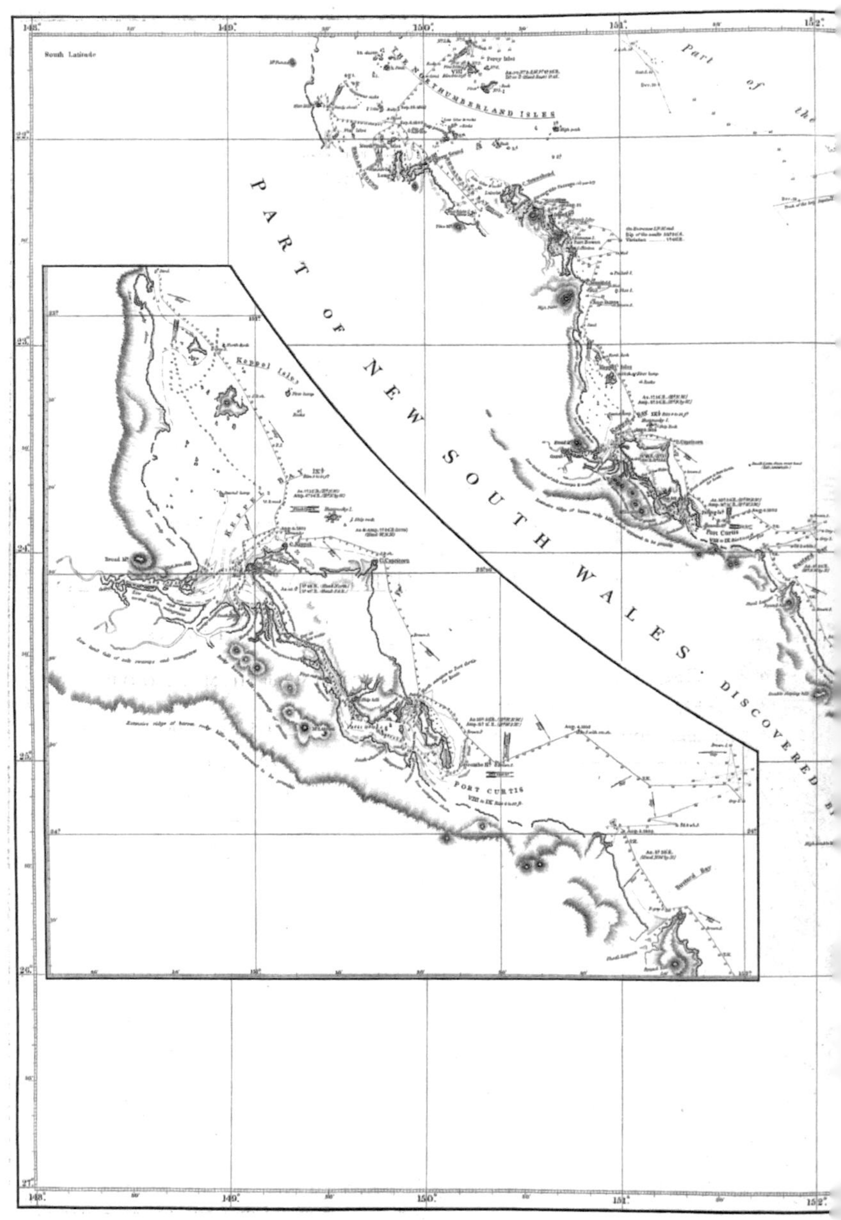

Flinders' Karte des Großen Barriere Riffs. Rechts oben ist Wreck Reef eingetragen.
© State Library of New South Wales

Plate X.

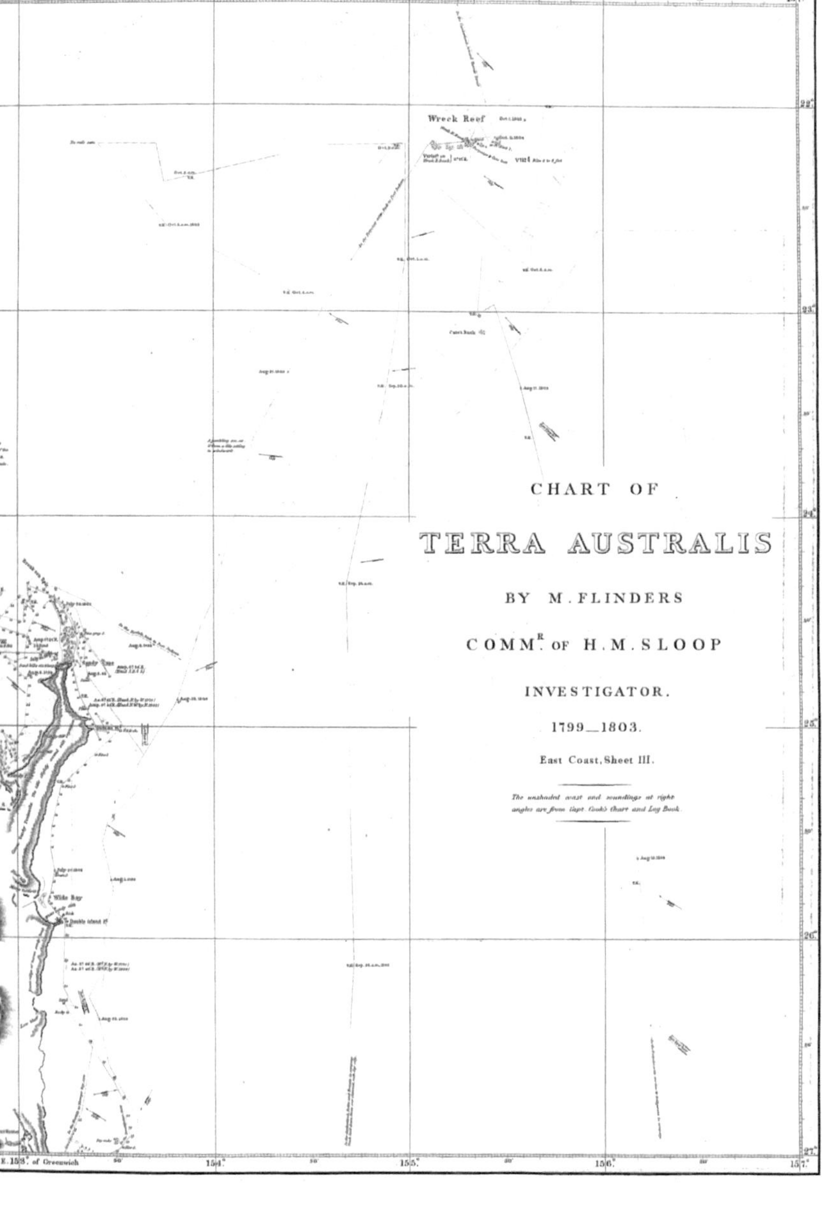

CHART OF
TERRA AUSTRALIS
BY M. FLINDERS
COMMR. OF H.M. SLOOP
INVESTIGATOR.
1799_1803.
East Coast, Sheet III.
The unshaded coast and soundings at right angles are from Capt. Cook's Chart and Log Book.
Wreck Reef
Wide Bay
E. 153°. of Greenwich

pitän Park stimmte dieser Meinung bei. Dann wurde die Mannschaft auf dem höchsten Ort der Bank versammelt und ich unterrichtete die Seeleute des Cato, von denen einige Unzufriedenheit darüber bezeigt hatten, dass sie zur Arbeit aufgefordert worden wären, da sie ohne Zweifel erwarteten, von unseren Vorräten ernährt zu werden. Dann verordnete ich, dass Lieutenant Fowler, der die Aufsicht über die Vorräte hatte, sie sämtlich auf gleiche Art ernähren solle. Der Chirurg der Porpoise erhielt den Auftrag, die Verwundeten zu untersuchen und das Verzeichnis derer einzureichen, welche unfähig zur Erfüllung ihrer Pflichten wären, und eine starke Partei aus so viel Personen bestehend, als die beiden Kutter fassen konnten, gingen unter dem Kommando des Hrn. Fowler nach dem Wrack, um Vorräte aus demselben zu holen.

Eine Topsegel-Stange wurde auf dem höchsten Punkt der Insel aufgestellt und als ein Flaggenstock befestigt, dann eine große blaue Unionsfahne daran aufgezogen, um dem Bridgewater zum Signal zu dienen. Wir hofften, wenn diesem Schiff kein nachteiliger Zufall begegnet sei, dass es kommen werde, um uns aus unserem kritischen Zustand zu befreien, sobald der Wind völlig gemäßigt werden würde. Doch hielt ich es für geratener, so zu handeln, als hätten wir keine solche Hilfe. Kapitän Palmer hatte uns eben jetzt unserem Geschick überlassen und war nach Batavia gesteuert, ohne irgendeinen Versuch, uns Hilfe zu leisten, zu machen. Er sah die Wracks, auch die Sandbank am Morgen nach unserem Unglücke. Aber er suchte keine Gewissheit zu erhalten, ob irgendeine der Öffnungen für den Bridgewater durchfahrbar sei und ihm gestatte, die, welche nicht ertrunken seien, an Bord zu nehmen. Während die beiden unglücklichen Schiffe von seinem Mastkorb sichtbar waren, fuhr er vorbei und steuerte in der Nacht weiter. Er selbst musste keine Gefahr mehr befürchten. Aber er sendete keines seiner Boote, um zu sehen, ob nicht einige unglückliche Personen an den Wracks hingen, welche er von den Haifischen oder einem langsamen Tode erretten könnte. Er hielt es für geratener, seine Reise fortzusetzen und bekannt zu machen, wir wären alle verloren, welches auch geschah, als er in Indien ankam.

Am 18ten und 19ten blies der Wind frisch von S. O. Aber an den beiden folgenden Tagen war er gemäßigt und schönes Wetter. Wir arbeiteten tüchtig an Bord der Porpoise und hatten am 22sten das meiste Wasser und den größten Teil der Vorräte in einem Zelt, aus Segeltuch und Stangen verfertigt, niedergelegt. Jede Tischgesellschaft von Offizieren und Untergebenen hatte ihr eigenes Zelt und die Art, wie wir lebten und arbeiteten, war ebenso regelmäßig wie vor dem Schiffbruch. Ein Mann, dessen Freiheit Gouverneur King gewährt hatte und eines unordentlichen Betragens schuldig war, wurde nach lauter Verlesung der Kriegsartikel am Flaggenstock bestraft. Dieses Beispiel diente, jede üble Neigung, wo sie vorhanden war, zu verbessern. Die Leute arbeiteten herzlich gern zusammen und in jeder Hinsicht erhielten wir dieselbe Disziplin und Ordnung wie auf den königlichen Schiffen.

Da unsere Aussichten, Hilfe vom Bridgewater zu erhalten, sehr schwach wurden, nachdem zwei Tage von gemäßigter Witterung verflossen waren, berief ich alle Offiziere zusammen, um über die besten Mittel zu beratschlagen, uns selbst aus der misslichen Lage zu retten. Man fasste am Ende den Beschluss, dass ein Offizier und die zugehörige Mannschaft in dem größten der sechsrudrigen Kutter sich bemühen sollte, längs der Küste Port-Jackson zu erreichen und Se. Exzellenz den Gouverneur zu bitten, uns Schiffe zu senden, um entweder nach Port-Jackson zurückkehren oder nach England fahren zu können. Aber da die Ankunft des Kutters in dieser Jahreszeit, in der starke Südwinde vorherrschen, vielen Besorgnissen unterworfen war, so wurde beschlossen, dass zwei bedeckte Boote von den Zimmerleuten erbaut werden sollten und dass, wenn der Offizier im Kutter nicht mit seiner Begleitung in zwei Monaten zurückkehrte, dann die Boote nach Port-Jackson gehen sollten. Das erste und vorzüglichste Mittel, durch welches unsere Befreiung erwartet werden konnte, war die sichere Ankunft des Kutters. Die Wahl eines Offiziers zu seiner Führung kam zunächst in Betracht. Lieutenant Fowler tat den Vorschlag und es schien der allgemeine Wunsch zu sein, dass ich die Ausführung dieses Planes übernähme. Da ich überzeugt war, dass die Erhaltung der Ruhe auf der Bank und die Rettung der Vorräte in guten Händen war, so veranlasste mich die Hoffnung, ein Werkzeug zu der Rettung meiner Gefährten zu werden, leicht zur Einwilligung. Da nun Kapitän Park vom Cato gern nach Port-Jackson zurückkehren wollte, um die nötigen Aufklärungen über den Verlust seines Schiffes zu geben, wurde er zu meinem zweiten Offizier mit allgemeiner Einwilligung ernannt.

Zweites Kapitel

Abfahrt von der Wrack-Riff-Bank in einem Boot – Stürmisches Wetter – Erreichen der Küste von Neu-Süd-Wallis und Verfolgung derselben – Eingeborene auf Point-Look-out – Landung nächst Smoky-Cape und wieder nächst Port Hunter – Ankunft am dreizehnten Tag in Port-Jackson – Rückkehr zum Wrack-Riff mit einem Schiff und zwei Schoonern – Anordnungen auf der Sandbank – Beschreibung des Riffs mit nautischen und anderen Bemerkungen

(Vom 26sten August bis zum 11ten Oktober 1803)

Am 26sten August wurde der Kutter, der für die Expedition bestimmt war, vom Stapel gelassen und die Hope (Hoffnung) benannt. Der Morgen war schön und ein leichter Wind kam von Süden. Wir hatten eine doppelte Reihe von Ruderern und die ganze Mannschaft betrug 14 Personen. Auf 3 Wochen waren wir mit Lebensmitteln und Wasser versehen, so dass die Hope etwas zu schwer beladen war. Um 8 Uhr früh gingen wir, unter den lieben und guten Wünschen derer, für die wir Hilfe suchen wollten, auf den Kutter.

Wir segelten gegen W. unter dem Wind des Riffs und kamen durch zwei beinahe ¼ g. Meile weite Öffnungen. Die zweite Seemeile führte uns einer trockenen Sandbank gegenüber und mittags kamen wir zu einer dritten, die 2½ g. Meilen vom Wrack-Riff lag. Da der Wind aufgehört hatte, hielten wir hier an, um unser Mittagsessen zu kochen und während dem schoss ich so viel Tölpel, als hinreichend zu einem Mahl der Schiffs-Mannschaft waren. Nachdem wir diese dritte Bank verlassen hatten, nahmen wir unseren Lauf in das hohe Meer und segelten nach dem Sand-Kap. Solange wir unter dem Wind des Riffs blieben, spielten mehrere Pottfische um unser Schiff her. Weiter aber begleiteten sie uns nicht.

Bei Sonnenuntergang war nichts als helles Wasser zu sehen. Dessen ungeachtet liefen wir im Dunkeln sehr vorsichtig und schauten nach Klippen aus. Die Nacht war schön und wir rückten mittels der Ruder ziemlich fort, an denen die zwölf Männer wechselseitig Wache hielten, wie ich und Hr. Park dieses gleichfalls am Steuerruder taten. Zu dieser Absicht und um mich gegen unangenehme Zufälle zu sichern, hatte ich so viele Leute in das Boot genommen.

Bei dem Anbruch des 27sten Augusts kam der Wind aus O. S. O. und kein Land war zu sehen. Um 4 Uhr überfiel uns ein Sturm, der die Wogen über das Boot wegwarf. In der Not mussten wir ein Fass Wasser leeren, die Steine und das Holz zum Kochen über Bord werfen, desgleichen einen Sack mit Erbsen und was man sonst am leichtesten entbehren konnte.

Am 30sten August ankerten wir mittags unter Point-Lookout. Dieses war der vierte Tag seit unserer Abfahrt vom Wrack-Riff und ich hielt nun diese Fahrt für halb vollendet. Die Notwendigkeit, süßes Wasser einzunehmen, war sehr dringend. Es waren gegen zwanzig Eingeborene an der Seite eines Hügels am Ufer versammelt, die friedlich gesinnt zu sein schienen und uns mit einem Tanz belustigten, worin sie die Kängurus nachahmten. Wir machten Zeichen, uns fehle Wasser. Sie verstanden dieses und wiesen auf einen schmalen, in das Meer fallenden Bach. Zwei der Matrosen sprangen über Bord, versehen mit einigen kleinen Geschenken für die Eingeborenen und dem einen Ende der Wurflinie. An das andere befestigten wir das leere Fass, das sie an die Küste zogen und ohne Beunruhigung füllten. Ein Haifisch war ihnen bis an den Strand gefolgt und da wir fürchteten, er möchte sie bei ihrer Rückkehr anfallen, hoben wir den

Anker und kamen an einen Ort, der unseren Leuten nahe genug war. Das Fass mit Wasser, ein Bündel Holz und die beiden Leute wurden ohne Hindernis an Bord genommen.

Am 7ten wurde ein Fass mit Wasser gefüllt und da unser sämtlicher Schiffszwieback entweder verzehrt oder durch Meerwasser verdorben war, wurden einige Kuchen in der Asche für unsere künftige Nahrung gebacken und am 8ten langten wir um 2 Uhr nachmittags zu Port-Jackson an.

Ich begab mich mit Kapitän Park unmittelbar nach Sydney, um dem Gouverneur King unsere Aufwartung zu machen, den wir mit seiner Familie bei dem Mittagsessen fanden. Seit der Zeit des Schiffbruchs war kein Rasiermesser über unser Gesicht geführt worden und sein Erstaunen war nicht gering, als er zwei Personen erscheinen sah, die er schon mehrere Hundert Seemeilen auf ihrer Reise nach England entfernt glaubte. Sobald er aber von der Wahrheit des Anblicks, der sich seinen Augen darbot, überzeugt wurde und die traurige Ursache davon erfuhr, so floss eine unwillkürliche Träne aus dem Auge der Freundschaft und des Mitleids und wir wurden auf die freundschaftlichste Art aufgenommen.

Der Gouverneur verlor keine Zeit mit dem Schiff Rolla, das damals in Port-Jackson lag und nach China bestimmt war, einen Kontrakt zu schließen, um die Offiziere sowie die Bemannung der Porpoise und des Cato aufzunehmen. Der Gouverneur befahl, dass zwei Schooner der Kolonie die Rolla begleiten sollten, um diejenigen zurückzubringen, welche lieber nach Port-Jackson zurückzukehren wünschten. Selbst Privatleute brachten Wein, lebende Tiere und Gemüse unaufgefordert an den Bord der Rolla für die Offiziere auf dem Riff.

Mein sehnliches Verlangen nach dem Wrack-Riff und dann nach England zurückzukehren, veranlassten den Gouverneur, mir einen der Schooner anzubieten, um lieber durch des Torres' Straße und auf dem kürzesten Weg nach Europa zu gehen, als den langen Weg nach China in der Rolla zu machen. Der Vergleich seiner geringen Größe mit der Entfernung von England war nicht der kleinste Einwurf gegen den kleinen Cumberland. Die Geschwindigkeit seines Laufes und sein Mangel an Bequemlichkeit mussten auch verhindern, dass die Karten und das Tagebuch meiner Reise während derselben ausgefertigt werden konnten und so die ganze Zeit für diesen wichtigen Gegenstand verloren ging. Von der anderen Seite war der Vorteil, wieder durch des Torres' Straße zu gehen und über sie mehrere Belehrung zu erhalten, sowie in England drei oder vier Monate früher anzukommen, um die Ausrüstung eines anderen Schiffes zu beginnen, einer bedeutenden Aufmerksamkeit wert. Diese verbunden mit einigem Ehrgeiz, dass ich dann der Erste war, der eine so weite Reise in einem so kleinen Schiff machte und mit dem Verlangen, eine frühe Widerlegung des Berichts, den Kapitän Palmer wahrscheinlich von unserer Vernichtung gemacht hatte, zu geben, waren hinreichende Bewegungsgründe, des Gouverneurs Anerbieten anzunehmen, da ich fand, dass dieses Schiff die Eigenschaft hatte, ein festes, gutes, kleines Seeboot zu sein.

Der Cumberland war zu dieser Zeit im Fluss Hawkesbury abwesend und der Francis, der andere Schooner, lag an der Küste und konnte bis zum Eintritt der folgenden Fluten nicht fort. Dieserhalb und weil der Rolla nicht völlig ausgerüstet war betrug es dreizehn Tage nach meiner Ankunft in dem Boot, bevor alle Schiffe absegeln konnten. Dieser Verzug verursachte mir viel Unruhe, da ich befürchtete, wir möchten zu unseren Freunden auf dem Riff nicht früher gelangen, als bis sie an meiner Hilfe verzweifelt wären und irgendeinen vergeblichen Versuch, sich selbst zu retten, gemacht hätten, und diese Idee verfolgte mich so sehr, dass mir jeder Tag zu einer Woche wurde, bis ich mit den drei Schiffen aus dem Hafen lief.

Da der Cumberland so klein war, so war es nötig, an jedem Ort auf dem Weg nach England anzuhalten, wo wir Süßwasser und frische Nahrungsmittel einnehmen konnten. Dazu schlug ich Coepang-Bay in Timor, Mauritius (Port Louis auf Isle-de-France), das Vorgebirge der guten Hoffnung, St. Helena und einige westafrikanische Inseln vor. Aber der Gouverneur King machte Einwendungen gegen das Anlegen bei der Insel Mauritius, da er nicht wünschte, irgendeine Kommunikation zwischen den französischen Inseln und Port-Jackson zu veranlassen; auch deshalb, weil er erfahren hatte, dass oft Orkane in der Nachbarschaft dieser Insel zu der Zeit, in der wir ihr vorbeikommen sollten, herrschten. Er überließ übrigens diesen Gegenstand der Notwendigkeit und meiner Beurteilung und gab mir zwei Briefe an den Gouverneur von Mauritius, dass ich nach dem Vorgebirge der guten Hoffnung bei der ersten und besten Gelegenheit befördert werden möchte.

An den Orten in den Indischen Meeren, wo ich anlegen würde, solle ich Nachforschungen über die Leichtigkeit anstellen, mit der er Hornvieh für seine Kolonie erhalten könnte, zugleich den Preis desselben und den Handel angeben, durch den es am besten erhalten werden könne und diese Nachricht durch irgendein nach Port-Jackson bestimmtes Schiff ihm übersenden.

Am 21sten September 1803 segelte ich bei Tages Anbruch zugleich mit der Rolla und dem Francis in dem Cumberland aus Port-Jackson. Wir hatten einen frischen Südostwind und der Cumberland schien so gut zu segeln wie man erwartete. Da aber der Wind stärker wurde, so legte er sich so weit auf der Seite um, dass wenig Segel geführt werden konnten und statt, dass er wasserdicht sei, wie angegeben wurde, ließ er in seinen oberen Teilen viel Wasser zu.

Am nächsten Morgen hatte der Wind mehr zu- als abgenommen Die Pumpen schienen so unbrauchbar, dass wir das Wasser nicht hindern konnten, den halben Raum zu erfüllen und zwei Stunden später würden wir uns genötigt gesehen haben, es mit Eimern auszuschöpfen. Diese Probe erweckte mir keine guten Vorstellungen von dem Schiff, auf dem ich eine Reise um die halbe Erde machen sollte.

Am 7ten Oktober bekam ich, nach einer sechswöchigen Abwesenheit, um Hilfe für meine Offiziere und Mannschaft zu erhalten, die Flagge auf dem Riff zu sehen. Nachmittags ankerte ich unter dem Wind der Sandbank in 18 Faden Korallengrund. Ein Gruß von elf Kanonen wurde sogleich abgefeuert. Wie ich landete, wurde ich durch drei herzliche Glückszurufe und durch die größte Freude meiner Offiziere und Mannschaft begrüßt und das Vergnügen, meine Gefährten so reichlich mit Mitteln, ihr Elend zu beendigen, versehen, wieder zu erblicken, machten diesen Augenblick zu einem der glücklichsten meines Lebens.

Das Volk wurde auf der Sandbank versammelt und unterrichtet, dass die, welche des Dienstes entlassen werden wollten, nach Port-Jackson im Schooner Francis zurückkehren könnten, die übrigen aber an Bord des Rolla genommen und nach China gebracht werden sollten, ausgenommen zehn Offiziere und Untergeordnete, welche ich ernannte, um im Cumberland mit mir nach England zu gehen, wenn sie es in einem so kleinen Schiff wagen wollten. Denn trotz der schlechten Beschaffenheit desselben war ich entschlossen, so weit in demselben, bis ich einen Hafen erreichte, zu fahren, in dem ohne Zeitverlust die weitere Fahrt in einem besseren Schiff angestellt werden könnte. Der Entschluss, den jeder gefasst hatte, sollte am anderen Morgen bekannt gemacht werden und während dem nahmen wir das wenige, was der Cumberland noch bedurfte, an Bord.

Am 10ten hatte die Rolla die für sie bestimmte Mannschaft mit einem Teil der Vorräte eingenommen und der Cumberland war segelfertig. Alle, die ich genannt hatte, gingen, mit Ausnahme meines Schreibers, freiwillig in den Schooner, als Hr. John Aken, Lotse und Hr. Edward Charrington, Bootsmann des Investigators, mein Bedienter und 7 ausgewählte Matrosen. Ein Fass, welches das, was von meiner mineralogischen und conchyliologischen Sammlung gerettet war, enthielt, wurde an Bord genommen, sowie die Karten, Bücher und Instrumente, die ich vom Schifffahrts-Bureau erhalten und der einzige Zeithalter, der noch im Gang war.

Die Tagebücher der Offiziere, die am Schluss der Reise der Admiralität überreicht werden müssen, wurden denselben zur Zeit unseres Schiffbruchs nicht abgefordert. Ich beorderte daher den Lieutenant Fowler, sich alle die aushändigen zu lassen, welche gerettet wären und den mit ihm eingeschifften Offizieren gehörten und da vielleicht den Cumberland ein Unfall betreffen konnte, so vertraute ich ihm die Kopie von vier Karten an, welche alles waren, was ich bis dahin über die Ost- und Nordküsten fertig hatte. Hrn. Inman gab ich die dem Längen-Bureau gehörenden Instrumente zurück, indem ich bloß einen Zeithalter und ein Fernrohr behielt. Die größeren und kostbareren Instrumente waren ihm glücklicher Weise, bevor wir von Port-Jackson in der Porpoise abreisten, schon übergeben worden.

Nachdem diese Angelegenheiten ins Reine gebracht worden waren, trieb ich den Kapitän Cumming zur Abreise an, da ich fürchtete, die Veränderung des Windes könnte die Rolla in Gefahr setzen. Am 11ten Oktober trennten wir uns. Die Rolla steuerte nordöstlich nach China, während ich nach des Torres' Straße fuhr.

Drittes Kapitel

Durchfahrt durch des Torres' Straße in dem Cumberland – Eastern-Fields und Pandoras Einfahrt – Neue Kanäle zwischen den Riffen – Ankerung bei Half-way-Island und unter den York-Inseln – Weitere Untersuchung der Inseln des Prinzen von Wallis – Booby Insel – Fahrt quer über den Busen Carpentaria – Ankerung bei Wessels Inseln – Fahrt nach Coepang-Bay in Timor und nach der Insel Mauritius, wo die Leckheit des Cumberlands es nötig macht, anzuhalten – Ankerung an der Kap-Bay und Abreise nach Port-Louis

(Vom 11ten Oktober bis zum 17ten Dezember 1803)

Als wir mittags am 11ten Oktober die Rolla bei dem Bird-Islet verließen, war unser Lauf g. N. N. W. nach des Torres'-Straße. Der kleine Cumberland wurde zu solchen Zeiten, wenn der Wind von der Seite kam und ihn zwang, in schiefer Richtung zu liegen, sehr leck und die Pumpen waren so schlecht, dass gewöhnlich der vierte Teil des Tages erforderlich war, ihn vom Wasser zu befreien und eben durch diesen beständigen Gebrauch wurden sie noch weit schlechter.

Murrays Inseln lassen sich als der Schlüssel zu des Torres' Straße ansehen und da mein Weg zu denselben im Investigator Umschweife machte, wünschte ich zu bestimmen, ob nicht ein mehr gerader gefunden werden könnte. Wir steuerten daher, um auf die Höhe der nordöstlichen Riffe zu kommen und wie wir an die Klippen gelangten, fuhren wir an ihrer Südseite hin. Nach halb sieben Uhr lag das Ende dieser Riffe in N. N. W. Zugleich aber kam ein anderes, sich g. S. erstreckendes Riff uns eine Zeit lang in das

Gesicht und eine trockene Sandbank an seinem Nordende lag um ¼ g. M. nach S. W. zu W. In der Öffnung zwischen derselben lag eine kleine Korallen-Bank und um sie mehrere grüne Flecken im Wasser her. Da aber hier Raum für den Cumberland zu sein schien, ging ich durch und fand in 20 bis 23 Faden keinen Grund mit dem Lot.

Diese Öffnung ist ¼ g. M. weit und liegt ostnordöstlich von der größten Murrays Insel. Aber wegen der Enge dieser Öffnung und der vielen grünen Flecke, deren Tiefe ich nicht kenne, wage ich nicht, sie einem Schiff zu empfehlen, wohl in gutem Wetter Booten und kleineren Fahrzeugen.

Als wir mehr südlich steuerten, um nach den York-Inseln zu gelangen, gerieten wir zwischen zwei mit kleinen Klippen umgebene Sandbänke. Hier hielten sich einige Vögel auf und ein Pfahl war auf der nördlichen errichtet. Da der Wind sehr schwach war, wurde ein Anker in 14 Faden Tiefe an der Westseite derselben geworfen und ich ging an das Ufer.

Diese Bank oder dieser Kai lag wenig über dem hohen Wasser. Auf ihrem höchsten Punkte war ein junger Pandanus aufgepflanzt und mit einem Kreis von Steinen umgeben, wahrscheinlich um ihn gegen Schildkröten zu schützen, deren Spuren wir sahen. Daher scheint es, dass die Eingeborenen in der Absicht, süßes Wasser zu holen, zuweilen hierher kommen.

Die Booby-Insel sah man vom Mastkorb am 24sten Oktober in W.S.W. um 1 Uhr und bald nach 3 Uhr ankerten wir unter dem Wind derselben. Ein Boot wurde an die Küste gesendet, welches sogleich mit einer Ladung von Tölpeln zurückkam. Da frische Spuren von Schildkröten bemerkt wurden, kehrte die Mannschaft auf die Insel zurück, um ihnen aufzulauern. Um Mitternacht erhielten wir fünf derselben. Sie schienen von der Art zu sein, die man Habichts-Schnäbel (Hawkes-bill) nennt. Ihre Schalen, Haut und ihr Fett waren rot gefärbt und sie hatten längere Hälse, als die auf Wellesleys-Inseln gefangenen, welche in Hinsicht auf Größe und Güte weit den Vorzug verdienten.

(Die übrigen Nachrichten des Verfassers über seine Fahrt bis Timor können bloß den Seefahrer, keineswegs aber den Naturforscher oder Geographen interessieren und müssen hier hinweggelassen werden.)

Mittags am 6ten November erstaunte ich, schon das hohe Land von Timor zu erblicken Am 10ten November ankerten wir um 5 Uhr abends dem Fort Concordia gegenüber. Das mittelmäßige Segeln des Schooners verhinderte auch eine schnelle Fahrt. Doch trotz dieser Hindernisse und der weit größeren Verzögerung durch meine sechswöchentliche Bootsreise nach Port-Jackson und dem zwölftägigen Aufenthalt bei dem Wrack-Riff war der Bridgewater nur 4 Tage früher in Batavia angekommen, als wir in Coepang-Bay ankerten.

Mynheer Geisler, der vorige Gouverneur von Coepang, starb einen Monat vor unserer Ankunft und dermalen hatte Hr. Viertzen hier den Befehl. Er unterstützte uns mit allem, was unsere Lage verlangte. Nur war es nicht möglich, Pech und andere Bedürfnisse zum Kalfatern und Ausbessern des Cumberlands und seiner Pumpen zu bekommen. Doch wurde ein Leck in dessen Seite verstopft und so lange dieses Schiff vor Anker lag, war es wasserdicht.

Hr. Viertzen unterrichtete mich, dass Kapitän Baudin früh im Julius nach dem Carpentaria-Busen abgegangen sei. Nachdem erfuhr ich, dass er nicht das Kap Arnhem erreichte, bevor seine Mannschaft und er selbst krank zu werden anfingen. Befürchtend, dass der Nordwest-Passat vor seiner beendigten Untersuchung zurückkehren und ihn im Carpentaria-Busen länger als seine Vorräte reichten, zurückhalten könne, gab er die Reise auf und steuerte auf seinem Weg nach Europa nach der Insel Mauritius.

Da der Cumberland immer lecker und gebrechlicher wurde, so fand ich meinen Vorsatz, von Coepang nach dem Vorgebirge der guten Hoffnung zu fahren, untunlich. Deshalb beschloss ich, bei der Insel Mauritius anzulegen und nahm den Lauf zur Genugtuung meiner Mannschaft am 6ten Dezember 1803 nach dieser Insel.

Da ich nun in dem Fall, dass dem Schooner ein unangenehmer Vorfall zustieß, vermuten musste, vor einem Kriegsgericht Rede und Antwort einst geben zu müssen, so schien es mir ratsam zu sein, in meinem Tagebuch alle mich zu diesem Entschluss bewegenden Gründe aufzunehmen. Dieses Tagebuch ist nicht in meinem Besitz. Aber über die darin enthaltenen Angaben machte ich, wie ich sie noch im frischen Gedächtnis hatte, folgenden Aufsatz, der, wie ich glaube, selbst mit den Worten des Tagebuchs übereinstimmen wird.

1) Die Notwendigkeit den Schooner zu kalfatern und seine Pumpen auszubessern, bevor er um das Kap läuft, waren fast so wie oben angegeben. Diesem war die Äußerung beigefügt, dass ich in einem Schiff eine Überfahrt zu erhalten hoffte, in dem ich meine entstellten Karten und Journale, die seit dem Schiffbruch unberührt geblieben waren, in einen Zustand versetzen könnte, dass sie der Admiralität bei meiner Ankunft in England vorgelegt werden könnten. Im Fall ich eine solche Überfahrt anträfe, wäre ich entschlossen, den Cumberland zur Fracht nach Port-Jackson zu vermieten oder ihn zu verkaufen, der mir erteilten Vollmacht gemäß.

2) In Erwägung der Nähe der Insel Mauritius und der Westküsten des Austral-Landes, welche noch zu erforschen übrig blieben, war ich begierig zu sehen, im welchem Zustand die Revolution sie hinterlassen habe und mir eine genaue Kenntnis vom Hafen und den periodischen Winden daselbst zu verschaffen, mit der Absicht, diese Inseln auf meiner künftigen Reise als einen Ausbesserungs- und Erfrischungsort zu betrachten, für welche Absicht Port-Jackson viel zu weit entfernt war. Übrigens wünschte ich mich zu unterrichten, inwiefern Mauritius und dessen Abhängigkeiten auf Madagaskar, von denen ich wusste, dass sie Überfluss an Hornvieh hatten, der Niederlassung zu Port-Jackson in Hinsicht des Zuchtviehes nützlich sein könnten.

3) Die beiden Briefe vom Gouverneur King an den General Magellon, Gouverneur von Mauritius konnte ich persönlich abliefern, statt sie vom Kap zurückzusenden.

4) Ich wusste nicht, was in Europa seit zwölf Monaten vorgegangen war und es konnte der Krieg wieder ausgebrochen sein. Mein Pass von der französischen Regierung würde auf Mauritius gut aufgenommen werden, wie ich dachte. Begab ich mich aber nach dem Kap, so war es ungewiss, welche Achtung der holländische Gouverneur den Befehlen des ersten französischen Konsuls erzeigen werde und der Charakter der Holländer, als Beförderer und Aufmunterer der Wissenschaften, war nicht so bedeutend, dass ich davon in dieser Hinsicht viel erwartete. Mauritius war daher mehr sicher als das Kap, weil die nötige Hilfe hier auch in Kriegszeiten erhalten werden kann, inzwischen ich am Kap es wagen könnte, meine Karten und Journale zu verlieren und zum Gefangenen gemacht zu werden.

Diese Gründe bei Mauritius uns aufzuhalten wurden zu meiner eigenen Notiz in mein Privattagebuch eingetragen, ohne dass ich irgend gedacht hätte, dass es beurteilt oder nur von irgendjemand anderen, als von mir allein, je gesehen werden würde. Dass ich hierüber so ausführlich spreche, geschieht wegen der unverhofften Begebenheiten, mit denen sie in Verbindung kamen.

Am 15ten Dezember 1803 erfuhr ich auf dieser Insel, dass der Krieg zwischen England und Frankreich erklärt sei, nachdem wir in die Baye du Cap eingelaufen waren. Indem wir längs der Küste steuerten und nach Schiffen oder Booten uns umsahen, um Belehrung zu bekommen, erblickten wir auf einem der Hügel eine Flagge. Unsere Farben wurden aufgezogen und dann ein französisches Fähnlein an die Spitze des Topmastes, als ein Signal für einen Lotsen aufgezogen. Dort lag eine kleine Stadt, aus der ein Schooner kam und wir spannten die Segel aus, um mit ihm zu sprechen; aber er segelte gegen die Küste, bis wir vorbei waren und stellte sich dann hinter uns. Als wir fortfuhren, steuerte der Schooner an einen Ort, wo einige Schiffe vor Anker lagen und ich begann seine Bewegungen für ein Zeichen zu halten, dass wir hinein fahren sollten, um einen Steuermann zu bekommen. Folglich folgten wir ihm durch einen engen Eingang in den Riffen und ankerten in einem kleinen, felsigen Hafen, der, wie ich nachdem erfuhr, die Baye du Cap hieß.

Waren des Schooners Handlungen vorher befremdend, so waren die seiner Bemannung dieses noch mehr. Kaum war ihr Anker gefallen, so eilten sie, ohne die Segel einzuziehen, in einem Kahn schleunig an die Küste und strengten sich möglichst an, bald auf einen steilen Hügel zu gelangen. Jemand, der an der Feder auf seinem Hut als ein Offizier erkannt wurde, kam zu ihnen und augenblicklich sahen wir mehrere mit Gewehren bewaffnete Leute auf dem Gipfel des Hügels. Dieses gab mir eine andere Ansicht von den

Bewegungen des Schooners und da begab sich Hr. Aken in unserem kleinen Boot an die Küste, indem er Briefe und den französischen Pass mitnahm. In kurzer Zeit kehrte er mit dem Offizier und zwei anderen Personen zurück und ich hörte, zu meinem größten Verdruss, dass der Krieg wirklich erklärt sei.

Der Offizier, der Dunienville hieß und etwas Englisch sprach, fragte mich, ob ich der im Pass erwähnte Kapitän Flinders sei, wo wir Schiffbruch gelitten hätten, und verlangte meine Instruktion zu sehen. Nachdem er sie durchlesen hatte, bot er mir höflich seine Dienste an und fragte, was wir sogleich brauchten, lud mich dann ein, an die Küste zu kommen und mit ihm zu speisen, da es beinahe drei Uhr war. Ich äußerte den Wunsch einen Steuermann für Port-Louis zu erhalten, da es schien, dass die nötigen Reparaturen nicht in der kleinen Bai angestellt werden konnten und bat um ein oder zwei Fass Wasser. Der Steuermann wurde für den folgenden Tag versprochen und Hr. Dunienville sendete einen Kahn, um unsere leeren Fässer abzuholen.

Mein Pass war französisch und da ich diese Sprache nicht kenne, so war mir sein allgemeiner Inhalt, wie ich ihn von der Admiralität erhielt, erklärt worden. Aber seit der Zeit und vorzüglich seit die Friedensnachricht nach Port-Jackson gelangt war, hatte ich den Pass kaum angesehen und meine Kenntnis von seinem Inhalt war sehr unvollständig. Als der Offizier fortgegangen war, betrachtete ich den Pass mit der größten Aufmerksamkeit und soweit ich ihn verstehen konnte, schien er bloß für den Investigator bestimmt zu sein, ohne dass man im Fall des Verlustes desselben gedacht hatte, denselben auf jedes Schiff, auf dem ich fuhr, auszudehnen. Ohne Zweifel war dessen Absicht, die Reise im Allgemeinen und nicht besonders den Investigator zu beschützen. Aber es schien, dass, wenn der Gouverneur von

Mauritius buchstäblich den Pass befolgte und seine Absicht missverstand, er sich des Cumberlands als eines feindlichen Schiffes bemächtigen konnte und die Idee, auch nur eine Woche länger aufgehalten zu werden, war mir unerträglich.

Eine Stunde, nachdem Hr. Dunienville abgegangen war, kam er mit einem Offizier, der einen höheren Rang zu haben schien und jemanden bei sich hatte, der verständlich Englisch sprach. Mein Pass und meine Instruktion wurden mir auf eine grobe Art abgefordert und nachdem der Offizier sie mit Hilfe seines Dolmetschers untersucht hatte, bemerkte er, der Pass sei nicht für den Cumberland und verlangte darüber eine Erklärung. Nachdem ich sie ihm gegeben hatte, sagte er, es sei nötig, dass Pass und Instruktion dem Gouverneur zugeschickt werden und ich so lange bleibe, bis Antwort erfolgt sei. Dieser Weisung wendete ich ein, dass, seit der Krieg erklärt sei, diese Papiere meinen einzigen Schutz bildeten und nicht weggegeben werden könnten. Könnten aber Abschriften dasselbe leisten, so könnten solche genommen werden. Endlich wurde festgesetzt, ich sollte über Land nach Port-Louis mit meinem Pass und meiner Instruktion gehen und dass Hr. Aken einen Steuermann erhalten sollte, der das Boot mir nachbringen würde.

Ich wurde nach Hrn. Dunienvilles Haus begleitet, das etwa ½ Stunde vom Ufer lag, um am anderen Morgen von da früh abreiten zu können. Der Herr, der als Dolmetscher diente, sagte mir unterwegs, dass General Magallon Gouverneur auf der Insel Bourbon sei, da kürzlich General de Caën, ein Offizier aus der französischen Revolution hier an seine Stelle gekommen sei.

Mein Empfang in des Majors Haus war freundlich und gastfrei. Bei Tages Anbruch stand ich auf, um mit meinem

Wirt nach Port-Louis zu reiten. Es schien aber, als erwarte er erst gewisse Befehle vom Gouverneur. Da ich um 10 Uhr ungeduldig über den Verzug wurde, so verlangte ich zu wissen, woher dieser komme, oder ob man nicht über Land gehen wolle. Major Dunienville schien verdrießlich zu sein, dass das Versprechen nicht erfüllt worden war. Aber da er keinen endlichen Befehl erhalten hatte, so konnte er nichts tun. Ich kehrte dann nach dem Cumberland in der Absicht zurück, mit oder ohne Steuermann auszulaufen. Aber ein günstiger Wind, um die Bai zu verlassen, war erst um 4 Uhr nachmittags zu erwarten und dieses veranlasste mich des Majors dringende Einladung bei ihm zu speisen anzunehmen, wo wir mit 5 Fremden versammelt waren. Bevor die Mahlzeit beendet war, kam ein Befehl von dem Kommandanten an ihn, die Abfahrt des von ihm angehaltenen Schooners zu gestatten. Da nun um 5 Uhr der Steuermann an Bord war, so liefen wir aus diesen Riffen während einem jener Windstöße, die in der Sommer-Jahreszeit um diese Stunde vom Land kommen.

Um 8 Uhr am 17ten Dezember 1803 sahen wir die Spitzen der Maste der Schiffe im Port-Louis und ein großes Schiff lag außerhalb, von dem ich wünschte, es möchte der Geograph sein. Major Dunienville hatte mir die Nachricht erteilt, dass dieses Schiff sich einige Zeit an Mauritius aufgehalten habe und so viel er wisse, hier noch immer, aber im Begriff nach Europa zu segeln, liege. Kapitän Baudin starb bald nach seiner Ankunft allhier und Hr. Melius, welcher der erste Lieutenant des Naturforschers war, als sich dieser zu Port-Jackson befand, kommandierte ihn damals.

Während dieser Fahrt nach Port-Louis war mein Geist beschäftigt, alle Umstände meiner Lage zu überlegen. Der Ausbruch des Krieges, das Vergessen eines Falles, wie der, in dem ich mich jetzt befand, im Pass und das unfreundliche

Benehmen des Kommandanten der Kap-Bai verursachte mir einige Besorgnisse. Aber von der anderen Seite musste die Absicht des Passes, in einer Entdeckungs-Reise angestellte Personen, sowie ihre Tagebücher und Karten zu beschützen, deutlich erhellen Diese Umstände, mit dem Zeugnis verbunden, welches ohne Zweifel die Befehlshaber des Geographen und des Naturforschers von ihrer Behandlung zu Port-Jackson erteilt hatten, schien mir die gütigste Aufnahme zu versprechen und ich entschloss mich, fest in diesem Vertrauen zu verharren und alle Furcht, als den Gouverneur von Mauritius und den Charakter der Franzosen entehrend, zu verbannen.

Viertes Kapitel

Ankunft zu Port-Louis (oder dem Nordwest-Hafen) an Mauritius – Zusammenkunft mit dem Gouverneur – Hinwegnahme des Cumberlands samt den Karten und Reise-Tagebüchern des Investigators und Verhaftung des Kommandanten und seiner Mannschaft – Briefe an den Gouverneur und dessen Antwort – Wiedergabe einiger Bücher und Karten – Freundschaftliche Handlung des englischen Dolmetschers – Dem Gouverneur gemachte Vorschläge – Menschenfreundliches Betragen des Kapitän Bergeret – Bemerkungen über eine Entdeckungs-Reise – Versetzung in Despaux' Haus oder das Garten-Gefängnis

(Vom 17ten Dezember 1803 bis zum Ende des Märzes 1804)

Nachmittags um 4 Uhr am 17sten Dezember kamen wir an dem Eingang von Port-Louis vor Anker, unfern eines Schiffes, von dem ich gehofft hatte, es werde der Geograph sein. Aber Kapitän Melius war am vergangenen Tag nach Frankreich abgesegelt und dieses Schiff war die Fregatte Atalanta.

Die Eigentümlichkeit meiner Lage machte in meinem Betragen große Vorsicht nötig und so beschloss ich, mich unmittelbar zu dem französischen Gouverneur zu begeben und ihn um Erlaubnis zu bitten, die notwendigen Reparaturen an dem Schooner machen zu dürfen. Um 5 Uhr kam ein Boot an unsere Seite und nachdem wir mehrere in gutem Englisch getane Fragen beantwortet hatten, begab ich mich, in meine Uniform gekleidet, in das Boot und wurde durch einen Hafen-Offizier und einen Dolmetscher zu dem Gouvernements-Haus geführt. Diese Herren sagten mir, nachdem sie mit einem Adjutanten gesprochen hatten, der

General-Kapitän sei bei Tisch und wir müssten in einer oder in zwei Stunden zurückkehren. Sie nahmen mich an einen schattigen Ort mit, welcher der gewöhnliche Sammelplatz der zu diesem Hafen gehörenden Offiziere zu sein schien. Unter ihnen waren einige, die Englisch sprachen und sie fragten, um uns die Zeit zu vertreiben, ob ich wirklich von Botany-Bay in dem so kleinen Schiff gekommen sei, ob ich die Corvette, welche die Nacht zuvor, um meine Bewegungen zu beobachten, ausgelaufen sei, gesehen habe und ob ich in der Nacht nicht ein Boot an die Küste gesendet hätte? – Andere fragten nach Hrn. Baudins Betragen zu Port-Jackson und der Beschaffenheit der dortigen britischen Kolonie sowie nach der Reise des Hrn. Flinedare, von dem ich, zu ihrem Erstaunen nichts wusste, späterhin aber fand, dass es mein eigener Name war, den sie so geradebrecht hatten.

Nach zwei Stunden gingen wir wieder nach dem Gouvernements-Haus und die Offiziere traten ein, um ihren Bericht abzustatten und ließen mich eine halbe Stunde länger vor der Tür. Hierauf sagte mir der Dolmetscher, ich solle ihm folgen und ich kam in ein Zimmer, in dem zwei Offiziere an einem Tisch standen. Der eine war ein kurzer, dicker Mann in einer mit Tressen besetzten runden Jacke, der andere ein höflich aussehender Mann, dessen Blut ruhiger zu zirkulieren schien. Der erste, welcher der General-Kapitän De Caën war, heftete seine Augen starr auf mich und forderte ohne Gruß oder Vorrede meinen Pass, meinen Auftrag. Wie er beides erblickt hatte, fragte er mit Heftigkeit um die Ursache, warum ich mit einem Pass für den Investigator mit einem kleinen Schooner nach Isle-de-France käme? Ich antwortete kurz: »Da dieses Schiff verfault gewesen sei, so hätte mir der Gouverneur von Neu-Süd-Wallis den Schooner zur Rückfahrt nach England gegeben und dass ich, um mein Schiff auszubessern und Wasser und andere Erfrischungen einzunehmen, genötigt gewesen sei, hier anzuhalten.« Er verlangte dann den Befehl zu sehen, mich auf einen Schooner einzuschiffen und nach Isle-de-France zu kommen. Meine Antwort war, dass ich keinen Befehl nach Isle-de-France zu kommen gehabt hätte, aber Not mich veranlasst habe, hier anzuhalten. Mein Befehl, mich im Cumberland einzuschiffen, sei an Bord desselben.« Bei dieser Antwort verlor der General die wenige Geduld, die er zu besitzen schien und sagte mit stärkerer Gestikulation und einer verstärkten Stimme: »Sie betrügen mich, mein Herr! Es ist nicht wahrscheinlich, dass der Gouverneur von Neu-Süd-Wallis den Befehlshaber einer Entdeckungs-Reise in einem so kleinen Schiff zurücksenden sollte!« – Er gab mir dann meinen Pass und meine Instruktionen zurück und ich machte eine Bewegung, um dem Dolmetscher zu folgen. Aber er verlangte, ich solle noch ein wenig warten. In wenigen Minuten kam der Dolmetscher mit einem Offizier zurück, dem einige mich betreffende Befehle gegeben wurden. Man verlangte von mir, dass ich ihm folgen solle. Als ich fortging, sagte der General-Kapitän in einem sanfteren Tone etwas darüber, dass ich gut behandelt werden solle, was ich aber nicht verstehen konnte.

Auf dem Weg nach dem Kai fragte ich den Dolmetscher, wohin sie mich führen wollten. – Er antwortete: »An den Bord des Schooners.« Und dass sie Befehl hätten, sich aller Karten, Briefschaften und Tagebücher, die sich auf meine Reise bezögen sowie auch die Briefe und Sendungen, möchten solche an die Regierung oder an Privatpersonen von Port-Jackson gerichtet sein, zu bemächtigen. Nachdem sie solche in einen Kasten geworfen hatten, der auf ihr Verlangen von mir versiegelt werden musste, so setzten sie einen Bericht (Procès verbal) über ihr Verfahren auf und verlangten, ich solle ihn mit ihnen unterzeichnen. Die Einleitung zu diesem Bericht drückte etwas von dem Verdacht aus, den meine Erscheinung an Isle-de-France erregte, mit des General-Kapitäns Meinung darüber. Ich schlug es daher aus, ihn zu unterzeichnen, stellte aber am Ende des Berichts ein Zertifikat aus, dass alle Karten, Tagebücher und Papiere diese Reise betreffend sowie alle an Bord des Schooners hinweggenommen seien.

Da das Benehmen dieser Leute artig war, so erklärte ich ihnen meine Empfindungen über die Art, wie General de Caën mich aufgenommen habe und die Ungerechtigkeit, Papiere wegzunehmen, die eine Reise beträfen, welche durch einen Pass der französischen Regierung beschützt sei und setzte hinzu, dass des General-Kapitäns Benehmen sich sehr verändern müsse, ehe ich ihm einen zweiten Besuch abstatten oder selbst meinen Fuß wieder an das Ufer setzen würde. Der Dolmetscher hoffte jedoch, ich würde mit ihnen an das Ufer gehen, da der General befohlen habe, dass eine Wohnung für mich besorgt werde und dass sie wirklich Befehl hätten, mich gefangen zu nehmen. Ich blickte ihn und den Offizier an, der einer der Adjutanten war und rief in den ersten Ausbrüchen der Überraschung und des Unwillens aus: »Was! Bin ich denn ein Gefangener?« Sie gaben zu, dieses sei wahr, sagten aber, sie hofften, ich würde dieses nur die wenigen Tage sein, während meine Papiere untersucht würden und dass inzwischen Befehle erteilt worden seien, dass mir nichts abgehe.«

Hr. Aken musste auch an die Küste folgen und während wir einige Kleidungsstücke in eine Kiste legten, waren verschiedene Neger unter Befehl eines Steuermannes beschäftigt, den Schooner in den Hafen zu bugsieren. Früh um ein Uhr nahmen die Offiziere uns in ihr Boot und ließen den Cumberland und seine Mannschaft mit Hrn. Charrington unter der Bewachung von Soldaten.

Wir wurden in ein großes, in der Mitte der Stadt liegendes Haus und durch einen langen, dunkeln Eingang auf eine schmutzige Treppe in das für uns bestimmte Zimmer geführt. Der Adjutant und der Dolmetscher wünschten uns dann eine gute Nacht und wir hörten hernach weiter nichts, als die abgemessenen Schritte einer Schildwache, welche auf dem Gang vor unserer Tür hin und herging. Im Zimmer standen zwei Rollbetten, ein kleiner Tisch und zwei Stühle mit Sitzen von Rohr. Der schmutzige Anblick dieses Zimmers veranlasste mich zu dem Glauben, dass der General es gewählt habe, weil es doch besser sei, als ein gemeines Gefängnis. Keine Eisenstangen waren inzwischen hinter den Gitterfenstern und der Rahmen eines ehemaligen Spiegels war vergoldet. Mir schien es klüger zu sein, die Entwicklung unseres Geschicks ihm selbst zu überlassen, als uns mit Vermutungen zu ermüden. Deshalb sagte ich zu Hrn. Aken, wir würden die Wahrheit bald genug erfahren, zog mich aus und ging ins Bett. Aber wegen der Moskitos von oben und der Wanzen von unten und wegen der Neuheit unserer Lage war es erst gegen Tagesanbruch, bevor einer von uns schlafen konnte.

Um sechs Uhr erwachte ich, als zwei bewaffnete Grenadiere in das Zimmer traten. Der eine sagte zu dem anderen einige Worte, zeigte auf uns und ging dann fort. Der Zurückbleibende fing an vor- und rückwärts zwischen unseren Betten, so wie eine Schildwache auf ihrem Posten, zu schreiten, ohne auf uns besondere Aufmerksamkeit zu richten. Wären seine Schritte minder tönend gewesen, so würde ich wieder einzuschlafen versucht haben. Aber unfähig, in einer solchen Gesellschaft zu schlafen, stand ich auf und erweckte meinen Gefährten. Die Schildwache verhinderte uns nicht, miteinander zu sprechen und als wir aus dem Fenster sahen, fanden wir, dass es wirklich ein sehr schmutziges Wirtshaus war, in das man uns einquartiert hatte. Es hieß das Marengo-Kaffeehaus. Unser Frühstück wurde uns um acht und unser Mittagsmahl um 12 Uhr gebracht und wir aßen recht herzlich. Gutes Brot, frisches Fleisch, Obst und Gemüse waren für uns große Seltenheiten.

Um ein Uhr kam der Adjutant Obristlieutenant Monistrol in das Wirtshaus und verlangte, ich solle ihn zu dem General begleiten. Als ich dort ankam, wurde ich in eine Expeditionsstube gewiesen, wo ein deutscher Sekretär, der etwas Englisch sprach, mir verschiedene Fragen vorlegte, welche er von einem Papier ablas. Sie bestanden im Wesentlichen ziemlich aus Folgendem: »Woher es käme, dass ich bei Isle-de-France in einem so kleinen Fahrzeug erschienen sei, da doch mein Pass für den Investigator laute? – Was aus den Offizieren und Gelehrten geworden sei, die zu meiner Expedition gehört hätten? – Ob ich vor meiner Ankunft einige Kenntnis vom Kriege gehabt hätte? – Warum Waffenstillstands-Signale gegeben und im Gesicht der Insel ein Schiff gejagt worden sei? – Was meine Absichten bei dem Einlaufen in den Nordwesthafen gewesen seien und auf wessen Autorität ich dieses getan habe?« Auch die vom Gouverneur King mir erteilten Instruktionen wurden verlangt und mit meinen Antworten auf obige Fragen dem General-Kapitän überbracht. Bald nachher erging zu meinem Erstaunen eine Einladung an mich, an des Generals Tafel zu kommen, die eben angerichtet war. Diese Einladung war allem, was bis dahin vorgefallen war, so entgegengesetzt und da sie mit keiner Erklärung begleitet war, so glaubte ich anfänglich, dass sie nicht im Ernst gemeint sei und antwortete, ich hätte schon zu Mittag gegessen. Aber da man in mich drang, wenigstens zur Tafel zu gehen, war meine Antwort, »dieses sei mir in meiner dermaligen Lage und bei der bisher erfahrenen Behandlung durchaus unmöglich. Wann diese sich veränderten, – wenn ich in Freiheit gesetzt würde und dann Se. Exzellenz mich einzuladen gedächten, so würde mir solches schmeicheln und ich seine Einladung mit Vergnügen annehmen.« Ich gab mir ein äußeres Ansehen, um zu erfahren, ob ich wirklich ein Befehlshaber in der britischen Marine sei und hätte ich die Einladung ohne Erklärung oder ohne Veränderung der Behandlung, die ich erfuhr, angenommen, so konnte man daraus die Folge ziehen, dass die Beschuldigung des Betruges gut gegründet sei. Aber in jedem Fall konnte ich mich in der Lage, welche ich mit stillschweigender Unterwerfung zu ertragen die Ehre hatte, dadurch nicht herabwürdigen lassen, dass ich so gut als Privatmann wie auch als Staatsdiener gröblich beleidigt worden war. Als der Adjutant, nachdem er obige Antwort überbracht hatte, zu mir zurückkehrte, sagte er mir, »der General werde mich einladen, wenn ich freigelassen sei.« Aber nichts wurde über die Ursache meiner Gefangennehmung gesagt!

Ein Papier, welches die Fragen des deutschen Sekretärs mit meinen Antworten enthielt, sollte ich unterzeichnen. Da es aber in französischer Sprache verfasst war, so wendete ich ein, ich verstände sie nicht. Darum musste eine Übersetzung davon in das Englische gemacht und der Brief des Gouverneurs King musste für den General-Kapitän in das Französische übertragen werden. Überdem wurden Auszüge aus meinem Tagebuch, in Hinsicht der Ursache, warum ich den Investigator verlassen und gleichfalls meine Gründe ausführlich darzustellen, warum ich statt nach dem Vorgebirge der guten Hoffnung zu segeln, an Isle-de-France angehalten hätte, von mir verlangt. Man sagte, es sei für den General notwendig, diese der französischen Regierung zu übermachen, um sich für den Beistand, den er dem Cumberland statt dem Investigator geleistet habe, rechtfertigen zu können. Es war schon Nacht und die ungemeine Hitze, in der ich sechs Stunden hindurch Fragen beantworten musste, war sehr ermüdend. Ich nahm daher den dritten Band meines flüchtig niedergeschriebenen Logbuches, welches alles enthielt, was man wissen wollte und bezeichnete dem Sekretär die Stellen, von denen er Rechenschaft verlangte und übertrug ihm solche Auszüge zu machen, als er dienlich fände. Dann verlangte ich in mein Wirtshaus zurückgebracht zu werden, auch dass die Schildwache aus unserem Zimmer entfernt sowie dass Hrn. Aken erlaubt werde, an Bord des Schooners zurückzukehren, um Ordnung zu erhalten. Hierauf erteilte mir der Adjutant die Antwort, es sei zu spät, um neue Anordnungen zu machen, aber Se. Exzellenz würde mich am anderen Morgen sehen. Alle Schriften und Papiere, ausgenommen das Konzept des dritten Bandes meines Logbuches, wurden in die Kiste gelegt und wie zuvor versiegelt. Zwischen acht und neun Uhr wurde ich in meinen Verhaft zurückgeführt.

Am folgenden Morgen erhielt die Schildwache Befehl, sich außerhalb des Zimmers aufzuhalten. Nachmittags kam der Dolmetscher, Hr. Bonnefoy, mir zu sagen, dass Geschäfte den General-Kapitän abhielten, mich vor dem kommenden Tag zu sehen. Hr. Aken erhielt Erlaubnis, an Bord des Schooners unter der Begleitung eines Offiziers zu gehen. Da ihm aber zurückzubleiben nicht gestattet wurde, nahm er doch den Zeithalter mit meinen Sextanten und dem künstlichen Horizont mit und wir begannen eine neue Reihe von Beobachtungen für Irrtum und Rechnung, so, dass wir uns für unsere Abreise in Stand setzten.

Herr Charrington kam von dem Schooner am 20sten Dezember 1803 um mir zu berichten, dass meine Matrosen allerlei Ausschweifungen begingen, aus meiner Kajüte Branntwein holten und an das Ufer gingen, wie es ihnen beliebte; die französische Wache scheine wenig oder keine Kenntnis von ihren Handlungen zu nehmen. Um ein Uhr nahm mich der Dolmetscher und ein Offizier mit zum Gouvernements-Haus und ich hoffte eine Unterredung mit dem General zu haben und das Ende meines Verhaftes zu sehen. Sie wiesen mich in des Sekretärs Stube und verlangten eine Abschrift meines Passes und meiner Instruktionen. Nachdem ich selbst eine gemacht und beide sie unterzeichnet hatten, sagte der Dolmetscher, dass der General Geschäfte habe und mich an diesem Tage nicht sprechen könne und ich wurde zurückgebracht, ohne dass ich erfuhr, wann er von Geschäften frei oder was er zu tun Willens sei.

Bis jetzt war ich unfähig, etwas von dem Betragen des General-Kapitäns zu begreifen. Ob schon ich tiefen Unwillen fühlte, dass meine Freiheit und Zeit so leichtsinnig behandelt wurde, so war ich gleichwohl ungewiss, wenn ich ihn schriftlich um eine Erklärung ersuchte, bevor ich sah, welche Wendung die Sache nähme, ob dies entweder mehr Unglück oder mehr Gutes hervorbringen möchte. Da aber die Unordnungen an Bord des Schooners eine unmittelbare Reform bedurften, gab ich dem General darüber schriftliche Nachricht und bat zu gleicher Zeit, dass Hr. Aken im Cumberland bleiben möchte, um die oberen Teile des Schiffs zu kalfatern und die Pumpen frisch auszubohren, da dieses die Hauptursachen gewesen seien, deren halben ich an der Insel angelegt habe. Am Abend sagte mir der Dolmetscher, dass der Korporal der Wache an Bord des Schooners ins Gefängnis geworfen worden, weil er die ihm erteilten Befehle übertreten habe und dass einer der Matrosen, ein Preuße, den man an der Küste fand, auf die Wache gebracht sei. Auf meine Eingabe solle ich Morgen Antwort erhalten. In der Tat kam dann der Dolmetscher mit dem Oberst-Lieutenant Monistrol und erklärte mir eine Schrift von folgendem Inhalt:

»Der General-Kapitän sei durch die Untersuchung meines Tagebuchs völlig überzeugt, dass ich ganz die Absicht der Expedition, für welche der erste Konsul einen Pass erteilt, überschritten habe; welchem gemäß nicht gestattet sei, an Isle-de-France anzulegen und mit den periodischen Winden, dem Klima, dem dermaligen Zustand dieser Kolonie mich bekannt zu machen. Ein solches Betragen sei der Neutralität zuwider und befehle dem Obersten Monistrol an, sich an den Bord des Cumberlands zu begeben und in eine oder mehrere Kisten alle anderen Papiere, welche noch mehrere Beweise gegen mich geben könnten, zu legen und nachdem solche versiegelt wären, solle ich in das Haus zurückgeführt werden, in dem mein verdächtiges Betragen meine Verhaftung nötig gemacht habe. Ferner solle die Mannschaft des Schooners an Bord des Gefängnis-Schiffs gebracht und ein Inventarium über alles auf dem Cumberland befindliche aufgenommen, die Vorräte unter Siegel gelegt und den Verordnungen gemäß verwahrt werden«.

Dieses war die mir auf meine Bitte, dass die Ausbesserungen des Schooners begonnen werden möchten, erteilte Antwort. Im Gefolge des darin enthaltenen Befehles führten mich die Offiziere an Bord und die noch übrigen Berichte und Bücher, mochten sie sich auf des Investigators Reise beziehen oder nicht, sowie auch die von meiner Familie und meinen Freunden seit mehreren Jahren erhaltenen Briefe wurden sämtlich hinweggenommen, in einen Kasten getan und versiegelt. Hrn. Aken und mir gestattete man, unsere Kleider mitzunehmen. Aber die Offiziere wagten nicht, mir ein gedrucktes Buch zu lassen. Dessen ungeachtet muss ich Hrn. Monistrol und Hrn. Bonnefoy die Gerechtigkeit wiederfahren lassen, dass sie durchaus sich gegen mich sehr höflich betrugen und das, was sie taten, mit den erhaltenen Befehlen entschuldigten.

Diese Wendung meiner Angelegenheiten setzte mich nicht nur in Erstaunen, sondern betäubte mich auch anfangs. Aber nach diesem Befehl des General-Kapitäns fand ich, dass man mich für einen Spion ansah. Der Wunsch zu wissen, in wiefern die Insel Mauritius mir in irgendeinem Teil meiner künftigen Reise zum Ausbessern und Einnehmen von Erfrischungen dienen könne, – dieser Wunsch, den ich in dem Glauben, es sei Friede, ausgedrückt und niedergeschrieben hatte, – wurde ein Vorwand, mich meiner Freiheit zu berauben. Die Gefühle, welche diese Verletzung der Gerechtigkeit, der Menschlichkeit und des von der eigenen Regierung gelobten Schutzes weckte, können nicht beschrieben werden. Jeder Engländer, welcher der französischen revolutionären Macht auch nur einen Tag unterworfen war, wird sie sich leicht vorstellen können. Als ich nach meinem Gefängnis zurückgekehrt war, schrieb ich folgenden Brief unmittelbar an Se. Exz. den General-Kapitän De Caën.

»Sir!«

»Aus Ihrem mir heute früh erklärten Befehl ersehe ich, dass der Grund meiner Verhaftung, dass ich in meinem Reisetagebuch als einen bewegenden Grund, in diesen Hafen einzulaufen, folgendes angegeben habe, ›dass ich dadurch mir Kenntnis der periodischen Winde und des gegenwärtigen Zustandes dieser Kolonie erwerben wollte, in wiefern sie oder ihre Dependentien in Madagaskar Port-Jackson nützlich sein könne und in wiefern sie ein passender Ort sei, um auf einer meiner künftigen Reisen berührt zu werden.‹ Ich führe dieses nur aus dem Gedächtnis an, da mein Tagebuch in Ihren Händen ist. Wie diese Bemerkung, die in der Voraussetzung, dass beide Nationen im Frieden seien, ein Bruch der Neutralität sein kann, muss ich nicht entdecken zu können gestehen. Nichts kann nach meiner Meinung die Reinheit meiner Absichten, als ich hier landete, übertreffen. Aber ich will Beispiele von Männern aus Ihrer eigenen Nation anführen. Ich brauche mich dazu bloß auf die Instruktionen, welche die Einleitung der Reisebeschreibung des unglücklichen La Pérouse bilden und von dem gelehrten und scharfsichtigen Fleurieu entworfen sind, zu berufen. Se. Exzellenz wird daselbst sehen, dass dieser sehr zu beklagende Seefahrer beordert war, besondere Beobachtungen über den Handel, die Manufakturen, die Festigkeit, die Lage u.s.f.

jedes Hafens, in dem er landete, anzustellen, so dass, wenn das Beispiel Ihrer eigenen Nation als Maßstab dienen kann, die Ursache meiner Verhaftung unhaltbar ist. Selbst bei der Voraussetzung, dass Krieg sei und dass ich dieses wusste und mir doch vornahm, die in meinem Journal angegebenen Beobachtungen anzustellen, habe ich, wie ich glaube, in Hinsicht dieser unrichtigen und schlechten Vermutung, ein Gegenbeispiel in der Behandlung Ihrer eigenen Ration, ob gleich ich Ihnen versichern kann, dass die Kapitäne Baudin und Hamelin keine solche Bemerkungen über Port-Jackson machten, da doch der Krieg damals, als sie in diesem Hafen lagen, ausgebrochen war und sie keineswegs verhindert wurden, solche Bemerkungen über den Zustand dieser britischen Kolonie zu machen, ihre Fortschritte, Stärke, die Möglichkeit sie anzugreifen und den Vorteil, den sie der französischen Nation gewähren könne, zu erforschen. Nein, sage ich Ihnen, General De Caën! Der Oberbefehlshaber zu Port-Jackson kennt die Würde seiner Nation zu gut, als dass er diese Kapitäne irgend beschränkt oder den Inhalt ihrer Tagebücher zu sehen verlangt hätte.«

»Nun bitte ich Sie, mein Herr, um Erlaubnis, Sie fragen zu dürfen, woher es komme, dass die französische Nation, ohne Hinsicht auf einen Pass, die Fortsetzung einer solchen Reise, von der die ganze nautische Welt Belehrung erwarten kann, hindere?«

»Ich suchte in Ihrem Hafen Schutz und Hilfe und fand ein Gefängnis. Beurteilen Sie, der ich nicht nur ein Mann, sondern auch ein britischer Offizier in einer neutralen Beschäftigung angestellt, außerdem ein eifriger Philanthrop war, was ich jetzt bei dieser Behandlung fühlen muss!«

»Gegenwärtig verlasse ich diesen Gegenstand, um folgende Bitten zu tun: dass mir gestattet werde, meine gedruckten

Bücher an das Land bringen zu lassen und dass mein Bedienter Erlaubnis erhalte, mir in meinem Zimmer aufzuwarten.«

»Mit aller Achtung, die ich dem General-Kapitän wegen meiner gegenwärtigen Lage schuldig bin,«

»Aus meinem Verhaft, am 21sten Dezember 1803
bin ich Ew. Exz.
gehorsamer Diener,«

Matthew Flinders.

An dem Tag, der auf meinen Brief folgte, wurde mein Bedienter aus dem Gefängnisschiff an die Küste gebracht, auf dem er Hrn. Charrington und die übrige Schiffsmannschaft, enge verhaftet, verließ. Aber weder am 22sten noch 23sten Dezember erhielt ich Antwort. Auch hörten wir nichts, was uns belehren konnte, was man weiter tun wolle. Wir litten sehr durch die Hitze und den Mangel an frischer Luft. Denn die Stadt Port-Louis ist ganz den Sonnenstrahlen ausgesetzt, während die Berge, die sie halbkreisförmig im Süden und Osten umgeben, nicht allein den Passatwind verhindern, diesen Ort zu erreichen, sondern auch die Hitze so stark zurückwerfen, dass sie vom November bis zum April unerträglich ist. Während dieser Jahreszeit fliehen die Bewohner, deren Geschäfte sie nicht zurückhalten, auf die höheren, dem Winde ausgesetzten Teil der Insel. Wir, die wir in der Mitte der Stadt eingeschlossen und drei Monate hindurch in ein Schiff beschränkt gewesen waren, bedurften sehr der körperlichen Bewegung und mussten die Übel einer solchen Lage in ihrer ganzen Strenge fühlen. Aber die Hitze und der Mangel an frischer Luft waren die geringsten Übel. Unsere unverteidigten Strohbetten wurden von einem Heer Moskitos und Wanzen belagert und die Bisse dieser schädlichen Insekten in Körpern, die der Scharbock bedrohte, erzeugten mehr peinliche und unangenehme Wirkungen als gewöhnlich. Da ich beinahe ganz mit entzündeten Flecken bedeckt war, von denen einige an den Schenkeln und Füßen Geschwüre geworden waren, so schrieb ich an den General-Kapitän und bat um die Hilfe eines Wundarztes und fragte auch an, unter welchen Bedingungen er gestatten wolle, dass ich an die Admiralität Großbritanniens, meine Familie und meine Freunde schreiben dürfte. Die Hauptsache aber ließ ich unberührt, indem ich auf den vorhergehenden Brief Antwort erwartete.

Nachmittags sagte mir einer der Adjutanten, dass der General-Kapitän mir gestatte, an wen ich wolle, zu schreiben, dass aber die Briefe dem Platz-Major offen übersendet werden müssten, der sie an ihre Behörde befördern werde. An demselben Abend kam ein Chirurgus, der nicht Englisch sprechen konnte, in unser Zimmer. Am anderen Morgen kehrte er mit einem Dolmetscher zurück und da er die Geschwüre skorburisch fand, verordnete er mir, außer seinen Medikamenten, reichlich Limonade zu trinken und von Obst und Vegetabilien zu leben. Ihr Besuch wurde am anderen Morgen wiederholt. Nichts aber erfuhr ich von den Gesinnungen des General-Kapitäns, erhielt auch keine Antwort auf meinen Brief vom 21sten Dezember 1803. Daher schrieb ich einen anderen in folgenden Ausdrücken.

»Sir!«

»Was auch die Ursache sein mag, dass ich keine Antwort auf meinen Brief vom 21sten erhalten habe, so muss ich doch jeden Umstand aufstellen, der es irgend wahrscheinlich macht, dass Sie dadurch veranlasst werden, meine Mannschaft, mein Schiff und mich selbst frei zu geben.«

»Sie können nicht wissen, welche Änderung die Kenntnis vom Krieg in meinen Gesinnungen gemacht hat. Aber in allen Fällen muss eine Handlung erst vollbracht sein, bevor man den Verdienst oder Nichtverdienst eines Mannes entscheiden kann.«

»Ich sage, es scheint schon vorher bestimmt gewesen zu sein, dass der Cumberland angehalten werden solle und zwar aus folgendem Grund: Dass am ersten Abend meiner Ankunft und bevor irgendeine Untersuchung meiner Papiere (ausgenommen meinen Pass und meine Instruktion) stattgefunden, Sie mir mit Heftigkeit sagten, dass ich Sie betröge. In Ihrem letzten Befehl vom 21sten ist in der Tat gesagt, dass der General-Kapitän überzeugt wurde, dass ich die Person sei, für die ich mich ausgebe und derselbe, für den ein Pass von der französischen Regierung von dem ersten Konsul erhalten wurde. Daraus folgt, wie ich dieses zu erklären Willens bin, dass ich kein Betrüger bin und keiner war.«

»Im Vertrauen, dass bei Erwägung aller Umstände Sie so gütig sein werden, die Absicht, in der der Pass gegeben wurde, zu erfüllen, habe ich die Ehre zu sein

Aus meinem Gefängnis,
am 23. Dezember 1803,
Ew. Exc.
gehorsamer Diener«
Matthew Flinders.

Am Abend wurde mir ein Brief vom General de Caën durch einen Soldaten überbracht und die Eile, mit welcher dieses geschah, schien mir einige günstige Hoffnungen zu erlauben. Ich erwartete nicht die Ankunft des Dolmetschers am folgenden Tag und machte daher den Versuch, den Brief mit Hilfe eines französischen Lexikons zu enträtseln und dieses mit einer Ängstlichkeit, die sein Inhalt eben nicht beruhigen konnte. Das Original lautete so:

»Au quartier général à l'Isle de France, le 3 Nivose, an 12 de la République Française,

De Caën, Capitaine général des établissemens Français, à l'Est du Cap de Bonne Espérance.Au Kapitaine Flinders commandant le schooner le Cumberland.«

»Je n'avais pas repondu à votre lettre du 21 Décembre, Monsieur le Capitaine, parcequ'ıl me devenait inutile d'établit entre vous et moi, un débat sur les motifs plus on moins fondés, dont je m'étais autorisé pour retenir jusqu'à nouvel ordre le Cumberland. D'un autre côté j'aurais eù trop d'avantage à réfuter vos assertions malgré les raisonnemens et les citations dont vous les avez ornés.«

»J'avais bien voulu encore attribuer le ton peu reservé dont vous aviez fait usage dans cette lettre, à la mauvaise humeur que vous a donnée votre position actuelle; mais votre dernière lettre ne me laisse plus d'alternative.«

»Votre entreprise aussi extraordinaire, que peu réfléchie, de partir du Port-Jackson sur le Cumberland plus pour donner une preuve d'un zéle officieux, plus pour les intérêts de La Grande Bretagne, que pour ce qui avait pû engager le Gouvernement Françaıs à vous donner un passeport, ce que je développerai en tems et lieu, m'avait donné dejà une idée de votre caractère; mais cette lettre franchissant toutes les bornes de l'honnéteté, m'impose de vous dire, en attendant que l'opinion générale juge de vos torts ou de miens, de cesser toute correspondance tendante à vouloir démontrer la justice de votre cause, puisque vous savez si peu garder les régles de la hienséance.«

»Je vous salue.«
De Caen.

Die Anklage, dass ich die Regeln des Dekorum nicht befolgte, schien nicht wenig seltsam von einem Manne zu sein, der mich zwei Stunden auf der Straße hatte warten lassen, als ich ihm meine Aufwartung machen wollte und der mir den Titel Betrüger ohne Grund gegeben hatte. Aber es schien nötig, dass ich jeden Angriff von dem General mit Unterwerfung und Achtung ertrüge. Unruhe, die sich unter despotischer Macht verbarg, zeigte dieses Schreiben deutlich. Aber es gab mir keinen weiteren Aufschluss, warum man mich zu einem Gefangenen machte, mithin keine Gelegenheit, meine Unschuld zu rechtfertigen. Es schien daher am klügsten zu sein, dass ich in Hinsicht des Mannes, mit dem ich zu tun hatte, seinen Weisungen folgte und die Hauptsache der Zeit überließe.

Als ich am 26sten Dezember 1803 von dem Dolmetscher eine Übersetzung von des Generals Briefe erhalten hatte, der früh mit dem Wundarzt zu mir gekommen war, schrieb ich folgende Forderungen auf:

1) »Man solle mir vom Schooner meine gedruckten Bücher geben; 2) zwei oder drei Karten und drei oder vier handschriftliche Bücher, um die Karte des Carpentaria-Busens zu vollenden, indem ich zur Erläuterung hinzufügte, dass die fehlenden Teile größten Teils im Schiffbruch verloren gegangen seien und ich sie aus meinem Gedächtnis und den übriggebliebenen Materialien zu ersetzen wünschte, bevor es zu spät sei. Für diese wollte ich einen Empfangschein geben und mein Wort, dass in den Büchern nichts ausradiert oder vernichtet werde. Aber ich wünschte Zusätze zu einem oder zweien dieser Bücher zu machen, so wie zu den Karten und würde hernach leicht das Ganze überliefern.« 3) Ich stellte eine Klage meiner Mannschaft vor, dass sie nachts an einem Ort verschlossen werde, wo kein Lüftchen zu ihr könnte, welches in einem solchen Klima wie dieses nicht nur im

höchsten Grade unangenehm, sondern auch für Europäer ungemein zerstörend sein müsste; dass sie gleichfalls mit Leuten zusammengesperrt wären, welche die unangenehme und ansteckende Krankheit der Krätze hätten und dass, mit Ausnahme des Brots, ihre anderen Lebensmittel zu sparsam seien.

Hierauf erhielt ich an demselben Tage durch einen Adjutanten die Antwort des Generals, welcher sagte »es seien Befehle gegeben, mir Papiere und Bücher abzuliefern; – der Ort, in den die Seeleute eingeschlossen seien, sei sehr gesund; – und was die Nahrungsmittel beträfe, so wäre gleich bei meiner Ankunft in dem Cumberland Befehl erteilt worden, dass die Mannschaft desselben gerade so, als französische, im Dienste stehende Seeleute behandelt werden solle. Er wolle sich erkundigen, ob dieses nicht völlig erfüllt sei, was er nicht glaube. Aber in diesem Fall wolle er für Recht sorgen.«

Mittags am folgenden Tage (27. Dez. 1803) kamen Oberst Monistrol und Hr. Bonnefoy zu mir und vom Schooner wurde eine Kiste gebracht, die einen Teil meiner gedruckten Bücher enthielt. Der Oberst schien darüber besorgt zu sein, dass meine Briefe an den General nichts weniger als demütig waren und mehr dienten, meine Gefangenschaft zu verlängern, als zu verkürzen. Hierauf bemerkte ich, da ich glaubte, dass er das Vertrauen des Generals habe, dass, da meine Bitte sei, bloß gewöhnliche Gerechtigkeit zu erhalten, hätte mir ein schmeichelnder Stil nicht passend geschienen, vorzüglich wenn er an einen Republikaner gerichtet wäre. Meine Rechte wären verletzt und ich bediente mich der, einem Mann in solchen Umständen natürlichen Sprache. Der Oberst und der Dolmetscher schienen entweder aus Höflichkeit oder aus Überzeugung beizutreten, wiederholten aber, dass eine andere Schreibart besser gewesen sein dürfte. Es schien in der Tat aus ihrem Gespräch zu erhellen, dass der französische Republikanismus weder äußere Freiheit noch Gerechtigkeit und Gleichheit, mit denen er sich so brüstete, in sich fasse.

Sobald sie fortgegangen waren, nahm ich mein Schiffssignal-Buch aus der Kiste und zerriss es in Stücken. Die besonderen Signale waren im Schiffbruche verloren gegangen. Jetzt war mein Gemüt von Besorgnissen befreit, die mir viel Unruhe gemacht hatten.

Am 29sten Dezember geschah keine Erwähnung, dass die Bücher und Papiere aus den versiegelten Kisten entnommen werden sollten. Aber am folgenden Morgen wurde ich in das Gouvernementshaus geführt und nahm alle meine Privatbriefe und Papiere, die Tagebücher über die Kompassstriche und astronomischen Beobachtungen, zwei Logbücher und solche Karten, als zu der Vollendung der Zeichnung des Carpentaria-Busens erforderlich waren, mit mir. Ich musste darüber einen Empfangschein ausstellen ohne mich zur Rückgabe zu verpflichten. Das dritte Logbuch, welches Begebenheiten und Bemerkungen enthielt, die an Bord verschiedener Schiffe sechs Monate hindurch vorgefallen waren, war mir in mancher Hinsicht wichtig, vorzüglich über des Torres'-Straße und den Carpentaria-Busen. Aber man sagte, es sei in den Händen des Generals, den man nicht stören könne. Auch zwei Behältnisse mit Depeschen des Gouverneurs King und des Obersten Paterson waren hinweggenommen. Alle anderen Bücher, Papiere, mit meinem Pass, meiner Instruktion u. s. f., mit manchen Nachrichten von dem Kommissar von Neu-Süd-Wallis sowie mit verschiedenen Briefen von Privatpersonen dieser Kolonie wurden in eine Kiste gelegt und wie vorher versiegelt.

Am 31sten Dezember sendete ich an das Bureau des Stadtmajors einen offenen Brief an den Sekretär der Admiralität, in dem ein kurzer Bericht von meiner Einschiffung und meinem Schiffbruch in der Porpoise, meiner Fahrt in dem Cumberland und meiner Lage auf Mauritius gegeben war und zwei Briefe an Privatpersonen, mit der Bitte, solche mit der nächsten Gelegenheit zu befördern. Am folgenden Tag wurde der Empfang derselben bescheinigt und mir ein Versprechen erteilt, man würde mich über die Art unterrichten, wie solche fortgesendet werden sollten und dieses geschah auch. Aber keiner der Briefe oder nur Abschriften davon kamen in England an!!!

Nachdem ich mit Hrn. Aken die für den Gang des Zeithalters gemachten Beobachtungen berechnet hatte, fing ich an, ernstlich an der Karte des Carpentaria-Busens zu arbeiten und diese Beschäftigung diente, meinen Verdruss einigermaßen zu lindern, sowie den Unwillen, den, so unnütz er auch sein mochte, ich gegen den Urheber unserer Verhaftung fühlen musste. Der Mangel meines Logbuchs war übrigens ein großes Hindernis, die vom Cumberland gesehenen Gegenden niederzulegen und da nichts mehr davon erwähnt wurde, schrieb ich am 5ten Januar einen kurzen Brief an den General De Caën und erinnerte ihn, dass das Logbuch zur Entwerfung meiner Karten nötig sei und dass nur ein kleiner Teil der gedruckten Bücher mir bis jetzt abgeliefert worden wäre. Der Dolmetscher brachte mir eine mündliche Antwort und zwei Tage nachher erhielt ich die Bücher vom Schooner. Aber in Hinsicht des Logbuches wurde keine Antwort erteilt.

Die Schildwache an der Tür unserer Stube – wir hatten nämlich vor einigen Tagen eine neue erhalten sowie Vorhänge gegen die Moskitos vor unsere Betten – wurde um diese Zeit ungewöhnlich streng und erlaubte uns kaum den Wirt, den Dolmetscher und den Wundarzt zu sehen. Eines Tages, als sie meine Frage nach dem Namen eines

Gerichts in französischer Sprache an den Sklaven, der uns aufwartete, hörte, sprang sie in die Stube und sagte, wir dürften mit keinem Menschen reden und trieb den armen, erschrockenen Schwarzen fort. Auch wurden dermalen weder Wundarzt noch Dolmetscher ohne einen schriftlichen Befehl zu uns gelassen. Ersterer hatte sich für mich zweimal um die Erlaubnis verwendet, dass ich nächst der Stadt mir im Freien eine Bewegung machen dürfte, wenn er auch mir eine Schildwache oder mehrere Mann Wache mitgeben wolle. Hr. Chapotins menschenfreundliche Bitte wurde ohne Gründe abgeschlagen.

Obgleich Hr. Aken und ich streng eingeschlossen und scharf bewacht wurden, so hatte doch mein Bedienter die Freiheit auszugehen. Wöchentlich einmal sendete ich ihn an Bord des Gefängnisschiffes, um Hrn. Charrington und der übrigen Mannschaft einen Korb mit Obst und Vegetabilien vom Markt zu überbringen. Ihnen war es erlaubt, am Tag auf dem Verdeck herum und kürzlich auch in Begleitung eines Soldaten in die Stadt zu gehen. Aus allem, was wir abnehmen konnten, obgleich des General-Kapitäns Willen noch unentschieden war, urteilte ich günstig von dem Erfolg, wegen dieser meiner Schiffsmannschaft erteilten Freiheit. Am 14ten Januar 1804 wurden unsere Hoffnungen verstärkt, da wir von Hrn. Bonnefoy hörten, dass man uns gestatten wolle, auszugehen und vielleicht zusammen, sobald die drei holländischen Schiffe, die vom Contre-Admiral Dekker kommandiert wurden, abgesegelt wären. Sie kamen von Batavia, hatten Pfeffer geladen und gingen nach Europa und es schien ein möglicher Grund unserer Verhaftung zu sein, zu verhindern, dass nicht englische Schiffe von dieser durch uns Nachricht bekommen könnten.

Da ich es unmöglich fand, den dritten Band meines Logbuchs zu erhalten, so wurden die Karten von des Torres' Straße und dem Carpentaria-Busen ohne dasselbe vollendet. Glücklicherweise war das von Hrn. Aken im Cumberland gehaltene Tagebuch nicht weggenommen und es leistete mir viel Hilfe. Unsere Zeit verging so. Der Wundarzt kam fast täglich wegen meiner skorbutischen Geschwüre und auch der Dolmetscher besuchte mich oft. Ich hütete mich, meinen Bedienten oft auszuschicken, denn es schien, als sei er von Spionen umgeben und dass das Volk sich, mit ihm zu reden, fürchte. Der Wundarzt und der Dolmetscher waren gleichfalls sehr vorsichtig gegen mich, so dass in der Mitte einer Stadt, wo unaufhörlich Neuigkeiten aus irgendeinem Weltteile anlangen, alles uns geheimnisvoll verhüllet war. Nachher gestand Hr. Bonnefoy, als ich ihn darüber geradezu befragte, es sei Befehl erteilt, dass wir durchaus keine öffentlichen Nachrichten erhalten sollten!

Am 29sten Januar 1804 segelte Admiral Dekker mit drei Schiffen ab und während ich ängstlich auf eine Mitteilung wartete, kam der Dolmetscher, mir zu sagen, dass ein Befehl gegeben sei, der Schooner solle in den Hafen gebracht und die Vorräte aus demselben entnommen werden. Er wünsche zu wissen, ob Hr. Aken bei Aufnehmung des Inventariums gegenwärtig sein wolle? – Ich fragte, was man mit uns, mit meinen Büchern und Papieren vorhabe? Er beantwortete dieses durch ein Achselzucken. Beide folgende Tage wurde Hr. Aken nach dem Schooner geführt, denn er nahm den Vorschlag, die Offiziere zu begleiten, an, teils um sich eine Bewegung zu machen, teils in der Hoffnung, etwas Näheres zu erfahren. Er fand den armen Cumberland inwendig mit blauem Schimmel bedeckt und manche der Vorräte in einem schlechten Zustande, da keine Vorsichts-Maßregeln getroffen waren, sie gegen die Hitze oder gegen den Regen zu schützen. Das französische Inventarium brachte man ihm dann, um es zu unterzeichnen, aber er verweigerte es mit meiner Einwilligung.

Dieses neue Verfahren schien anzudeuten, dass der General-Kapitän den endlichen Entschluss gefasst habe, uns als Gefangene zu behalten. Mein Missvergnügen, dieses zu sehen, statt meine Bücher und Papiere zurückzubekommen und Erlaubnis zur Abfahrt zu erlangen, war ungemein groß. In der Hoffnung, einige Belehrung zu erhalten, schrieb ich eine Note am 3ten Februar 1804: »Se. Exz. möchte mir die Ehre einer Audienz gestatten!« Da fünf Tage ohne Antwort verlaufen waren, so bat ich den Dolmetscher, eine Botschaft in derselben Absicht auszurichten. Er kehrte augenblicklich mit der gedrängten Antwort zurück. »Kapitän Flinders könnte bemerkt haben, dass ich ihn zu sehen nicht wünsche, da ich keine Antwort auf seine Note erteilte. Ich brauche ihn nicht zu sehen. Wahrscheinlich würde die Unterredung mit ihm so ausfallen, dass ich mich genötigt sehen würde, ihn in das Kastell zu senden.«

Meine Absicht, als ich Gehör verlangte, war, dem General gewisse Vorschläge zu machen und, wo möglich, einige Erklärung über eine so außerordentliche, jetzt über sechs Wochen dauernde Verhaftung zu erhalten und da ich hierin getäuscht wurde, schrieb ich am 12ten einen Brief, der folgende Vorschläge enthielt.

1) »Wenn Ihro Exz. mir gestatten wollen, dass ich mit meinem Schiff u. s. f. Papieren abfahren kann, so will ich meine Ehre verpfänden, keine Belehrung über Isle-de-France oder irgendetwas dieselbe Betreffendes für eine bestimmte Zeit mitzuteilen, wenn man glauben sollte, dass ich einige Kenntnis darüber erhalten hätte. Oder halten Sie es für nötig, so können Sie mir andere Beschränkungen auflegen. Genehmigen Sie dieses nicht, so verlange ich:«

2) »nach Frankreich gesendet zu werden.«

3) »Sollte es durchaus nötig sein, mich hier zurückzuhalten, so verlange ich, dass meine Offiziere und Mannschaft Erlaubnis bekommen, im Schooner zurückzukehren, sowohl darum, dass die britische Admiralität erfahre, wo ich sei, als auch unsere Familien und Freunde über unseren vermeinten Tod auf der Porpoise und den Cato mit allen an Bord derselben aufgeklärt werden.«

»Im Fall, dass jede dieser Arten verworfen würde, wie meine Reise fortgesetzt werden könnte, ohne Möglichkeit der Isle-de-France irgendeinen Nachteil zuzufügen, so erinnerte ich S. Exz., dass seit dem Schiffbruch der Porpoise sechs Monate zuvor mein Volk sowohl als ich größtenteils auf eine kleine Sandbank im offenen Meer oder auf einem Boot oder an Bord des Cumberlands, wo kein Raum, sich Bewegung zu machen, war, oder zu Gefangenen, als dermalen gemacht, zubringen mussten und dass ich vorher nicht von meinem skorbutischen, sehr geschwächten Körperzustand hergestellt wäre, der daher rühre, dass ich elf Monate hindurch großen Strapazen, schlechtem Wetter und dem Genuss von Salzspeisen unterworfen gewesen sei. Nachdem ich meine skorbutischen Geschwüre und seine Verweigerung, dass ich mir, auf Verwendung des Wundarztes, Bewegung machen dürfe, angeführt, fügte ich hinzu: »Der General-Kapitän weiß am besten, ob meine Aufführung verdiente oder die Erfordernisse der Regierung es verlangten, dass ich fortfahren muss, in dieser ungesunden Stadt, von aller Gesellschaft abgeschnitten, eingekerkert zu bleiben.« Aber auf keinen Teil dieses Schreibens wurde geachtet.

Vierzehn Tage nach dieser Zeit fiel kein der Anführung werter Vorfall vor. Meine skorbutischen Geschwüre hatten sich sehr verbessert. Der Wundarzt kam nur selten und die Besuche des Dolmetschers waren seltener als zuvor. Mithin wurde unsere Einsamkeit nur wenig unterbrochen.

Die Karten vom Carpentaria-Busen und des Torres' Straße waren beendigt. Meine Zeit wurde seitdem darauf verwendet, eine erklärende Abhandlung über die letztere Karte abzufassen. Hr. Aken war damit beschäftigt, das Tagebuch der Kompassstriche für die Admiralität abzuschreiben und mein Bedienter, die beiden ersten Bände des Logs, welche bei dem Schiffbruch herumgeworfen und fast unlesbar geworden waren, so dass unsere Zeit nicht vergebens verlief.

Am 1sten März verwendete der Dolmetscher sich persönlich bei dem General De Caën für die in meinem letzten Brief gewünschten Bücher und Karten, worauf er zur Antwort erhielt, sobald der Gouverneur ein wenig von Geschäften frei würde, so würde er dieses Verlangen bewilligen.« Ich bat Hrn. Bonnefoy, mir seine Meinung zu sagen, was wahrscheinlich mit uns geschehen werde. Er antwortete, wir würden wahrscheinlich, solange der Krieg dauerte, als Gefangene behandelt werden, könnten aber vielleicht Erlaubnis erhalten, in irgendeinem inneren Teil der Insel zu leben und mir es frei stehen, mir körperliche Bewegung in bestimmten Grenzen zu machen.« Diese Meinung überraschte mich. Aber bis jetzt konnte ich noch nicht überzeugt werden, dass der General das Missfallen seiner Regierung wagen würde und vorzüglich des ersten Konsuls Buonaparte, auf dessen Befehl mein Pass erteilt war und der sich selbst für einen Beschützer der Wissenschaften ausgab.

Am 6ten März hatten wir einen zweiten Besuch vom Kapitän Bergeret. Er schien zu denken, dass zu dieser Zeit nichts unsere Befreiung bewirken, aber dass es uns vielleicht gestattet werden könne, auf dem Land zu leben und er versprach, sich selbst dafür zu verwenden.

Die Jahreszeit war nun eingetreten, in der es, sollten wir auch freigelassen werden, zu spät war, eine Fahrt um das

Vorgebirge der guten Hoffnung zu unternehmen und bevor ein anderes Jahr einträte, waren die Vorräte und vielleicht selbst das Schiff verfault und da ich keine Hoffnung einer Antwort auf irgendeinen Brief hatte, ersuchte ich Hrn. Bonnefoy, dass er dem General äußern möge, dass er den Verkauf des Cumberlands gestatte. Zehn Tage nachher unterrichtete mich der Dolmetscher, dass der General De Caën mit ihm von meinem Wunsch, auf dem Land zu leben, gesprochen habe, von dem er durch den Kapitän Bergeret unterrichtet sei und er ihn mir zu sagen gebeten, ich solle nur eine kleine Geduld haben. Er wolle bald zu einem Entschluss über meine Angelegenheit kommen.« Da von dem Verkauf des Cumberlands die Rede war, antwortete er: »Etwas Geduld! Jetzt ist es noch Zeit genug!« Und als die Karten und Bücher, die ich am 27sten Februar verlangt hatte, erwähnt wurden, erfolgte dieselbe Antwort.

Am 23sten März wurden meine Leute mit anderen britischen Untertanen aus dem Gefangenenschiff an das Land gebracht, um in einen an der Ostseite der Insel gelegenen Bezirk namens Flacq geführt zu werden. Dieser Umstand vermehrte meinen Verdacht, dass wir nicht würden freigelassen werden, bevor dazu Befehle aus Frankreich anlangten. Der Oberbootsmann, Hr. Charrington, erhielt Erlaubnis, in Gegenwart eines Offiziers mit mir vor ihrem Abmarsch zu sprechen und da ich das Verhältnis, in das diese armen Gefangenen treten würden, von ihm erfuhr, gab ich ihm den Rat, unser Volk so reinlich an ihrem Körper und so ordentlich in ihrem Benehmen zu halten, als es nur die Umstände gestatteten und keineswegs eine Entweichung zu versuchen, da wir in sechs oder acht Monaten auf Befehl der französischen Regierung freigegeben würden. Einer derselben, der Preuße, der sich so schlecht aufführte, war mit französischer Erlaubnis auf die spanische Fregatte Flora gegangen. Die anderen waren sämtlich nach der Abfahrt der drei holländischen Kriegsschiffe streng an Bord des Gefängnisschiffes bewahrt worden. Obgleich mehrere erbeutete Schiffe eingebracht wurden, so war doch die Zahl der gefangenen Engländer sehr unbedeutend, welches daher kam, dass manche Schiffe mit Laskars[124] bemannt waren, die nicht verhaftet wurden und ein anderer Teil der Seeleute veranlasst worden war, an Bord der französischen Kaper zu gehen, um besser verpflegt zu werden und die Ketten zu vermeiden.

Es war uns bisher verboten, irgend einige Briefe nach England, weder an Staats- noch Privatpersonen zu schreiben, wenn sie nicht offen dem Stadtmajor überliefert wurden, damit keine Klage, was auch willkürliche Gewalt ersinnen konnte, uns länger zu verhaften, hierdurch veranlasst werden möchte. Ob aber diese Briefe abgesendet wurden, war sehr problematisch und da meine Hoffnung, dass mich General De Caën freigeben würde, verschwunden war, so hörte auch die Ursache auf, mich ferner jener Verordnung zu fügen. Ich setzte also einen Bericht an den Sekretär der Admiralität über meine Ankunft, Aufnahme und Behandlung auf Mauritius auf und schloss Abschriften von allen geschriebenen und empfangenen Briefen bei, damit die Lord-Kommissäre in den Stand gesetzt werden möchten, die gehörigen Maßregeln zu treffen, um uns in Freiheit zu setzen und die Rückgabe der Karten und Bücher zu bewirken. Dieses Schreiben wurde an einen Freund in London eingeschlossen und über Amerika gesendet. In der Folge sah ich aus den Zeitungen, dass er im August in England angelangt sei.

Das Ende des Märzes war gekommen und man sagte nichts mehr über die Erlaubnis, uns auf dem Land aufhalten zu

124 Hindus, die auf europäischen Schiffen Dienste tun.

dürfen. Da ich aber der so engen Verhaftung herzlich überdrüssig war, so verlangte ich an denselben Ort, wo sich die englischen Kriegsgefangenen befanden, gebracht zu werden. Man beschrieb das Haus, in dem sie sich aufhielten, als groß und als von einem Walle umgeben, den etwa zwei Acres Land umschlössen, auf dem die Gefangenen sich Bewegung machen könnten. Am 30sten März kam Oberst Monistrol zu mir und am folgenden Tage führte er mich zu dem Haus, damit ich zwei Zimmer wählen könnte. Unterwegs sagte er mir, dass dieses Haus ursprünglich von einem Wundarzt namens Despeaux erbaut und nun von der Regierung für 25 Dollar monatlich zum Aufenthalt der Engländer gemietet worden sei. Es sei sehr geräumig und vormals hätten darin des Sultan Tippoo hierher geschickte Gesandte gewohnt. Ich fand, dass es ungefähr eine halbe Stunde nordöstlich von unserem Wirtshaus lag und indem ich daselbst eine frische Luft genießen würde, so betrachtete ich es, im Vergleich mit unserem bisherigen Einschließungsort als ein Paradies. Nach der unangenehmen Auswahl von zwei Zimmern, welche auf Oberst Monistrols Befehl von zwei, in deren Besitz seienden Offizieren geräumt werden mussten, kehrte er mit mir nach der Stadt zurück und versprach mir bei dem Abschiednehmen, den General-Kapitän wieder an meine Karten und Bücher zu erinnern.

Dieser kleine, eine halbe Stunde weite, Gang zeigte, wie schwächend der Mangel an Bewegung und frischer Luft ist. Denn bloß durch die Hilfe von Oberst Monistrols Arme konnte ich diesen Weg zurücklegen. Am Abend wurden unsere Sachen abgeholt und wir nahmen von unserem neuen Gefängnis mit einem besonderen Grad von Vergnügen Besitz.

Fünftes Kapitel

Aufenthalt in Despeaux' Haus oder im Garten-Gefängnis – Verwendung bei dem Admiral Linois – Wegnahme der Ferngläser und Degen – Zurückgabe einiger Papiere – Meinungen über die Zurückhaltung des Cumberlands – Kapitän Baudins Brief – Ein englisches Geschwader langt bei Mauritius an. Dessen Folgen – Ankunft eines französischen Offiziers mit Depeschen und Bemerkungen darüber – Stellen aus dem Moniteur mit Bemerkungen – Hr. Aken wird freigelassen – Ankunft eines Antrages zur Auswechslung der Gefangenen aus Indien – Vom Marquis Wellesley gemachte Verwendung – Verschiedene Behandlung der französischen und englischen Gefangenen – Seit sechszehn Monaten nach Mauritius eingebrachte Prisen. Abreise aller Kriegsgefangenen – Erlaubnis das Garten-Gefängnis zu verlassen – Astronomische Beobachtungen

(Vom April bis zum August 1805)

Wir verloren keine Zeit, unseren neuen Gefängnisort kennen zu lernen und Bekanntschaft mit unseren Mitgefangenen zu machen. Diese waren der Major Shippard und Hr. W. H. Robertson, die von Indien während des Friedens hierhergekommen waren, um ihre Gesundheit herzustellen und verhaftet wurden; die Kapitäne Mathews, Dansei und Loane und Hr. Mc Crae von der Indischen Armee, im Admiral Aplin gefangen und die Hrn. Dale und Seymour, von der königlichen Fregatte Dédaigneuse. Die vier im Admiral Aplin gefangenen Offiziere von der Armee hatten auf Kapitän Bergerets Vorsprache Erlaubnis erhalten, mit ihren Frauen in einer Anpflanzung etwa anderthalb Meilen vom Hafen zu wohnen.

Der Dolmetscher Bonnefoy fuhr fort, uns zuweilen zu besuchen und leistete uns Beistand bei der Einrichtung unserer kleinen Wirtschaft, indem er die Rückgabe eines Teiles meines auf dem Cumberland zurückgelassenen Privateigentums bewirkte und eine dauernde Erlaubnis für meinen Bedienten erhielt, bei der Schildwache im Tor vorbeigehen zu können.

Gegen die Mitte dieses Monats kam Contre-Admiral Linois in diesen Hafen, nach seinem erfolglosen Versuch gegen unsere nach China bestimmte Flotte, dieselbe, in der meine Offiziere und Leute Passagiere waren. Da ich glaubte, dass der Mangel an nautischer Kenntnis und der bei Entdeckungsreisen eingeführten Gebräuche wesentlich zu dem Benehmen des Generals De Caën beigetragen habe, so schien es wahrscheinlich, dass eine Untersuchung meines Betragens und meiner Papiere durch den Contre-Admiral meine Angelegenheit aufhellen werde. Diese Hoffnung veranlasste mich, an ihn zu schreiben. Ich beschrieb meine dermalige Lage und fügte hinzu: »Ich wollte mich gern dem Urteil der Kapitäne Ihres Geschwaders unterwerfen und meine Papiere würden meine Behauptungen entweder bestätigen oder widerlegen. Würde gefunden, dass ich irgendeine Art von Feindseligkeit gegen die französische Nation oder deren Verbündete unternommen hätte, so solle mein Pass verfallen sein und ich wolle keine Gnade erwarten. Wäre aber mein Betragen durchaus mit meinem Pass im Einklang, so hoffte ich in Freiheit gesetzt oder mindestens nach Frankreich gesendet zu werden, damit die Regierung über mich entscheiden könne.« Admiral Linois war so höflich, mir unmittelbar eine Antwort zuzusenden, in der aber enthalten war, dass, da er nicht zur Zeit meiner Ankunft hier gegenwärtig gewesen sei, es für den General-Kapitän gehöre, die Bewegungsgründe, warum er mich auf Isle-de-France angehalten habe, zu würdigen und die Zeit meiner Verhaftung zu bestimmen. »Dessen ungeachtet, glauben Sie, mein Herr!« hatte er hinzugesetzt, »dass, da ich mich für Ihre Lage interessiere, ich die Ehre haben werde, den General-Kapitän in Betreff dieser Sache zu sprechen und mich freuen werde, wenn ich zu Ihrer Befreiung beitragen kann.« Unglücklicherweise entstand ein Missverständnis zwischen dem Admiral und dem General De Caën und die auf seine Verwendung erteilte Antwort war, dass, da mein Fall der Entscheidung der französischen Regierung unterworfen worden sei, sein Verlangen nicht erfüllt werden könne.

Eine längere Verhaftung, bis aus Frankreich Befehle kämen, schien unvermeidlich zu sein und der General-Kapitän schien zu wünschen, dass nichts meine Aufmerksamkeit erregen solle, als das Gewicht seiner Macht. Aber sowohl Hr. Aken als auch ich bemühten uns einige Monate weder unnütz noch unangenehm hinzubringen. Wir vereinigten uns bei Tisch mit Hrn. Robertson und zwei jungen Herren von der Dédaigneuse, durch welche unsere Unterhaltung belebt wurde und zwischen den Beschäftigungen, mein Buch über die Kompassstriche und meine durch den Schiffbruch entstellten Tagebücher abzuschreiben, verflossen die Tage dadurch, dass ich einige astronomische Beobachtungen anstellte, las, mich dem Vergnügen der Musik überließ, innerhalb der Umgebung spazieren ging und auf einem alten Billard spielte. So vergingen mir die Tage schneller. Unserer Zahl wurde bald ein, bald zwei Gefangene von den erkaperten Schiffen beigefügt. Stieg ihre Zahl aber auf sechs oder acht, so brachte man sie zu den anderen Kauffahrteischiffs-Offizieren zu Flacq. Dort wurden die Matrosen streng eingeschlossen. Aber die Offiziere genossen einen Anschein von Freiheit. Die Gastfreundschaft der benachbarten französischen Familien half ihnen bedeutend und sie rühmten deren Güte und Aufmerksamkeit ungemein.

Am 1sten Junius 1804 verlangte Kapitän Neufville, der die Wache des Gefängnisses kommandierende Offizier, alle in unserem Besitz vorhandenen Fernrohre und versprach, dass jedes dann zurückgegeben werden sollte, wenn der Eigentümer die Erlaubnis erhielte, von der Insel zurückzukehren. Es war keine Ursache zu zweifeln, auf wessen Autorität diese Drohung geäußert wurde, aber es sollte scheinen, dass er zu der Versicherung der Rückgabe derselben im obigen Fall keine gehabt habe. Denn ich sah alle Offiziere abreisen und soviel ich weiß, konnte keiner das Seinige wieder erhalten. Ob alle Ferngläser weggegeben wurden oder was man damit machte, konnte ich nicht erfahren, hatte aber den Verdruss, zwei zu verlieren.

Am folgenden Tag verlangte ein Sergeant, der in diesem Haus als Polizeibedienter lebte, alle Degen und andere Waffen, die in der Gewalt der Gefangenen seien und auch meinen. Da ich ihn aber nicht auf diese Art abliefern wollte, schrieb ich dem General-Kapitän einen kurzen Brief, in welchem ich vorstellte, dass dieses sich mit meinem Rang im Dienste seiner britischen Majestät nicht vertrage, ihn dessen ungeachtet aber abliefern wolle, wenn ein Offizier von meinem Rang, vom General-Kapitän abgesendet, dieses verlange. Eine Woche nachher sagte mir der Kapitän Neufville, es sei ein Missverständnis des Sergeanten, dass er nach meinen Waffen gefragt habe und er wäre besorgt, dass dieses stattgefunden habe. Aber er habe nicht den Willen, mich zum Gefangenen zu machen, bevor er dazu Befehl erhalte. Die diese Erklärung begleitende Verteidigung war seltsam und das nächste Mal, als Kapitän Neufville in das Haus kam, bemerkte ich gegen ihn, dass ich nach sechsmonatiger Verhaftung nach ihm kein Gefangener sein solle und bat ihn, mir dieses zu erklären. Er antwortete: »Gewiss nicht! Sie sind kein Gefangener! Ihr Degen ist Ihnen nicht weggenommen worden. Sie sind aus Ursachen verhaftet, in die ich einzudringen nicht verlange und eine kurze Zeit unter Aufsicht gestellt.«

In dieser Angelegenheit wegen des Degens glaubte ich mich sehr gut behandelt. Aber drei Monate nachher kam einer der unteren Stabsoffiziere im Namen des Stadtmajors auf Befehl des General-Kapitäns, um ihn mir abzufordern. Als ich ihm die Umstände erzählte, die schon vorgefallen waren, so sagte er, dass damals der General in meinen Wunsch eingewilligt, nachher seinen Entschluss geändert habe. Bei einer Verweigerung hätte ich diesem Offizier die Mühe gemacht, meine Kisten durchzusuchen und würde noch tiefer erniedrigt worden sein. Aber da der Befehl vom General kam, der sein Wort gebrochen hatte, lieferte ich meinen Degen ab und bemerkte, dass ich die Art nicht vergessen würde, wie er mir abgenommen worden sei.

In der Mitte dieses Monats erhielten zwei Offiziere, die sich mit ihren Frauen im Bezirk der Pampelmusen aufgehalten hatten, die Erlaubnis, nach Indien zurückzukehren, weil sich Kapitän Bergeret für sie verwendet hatte. Dieser brave Mann war oft in das Garten-Gefängnis gekommen und unternahm um diese Zeit, sich bei dem General-Kapitän für die Rückgabe meiner Bücher und Papiere und für unsere Versetzung in den Distrikt der Pampelmusen zu verwenden. Am 2ten Julius 1804 kam er früh zu uns und sagte, er habe beide Gesuche bewilligt erhalten.

Wenige Tage nachher führte mich Hr. Bonnefoy in das Bureau des Sekretärs und ich nahm aus den versiegelten Kisten alle Bücher, Karten und Papiere, welche einige Zusätze erforderten oder zur Vollendung anderer erforderlich waren sowie auch ein Paket Papiere, die meinen Pass, meine Kommission u. s. f. enthielten. Für dieses alles wurde, wie zuvor, ein Empfangschein gefordert. Aber der dritte Band meines

Logbuchs, um welchen ich so oft gebeten hatte, wurde mir verweigert. Man hatte mir eine Nachricht im Geheimen zugeschickt, dass die Kiste geöffnet und die Karten kopiert worden seien. Aber nach dem Augenschein zu urteilen, war dieses unwahr und als ich den Oberst Monistrol fragte, ob die Kiste und die Papiere durchsucht worden seien, so leugnete er dieses geradezu. In Hinsicht der Gestattung, auf dem Land leben zu dürfen, hatte er zum Kapitän Bergeret gesagt, »er wolle darüber weiter nachdenken!« Dieses mussten wir als eine Zurücknahme seines Versprechens ansehen. Ein zweites Beispiel, wie wenig General de Caën sein eigenes Wort hielt.

Charles Lambert, Esq., Eigentümer des Indienfahrzeugs »die Althäa«, welche vor einiger Zeit hier eingebracht war, hatte Erlaubnis erhalten, nach England zu gehen und Briefe mitzunehmen, so hatte er die Güte ein Paket an die Admiralität zu übernehmen, das Kopien von den hier verfertigten Karten und verschiedene andere Papiere enthielt. Im August fand ich Mittel einen Brief nach Port-Jackson an den Gouverneur King zu senden, der meine zweite Fahrt durch des Torres-Straße und den schlechten Zustand des Cumberland beschrieb, der mich genötigt habe, bei der Insel Mauritius anzulegen, sowie die Umstände meiner Verhaftung und das Schicksal seiner Depeschen. Dieser Brief wurde im folgenden April erhalten und Auszüge aus demselben in der Zeitung von Sydney mitgeteilt. Diese Nachricht wurde in der Times vom 19ten Oktober 1805, abgedruckt, woher sie nachher zu meiner Kenntnis kam.

Ein Vorteil, im Garten-Gefängnis statt im Kaffeehaus Marengo verhaftet zu sein, war die Menge der den einen oder den anderen Gefangenen Besuchenden. Erlaubnis dazu musste vom Stadtmajor erhalten werden, der sie aber selten achtungswürdigen Personen versagte. Auf diese Art wurden wir mit allen Neuigkeiten bekannt und daher auch mit den Meinungen, die man auf dieser Insel über meine Verhaftung hatte. Die, welche es wussten, dass ich einen Pass hatte und allein aus Verdacht verhaftet worden war, betrachteten des General-Kapitäns Betragen als streng, unpolitisch und ungerecht. Andere, die Unterricht von der ursprünglichen Quelle dieses Benehmens zu haben vorgaben, deuteten darauf hin, dass, wenn die Einladung zum Mittagsmahl angenommen worden wäre, meine Verhaftung nur einige Tage gedauert haben würde. Andere meinten, mein Pass und meine Papiere seien im Schiffbruch verloren gegangen und dass es ungewiss sei, ob ich der Kommandeur einer Entdeckungs-Reise sei oder nicht, inzwischen wieder andere nicht begreifen konnten, dass ihr Gouverneur einen Offizier, der im Dienste der Wissenschaften angestellt sei, so behandeln konnte, ohne hinreichende Veranlassung dazu gegeben zu haben und deshalb natürlich auf verschiedene, mir unvorteilhafte Vermutungen verfielen. Aber sei dieses, wie es wolle: die Beschaffenheit meiner Reise hatte einen bedeutenden Grad von Interesse erweckt und man sagte mir, dass diese Verhaftung in einem anonymen Brief an den General-Kapitän als eine der vielen tyrannischen Handlungen, die er in der kurzen Zeit seiner Regierung über diese Insel verübt habe, auch aufgeführt wurde.

Eine der Personen, die um Erlaubnis ansuchten, mich sprechen zu dürfen, war Hr. Augustin Baudin, Bruder des verstorbenen Befehlshabers des Geographen. Er bezeugte den dankbaren Sinn, den sein Bruder durchaus gegen den edelmütigen Empfang und die große Beihilfe ausgedrückt, die er zu Port-Jackson vom Gouverneur King erhalten habe und verbarg dabei seinen Verdruss nicht, dass er nichts zu meiner Befreiung beitragen könne.

Unter den im Garten-Gefängnis gemachten Bekanntschaften war die angenehmste, nützlichste und zugleich dauerhafteste die eines jungen französischen Kaufmannes, der gut unterrichtet und ein Freund der Wissenschaften war, der Englisch sprach und schrieb und unsere besten Schriftsteller kannte. Ihm bin ich die Tage, die mir im Gefängnisse angenehm verflossen, vorzüglich schuldig und sein Name verdient daher eine Stelle in dieser Geschichte des Unglücks, das seine Freundschaft zu erleichtern suchte. Auch bin ich nicht der einzige englische Gefangene, der den Namen Thomas Pitot erheben wird.

Am 27sten September 1804 langte ein englisches Geschwader an, um an dieser Insel zu kreuzen. Einige Tage nachher entwischte mein Bootsmann und sechs der Offiziere der Handelsschiffe, die zu Flacq verhaftet waren, auf eines dieser Schiffe. In einem Anfall von Wut verordnete der General-Kapitän, dass der zu Flacq kommandierende Offizier entlassen und jeder Engländer ohne Unterschied auf der Insel eng eingeschlossen würde. Die Seeleute und übrigen Offiziere von Flacq kamen bei unserem Tor unter starker Bedeckung vorbei und wurden nach einem alten Hospital, etwa eine halbe Stunde südwestlich von der Stadt, gebracht, wo die Matrosen in dem unteren und die Offiziere in dem oberen Zimmer verwahrt wurden, da dieses Gebäude nur zwei Zimmer hatte.

Admiral Linois kam von seinem Kreuzen am 31sten Oktober 1804 mit drei reichen Prisen zurück und gelangte in den Port-Bourbon unverhindert von unseren Schiffen, die sich an einem anderen Teil der Insel aufhielten und an demselben Abend verließ Kommodore Osborn die Insel Mauritius. Hr. Robertson und Hr. Webb von Aplin erhielten nun Erlaubnis, über Amerika nach England zu gehen und ich benutzte diese gute Gelegenheit durch den Ersten eine Kopie der General-Karte von dem Austral-Land, die das Ganze meiner Entdeckungen und Untersuchungen reduziert darstellte und einen Aufsatz über den Magnetismus der Schiffe an den Präsidenten der königlichen Gesellschaft der Wissenschaften zu senden.[125]

Meine Hoffnungen auf eine baldige Befreiung durch einen Befehl vom ersten Konsul, wurden im Dezember ziemlich schwankend. Am 17ten Dezember 1804 schrieb ich an den General Kapitän, dass nunmehr ein Jahr verflossen sei und bat ihn zu bedenken, dass der Wechsel des Krieges die Ankunft von Depeschen unsicher mache. Ich bat ihn zu erwägen, dass die Gesetze der strengsten Gerechtigkeit erfüllt werden würden, wenn er mich nach Frankreich sendete, wo, sollte das Urteil der französischen Regierung günstig ausfallen, ihm unmittelbar die Rückkehr zu meiner Familie und in mein Geburtsland folgen könne. Da am Ende der Woche keine Antwort erfolgte, sendete ich einen zweiten Brief ab und schloss demselben eine Abschrift des Auszugs aus Kapitän Baudins Zeugnis bei und Se. Exz. wurde ersucht, die Behandlung, welche der französische Befehlshaber zu Port-Jackson erfuhr, mit der zu vergleichen, die ich zu Mauritius erleiden müsste, mindestens aber Hrn. Aken und mir die Freiheit des Aufenthalts in irgendeinem Bezirk der Insel zu gestatten, wo wir uns Bewegung machen und den zu der Wiederherstellung unserer Gesundheit nötigen Zeitvertreib genießen könnten. Aber keiner von beiden Briefen wurde beantwortet.

Hr. Aken war im September in das Hospital gekommen und nach einem Aufenthalt von sechs Wochen daraus zurückgekehrt, mehr, weil er sich in demselben so schlecht behandelt und verpflegt sah, als weil seine Gesundheit verbessert worden sei. Er wurde jetzt immer schneller schwächer und meine eigene Gesundheit wurde durch eine Steinbeschwerde und von einer Gallenkrankheit erschüt-

125 Dieser Aufsatz wurde von der Sozietät gelesen und in deren Transactions for the Y. 1805. Part. II. abgedruckt.

tert. Uns besuchte daher Dr. Laborde, erster Physikus des medizinischen Stabes, welcher urteilte, dass der Genuss freier Luft und Bewegung auf dem Land die sichersten Herstellungsmittel seien und darüber ein Zertifikat ausstellte, welches ich durch den Obersten Monistrol an den General De Caën sendete. Keine Antwort erfolgte darauf. Aber nach einigen Tagen hatte Dr. Laborde eine Botschaft vom General erhalten, »er solle sich nicht mit Sachen, die ihn nichts angingen, abgeben!«

Da mir so jeder Versuch misslang, eine Verbesserung meiner und meines Gefährten Lage zu bewirken, so suchte ich Mittel, mir ohne die Menschlichkeit des General-Kapitäns zu helfen. Ich stand sehr früh auf und machte mir in unserer Umwallung möglichst Bewegung, bevor die Sonnenhitze zu stark wurde und arbeitete nun fleißig, welches üble Gesundheit und eine zaghafte Melancholie bis dahin mich hatten vernachlässigen lassen. Durch Ausdauer erhielt ich ein ruhiges Gemüt und hatte sogar das Glück, den General De Caën ganze Tage hindurch zu vergessen. Für eine solche Diät war die Kraft meines Gefährten zu sehr erschöpft. Er sah sich genötigt, in das Hospital zurückzukehren und war so schwach, dass man für sein Leben besorgt sein musste.

Am 29sten Januar 1805 langte ein amerikanisches Schiff unter anderem mit Hrn. Barrois, dem Schwager des Generals an. Er war mit Depeschen versehen und ich erfuhr aus guten Quellen, dass er in ähnlichen Geschäften im Dezember des Jahres 1803 nach Frankreich im Geographen gesendet worden sei. Die Kenntnis dieser Tatsache gab mir Einsicht in Umstände, welche bei meiner Ankunft in Mauritius stattfanden. Der Geograph, der einen englischen Pass hatte, war so gut als ich gehalten, die strengste Neutralität zu erfüllen und die Fahrt eines Offiziers mit öffentlichen Depeschen zur Kriegszeit war deshalb unschicklich. Da man aber aus den

Signalen wusste, dass ein englisches Schiff an der Südseite der Insel sei, so schiffte sich Hr. Barrois heimlich ein und das Schiff ging noch an demselben Abende ab. Daher sah ich es nicht und wurde ohne Untersuchung zu Port-Louis verhaftet. Dieserwegen schien auch die Verfügung getroffen zu sein, dass auf alle fremde Schiffe unmittelbar ein Embargo von zehn Tagen gelegt wurde, damit keiner unserer Kreuzer von dem Anlegen des Geographen hier unterrichtet werden könnte. Daraus erhellt die Wahrheit dessen, was mir im Kaffeehaus Marengo gesagt wurde: dass »meine Verhaftung nicht von einer von mir verübten Tat herrühre.«

Die Rückkehr des Hrn. Barrois veranlasste mich zu der vernünftigen Hoffnung, dass der General-Kapitän mich betreffende Befehle erhalten habe und dass unmittelbar in dieser Hinsicht etwas bestimmt werden würde. Dessen ungeachtet soll der General sich haben verlauten lassen, der Staatsrat habe die von ihm genommenen Vorsichtsmaßregeln gebilligt. Ob er aber für meine Freilassung oder für die Sendung nach Frankreich oder für die Fortdauer der Verhaftung entschieden habe wurde nicht gesagt.

Das Schicksal meiner Offiziere und Mannschaft auf dem Rolla beängstigte mich etwas. Aber um diese Zeit hatte ich die Genugtuung, aus öffentlichen Blättern zu ersehen, dass sie wohlbehalten in England angelangt seien und dass Lieutenant Fowler sowie die Offiziere und die Mannschaft der Porpoise ehrenvoll des Tadels über den Verlust dieses Schiffes entledigt wurden und dass Hr. Fowler sich selbst in dem Kampf zwischen der Chinaflotte und Admiral Linois' Geschwader vorteilhaft ausgezeichnet habe.

Im Mai 1805 wurde mehreren Gefangenen Erlaubnis erteilt, sich auf ihr Ehrenwort in amerikanischen Schiffen fortzubegeben und Hr. Aken, der noch im Hospital war, schöpfte Hoffnung, dass er mit den übrigen davon kommen könne, wenn er sich darum verwende. Hierin munterte ich ihn auf, da meine eigenen Aussichten noch so dunkel waren und empfahl ihm, sein Gesuch lediglich auf seine lange fortgesetzte Krankheit zu beziehen und er nichts über seine Verbindung mit mir sagte. Dem zufolge wurde das Gesuch gemacht und am 7ten Mai kam er nach dem Garten-Gefängnisse mit der unerwarteten Nachricht, er habe unter der Bedingung zur Abreise Freiheit erhalten, wenn er sein Wort gäbe, »nicht gegen Frankreich oder dessen Alliierten zu dienen, bis er gesetzmäßig ausgewechselt worden wäre,« d. h., als ein Kriegsgefangener.

Dann entschloss ich mich, die Gelegenheit von Hrn. Akens Abreise gut zu benutzen und die Zeit von jetzt bis zu der seiner Abfahrt wurde gänzlich verwendet, um meine Depeschen auszufertigen und da Hrn. Akens Gesundheit verbessert war, so schlug er seinen Wohnsitz im Gartengefängnis auf, um mir seinen Beistand zu gewähren.

Hr. Campbell, Befehlshaber des amerikanischen Schiffs Junius, das für Neu-York bestimmt war, gestattete freigebig Hrn. Aken und einigen anderen Passagieren eine kostenfreie Überfahrt[126] und die Worte, die sie unterzeichnen mussten,

126 Ich freue mich, versichern zu können, dass die meisten amerikanischen Kapitäne immer bereit waren, den englischen Gefangenen, welche von Zeit zu Zeit Erlaubnis zur Abfahrt erhielten, dieses möglichst zu erleichtern und zwar für den größten Teil derselben ohne andere Ausgabe, als dass sie Nahrungsmittel für sich selbst an Bord brächten. Manche nahm man an Bord als Offiziere mit Besoldung und andere speisten an einem Tisch, der für sie eingerichtet war, ohne dass sie etwas dafür zu entrichten brauchten. In den meisten Fällen waren dieses wohltätige Handlungen. Denn, wie man es sich leicht vorstellen kann, der größte Teil der Gefangenen auf Mauritius hatte keine Mittel, Geld zu erhalten. Militär-Offiziere hingegen und die, die Geld zu ihrer Disposition hatten, mussten für ihre Reise bezahlen und oft teuer genug.

veranlassten keine andere Verbindlichkeit, als dass sie bis zur gesetzmäßigen Auswechslung gegen Frankreich nicht dienen wollten. Die Bücher, u. s. f. und manche Briefe, sowohl an öffentliche Behörden als auch an Privatpersonen gerichtet, kamen sicher an Bord und am 20sten Mai 1805 abends ging das Schiff zu meiner großen Freude unter Segel. Von den zehn Offizieren und Untergeordneten, die mit mir nach Mauritius gekommen waren, blieben jetzt nur vier hierselbst zurück. Einer lag im Hospital wegen eines Schenkelbeinbruchs, ein anderer mit mir im Gartengefängnis und zwei blieben an der Grande-Rivière verhaftet. Inzwischen erhielten sie einen Monat nachher, auf Verlangen des Kommandeurs eines amerikanischen Schiffes, Erlaubnis, sich an Bord desselben zu begeben.

Am 23sten kam das Schiff Thetis von Bengalen unter Waffenstillstandsfarben an und hatte den Kapitän Bergeret an Bord. Diese Ankunft belebte die Gemüter aller Gefangenen auf der Insel und die Rückkehr meines Freundes Bergeret gab mir manche Hoffnungen, vorzüglich da ich von ihm ein Schreiben erhielt, er wolle alles anwenden, um eine günstige Veränderung in meiner Lage zu bewirken. Hr. Richardson, Befehlshaber der Thetis, benachrichtigte mich einige Tage nachher, dass allen Kriegsgefangenen gestattet werden solle, nach Indien in seinem Schiff zu gehen und dass man Hoffnung habe, dass auch eine Verwendung für mich von Erfolg sein werde. Kapitän Bergeret besuchte mich erst am 3ten Julius 1806, nachdem er seine versprochenen Bemühungen vergebens verwendet, wie ich schon aus der Verzögerung seines Besuches vorausgesehen hatte. Denn jeder brave Franzose hatte eine unüberwindliche Abneigung, der Überbringer dieser unangenehmen Nachricht zu sein.

Am 5ten Julius kam ein Brief von Hrn. Lumsden, Obersekretär des Gouvernements zu Kalkutta an, der den Empfang des von mir an den Marquis Wellesley im Mai 1804 adressierten Briefes bescheinigte und mir antwortete, »dass, obgleich der General-Gouverneur den tiefsten Verdruss über die Umstände meiner Verhaftung empfunden habe, es dennoch nicht in seiner Macht gestanden habe, dieser bis jetzt entgegen zu wirken. Das Schiff Thetis,« fügte er hinzu, »geht jetzt nach Isle-de-France als Auslösungsschiff und ich habe die Ehre, Ihnen beigegebenen Auszug aus dem Brief des General-Gouverneurs an Se. Exzcell. den General De Caën, mitzuteilen.«

Auszug. – »Ich benutze diese Gelegenheit Ew. Exz. besondere Aufmerksamkeit auf den wirklich ernstlichen Zustand des Kapitän Flinders' zu richten und fordere dringend Ew. Exz. auf, unmittelbar denselben in Freiheit zu setzen und ihm zu gestatten, seine Fahrt in der Thetis nach Indien zu machen oder im ersten neutralen Schiff dahin zurückzukehren.«

Hrn. Lumsdens Brief und oben mitgeteilter Auszug wurden mir von des General De Caëns Sekretär mitgeteilt, der mir zugleich sagte: »Ich wünschte herzlich, dass der General-Kapitän das Gesuch Se. Exz. des Marquis Wellesley erfüllen könnte. Da aber die Bewegungsgründe Ihrer Verhaftung von der Beschaffenheit sind, dass solche der französischen Regierung zur Entscheidung unterworfen werden müssen, so kann der General-Kapitän, bevor er von da eine Antwort erhalten hat, keineswegs irgendetwas an den Maßregeln ändern, die er in Ihrer Hinsicht genommen hat.« Ob nun gleich alle Hoffnung verschwunden war, so fühlte ich doch nicht weniger Dankbarkeit gegen den edlen Marquis, dass er den Versuch machte, mich nach achtzehn Monaten, in denen ich die niederträchtigste Behandlung erfahren musste, in Freiheit zu setzen.

Eine Auswechslung der Gefangenen wurde bald nachher ausgeführt, doch mit Ausnahme des Postschiff-Kapitäns, der Befehlshaber der Schiffe und der in gleichem Rang stehenden Befehlshaber der Landarmee.

Im August 1805 fand eine fast ungehinderte Freiheit statt, in das Garten-Gefängnis zu kommen und ich wurde durch häufige Besuche des Hrn. Richardsons, Kapitän der Thetis und der Hrn. Blast, Madison und Davies von der Prime beehrt. Diese rechtlichen Männer leisteten mir in der Erwägung, dass sie mich allein hinter sich lassen müssten, jeden Dienst, den ich mir selbst gestatten durfte, aus ihren Händen zu empfangen. Ihre Güte machte auf mich einen Eindruck, der mir immer gegenwärtig bleiben wird.

Die Abseglung der Thetis und der Prime und einer kleinen, Ariel genannten Brig, welche Gefangene von Ceylon gebracht hatte, wurde verschoben, bis das kreuzende Geschwader die Insel verlassen hatte. Am 13ten August 1805 fuhr Kommodore Osborn ab und meine jungen Freunde Dale und Seymour verließen das Garten-Gefängnis. Am Abend desselben Tages segelten die Auswechslungsschiffe ab und ich blieb mit meinem Bedienten, der dieser Gelegenheit, zur Freiheit zu gelangen, entsagte und meinem lahmen Matrosen als den einzigen englischen Gefangenen auf Mauritius. Zwei Tage nachher unterrichtete mich Kapitän Bergeret, dass der General gesonnen sei, mir meinen Aufenthalt in einem Teil der Insel zu gestatten und er riet eine schriftliche Ansuchung zu machen, die den Ort meiner Wahl bestimmte. Nachdem ich mit Hrn. Pitot darüber zu Rate gegangen war, die verschiedenen Anerbietungen aus verschiedenen Teilen der Insel, mich aufzunehmen, erhalten hatte, schrieb ich am 17ten August und bezeichnete die Pflanzung der Madame d'Arifat in Wilhems Plains, welche in einiger Entfernung vom Meer lag und deshalb weniger einer Einwendung ausgesetzt war. Am 19ten kam eine höfliche Note vom Obersten Monistrol an, deren Inhalt war, dass mein Gesuch genehmigt worden sei. Am folgenden Tag sendete er mir sein Wort, es stehe mir frei, das Gartengefängnis zu verlassen und zwei oder drei Tage in der Stadt zuzubringen, bevor ich auf das Land ginge. Da nun mein Freund Pitot in mich drang, ihm den Abend zu schenken, so wurde die Erlaubnis unmittelbar benutzt.

Als ich Abschied von dem alten Sergeanten genommen hatte, der mit allen Gefangenen gütig umging und ich mich nun außerhalb der eisernen Pforte befand, fühlte ich, dass sogar ein Gefängnis, das man lange bewohnte, nicht ohne einige Rührung verlassen wird, selbst wenn man die Freiheit erhält. Während der zwanzig Monate, die meine Verhaftung nun dauerte, hatte ich mehr als achtzehn im Garten-Gefängnis zuweilen ziemlich vergnügt, größtenteils aber in Kummer zugebracht. Meine Kraft und mein Ansehen waren so verändert, dass ich mich kaum für die Person hielt, welche bei Erforschung der Küsten des Austral-Landes so viele Ermüdungen ertragen hatte.

Sechstes Kapitel

Erteiltes Wort – Reise in das Innere der Insel Mauritius – Des Gouverneurs Landsitz, in dem Teil der Wilhems Plains, Vacouas genannt – Lage, Klima, Berge, Flüsse und Ansichten – Die Flut zu Vacouas und im großen Becken – Zustand der Kultivierung und Produktion von Vacouas – Dessen Ebenholz, Wildbret und wilde Früchte – Freiheit von schädlichen Insekten

(Vom August bis zum September 1805)

Meinen ersten Besuch, nachdem ich aus dem Garten-Gefängnis befreit war, stattete ich dem Kapitän Bergeret ab, dessen Verwendung ich hauptsächlich als die erste Ursache dieses vorteilhaften Wechsels betrachtete. Am nächsten Morgen begleitete ich den Kapitän Bergeret bis zu des Stadt-Majors Bureau, um mein Wort zu geben, welches Oberst Monistrol wörtlich aufzunehmen vorschlug. Doch um jedes künftige Missverständnis zu vermeiden, verlangte ich, es möge schriftlich gemacht werden.

Die Wohnung, denn so werden hier die Pflanzungen genannt, welche mein Aufenthaltsort werden sollte, gehörte einer achtungswerten Witwe mit einer großen Familie und sollte drei geographische Meilen S. S. W. von der Stadt liegen. Die Freiheit, mich 1 ⅕ geographische Meilen von da im Umkreise zu bewegen, schien eine Annäherung an volle Freiheit zu sein. Von der anderen Seite benahm ich mir durch Unterzeichnung meines Wortes, die Wahrscheinlichkeit einer Entwischung.

Während meines viertägigen Aufenthalts in der Stadt Port Louis, wurde mir keine Beschränkung irgendeiner Art auserlegt. Ich besuchte das Theater und mehrere Familien, bei denen mich meine Freunde Pitot und Bergeret einführten und brachte die Zeit ebenso vergnügt zu, als einer, der nicht französisch sprach, in einer solchen Lage tun konnte. Und am 24sten August 1805 nachmittags machte ich mich mit Hrn. Pitots Familie nach dessen Landhaus auf, das eine geographische Meile von meinem zukünftigen Wohnort entfernt war.

Am folgenden Tag besuchten wir den Landsitz des Gouverneurs, welcher »der Reduit« hieß und etwa 1¾ g. Meilen von der Stadt und am Rande meiner Grenze von 1 ⅕ g. Meile in Wilhems Plains liegt. Er steht auf einer erhöhten Landspitze, zwischen dem Mocha-Fluss, der von Osten Kommt und einem gleich großen Fluss, der von Süden die Gewässer von den Wilhems Plains sammelt. Ihre Verbindung an diesem Orte bildet die Grande Rivière, und von Reduit kann man seine Windungen gegen Norden, bis er sich westlich von Port-Louis in die See ergießt, überblicken. In beiden Flüssen war zu dieser Zeit wenig Wasser, aber die außerordentliche Tiefe ihrer Kanäle bezeugten, dass die Strömung ungeheuer während der Orkane und der schweren Sommer-Regen sein muss. Die Ansichten, welche die verschiedenen Wasserfälle zwischen über ihnen hängenden Waldungen bilden, müssen notwendig höchst malerisch sein. Bei dem Reduit sind die Seiten dieser Abhänge mit dem wogenden Bambus bepflanzt und der Weg, der zu dem Haus und zu den es umgebenden Gärten hinaufführt, ist mit Mango- und anderen Frucht-Bäumen beschattet. Aber alles war in großer Unordnung, indem es mehr als Vernachlässigung während der sturmvollen Periode der französischen Revolution erlitten hatte. Man sagte, dieses Haus könne fünfunddreißig Betten enthalten und es war in einem Zustand von Reparatur für den Empfang des Generals De Caën. Ist es vollendet und sind die Gärten,

Alleen, Fischteiche und Straßen in Ordnung gebracht, so würde es ein geschmackvoller Sitz für den Gouverneur dieser Insel sein. Unsere Ansicht beschränkte sich auf die Gärten und Prospekte, da das Haus zugeschlossen war. Wir nahmen nachdem ein ländliches Mahl unter dem Schatten eines Banian-Baumes ein und mein Freund Pitot und Hr. Bayard, ein Richter im Appellationshof, trennten sich nun von ihren Familien, um mich zu meinem Asyl zu führen.

Statt den geraden Weg zu nehmen, folgten sie einer hin und her-, mehr ostwärts laufenden Straße, um Hrn. Plumet, einem Freund des Richters, einen Besuch abzustatten. Wir erreichten seine Wohnung nicht lange vor Sonnenuntergang. Bis hierher fand ich die Gegend steinig und nicht sehr fruchtbar, die Straßen schlecht und unregelmäßig. Dessen ungeachtet wurden wir hier und dort durch die Ansicht von Landhäusern, die mit Obstbäumen und wohlbewässerten Gärten umgeben waren, überrascht. Einmal führte uns die Straße gegen einen Wasserfall, den ein bedeutender Strom in einen Abgrund von mindestens hundert Fuß Tiefe machte. Die angebauten Felder schienen allgemein mit Zuckerrohr, Mais oder Maniok bepflanzt zu sein. Oft kamen wir aber in den Schatten der Urwälder.

Hr. Plumet hatte mehrere Jahre in Indien im Dienst des Mahratten-Haupts Scindia zugebracht und sprach etwas Englisch. Er empfing uns so gütig, dass wir bei ihm bis zu dem folgenden Nachmittag blieben und da seine Wohnung innerhalb meiner Grenzen war, so lud er mich ein, ihn in der Folge zu besuchen. Seit ich den Hafen verließ, stiegen wir beständig in die Höhe, so dass hier die Erhebung über dem Meeresspiegel wahrscheinlich nicht unter tausend Fuß war. Klima und Produkte waren hier sehr verändert. Kaffee schien ein großer Gegenstand der Aufmerksamkeit zu sein und hier waren einige Pflanzungen von Gewürznelken-Bäumen im Entstehen. Ich fand hier auch Erdbeeren und selbst einige junge Eichen von erträglichem Wuchs. Ein bedeutender Vorteil so gut als eine Zierde dieses Teiles und anderer der Insel ist der Überfluss nie vertrocknender Flüsse, durch welche die Gärten mittels Wasserfällen und Fischteichen verschönert und deren Obstbäume und Gemüse mit leichten Kosten gewässert werden.

Als wir nachmittags am 26sten August 1805 Hrn. Plumet verließen, ritten wir auf verwickelten Wegen und durchkreuzten mehrere Pflanzungen, um in die gerade Straße zu gelangen. In diesen waren außer mit Zuckerrohr, Kaffee, Mais und Maniok manche Felder gänzlich mit einer kriechenden Pflanze, welche ein herzförmiges Blatt hatte, bedeckt. Dieses war die Patate (süße Potatoe), eine Wurzel von großem Nutzen für die Nahrung der Sklaven, die in den höheren Teilen der Insel, wo sie am besten gedeiht, ein Lieblings-Gegenstand des Anbaues ist, da sie selten Beschädigungen von den Orkanen erleidet. Als wir weiter kamen, wurden die Flüsse schmaler und zahlreicher sowie die Wälder immer größer. Das Land war teilweise mit großen Steinen bedeckt. Aber ich bemerkte mit einigem Erstaunen, dass die Erzeugnisse dieses steinigen Landes die kraftvollsten waren.

Keiner meiner Begleiter war mit dem Ort meines künftigen Aufenthalts bekannt. Sie fragten jeden Schwarzen, den sie unterwegs antrafen, nach dem richtigen Weg und der noch zurückzulegenden Distanz. Oft konnte man aber keine Antwort erhalten. Am Ende fanden wir uns von allen Seiten mit Holz umgeben. Die Straße hatte bis zu einem Fußpfad abgenommen. Es war finster und es begann zu regnen. Man hielt es jetzt für nötig, zurückzukehren und sich einem Licht zu nähern, das nahe an der Straße erschien, um einen Wegweiser zu erhalten. Es schien einfältig zu sein, zu verlangen, dass die Person, an die man sich wendete, im Besitze der englischen Sprache sein und uns die Antwort erteilen sollte, dass der Madame d'Arifat Pflanzung gerade in der Nähe sei. Es zeigte sich aber, dass es ein Irländer namens Deuse sei, der sich auf dieser fernen Insel als Zimmermann seit mehr als zwanzig Jahren niedergelassen hatte. Er hatte erfahren, dass ein Engländer hierher kommen wolle, um daselbst seine Wohnung aufzuschlagen und unternahm, unser Wegweiser zu sein, nicht wenig erfreut, wie es schien, seine vaterländische Sprache einmal wieder gebrauchen zu können.

Ein Neger hatte den Auftrag erhalten, in der Abwesenheit seines Herrn uns aufzunehmen. Da ich hier aber meinen Bedienten und den lahmen Seemann nicht fand, die den Tag zuvor hatten hier eintreffen sollen, gingen wir zu der Wohnung des Hrn. De Chazal, eines Freundes des Hrn. Pitot, der die Güte hatte, mir meine Sachen aus der Stadt zu schicken. Am nächsten Morgen kehrten wir zurück und mein Aufenthalt war in einem der kleinen Pavillons, die vom Haus abgesondert lagen, den anderen eignete ich meinen beiden Leuten zu. Da Hr. Pitot mich mit einer Familie bekannt gemacht, die in einer benachbarten Pflanzung wohnte und gewisse Einrichtungen und Nachfragen für unsere Verpflegung angestellt hatte, kehrten er und Hr. Bayard, sein Freund, in die Stadt zurück.

Meine Aufmerksamkeit war in den ersten Wochen hauptsächlich darauf gerichtet, eine Kenntnis der umliegenden Gegend, ihrer natürlichen Merkwürdigkeiten und ausgezeichneten Aussichten mir zu erwerben und da diese wohl der Kunde wert sind, so wird eine Beschreibung mit einer Nachricht über die Kultur und die Erzeugnisse dieses entlegenen Teiles von Mauritius manchen Lesern willkommen sein.

Der Bezirk oder das Quartier, welches den Namen Wilhems-Plains trägt, nimmt einen bedeutenden Teil des Innern der Insel ein. Sein nördliches Ende grenzt an das Meer, seitwärts an den Bezirk von Port-Louis, von dem es durch den großen Fluss (la Grande Rivière) getrennt wird. Er dehnt sich von diesem südlich aus und steigt nach und nach in der Höhe, nimmt auch in der Breite zu. Gegen Nordost begrenzt ihn der Distrikt Mocha; gegen Südost der des Port-Bourbon und des großen Hafens (le Grand Port); gegen Süden der Bezirk la Savanne und gegen Westen die St. Peters-Ebene. Seine Länge vom Meer bis zum großen Bassin am südlichen Ende beträgt in gerader Linie etwa fünf geographische Meilen und die mittlere Breite nahe zwei dergleichen, weshalb das Areal desselben ziemlich zehn geographische Quadratmeilen betragen muss. Im oberen Teil ist ein See, der den Namen Marée aux Vacouas führt, wahrscheinlich wegen der an seinen Ufern wachsenden Pandanus-Bäume, die hier Vacouas heißen und der Teil von Wilhems Plains, der diesen See umschließt, führt auch den Namen Vacouas. In diesem Teil lag mein Aufenthalt in einem Land, das dicht mit Waldungen bedeckt war, mit Ausnahme einiger Pflanzungen, die erst seit wenigen Jahren durch Aushauen angelegt worden waren.

Im Gefolge der Erhöhung von Vacouas ist das Klima von dem der niedrigeren Gegenden der Insel ungemein verschieden, als läge sie einige Grade außerhalb des Wendekreises. Der Junius, Julius und August sind zu Port-Louis die trockensten Monate, aber hier sind sie die regenhaftesten. Das Thermometer steht im Durchschnitt hier jährlich 7° bis 12° niedriger. In einer westlichen Richtung, quer durch den Teil der St. Peters-Ebenen, welcher le Tamarin heißt, ist die See nicht weiter entfernt als 1½ geogr. Meile. Das Herabsteigen vom Innern bis zur Küste ist deshalb jäh und wird dieses umso mehr, da drei ViertelViertel dieses Raumes ein flaches Land sind. Im Vergleich mit le Tamarin ist Vacouas eine unregelmäßige Ebene auf dem Gipfel der Berge, zu denen fast kein anderer Zugang als ein Umweg von 1 bis 1¼ geogr. Meile im unteren Teil von Wilhems Plains ist. Drei unregelmäßig gebildete Piks, les trois Mamelles benannt und ein anderer, der den Namen, Rempart de la Montagne führt, welche man alle von der See aus erblickt, sind die höchsten Spitzen eines etwas über diese unregelmäßige Ebene erhobenen Rückens. Der Weg, welcher das hohe und das niedere Land miteinander verbindet, geht längs demselben. Meine Wohnung hieß ziemlich für meine Lage passend le Réfuge (die Zuflucht) und lag etwa ½ oder ¾ geogr. Meilen südöstlich von den Mamelles.

Die vorzüglichsten Flüsse in der Nachbarschaft sind der Fluss Tamarin und der du Rempart. Jeder ästet sich in zwei Hauptarme, welche alle kleineren Flüsse in dieser Gegend sammeln und sich an der Spitze der Tamarin-Bay vereinigen, wo ihre Gewässer sich in das Meer ergießen. Bei nassem Wetter strömen diese Flüsse mit großer Heftigkeit. Aber bei gewöhnlicher Witterung enthalten sie nur wenig Wasser und ihre schmaleren Zweige sind im Oktober und November mehrenteils vertrocknet. Der westliche Arm heißt Papayes-Fluss, wahrscheinlich wegen der Menge solcher Bäume,[127] die sich an seinen Ufern befinden und indem er seinen Lauf nördlich nimmt, bildet er die Scheidung zweier Reihen von Pflanzungen. Die Réfuge war eine dieser durch den Papayes begrenzten Pflanzungen, liegt an seinem östlichen Ufer und erhält auch von ihm mehreren Wert. Denn dieser Arm vertrocknet selbst in

127 Der Papaye, Papaya oder Papaw ist ein in Ost- und West-Indien gut bekannter Baum und auf Mauritius sehr häufig. Die säuerliche Milch der grünen Frucht dient, wenn sie mit gleichviel Honig versüßt wird, als ein sehr gutes Mittel gegen Würmer, welche eine gewöhnliche Plage junger Kinder und der Negern hieselbst sind.

den ungünstigsten Jahreszeiten nicht und tritt auch bei Orkanen nicht aus.

Der östliche Arm führt den Namen Rempart-Fluss. Sein Lauf ist dem seines Schwester-Flusses fast parallel und die Réfuge sowie die größere Zahl der östlichen Pflanzungen oder auf dem rechten Ufer des Papayes-Flusses ist durch ihn in zwei ungleiche Teile geteilt und um die Verbindung zu unterhalten, sind Brücken erforderlich. In den Sommer-Regen, vorzüglich bei Orkanen, erhält der Rempart-Fluss große Verstärkungen und sein Strom wird dann heftig, so dass er Brücken, lockere Felsen und jedes bewegbare Hindernis hinwegführt. Seine teilweisen Überschwemmungen beschädigen die Kaffeebäume sehr, die das Wasser nicht vertragen können und schwemmen das Beste der vegetabilischen Erde fort. Während solcher Epochen ist die Verbindung zwischen den Teilen der Pflanzung, welche an verschiedenen Seiten des Flusses liegen, aufgehoben, bis die Gewässer sich zum Teil gesetzt haben, was in anderthalb Jahren dreimal geschieht.

Die Trois Mamelles türmen sich über den Waldungen rechts empor und fast senkrecht unter ihrem Fuß befindet sich der heftige Strom des Flusses, der seinen Weg zwischen den Klippen und Waldungen in die Tiefe des Tales nimmt. Vorn ist die steile Öffnung, durch die der Fluss in das niedere Land von la Tamarin stürzt. Hier verlässt ihn das Auge, um die Zuckerpflanzungen, die Tamarinden- und Mango-Alleen, die Dörfer mit ihren Hütten und die verschiedenfarbige Vegetation, mit der dieser Bezirk geschmückt ist, zu betrachten. Bald aber fällt er auf die Tamarin-Bay, auf die Brecher und Korallenriffe, welche die Küste umgeben und auf das weit ausgedehnte Meer. Eine Erhöhung von zehn bis elfhundert Fuß und die Distanz von ¾ oder 1 geogr. Meile, in der sich der Zuschauer von den Pflanzungen befindet, gibt einem Teil dieser Ansicht all die Schönheit einer gut vollendeten Zeichnung und steht die

Sonne der Öffnung gegenüber und man erblickt Schiffe bei dieser vorübergehen, so scheint nichts zu fehlen, um diese reizende und romantische Ansicht zu vollenden.

Südlich, etwa 1¼ oder 1½ g. Meilen von der Réfuge, liegt ein anderer See von süßem Wasser, le Grand Bassin genannt. Er liegt höher, als Vacouas und die Berggipfel und, ihre Reihen ausgenommen, scheinen hier der höchste Teil der Insel zu sein. Dieses Becken hat nahe ⅓ g. Meile im Durchmesser, ist beinahe kreisförmig und gewiss tief. Der Geologe wird wahrscheinlich vermuten, dass dieses Becken der Krater eines ehemaligen Vulkans sei und da in dessen Nähe andere große, ihm ähnliche Höhlen sich finden sowie in anderen Gegenden manche unterirdische Flüsse und Höhlen, so könnte man schließen, dass, wenn auch diese Insel ihren Ursprung nicht unterirdischem Feuer danke, sie doch vulkanischen Ausbrüchen unterworfen gewesen sei.

Auf dem hohen Land, nahe dem großen Becken und in anderen Gegenden dieser Insel, vergeht selten ein Tag das Jahr hindurch ohne Regen. Selbst bei Vacouas fällt er während sechs oder sieben Monaten stärker oder schwächer, inzwischen in den niedrigeren Gegenden er bloß vom Dezember bis zum März etwas aussetzt. Diese Nässe erzeugt Überfluss der Vegetation und sollte die mittleren Teile der Insel ungemein fruchtbar machen, welches auch der Fall sein würde, wenn der fruchtbare Boden nicht, sobald er gebildet ist, in die niederen Gegenden durch den Regen herunter gespült und dem Meere zugeführt würde. Der Boden wird daher bald erschöpft und Düngung ist hier ganz unbekannt. Eine Pflanzung, die mit zerstreuten Steinen bedeckt ist, soll ihre Fruchtbarkeit am längsten behalten, wahrscheinlich, weil sie die vegetabilische Erde gegen die schweren Regen ebenso beschützen, als es die Baumwurzeln taten, bevor sie ausgerodet wurden.

Das Meiste von dem niederen Teil der Wilhems Plains ist schon lange vom Holze befreit und angebaut und daher einer der angenehmsten Teile der Insel. Aber Vacouas ist noch in der Kindheit des Landbaues, da drei Viertel desselben mit Waldung bedeckt sind. Diese Vernachlässigung hat dieser Bezirk der Kälte und Nässe des Klimas zuzuschreiben, welche nicht gestatten, dass Baumwolle und Zuckerrohr in demselben gedeihen. ferner seiner Entfernung von der Küste und der Stadt Port-Louis, dem großen Markt für alle Erzeugnisse. Mauritius ist nicht so beschaffen wie die Gegenden in England und in anderen Teilen Europas, wo man alle 2½ oder 5 geographische Meilen einen Marktplatz findet. Mauritius hat nur eine Stadt, die der Sitz der Regierung und des Handels für beide Inseln ist. In anderen Teilen derselben sind die Pflanzungen unregelmäßig zerstreut und obgleich man zuweilen ein halb Dutzend Häuser dicht neben einander findet, so betrachtet man doch auch Familien, die eine halbe Stunde von einander wohnen, als die nächsten Nachbaren. Bloß in der Hauptstadt sind einige Kaufleute. Die bedeutenderen Pflanzer haben Grobschmiede, Zimmerleute, einen oder mehrere Schneider und Schuhmacher, mit Schmieden und Werkstätten versehen unter ihren Sklaven. Aber alles was sie kaufen müssen, selbst das Brot für den täglichen Verbrauch, wird im Allgemeinen von Port-Louis gebracht.

Die Erzeugnisse der verschiedenen Bezirke auf Mauritius wechseln nach der Lage und dem Klima jedes ab. Da nun die Temperatur von Vacouas sich für europäische Vegetabilien besser eignet, so ist die tägliche Versorgung des Marktes in Port-Louis mit denselben ein großes Verlangen der Bewohner dieser Stadt. Wegen der schlechten Straßen und der ungeheuren Preise der Lasttiere ist die allgemein angenommene Art, diese Vegetabilien durch Sklaven, die sie auf ihren Köpfen tragen, dahin bringen zu lassen. Da nun die Entfernung drei starke Meilen beträgt, so beschäftigt dieser Dienst beinahe die ganze Zeit von zwei oder mehr starken Negern, außer einem vertrauten Mann in der Stadt, der den Verkauf und Einkauf besorgt. Daher verursacht die verhältnismäßig größere Entfernung einer Pflanzung von Port-Louis eine bedeutende Zunahme von Auslagen und Beschwerden. Aber im Verhältnis, wie das Bauholz in der Nähe der Stadt seltener werden wird, werden die Waldungen von Vacouas im Wert steigen und größere Veranlassung geben, die Ländereien zum Ackerbau zu benutzen. Balken und Planken zum Schiffs-, auch zum Häuser-Bau und zu dem letzteren auch Schindeln werden immer mehr gesucht. Die häufige Anwesenheit der englischen Kreuzer, welche verhindern, dass man dieses Bedürfnis nicht aus der Savanne oder anderen bewaldeten Küstenteilen ziehen kann, wirkte kraftvoll, diesen einträglichen Zweig des inneren Handels mehr in die Hände der Landbesitzer zu Vacouas zu bringen und sie in den Stand zu setzen, ihren Bezirk mit Vorteil von dem überflüssigen Holz zu befreien.

Außer verschiedenen Arten von trefflichem Bauholz, enthalten diese Waldungen auch das schwarze Ebenholz, welches nach dem Gewicht verkauft wird. Vorzüglich Nord-Amerikaner kaufen es auf, um es hauptsächlich nach China zu führen. Manche Pflanzungen zu Vacouas sind so von Ebenholzbäumen erschöpft und dieser Baum wächst so langsam, dass die Besitzer in der Folge nur diejenigen werden schlagen können, welche sie bisher, weil sie zu dünn waren, schonten und dieser sind sehr wenige. Denn da der Zweck der Pflanzer im Allgemeinen ist, eine Summe zusammen zu bringen, welche sie in den Stand setzt, nach Europa zurückkehren zu können, so wird der Zukunft mehrenteils der gegenwärtige Vorteil geopfert.

Solche entholzte Gegenden werden in Vacouas nicht mit Mais, Maniok und süßen Kartoffeln zur Nahrung der

Sklaven angebaut, oder mit Gemüsen und Obst für den Markt, sondern gewöhnlich zu Kaffeepflanzungen benutzt, welcher wegen der starken Nachfrage der Amerikaner und des folglich hohen Preises immer mehr ein Gegenstand der Spekulation wird. Trotz dem Krieg blüht dieser Handelszweig auf beiden maskarenischen Inseln. Ebenso haben Indigo und die Gewürznelken in Vacouas Fuß gefasst.

Die Teile jeder Pflanzung sind gewöhnlich durch eine doppelte Reihe von einem Baum oder Strauch getrennt, der entweder nützlich ist oder zur Zierde dient. Zwischen denselben läuft ein Weg oder ein Fußpfad. Unter den nützlichen ist der Vacoua oder Pandanus, dessen Blätter stark faserig, lang, sich ausbreitend und mit Stacheln besetzt sind, deshalb einen guten Zaun bilden und auch zur Verfertigung von Säcken, Beuteln, u. s. f. dienen. Bloß jung entspricht der Pandanus beiden Absichten. Aber ehe dieser Baum zu seiner vollen Ausbildung gelangt, braucht er zwölf bis fünfzehn Jahre und während dieser Zeit kann man die Blätter abschneiden und benutzen. – Eine doppelte Reihe hochgewachsener Rosen oder Rosenäpfel bildet in manchen Pflanzungen die Hauptabteilung und angenehme, schattige Spaziergänge und wegen des Schutzes, den sie gewähren, zieht man sie zum Umzäunen der Kaffeebäume vor, welche die größte Sorge erfordern, um sie vor Orkanen zu beschützen. Ein Baum, der einmal heftig erschüttert wurde, kommt nach fünf bis sechs Monaten um. Abhängige Gegenden, aus denen das Wasser ablaufen kann, zieht man daher zu ihrer Anpflanzung vor und sind sie steinig so sind sie noch deshalb vorteilhafter, weil die Wurzeln mehr Festigkeit erhalten, den Orkanen zu widerstehen. Reihen von Bananen, von denen die Insel eine große Menge Arten besitzt, begrenzen gleichfalls die Seiten der Pfade, welche die Pflanzungen durchschneiden. Die Ananas erfüllt denselben Zweck an anderen Orten sowie auch der Pfirsichbaum und andere Obstbäume, wo die Pfade beträchtlicher sind. Ein langes starkes Gras, Witti-wert genannt, zieht man zuweilen zur Abteilung vor. Dieses wird jährlich zwei bis dreimal geschnitten, um als Schilf zum Decken der Dächer zu dienen, wozu es sich sehr gut eignet. Hecken von der immerblühenden chinesischen Rose und vom Netschauly (Netshouly), einem buschigen Strauch aus Indien, der in jedem Boden gedeiht, dienen oft statt des Rosenapfels, um Alleen zu der Wohnung des Pflanzers sowie die vorzüglichsten Spaziergänge in dessen Garten zu bilden. Das schwankende Bambus, dessen zahllose Anwendungen bekannt sind, wird an den Seiten der Flüsse und Kanäle gepflanzt.

Die Waldungen im Bezirk Vacouas sind ungemein dicht und so mit verschiedenen Arten von Schlingpflanzen durchweht, dass es schwer ist, einen Durchgang dadurch zu erzwingen und hier zu reiten, wo keine Wege ausgehauen sind, wäre ebenso unmöglich, als in die Luft zu fliegen. Nicht sehr betretene Pfade, wenn sie auch nicht ganz unzugangbar sind, werden durch die Brombeeren, wilden Tabak und andere Sträucher, die sie schnell überwachsen, doch sehr beschwerlich gemacht. In den niedrigeren Gegenden ist das Gras von besserer Art und nährt das Hornvieh während drei oder vier Monaten, so lange dieses Gras noch zart und jung ist und fast das ganze Jahr hindurch auf morastigen Plätzen. Zu anderen Zeiten wird es mit Mais, dem Abgang der Zuckermühlen und den Blättern und zarten Zweigen einiger Bäume gefüttert.

Wenige kurzfüßige Hasen und einige Rebhühner finden sich an den Rändern der Pflanzungen und in den Waldungen trifft man Rehe und wilde Schweine. Affen sind desto zahlreicher und wenn der Mais reif ist, so versuchen sie in die Pflanzungen zu kommen, welches die Ansiedler nötigte, eine Wache am Tag bei den Feldern zu halten. Wild aller Art war so wenig in den Wäldern von Vacouas, dass sogar ein Kreole, der ein unverzagter Jäger und guter Schütze ist und leben bleibt, wo ein Europäer umkommen würde, nicht mehr von dem Ertrag der Jagd leben konnte. Dieses soll vor der Revolution möglich gewesen sein. Dann aber zogen die mulattischen Bürger die Jagd der Arbeit vor und die Waldungen wurden beinahe von Hasen und Rotwild entvölkert.

Von hier einheimischen Obstarten ist keine der Bemerkung wert. Eine große, aber fast geschmacklose Brombeere findet sich fast überall an den Straßen und in den Wäldern wachsen zwei Arten Zitronen. Eine kleine Art von Kohlpalme, hier Palmiste genannt, ist nicht selten und wird sehr geschätzt; isst man sie roh, so schmeckt sie wie eine Walnuss und gekocht wie Blumenkohl. Als Salat zugerichtet ist sie ein treffliches Gericht. Auf den verlassenen Pflanzungen sind oft Pfirsiche, Guaven, Ananas, Bananen, Maul- und Erdbeeren zu finden. Diese werden als Eigentum des zuerst Kommenden betrachtet und gewöhnlich den Maroonen oder den Sklaven aus der Nachbarschaft, welche auf ihre Reife warten, zur Beute. Die wilden Bienen liefern ihnen auch zu Zeiten ein Mahl von Honig.

In Hinsicht auf schädliche Insekten, der Geisel der meisten Tropenländer, ist das nasse, kalte Wetter, welches im Winter Vacouas zu einem unangenehmen Aufenthalt macht, von besonderem Vorteile. Die zahlreichen Moskitos und Sandfliegen, die Wespenschwärme, die Ameisen, Hundertfüße, Skorpione, Wanzen und Eidechsen mit denen die niederen Teile der Insel mehr oder minder gepeinigt werden, sind hier fast ganz unbekannt und Flöhe und Mücken sind hier minder zahlreich.

Aus dieser Beschreibung meiner Lage kann man ersehen, dass der Tausch des Gartengefängnisses mit Vacouas ein großer Erwerb war. Dort war es zu warm, um eine Bewegung zu machen, ausgenommen früh und abends wäre Platz und Veranlassung dazu gewesen, während mich in der Refuge eine Menge verschiedener Gegenstände durch den Reiz der Neuheit durchaus in Atem erhielt. Häufig badete ich mich im Rempart-Fluss, ging an jedem schönen Tag aus und in wenigen Wochen war meine sonstige Gesundheit größtenteils wieder hergestellt. Diejenigen, die ein Vergnügen daran finden, einem verhafteten Vogel die Tür zu öffnen und die Freude zu bemerken, mit der er von einem Zweig auf den anderen hüpft, jeden Samen kostet und aus jedem Wässerchen trinkt, werden leicht die Gefühle eines Mannes während der ersten Tage der Befreiung von einer langen Einkerkerung begreifen.

Siebentes Kapitel

Beschäftigungen zu Vacouas – Gastfreundschaft der Bewohner – Briefe aus England – Wiederholte Versagung des Wunsches, nach Frankreich gesendet zu werden – Nachricht von zwei Orkanen, von einem unterirdischen Fluss und kreisrundem Loch – La Pérouses Wohnung – Briefe an den französischen Seeminister, das National-Institut u. s. f – Briefe von Sir Edward Pellew – Höhlen in den St. Peters-Ebenen – Besuch von Port-Louis – Nach England übersendete Erzählung – Brief an Kapitän Bergeret bei seiner Abreise nach Frankreich

(Vom September 1805 bis dahin 1806)

Der letzte Teil des Augusts und der Anfang des Septembers gehören in der südlichen Halbkugel dem Winter, währenddessen es häufig zu Vacouas regnete. Im ersten Monat nach meiner Ankunft gab es wenige Tage, die durchaus schön waren und obgleich ich alle Gelegenheiten ergriff, Exkursionen in der Nachbarschaft zu machen, so musste ich doch eine beträchtliche Zeit notwendig innerhalb der Türen zubringen. Da ich meine Karten und Instrumente und den größten Teil meiner Bücher und Papiere fortgesendet hatte, so konnte kein Gegenstand meiner Entdeckungen weiter bearbeitet werden, bis General De Caën mir fernere Hilfsmittel dazu gegeben hatte und da dieses die Zeit war, einige Kenntnis der französischen Sprache zu erlangen, so wurde das Studium derselben nun mein ernstliches Bestreben.

Unter den vornehmsten Wohnungen in der Nähe der Refuge wurde nur eine von dem Eigentümer bewohnt und da die Einführung meines Freundes Pitot eine Einladung bewirkte, benutzte ich diese, ihr mehrere Abende zu weihen, welche außerdem, dass sie angenehm hingingen, mir das Studium, auf das meine Aufmerksamkeit gerichtet war, erleichterten. In dieser Familie lebte ein unangestellter Befehlshaber eines Kauffahrteischiffes, Hr. Murat, der die Reise mit Etienne Marchand gemacht hatte. Er war artig genug, mich in verschiedenen Exkursionen zu begleiten, unter anderem auf einem Gang zu der Wohnung des Hrn. Giblot, Kommandanten des Quartiers Wilhems Plains, da es mir sich zu gebühren schien, mich ihm vorstellen zu lassen und ihm einen Zeremonienbesuch abzustatten. Der Kommandant wusste nichts von meinem Aufenthalt in seinem Bezirk, welches mir in so weit lieb war, weil es zeigte, dass ich kein Gegenstand des Verdachts der Regierung sei.

Hr. Pitot kam am Ende des Septembers, um einen Tag hier mit mir zuzubringen und ebenso Kapitän Bergeret.

Am 9ten Oktober 1805 langte die Eigentümerin der Refuge mit zweien ihrer Söhne und drei Töchtern an, um ihren Aufenthalt auf dieser Pflanzung zu nehmen. Am folgenden Tag erhielt ich einen Vorschlag von der Madame d'Arifat, ihre Tafel mit ihrer Familie zu teilen. In kurzer Zeit hatte ich das Glück, unter meine Freunde eine der schätzbarsten Familien der Insel rechnen zu dürfen. Die Ankunft zweier anderer Grundbesitzer aus der Stadt verstärkte die Zahl unserer Nachbarn, die sich durch ihre gastfreundschaftliche Güte bestrebten, mir meine Zeit angenehm hinbringen zu helfen. Hrn. De Chazal war ich verpflichtet, dass er mir mein Gepäck heraussendete und in der Folge für mehrere verbindliche Handlungen und Dienste. Während Robespierres Tyrannei hatte er zwei Jahre in England zugebracht und folglich war meine Unkenntnis der französischen Sprache anfangs ein Hindernis, mich anderen hier mitzuteilen, keines, den Vorteil seiner Belehrung nicht ernten zu können.

Am 22. Oktober 1805 gab mir ein Paket von Briefen Kenntnis von meiner Familie und von meinen Freunden in England, von denen ich seit drei Jahren keine Nachricht erhalten hatte.

Drei Monate verflossen dann in fruchtloser Erwartung. Endlich kam ein Adjutant des General-Kapitäns zu mir und erweckte einige Hoffnung, aber nach manchen Tagen voll Angst das Resultat zu erfahren, hörte ich vom Kapitän Bergeret, dass die Depeschen nichts über meine Verhaftung enthielten. Das Stillschweigen des Seeministers und die großen in Europa sich ereignenden Begebenheiten gaben wenig Hoffnung, dass man sich an meine Lage erinnerte. Dieses veranlasste mich, den Plan zu verfolgen, noch einmal den General De Caën aufzufordern, mich zur Untersuchung nach Frankreich zu senden. Da aber des Generals Bruder und ein anderer Offizier erwartet wurden, so verschob ich dieses bis zu ihrer Ankunft. Hr. De Caën kam in der Tat am 25sten Februar in der Fregatte la Canonnière von Cherbourg und erneuerte meine Hoffnungen nur, um abermals getäuscht zu werden. Doch hörte ich, und das Gemüt eines Gefangenen konnte nicht umhin, darauf Hoffnungen zu gründen, dass in Paris meine Verhaftung gut bekannt war und für hart gehalten wurde. Aber man sagte auch, dass man mich in demselben Licht betrachte, als die in Frankreich verhafteten Personen als Geiseln für die Schiffe und die Mannschaft, die von unseren Schiffen vor der Erklärung des Krieges angehalten worden wären. Mein beschlossener Brief wurde dann an den General De Caën abgesendet. Ich machte ihn auf die Ungewissheit der Ankunft von Befehlen sowie auf die Unwahrscheinlichkeit aufmerksam, dass der Seeminister Zeit finden solle, an einen Gefangenen auf einer entlegenen Insel zu denken; wiederholte dann zum dritten Mal mein Gesuch, nach Frankreich gesendet zu werden, wo eine schleunige Strafe, würde ich als schuldig befunden, meiner Angst ein Ziel setzen könnte und im entgegengesetzten Fall wenige Tage mich meinem Land, meiner Familie und meinen Beschäftigungen wiedergeben würden. Kapitän Bergeret hatte die Güte diesen Brief zu übergeben und die Äußerungen desselben zu unterstützen. Aber dieses war ohne Erfolg. Die mündlich gegebene Antwort war, »es könne nichts eher verfügt werden, als bis Befehle von der Regierung angelangt wären!« Aber mein Freund sagte, dass er den Brief mit Aufmerksamkeit gelesen habe und dem Minister sein Gesuch für Verfügungen über mich noch einmal wiederholen wolle.

Ein Orkan verwüstete diese Insel am 21sten und 22sten Februar 1806 und am 10ten März trat ein neuer ein, der das Unglück im Hafen und auf den Pflanzungen wiederholte. Manche Schiffe wurden an die Küste getrieben oder in das Meer geworfen. Mehr als eines ging verloren. Die Obstbäume, das Zuckerrohr, Mais u. s. f. wurden der Erde gleich gemacht. Die verschiedenen Flüsse schwollen zu einer außerordentlichen Höhe an. Die Hütten der Sklaven, die Magazine und einige Häuser verloren entweder die Dächer oder wurden ganz umgeworfen. Alle Verbindung zwischen dem Hafen und den entfernten Quartieren war abgebrochen und selbst die Zusammenkunft benachbarter Pflanzer erschwert.

Man unterhält zu Mauritius die Meinung, dass Orkane nur gegen die Zeit des Vollmondes zu erwarten seien, die aber nicht begründet zu sein scheint. Zwar war im Jahr 1805 am 14ten und 15ten April ein schwerer Orkan wenige Tage nach dem Vollmond. Aber der erste der beiden oben erwähnten Orkane trat einen oder zwei Tage vor dem Neumond ein und die Mitte des zweiten vier-undzwanzig Stunden nach dem ersten Viertel, woher es zu erhellen scheint, dass die Orkane in keinem Verhältnis mit dem Stand dieses Trabanten stehen.

Am 21sten März kam das königliche Schiff Russel zum Kreuzen an die Insel und jagte die Fregatte La Piémontaise in den Port-Louis, die von Europa im Dezember gekommen war. Bei dieser Gelegenheit erhielt man die Bestätigung von manchen und Nachricht von anderen über die Österreicher errungenen Siegen sowie von der großen Seeschlacht bei dem Kap Trafalgar. Unter solchen Ereignissen wie diese müssen die Unglücksfälle eines Einzelnen sehr groß sein, um nur einen Gedanken an ihn aufkommen zu lassen.

Bei einem Besuch, den ich Hrn. Plumet und Hrn. Aiolles, dem Eigentümer einer großen Pflanzung, Ménil genannt, in dessen Nachbarschaft abstattete, hatte ich Gelegenheit, einen kleinen Bach zu sehen, der eine Strecke lang unter der Erde läuft.

Zu Ménil gehört eine kleinere Pflanzung, die früher der unglückliche La Pérouse, der sich eine Zeit lang auf dieser Insel aufhielt, bewohnte. Ich durchging mit gemischten Empfindungen von Vergnügen und Trauer die Trümmer seiner Wohnung, den von ihm angelegten Garten, die noch blühenden Alleen von chinesischen Rosen – Embleme seines Ruhms! Alles war ein Gegenstand des Interesses und der Neugierde. Hier war es, wo der von jedem Guten und Wohlunterrichteten aller Völker beklagte Mann, – den Wissenschaft und Menschlichkeit auszeichneten und der die entferntesten Wilden zu besuchen bestimmt war, – einst, vielleicht wenig in der Welt bekannt, aber glücklich lebte. Als er berühmt wurde, hatte seine Existenz aufgehört.

Da mein lahmer Matrose von seinem zerbrochenen Fuß wieder hergestellt war, so gestattete ihm Oberst Monistrol die Erlaubnis im Anfang des Aprils abzureisen. Er wurde an Bord des Telemach, unter Kapitän Clark nach Boston bestimmt, eingeschifft. Sein Kamerad, der letzte von des Cumberlands Mannschaft, hatte gleichfalls Erlaubnis erhalten, in sein Vaterland zurückzukehren. Allein er wollte mich nicht verlassen.

Am 15ten April sendete ich zwei Pakete mit Briefen ab, von denen das eine an die Admiralität und meine Freunde in England, das andere nach Frankreich bestimmt war. Letzteres enthielt einen zweiten Brief an Hrn. De Fleurieu und einen an den Marine-Minister, in dem ich ihm eine kurze Nachricht von meiner Reise und Verhaftung gab. Eingeschlagen war der Auszug aus Kapitän Baudins Zeugnis; ich ersuchte darin Se. Exz., dass Sie entweder dem General De Caën zu meiner Befreiung Befehl erteilen, oder ihm die Weisung geben solle, mich nach Frankreich mit meinen Büchern und Papieren zur Untersuchung zu senden.

Im Mai war mein Freund Pitot auf seinem monatlichen Besuch von Hrn. Baudin begleitet, einem Offizier, der zuletzt aus Frankreich angekommenen Fregatte, der die Reise im Geographen mit seinem Namensbruder gemacht hatte und mit Freimütigkeit der Denkungsart den feurigen Unternehmungsgeist verband, der die vorzüglichsten Seefahrer von jeher auszeichnete. Er aber konnte mir nichts über die Meinung oder die Absichten der Regierung sagen.

Einer Einladung des Hrn. Curtat, eines Freundes der braven Familie in der Refuge zufolge, begab ich mich auf seine Pflanzung nächst der Tamarin-Bai. Hier hatte ich die Gelegenheit, seine Zucker- und Baumwollen-Manufakturen sowie die Mündungen des Tamarin- und des Rempart-Flusses zu sehen. Die Bai, in welche sich beide ergießen, ist nur eine sandige Bucht im niedrigen Land, die zum Teil mit Korallen angefüllt ist und dieses bald durchaus sein würde, hielte nicht die Ausströmung beider genannten Flüsse einen Kanal in der Mitte offen. Er ist aber so seicht, dass nur bei heiterem Wetter Fischerboote durch ihn ohne Gefahr gehen können.

Auf einer Pflanzung in den St. Peters-Ebenen gibt es einige Höhlen, die zu sehen Hr. Curtat mir Gelegenheit verschaffte.

In dem Eingang der einen ist eine immer dauernde Quelle, deren Wasser sich in einen unterirdischen gewölbten Gang ergießt. Hr. Ducas, Besitzer dieser Pflanzung, sagte, er sei über eine Viertelstunde auf einem Floß mit Fackeln demselben gefolgt, ohne seinen Ausgang zu finden; aber er vermutete, dass es sich in einen kleinen See an der Küste ergieße.

Etwa vor dreißig Jahren war dieser Teil der St. Peters-Ebenen noch mit Holz bedeckt und in den Höhlen wohnte eine Rotte von Maroon-Negern, deren Räubereien und Mordtaten Schrecken in der Nachbarschaft verbreiteten. Ihr Hauptzufluchtsort in der dritten Höhle wurde von einem Manne entdeckt, den sie als tot verlassen hatten. Dieser aber hatte auf ihren Zufluchtsort Acht gegeben und gab davon Nachricht, worauf Truppen abgesendet wurden, sie zu ergreifen. Nachdem der vordere Ausgang besetzt war, schlichen die Soldaten zum Haupteingang, bei dem die Maroonen eine mit einer Muskete bewaffnete Schildwache hatten, die auf einem Baum saß. Man fand sie auf ihrem Posten schlummernd und nachdem sie erschossen war, drangen sie vereinigt in die Öffnung der Höhle. Die armen Kerle sprangen von ihren Lagern auf, da sie am Tag zu schlafen pflegten und flohen zu ihren Waffen. Ein Scharmützel entstand nun, in dem einer von ihnen getötet wurde und zwei Soldaten Wunden erhielten. Da sie aber endlich fanden, dass ihnen ihr Rückzug abgeschnitten war, so ergaben sie sich, an der Zahl einundfünfzig, zu Gefangenen und wurden zur großen Freude der Bezirksbewohner mit gebundenen Händen in das Hauptquartier gebracht. Außer den Waffen und etwas weniger Ammunition wurde wenig mehr in der Höhle gefunden, als ein Sack mit Dollars, ein Fass mit Wein, einige Stücke Tuch, eine geschlachtete Ziege und ein kleiner, etwa auf einen Tag hinreichender Vorrat von Mais. Der Schädel ihres Kapitäns, der sehr viel List und

Kühnheit besessen haben soll, lag gegenwärtig auf einem Stein bei dem Eingang der Höhle. Wegen der schmalen Stirn und der großen Ausdehnung des Hinterhaupts war dieses der am eigentümlichsten gebildete Schädel, den ich je sah. Kleine, lange Umschließungen, die durch kleine Steine an den Seiten dieser Höhle gemacht waren, dienten diesen Elenden zum Nachtlager und waren noch in dem Zustand, in dem sie verlassen wurden.

Nachdem ich den Tamarin mit Hrn. Curtat verlassen hatte, begab ich mich auf einige Tage nach der Stadt Port-Louis, um mich dort bei meinem Freund Pitot aufzuhalten, welches der General-Kapitän erlaubt hatte. Einer der Gegenstände, für den ich um diese Erlaubnis angesucht hatte, war, um die Gestattung zu erhalten, die Bezirke des Goldsandes (Poudre d'Or,) und Flacq an der nordwestlichen Seite der Insel zu besuchen. Aber mein Gesuch wurde verworfen und mir der Befehl erteilt, unmittelbar nach Wilhelms Ebenen zurückzukehren. Es scheint, als ob General de Caën einen Brief mit Vorwürfen vom Gouverneur King erhalten habe, dem, wie man sagte, eine Abschrift des Briefes beigelegt war, welchen ich im August 1804 an ihn geschrieben hatte, der meinen Empfang und meine Behandlung auf Mauritius schilderte. Jetzt erwog ich aber doch, dass er noch gütig gegen mich gewesen sei, mich nach Empfang dieser Abschrift meines Briefes nicht sogleich in den Turm werfen zu lassen.

Während dieses kurzen Aufenthalts in der Stadt waren die Aufmerksamkeiten meines Freundes Pitot, des Kapitäns Bergeret und mehrerer anderer hier wohnenden Franzosen für mich von der Art, dass sie mich für die üble Behandlung ihres Gouverneurs zu entschädigen suchten. Meine Bekanntschaft mit dem Major Dunienville von la Savanne wurde erneuert sowie mit Hrn. Brand, dem braven Schweizer, dessen Bemühung mir, als ich im Kaffeehaus Marengo war, Hilfe zu leisten, noch nichts an ihrem Eifer verloren hatte. Im Garten-Gefängnis, das zu besuchen ich nicht umhin konnte, war niemand mehr als der alte Sergeant. Die sechs oder acht Engländer waren bei der Grande-Rivière verhaftet.

Die gewöhnliche Zeit, aus Frankreich Nachrichten zu erhalten, hörte mit dem Monat Mai auf und die Zeit seit meiner ersten Verhaftung verfloss, ohne dass sie anders von der französischen Regierung betrachtet wurde. Auch schien es mir außerdem, dass von meiner Regierung das Vorrücken im Dienst, das ich von meiner Reise erwarten konnte, aufgehalten worden sei. Dieses konnte leicht von Unaufmerksamkeit oder von einigen falschen Vorstellungen der Admiralität herrühren. Um diese zu beseitigen, schien es notwendig, eine Darstellung aller, meine Verhaftung betreffender Umstände zu übersenden, dann eine Abschrift aller Briefe von und an den General und solcher Papiere, welche sich eigneten, die Erzählung zu bestätigen. Ich war mit derselben beschäftigt, als der Warren Hastings, reich aus China beladen, von der Piémontaise genommen und nach Mauritius aufgebracht wurde. Da Kapitän Larkins Erlaubnis erhalten hatte, nach England zurückzukehren, bot er mir schriftlich an, alles, was ich ihm anvertrauen wolle, pünktlich zu besorgen. Vergebens hatte sich Kapitän Larkins bemüht, Erlaubnis zu erhalten, um nach Wilhems-Ebenen zu kommen und mein Gesuch nach der Stadt kommen zu dürfen, wurde verweigert. Er segelte daher im August 1806 ab, ohne dass es mir gestattet war, ihn oder einen seiner Offiziere zu sehen.

Achtes Kapitel

Wirkungen wiederholter Täuschungen auf das Gemüt – Ankunft eines Auswechslungs-Schiffes und von Briefen aus Indien – Brief vom französischen Seeminister – Zurückgabe von Papieren – Ausweichende Antworten auf Gesuch um Freilassung – Versuch, sich in den Besitz von Privat-Briefen zu setzen – Bittschrift an den See-Minister – Zu Paris gemachte Eingriffe in des Investigators Entdeckungen – Ein auf Mauritius erwarteter Angriff bewirkt eine Beschränkung der Freiheit – Strenge Blockade – Ankunft eines anderen Auswechslungs-Schiffes aus Indien – Zustand der öffentlichen Einkünfte in Mauritius – Ein französisches Auswechslungs-Schiff segelt nach dem Vorgebirge der guten Hoffnung

(Vom September 1806 bis zu dem Januar 1810)

Neuigkeiten über zu Paris wegen des Friedens begonnene Unterhandlungen bildeten im September 1806 den Hauptgegenstand der Unterhaltung auf Mauritius und niemand konnte mehr, als ich wünschen, dass Lord Lauderdales Bemühungen Erfolg haben möchten. Eine Rückkehr nach England in Folge einer solchen Begebenheit war das, was ich vor allen Dingen am sehnlichsten wünschte. Aber die Hoffnung auf den Frieden war zu schwach, um sich ihr zu überlassen. Dieser Zustand von Ungewissheit, in dem ich nach fast dreijähriger Besorgnis blieb, bewirkte in mir eine Mutlosigkeit, die mir gefährlich werden konnte, hätte ich nicht durch immerwährende Beschäftigungen mein Gemüt von solchen, seine Ruhe zerstörenden Gegenständen abzuziehen gesucht. Auch würde ein solches Ende meiner Verhaftung dem General-Kapitän zu viel Vergnügen gemacht haben und aus einer Art von Verkehrtheit der menschlichen

Natur trug diese Überzeugung dazu bei, dass ich meine Lage standhaft zu ertragen, mich entschloss. Was aber am meisten zur Vertreibung dieser Melancholie beitrug, war ein Paket von Briefen, welche ich aus England mit Nachrichten von meiner Familie und meinen Freunden erhielt sowie die mir sehr erwünschte Nachricht, dass Hr. Aken glücklich in London mit allen ihm anvertrauten Karten, Tagebüchern, Briefen und Instrumenten angekommen war.

Keine besondere Begebenheit als die Abreise eines englischen Kriegsgefangenen im Januar 1807, welche mir Gelegenheit nach England zu schreiben gab, trug sich mehrere Monate hindurch zu. Da im April die Jahreszeit, in der hier französische Schiffe ankommen, beendet ist und der General-Kapitän noch keine Befehle in Bezug auf mich erhalten hatte, ich mich aber damals in der Stadt befand, so ließ ich durch Hrn. Beckmann ihn ersuchen, mir Gehör zu geben und dieser sollte, im Fall der Verweigerung, sich in eine Erklärung mit Sr. Exz. einlassen und sich bemühen, seinen Willen zu erforschen. Bei seiner Rückkehr sagte Hr. Beckmann, dass der General die Härte meiner Lage selbst bedauere und dass er tägliche Befehle aus Frankreich erwartet habe. Da er aber ohne dieselben Nichts zu tun vermöge, so wäre es unnütz, mich zu sehen und er riete mir, ihre Ankunft geduldig zu erwarten.

Die Wirkung so lange verschobener Erwartung, die wiederholt ihren Gegenstand veränderte und ebenso oft getäuscht wurde, machte starken Eindruck auf meinen treuen Diener. Dieser brave Mann weigerte sich bei der allgemeinen Auswechselung der Gefangenen, die im August 1804 stattfand, diese Insel zu verlassen, so auch im folgenden Jahre, als sein Gefährte, der lahme Matrose nach Amerika abging, weil er mich nicht im Unglück verlassen wollte. Aber die Verzweiflung, dass wir je die Freiheit wieder erhalten würden, hatte nun völligen Besitz von seiner Einbildungskraft genommen. Er bildete sich ein, dass selbst die freundlichsten Inselbewohner in einem Bund mit dem General-Kapitän gegen uns ständen, dass die Signale auf dem Hügel jeden unserer Schritte anzeigten, die politischen Artikel in den Zeitungen auf eine metaphorische Weise von mir angedeutet würden, die neuen, zu der Zeit gegebenen Gesetze die Strafen, die wir erleiden sollten, anzeigten, dass Personen in Unterhaltung, kurz endlich alles eine gewisse Verbindung mit einem geheimnisvollen Bund habe und die Furcht vor einem plötzlichen und überwältigenden Schlag ihm weder am Tag noch zur Nachtzeit Ruhe gestatte. Dieser Gemütszustand dauerte mehrere Monate. Schlaf- und Esslust verließen ihn und täglich wurde er schwächer. Da ich kein anderes Heilungsmittel für ihn wusste, als dass ich ihn zur Rückkehr nach England beredete, wo er mir auch noch Dienste leisten könne, so wurde die Erlaubnis für seine Abreise gesucht und erhalten. Im Anfang des Julius 1807 schiffte er sich auf eine amerikanische Brigg ein, die nach Baltimore bestimmt war. Ich vertraute seiner Sorge manche noch zurückbehaltene Bücher und Karten sowie mehrere Briefe. Nachdem er nun völlig durch die Erlaubnis, die Insel verlassen zu können, von der Torheit seiner Schrecken überzeugt war, verließ er sie.

Am 18ten Julius 1807 kam das Schiff der englisch-ostindischen Kompanie Marquis Wellesley als ein Auswechslungs-Schiff von Madras mit französischen Gefangenen an Bord und vier Tage nachher überlieferte Oberst Monistrol einen Brief des Sekretärs Sir Edward Pellew, enthaltend den Auszug einer Depesche an den General-Kapitän und zwei Briefe von neuerem Datum, die der Admiral selbst geschrieben hatte.

Ich schrieb dann, um S. Exz. zu bitten, dass sie die Güte habe, die durch diese Briefe erregten Hoffnungen zu bestätigen oder, wären sie falsch, mir Aufklärung darüber zu erteilen. Sieben Tage dauerte es, bevor ich eine Antwort erhielt. Dann sagte mir der Oberst Monistrol: »Se. Exz., der General-Kapitän hat mich beauftragt den Brief zu beantworten, den Sie an ihn unter dem 24sten dieses Monats gerichtet haben und Ihnen zu sagen, dass er wirklich mittels Sr. Exz. Hrn. Edward Pellew eine Depesche von Sr. Exz., dem Minister der Marine und der Kolonien von Frankreich, erhalten habe, die sich auf Sie bezieht. Gleichfalls bin ich beauftragt, Ihnen die Abschrift dieses Befehles zu senden, welche hier beigeschlossen folgt und Sie zu unterrichten, dass, sobald es die Umstände gestatten, Sie völlig die Gunst genießen sollen, die Ihnen durch Se. Maj., den Kaiser und König gewährt ist.« Dieses lange erwartete Dokument vom Marine-Minister lautete buchstäblich so wie folgt:

Paris, le 21e Mars 1806.

»Le 11e Thermidor, an 12, (July 30 1804). – Monsieur! J'ai répondu à votre dépèche du 26 Nivose (16 Januar 1804) de la même année Nro. 27, rélativement à la goelette Angloise: le Cumberland, commandée par le Cap. Flinders et aux motifs qui Vous ont porté à rétenir ce capitaine jusqu'à ce que j'aie pu vous faire connoître les intentions de S. M. Je Vous prévenois à cette époque que le Conseil d'Etat venait, sur mon rapport, de s'être saisi de la connoissance de la détention dont il s'agit, et je Vous transmets aujourd'hui ci-joint, l'avis de ce Conseil approuvé par l'Empereur et Roi le IIme de ce mois. Vous y verrez que Votre eonduite est approuvée et que, par un pur sentiment de générosité le Gouvernement accorde au Capitaine Flinders sa liberté et la remise de son bâtiment.«

»Recevez, Monsieur! l'assurance de ma considération distinguée.

Le Ministre de la Marine et des Colonies.«

Decrès.

Des Obersten Monistrol Brief gab mir zu verstehen, dass dieser Befehl vollzogen werden solle; aber die Zeit, wann? und die Art, wie? waren unbestimmt geblieben. Deshalb bat ich um Erlaubnis, für die in Ordnungbringung meiner Sachen in die Stadt kommen zu dürfen. Dieses wurde aber abgeschlagen. Die Antwort war, »dass, wenn die Zeit meiner Abreise werde anberaumt sein,« eine Erlaubnis dazu für so viele Tage als erforderlich, erteilt werden solle. Woher dieser Verzug in der Befolgung des Befehls des Ministers kommen konnte, weiß ich nicht. Da ich aber gehört hatte, dass der Cumberland von seinem gewöhnlichen Platz weggebracht worden sei, und fürchtete, dass seine Ausbesserung und Wiederherstellung die Ursache davon sei, so schrieb ich an den Obersten Monistrol einen Brief, um ihn zu unterrichten, »dass bloß die Unmöglichkeit ein besseres Schiff zu meiner Fahrt nach England zu erhalten, mich genötigt habe, solche in dem Cumberland zu unternehmen und sollte gleich Se. Exz. mir andere Mittel um Isle-de-France zu verlassen, versagen, so wäre ich doch nicht Willens, mich wieder in demselben einzuschiffen. Verlangten Se. Exz. daher, dass er mir wiedergegeben werde und nicht sein Wert, so hoffte ich, dass Se. Exz. gestatten würden, ihn zu verkaufen und meine Abfahrt auf einem nach Indien oder Amerika gehenden Schiff zu machen.« Auch machte ich eine Ansuchung um die Zurückgabe meiner Bücher und Papiere, damit ich die Zeit bis zu meiner Abfahrt dazu verwenden könnte, um sie aus der Unordnung zu bringen, in welche sie der Schiffbruch vier Jahre zuvor gesetzt habe. Drei Wochen nachher lud mich ein Brief des Obersten ein, in die Stadt zu kommen, damit er mir die Bücher und Papiere sowie andere, sich auf meine Reise beziehende, Gegenstände ausliefern könne. Als ich mich selbst in seinem Bureau einfand, erhielt ich den Kasten, in dem sie versiegelt waren. Mein Degen und meine Ferngläser sollten zur Zeit meiner Abreise sowie auch der Wert des Schooners und seiner Vorräte, die bald nach meiner Ankunft taxiert worden wären, mir zugestellt werden. Wie ich nach den zwei Kisten mit Depeschen fragte, erwiderte der Oberst, es sei schon längst über dieselben disponiert und er glaube, dass etwas in denselben zu meiner Verhaftung beigetragen habe und auf mein Gesuch um das zurückbehaltene Tagebuch erwiderte er, »es fehle, um daraus Auszüge zu machen!« Auf meine Anfrage, ob es mir gestattet sein werde, mit dem englischen Auswechslungs-Schiff, dem Wellesley, das im Hafen lag, abzugehen, schien es, dass man daran nicht gedacht hatte und der Oberste deutete mir an, dass der Befehl zu meiner Befreiung in einem Augenblick gegeben worden sei, wo England und Frankreich in besserem Einverständnis als gewöhnlich gewesen wären, und vielleicht würde ein Gesuch um Freilassung zu dieser Zeit nicht genehmigt werden. Ich sah so viel aus seiner Unterhaltung, dass die Zurückgabe meiner Papiere keineswegs eine Versicherung meiner baldigen Abreise sei.

Nachdem ich den Obersten Monistrol verlassen hatte, untersuchte ich den Zustand der Papiere und sendete ihm dann folgende Note und Empfangs-Bescheinigung:

»Ich gebe mir die Ehre hierbei Ihnen einen Empfangsschein für die gestern empfangenen Bücher und Papiere zu übersenden. Die Ratten haben viel Zerstörungen unter denselben angerichtet und manche Papiere sind ganz zerstört. Aber soweit ich solche bis jetzt untersucht habe, scheinen die Wichtigsten gänzlich oder zum Teil ihrer Verwüstung entgangen zu sein. Ich werde unmittelbar in die Grenzen, die durch mein gegebenes Wort bestimmt sind, zurückkehren, den Weisungen Sr. Exz. des General-Kapitäns gemäß, um die Zeit zu erwarten, in der es Ihm belieben wird, die Befehle, welche Se. Kaiserliche und Königliche Maj. am 11ten März 1806 für meine Freilassung gegeben hat, zu erfüllen und ich habe die Ehre zu sein u. s. f.«

Da die Hrn. Le Blanc und Stock, der Befehlshaber und der Kommissär des Auswechslungsschiffes Wellesley, eine Wohnung in der Stadt hatten, so benutzte ich diese Gelegenheit, sie zu sehen und wir trafen die Abrede, dass, wenn der Wellesley Erlaubnis zum Absegeln erhielte, Hr. Stock eine offizielle Forderung machen sollte, dass ich mich mit ihm einschiffen dürfte. Da aber viel Gründe vorhanden waren, eine Verweigerung zu erwarten, so brachte ich einen großen Teil der Bücher und Papiere, welche ich gerade erhalten hatte, in Ordnung und sendete sie mit allen Briefen aus Port-Jackson an Bord des Wellesley. Zugleich meldete ich Hrn. Edward Pellew meinen Verdacht, dass General De Caën den vom Seeminister erhaltenen Befehl nicht zu vollführen gedächte. Diese Vorsicht war nicht unnütz. Denn im Anfang des Oktobers 1807 wurde der Wellesley plötzlich fortgeschickt und ob er gleich drei Monate hier aufgehalten worden war, so hatte er für die französischen Gefangenen, die er aus Indien mitbrachte, keinen einzigen Engländer ausgewechselt. Hr. Stock hinterließ mir eine Abschrift des nach unserer Verabredung geschriebenen Briefes und der darauf vom Sekretär des Generals erteilten Antwort. Diese lautete: »Der General-Kapitän bedauert sehr, dass er dem Kapitän Flinders nicht erlauben kann, sich im Kartelschiff Wellesley einzuschiffen. Sobald es die Umstände gestatten, soll dieser Offizier in Freiheit gesetzt und nach London gesendet werden.« Der geradeste Weg nach London war ohne Zweifel in Kriegszeiten über Frankreich. Aber zwei Schiffe, deren eins der Bruder des Generals kommandierte, waren unlängst für diese Bestimmung abgesegelt, so dass diese Antwort, wo nicht falsch, doch zweideutig war. Meine Meinung über das ungerechte Verfahren des Gouverneurs hatte mich veranlasst, mit dem letzten dieser Schiffe ein Schreiben an den Seeminister abzusenden, welches die Unwahrscheinlichkeit darstellte, dass seine Befehle je vollzogen würden. Aber dieses Schiff wurde gekapert und das Schreiben wahrscheinlich über Bord geworfen.

Neuntes Kapitel

Aussicht auf Befreiung, welche offiziell bestätigt wird – Vorfälle während eines Aufenthalts von elf Wochen in der Stadt Port-Louis und an Bord des Kartelschiffs Harriet – Gegebenes Wort und Zertifikat – Abfahrt von Port-Louis in der Otter – Lob der Bewohner der Insel Mauritius – Rückblick auf das Benehmen des Generals De Caën – Fahrt nach dem Vorgebirge der guten Hoffnung und von da nach siebenwöchigem Aufenthalt nach England – Beschluss

(Vom Januar bis zum 21sten Oktober 1810)

Am 28sten März 1810 brachte mir ein besonderer, von Hrn. Pitot aus der Stadt abgesendeter Bote, folgende willkommene Nachricht vom Obersten Monistrol.

»Se. Exz. der General-Kapitän überträgt mir die Ehre, Sie zu benachrichtigen, dass er Sie autorisiert, in Ihr Land auf dem Kartelschiff Harriet zurückzukehren und zwar unter der Bedingung, dass Sie gegen Frankreich und dessen Verbündete während des dermaligen Krieges nicht dienen.«

»Ich bitte Sie, mein Herr!, die Versicherung des Vergnügens anzunehmen, welches mir die Mitteilung dieser Nachricht verursacht sowie der vollkommenen Achtung, mit der ich die Ehre habe zu sein,« u. s. f.

P. S. »das Kartelschiff segelt nächsten Sonnabend, am 31sten März 1810.«

Aber dieses geschah, wegen der großen Menge englischer Kreuzer nicht sogleich. Ich benutzte diese Zeit, meine unmittelbaren und mehrenteils ungläubigen Nachbarn zu besuchen und Abschied von ihnen zu nehmen sowie an die mehr Entfernten Briefe zu schreiben, deren Güte meine Dankbarkeit aufforderte. Dann nahm ich von der wohlwollenden und achtungswerten Familie Abschied, die mir vier und ein halbes Jahr ein Asyl gewährt hatte.

Als ich am 30sten März 1810 dem Obersten Monistrol meine Aufwartung machte, erfuhr ich, dass nichts in Betreff des Cumberlands oder in der Wiedergabe dessen, was weggenommen war, vorzüglich des dritten Teiles meines Logbuches, geschehen sei. Er versprach mir, des General-Kapitäns Gutachten über diese Gegenstände zu vernehmen und mein Anerbieten zu wiederholen, solche Auszüge daraus zu machen, als der General aufzubewahren wünsche. Am Abend hatte ich das Vergnügen, eine große Zahl meiner Landsleute und Landsmänninnen bei einem Mal, das Hr. Foisy, Präsident der Nacheiferungs-Gesellschaft gab, zu treffen und aus der Schwierigkeit, mit der ich Englisch sprach, wurde ich überzeugt, dass man seine eigene Sprache vergessen könne.

Am 2ten Mai 1810 landete Kapitän Willoughby von der Nereïde an der Südküste der Insel bei Port Jacotet, wo er das Paketboot, die Estafette, nahm, die Kanonen des Forts vernagelte, den Kommandeur desselben mit zwei Feldstücken und Hrn. Etienne Bolger, Kommandeur des Viertels La Savanne fortführte, denselben, der mich so ungerecht bei meiner Ankunft in der Bai des Kap behandelte. Diese Beschimpfung des französischen Territoriums veranlasste eine donnernde Proklamation des General De Caën, fast von gleicher Art als die des Kaisers Napoleon nach der Landung auf der Insel Walcheren war. Ihre Wirkung auf die hiesigen Einwohner war aber nicht stark. Da ich einige derselben fragte, was sie von dieser aus der zweiten Hand erhaltenen Gasconnade hielten, erwiderten sie »O! Nicht an uns, sondern an Buonaparte ist diese Proklamation gerichtet!«, indem sie andeuten wollten, dieses sei ein Schritt, um seine Gunst zu erhalten. Drei Tage nachher wurde eine Waffenstillstandsflagge ausgesendet, um eine Auswechslung zwischen Hrn. Bolger und dem Kommandanten des Forts gegen 20 Soldaten vom 69sten Regimente zu treffen.

Am 8ten Mai wurde ein Befehl erteilt, dass alle englischen Offiziere sich in dem Auswechslungsschiff einschiffen sollten und wir erwarteten unmittelbar abzusegeln. Aber die Kaufleute der Stadt reichten eine Bittschrift an den General-Kapitän um einigen Verzug ein, damit wir nicht Nachricht über einige aus Frankreich erwartete Schiffe geben könnten. Nicht allein durften wir nicht absegeln, sondern wurden mehrere Wochen hindurch an dem Umgang mit den Einwohnern gehindert und die fünf Frauenzimmer an Bord waren ebenso beschränkt als die Offiziere. Das französische Auswechslungsschiff kehrte vom Vorgebirge der guten Hoffnung am 10ten Mai mit ausgewechselten Gefangenen zurück und die früheren Berichte eines projektierten Angriffs auf Mauritius und Bourbon wurden so lebhaft wieder erneuert, dass General De Caën eine Reise um die Insel her machte, um, wie man sagte, alle unbeschützten Orte an deren Küste durch Batterien decken zu lassen und die schon bestehenden Befestigungen zu verstärken. Aber über die Absegelung des Kartelschiffs blieb alles ungewiss.

Am 2ten Junius wurden 21 Kanonen zur Feier der Vermählung des französischen Kaisers mit der Erzherzogin Marie Louise von Österreich abgefeuert.

Am 7ten Junius brachte der englische Dolmetscher eine Verpflichtung für mich an Bord, um sie zu unterzeichnen und am 13ten bei Tagesanbruch kam ein Lotse um das

Kartelschiff aus dem Hafen zu führen. Wir erhielten sechsundvierzig Mann, die aus Matrosen von der Sea-Flower und Soldaten vom 69sten Regimente bestanden. Meinen Degen erhielt ich nun zurück und folgendes Duplikat von meinem Wort wurde erteilt und durch ein Zertifikat vom Obersten Monistrol bestätigt. Beides lautete so:

»Ich Unterzeichneter, Kapitän in seiner britischen Majestät Marine, verspreche, da ich von Sr. Exz. dem General-Kapitän De Caën Erlaubnis erhalten habe, auf dem Weg über Bengalen in mein Vaterland zurückzukehren, auf mein Ehrenwort in keinen Dienst zu treten, der mittel- oder unmittelbar als feindlich gegen Frankreich und seine Alliierten während des Laufes des jetzigen Krieges angesehen werden könnte.«
Matthew Flinders.

Ich hatte in großer Besorgnis gestanden, dass ich verpflichtet werden würde, nach Ostindien zu gehen und dadurch, ohne den unnützen Zeitverlust in Anschlag zu bringen, zu einer bedeutenden und vergeblichen Ausgabe genötigt würde. Aber obgleich das von mir gegebene Wort besagte, »ich habe Erlaubnis erhalten, über Bengalen zurückzukehren,« so war doch dazu kein besonderer Weg, weder in meinem Versprechen, noch in des Obersten Monistrols Zertifikat bestimmt und der Stabsoffizier, der dieses Duplikat ablieferte, sagte, er vermute, ich würde keine Zeit verlieren und nach Indien gehen, sondern mit dem ersten Schiff nach dem Vorgebirge der guten Hoffnung abgehen.

Vielfach hatte ich um die Zurückgabe des dritten Bandes meines Logbuches, des einzigen Buches, was noch in den Händen des General-Kapitäns war, angesucht. Ich bat daher Hrn. Hope, die von mir getanen Schritte zu bescheinigen, damit die Admiralität und der Staatssekretär sähen, dass ich

Ferdinand Bauer, Brunonia australis R. Brown.
Aus: Illustrationes Florae Novae Hollandiae (1813).

alles getan habe, was in meinen Kräften gestanden hätte. Willig erfüllte er mein Gesuch.

An demselben Morgen, als der Lotse an Bord kam, wurden die Anker gelichtet. Aber bei dem Ausfahren stieß das Schiff auf den Grund und blieb auf demselben bis nach vier Uhr nachmittags sitzen. Während dem sahen wir die Estafette mit einer Waffenstillstandsflagge von dem Geschwader kommen und das Boot, das um sie zu treffen ausgesetzt wurde, kehrte zurück, als wir flott waren. Wir waren sehr unruhig in Hinsicht auf das, was die Mitteilung der Estafette beträfe und vorzüglich wünschten wir den Hafen zu verlassen, bevor ein Gegenbefehl vom General-Kapitän kommen könnte. Dieses geschah um Sonnenuntergang. Der französische Lotse verließ uns und nach einer Gefangenschaft von sechs Jahren, fünf Monaten und siebenundzwanzig Tagen, hatte ich die Freude, mich außerhalb dem Wirkungskreis des Generals De Caën zu befinden.

Drei Fregatten und eine Kriegsschaluppe bildeten das vor dem Hafen kreuzende Geschwader. Am nächsten Tage nahm ich von Hrn. Hope Abschied und wünschte meinen Gefährten im Kartelschiff eine glückliche Reise. Nachdem ich bei dem Kommodore Rowley gespeist hatte, schiffte ich mich am Abend an Bord der Otter unter Kapitän Tomkinson ein.

Indem ich Abschied von Mauritius nahm, ist es bloß Gerechtigkeit, zu erklären, dass während meines langen Aufenthalts auf dieser Insel, den der Verdacht der französischen Regierung gegen mich bewirkte, die gütige Teilnahme der Bewohner, welche Zutritt zu mir erhalten konnten, an meiner Lage unveränderlich war. An keinem Ort und bei keinem Volk sah ich mehr Gastfreiheit und Aufmerksamkeit gegen und für Fremde, mehr Gefühl für das Leiden anderer bezeigen, als ich selbst auf Mauritius erfahren habe.

Ich hielt es für ein glückliches Zusammentreffen von Umständen, dass an demselben Tag, wo wir Port-Louis in dem Auswechslungsschiff verließen, die Ankunft einer Fregatte aus Indien vom Kommodore Rowley fordern musste, die Otter nach dem Vorgebirge der guten Hoffnung abzusenden. Kapitän Tomkinson trat seine Abfahrt am 14ten Junius 1810 abends um neun Uhr vom Kap Brabant mit einem frischen Passatwind und bei regnerischem Wetter an. Eine Fortsetzung von westlichen Winden nötigte uns, längs des größeren Teiles der Küste zu lavieren und Kap Agulhas sahen wir vor dem 10ten Julius 1810 nicht. Wir hatten dann einen starken Wind aus Südost und so steuerte Kapitän Tomkinson nach der falschen Bai, wo wir um elf Uhr auf 22 Faden tiefem Sandboden ankerten.

Am 11ten liefen wir in Simons-Bay ein und Kapitän Tomkinson begab sich sogleich mit seinen Depeschen an den Vize-Admiral Bertie und den Earl von Caledon nach der Kapstadt. Auch nahm er einen Brief von mir an den Admiral mit, der, meinen Instruktionen gemäß, für mich um die möglichst schnellste Abreise nach England ansuchte und ihn zu gleicher Zeit bat, dass, wenn irgendein Umstand den General De Caën in seine Gewalt bringen sollte, er so gewogen sein möchte, mein Tagebuch von ihm zu verlangen und es der Admiralität zu übersenden. Am nächsten Morgen ging ich an das Land und stattete dem Obersten, Hrn. Edward Butler, Kommandant von Simons-Stadt, meine Aufwartung ab. Da ich hörte, dass ein Paketboot aus Indien in der Tafelbai auf seiner Fahrt nach England angelegt habe, so bereitete ich mich vor, mich den folgenden Tag auf dasselbe zu begeben. Zu Mittag aber erklärte ein telegraphisches Signal den Wunsch des Admirals, mich sogleich zu sehen. Da nun das Paketboot hier nur kurze Zeit anlegen sollte, so hoffte ich mit demselben abgehen zu können und eilte zu Pferd und in Begleitung eines Dragoners, den mir der Kommandant beigegeben hatte, zu ihm.

Aber zu meiner Kränkung fuhr das Paketboot gerade zu der Zeit aus der Tafel-Bai, als ich an der Tür der Wohnung des Admirals ankam. Erst sechs Wochen nachher bot sich eine Gelegenheit nach England dar.

Gegen den Schluss des Augusts im Jahr 1810 langten Kapitän Parkinson von der Armee und Lieutenant Robb von der Marine, von Kommodore Rowleys Geschwader, hier mit der Nachricht an, dass die Insel Bourbon von den Engländern genommen sei und ein Kutter bestimmt wurde, sie nach England zu überbringen, so suchte ich um einen Platz auf demselben bei dem Admiral an und erhielt ihn.

Am 28sten August segelten wir in der Olympia unter Lieutenant Henry Taylor aus der Simons-Bay ab und ankerten nach einer Fahrt von vierzehn Tagen auf der Rhede von St. Helena, nachmittags am elften September, und nachdem wir Wasser und einige Vorräte aus der Stadt erhalten hatten, segelten wir noch dieselbe Nacht ab. Am 16. September kamen wir dicht bei der Nordseite der Insel Ascension vorbei und hofften eine Schildkröte von einem etwa dort liegenden Schiff erhalten zu können. Da wir aber keines daselbst fanden, so steuerten wir von da fort und durchschnitten am 19ten den Äquator; der Passatwind wehte nach Südwest und fuhr zu blasen fort, bis wir den Inseln des grünen Vorgebirges gegenüber waren, so wie dieses auch im Jahre 1801 der Fall war.

Als wir 344° 39' 45" östl. L. und 22° 45' n. Br. erreicht hatten, richtete sich der Passatwind gegen Ost und Südost, welches uns Gelegenheit gab, etwas weiter nach Osten zu kommen. Nachdem hierauf Nordwestwinde eingetreten waren, kamen wir durch die Azoren und fuhren am 15ten Oktober frisch von der Insel St. Maria ab und ankerten um fünf Uhr abends in Studland-Bay am Eingang vom Pool-Hafen, nachdem wir sechs Wochen von St. Helena bis hierher zugebracht hatten, welches in einem schlecht segelnden, sehr lecken und ungemein elend gebauten Schiff als eine ausgezeichnet gute Überfahrt betrachtet werden musste.

Kapitän Parkinson und Lieutenant Robb kamen in derselben Nacht mit ihren Depeschen und am nächsten Morgen liefen wir durch die Nadeln, dann gelangten wir nach Spithead, wo die genommene Brig, von der wir lange getrennt waren, gerade zuvor geankert hatte. Ich ging an das Ufer, um dem Admiral Hrn. Roger Curtis meine Aufwartung zu machen und begab mich an demselben Abend auf den Weg nach London, nachdem ich neun Jahre, drei Monate aus England abwesend gewesen und fast vier und ein halbes Jahr ohne Kenntnis von meinen Verwandten, Angehörigen und Freunden geblieben war.

So ist der Bericht über des Investigators Reise und der Begebenheiten, die aus ihr entsprossen, beendigt. Aber es gibt einen oder zwei Umstände, welche der Seemann, der dieses liest, näher aufgeklärt zu sehen wünschen möchte.

Eine von der Admiralität erlassene Verordnung verbietet die Beförderung jedes Offiziers zu höheren Stellen, sobald er ein Gefangener ist und dieses wahrscheinlich aus dem Grunde, dass Offiziere in dieser Lage gewöhnlich einem Kriegsgericht unterworfen werden, welches aber nicht eher, als bis sie in Freiheit gesetzt sind, geschehen kann. Mein Fall war auch dieser Verordnung unterworfen worden, obgleich er kein Kriegsgericht erforderte und war außerdem so verschieden von den Gefangenen im Allgemeinen, dass vielleicht etwas Ähnliches nie vorgekommen war. Zu Folge meines französischen Passes war mir nicht allein die Möglichkeit geraubt, irgendeinen Vorteil aus dem Kriege zu ernten, sondern auch die Befreiung auf gegebenes Wort oder durch Auswechselung, welche allen anderen auf Mauritius gewährt wurde, wurde mir Jahre lang versagt, da mich der Pass aus der Klasse der Kriegsgefangenen entnahm. Aber eines der größten Leiden für Offiziere in einem Kriegszustand wurde mir zu gleicher Zeit in England zugefügt und während der ganzen verlängerten Verhaftung fortgesetzt. Sobald man erfuhr, dass ich frei und auf dem Vorgebirge der guten Hoffnung angekommen sei, wurde eine Kommission für den Rang meiner Stelle ernannt und auf meine Vorstellungen an Hrn. Charles Yorke, ersten Lord-Kommissär der Admiralität, bei dem ich die Ehre hatte, mit der seinem Charakter eigentümlichen Herablassung und Empfindung empfangen zu werden, gab er mir die Weisung, meine Ansprüche von dem Augenblick an, wo General De Caën mir Erlaubnis erteilt habe, Mauritius zu verlassen, vorzubringen, wie das Patent, welches das dermalen bestehende Bureau der Admiralität gegründet hatte, gestatte. Ein früheres Datum konnte nur vom König in seinem Rat, auf seinen Befehl bestimmt werden. Unglücklicherweise war aber damals Se. Majestät unfähig, die königlichen Pflichten zu erfüllen und als die Regentschaft errichtet war, erhielt meine gemachte Bittschrift nicht die offizielle Aufmunterung, die zu ihrem Erfolg nötig war. Man erkannte aufrichtig an, dass meine im Investigator geleisteten Dienste einen hinreichenden Bewegungsgrund zu meiner Beförderung im Jahr 1804 gegeben haben würden, wenn ich damals in England angelangt wäre und die Admiralität aus denselben Gliedern bestanden hätte. Aber keine Vorstellung konnte den einmal hergebrachten Grundsatz aufheben, so dass die Ungerechtigkeit des Gouverneurs von Isle-de-France außer allen ihren anderen üblen Folgen für mich auch mit sechs Jahren Verlust an Stellenrang in Se. Maj. Seedienste verbunden war.

Das Bureau der Admiralität beliebte der Herausgabe der Reise des Investigators beförderlich zu sein, indem es für die

Karten und Verschönerungen sorgte und es wurde eine starke Vorstellung durch seine Direktoren an die französische Regierung über die Zurückhaltung meines Tagebuches, des Schooners Cumberland und meines, bei der Verlassung von Mauritius gegebenen schriftlichen Wortes, gebracht. Eine Zurückgabe desselben erfolgte im August 1812, nach drei verschiedenen darum gemachten Gesuchen. General De Caën will, wie es scheint, mein Logbuch für sich behalten, obgleich es als Privat-Eigentum zweifelsohne mir gehörte und als ein öffentliches Dokument bei der Kapitulation herausgegeben oder mindestens in das Archiv des Seeministers niedergelegt werden musste. Aber der General-Kapitän hat gewiss seine Ursachen, dass er nicht wünscht, warum es der Minister sehe und bis jetzt im Beginn des Jahres 1814 hat er ebenso wenig öffentlichen als Privat-Verwendungen Gehör gegeben, dass weder das Original, noch eine Abschrift davon von ihm zu erhalten gewesen ist.

Ende

Bildnachweis Frontispiz
Matthew Flinders. Kupferstich © akg-images / brandstaetter images

Bibliographische Information der Deutschen Nationalbibliothek
Die Deutsche Nationalbibliothek verzeichnet diese Publikation in der Deutschen Nationalbibliografie; detaillierte bibliografische Daten sind im Internet über http://dnb.d-nb.de abrufbar.

Der Text wurde behutsam revidiert nach der Ausgabe Weimar 1816
Coverlayout: Karina Bertagnolli, Wiesbaden; Anja Carrà, Weimar
Bildnachweis: Flinders Chase National Park, Kangaroo Island
© Bruce – stock.adobe.com
Satz und Bearbeitung: Medienservice Feiß, Burgwitz
Der Titel wurde in der Adobe Garamond gesetzt.
Gesamtherstellung: CPI books GmbH – Germany

ISBN: 978-3-7374-0075-6

Mehr über Ideen, Autoren und Programm des Verlags finden Sie auf www.verlagshausroemerweg.de und in Ihrer Buchhandlung.